Weber/Schäffer · Balanced Scorecard & Controlling

Jürgen Weber / Utz Schäffer

Balanced Scorecard & Controlling

Implementierung
– Nutzen für Manager und Controller –
Erfahrungen in deutschen Unternehmen

3., überarbeitete Auflage

Mit Beiträgen von:

Dr. Heinz Ahn, Thomas Bauer, Petra Dickmeis, Dr. Ralf Eberenz, Dr. Bernd Eggers,
Frank Fechtner, Monika Fliegel, Dr. Martin Grothe, Dr. Andreas Guldin,
Detlev J. Hoch, Dr. Olaf Hoffmann, Dr. Christoph Klingenberg, Rainer Michaeli,
Christian Paulsen, Björn Radtke, Roland Schmitt, Reinhardt Schnopp,
Klaus Schulte, Dr. Rainer Vinkemeier, Dr. Thomas Voigt, Michael Vulpius

GABLER

Prof. Dr. Jürgen Weber ist Inhaber des Lehrstuhls für Betriebswirtschaftslehre, insbesondere Controlling und Logistik, an der WHU und Gründungsgesellschafter der CTcon GmbH. Er ist vielfach ausgewiesener Controlling-Experte und Mit-Herausgeber der renommierten Fachzeitschrift krp – Kostenrechnungspraxis.

Dr. Utz Schäffer ist wissenschaftlicher Assistent von Prof. Weber.

Die Deutsche Bibliothek – CIP-Einheitsaufnahme
Ein Titeldatensatz für diese Publikation ist bei
Der Deutschen Bibliothek erhältlich.

1. Auflage September 1999
2. Auflage Februar 2000
3., überarbeitete Auflage November 2000

Alle Rechte vorbehalten
© Betriebswirtschaftlicher Verlag Dr. Th. Gabler GmbH, Wiesbaden, 2000
Lektorat: Jutta Hauser-Fahr

Der Gabler Verlag ist ein Unternehmen der Fachverlagsgruppe BertelsmannSpringer.

www.gabler.de

Die Wiedergabe von Gebrauchsnamen, Handelsnamen, Warenbezeichnungen usw. in diesem Werk berechtigt auch ohne besondere Kennzeichnung nicht zu der Annahme, dass solche Namen im Sinne der Warenzeichen- und Markenschutz-Gesetzgebung als frei zu betrachten wären und daher von jedermann benutzt werden dürften.

Höchste inhaltliche und technische Qualität unserer Produkte ist unser Ziel. Bei der Produktion und Auslieferung unserer Bücher wollen wir die Umwelt schonen: Dieses Buch ist auf säurefreiem und chlorfrei gebleichtem Papier gedruckt. Die Einschweißfolie besteht aus Polyäthylen und damit aus organischen Grundstoffen, die weder bei der Herstellung noch bei der Verbrennung Schadstoffe freisetzen.

Umschlaggestaltung: Nina Faber de.sign, Wiesbaden
Druck und Bindung: Wilhelm & Adam, Heusenstamm
Printed in Germany

ISBN 3-409-31518-7

Zur Einstimmung – Was erwartet Sie in diesem Buch?

Ein Buch über die Balanced Scorecard zu schreiben, mag auf den ersten Blick vermessen erscheinen. Ist im Original – dem Bestseller von Kaplan und Norton – nicht schon (mehr oder weniger) alles gesagt? Wir – und auch die beiden amerikanischen „Erfinder" des Instruments (vgl. Kaplan/Norton, 1997, S. IX) – meinen nein.

Das vorliegende Werk kombiniert eine konstruktiv-kritische Sicht der Balanced Scorecard mit einer Fülle von konkreten Hinweisen und Beispielen aus der deutschen Unternehmenspraxis. Diese sollen Sie insbesondere an den Stellen unterstützen, an denen Ihnen das Buch von Kaplan/Norton nicht mehr weiterhilft. Wir verstehen uns somit als mögliche Ergänzung zur Arbeit von Kaplan/Norton. Unsere Erfahrungsbasis sind eine Fülle von Workshops, Seminaren und Arbeitskreisen zum Thema Balanced Scorecard und verwandten Themen sowie zahlreiche „informelle" Diskussionen mit befreundeten Controllern.

Balanced Score-card mit und für die Controller

Allerdings wollen wir es bei einer konzeptionellen Kritik und Ergänzung der Balanced Scorecard nicht bewenden lassen. Uns geht es – wie im Titel des Buches deutlich wird – auch und wesentlich um Controller, diesen durchweg eher ungeliebten, häufig mißverstan-

denen, dennoch aber sehr wichtigen Berufsstand, der in den letzten Jahrzehnten eine tiefe Verankerung in der deutschen Unternehmenspraxis erfahren hat. Aktuell mehren sich die Stimmen, die am Ruhm dieses Erfolges kratzen. Gerade in Großunternehmen mit langer Controlling-Erfahrung laufen Controller derzeit vielfach Gefahr, ihre angestammte, stets reklamierte Rolle als betriebswirtschaftlicher Dienstleister des Managements zu verlieren. Der Manager hat zunehmend andere Führungsprobleme als die, bei denen der Controller seit Jahren und Jahrzehnten instrumentell und informatorisch Unterstutzungsarbeit leistet. Eine Neuausrichtung wird gefordert, ein tiefgreifendes Umdenken und Rückbesinnen auf den eigentlichen Nutzen für das Management postuliert.

In der Balanced Scorecard steckt – wie wir noch sehen werden – ein gerüttelt Maß an neuerem betriebswirtschaftlichen Know how, ja man könnte die BSC sogar als eine Art Klammer um einige „Management-Modewellen" der jüngeren Vergangenheit bezeichnen (Systems Reengineering, Total Quality Management, Wissensmanagement, Kundenzufriedenheitsmanagement) – oder als derzeit wohl beste Möglichkeit, betriebswirtschaftliches Know how an

Nicht-(oder nicht mehr-)Betriebswirte zu „verkaufen" Wieso sollte dann nicht auch die Balanced Scorecard ein geeignetes Instrument sein, die Neuausrichtung des Controlling voranzutreiben und ihr Richtung zu geben?

Im zweiten Teil des Buches versuchen wir, diese – intuitiv plausible – Idee mit Leben zu füllen. Dabei gehen wir von einer bestimmten Grundauffassung aus:

Controller sollten – so unsere Kernthese – als Dienstleister des Managements subsidiär und engpaßbezogen dort tätig werden, wo ihn der Schuh drückt: Und das läßt sich in vielen Unternehmen derzeit nicht nur insgesamt, sondern auch für den Controllerdienst in den Perspektiven der Balanced Scorecard erfassen! Die Balanced Scorecard kann in diesem Sinne die tägliche Arbeit des Controllers fokussieren und lenken. Nur so, mit

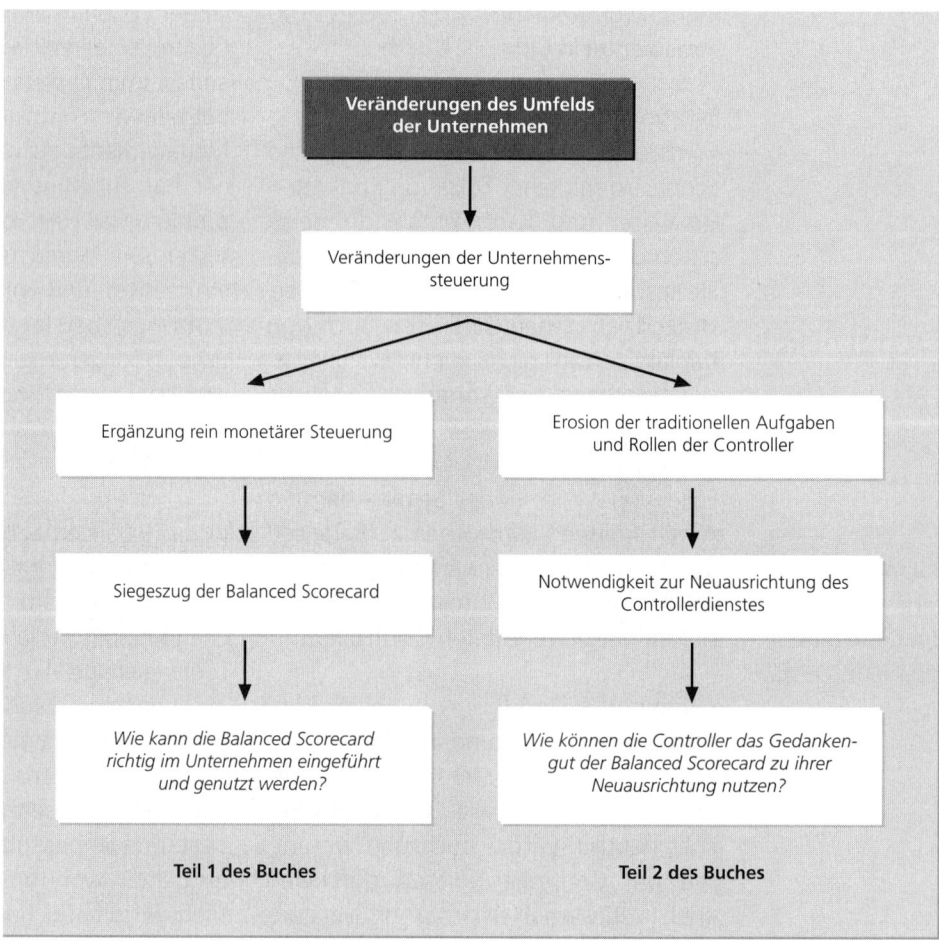

Die Struktur unseres Buches auf einen Blick

konkreten Vorstellungen über ein kunden-, prozeß-, wissens- und finanzorientiertes Controlling können Sie unseres Erachtens vermeiden, daß die Balanced Scorecard in Ihrem Unternehmen eine Eintagsfliege wird und sich die Controllerabteilung unter Wert verkauft – beides wäre außerordentlich mißlich!

Bücher entstehen nie aus dem luftleeren Raum, auch dieses nicht. Es basiert vielmehr in hohem Maße auf Vorarbeiten, die wir in der Schriftenreihe Advanced Controlling geleistet haben. Hinweise zu dieser am WHU-Lehrstuhl herausgegebenen Reihe finden Sie auf unserer Internet-homepage unter

www.advanced-controlling.de

Seit gut zwei Jahren greifen wir dort aktuelle Probleme und Lösungen im Controlling und für Controller auf. Viele dieser Ideen sind in das vorliegende Buch

eingeflossen. Es hat – wie die Schriftenreihe auch – zum Ziel, Sie kompetent und prägnant formuliert mit dem „state of the art" des Controlling vertraut zu machen. Dieses Ziel ist erst dann erfüllt, wenn Sie nach der Lektüre nicht nur neue Einsichten gewonnen haben, sondern diese auch konkret in Maßnahmen umsetzen. Es wäre schön, wenn wir von Ihnen entsprechende Rückmeldung erhielten – wir suchen die Interaktion!

An dieser Stelle sei abschließend denen gedankt, die in ganz unterschiedlichen Funktionen bei der Entstehung und Fertigstellung des Buches mitgeholfen haben. Hier ist zunächst Dr. Reinhold Roski, Leiter des Programmbereichs Wissenschaft im Gabler-Verlag, Wiesbaden, zu nennen, der unsere Buchidee sowohl vom Inhalt als auch von der äußeren Gestaltung her von Anfang an stark unterstützt hat. Dank gilt weiterhin den assistentischen Mitstreitern am Lehrstuhl, Ulrich David und Michael Bauer, die zum einen die enge Verbindung des Buches mit der Lehrstuhl-Schriftenreihe gewahrt, zum anderen einige empirische Basisarbeit geleistet haben. Auch besonders hervorgehoben seien die Beiträge aus den Unternehmen, die diesem Buch den „letzten Praxisschliff" geben.

Nichts ist in der Praxis so knapp wie Zeit; wir glauben, hier war sie gut angelegt.

Dr. Norbert Knorren und Dr. Barbara E. Weißenberger sei für die Unterstützung im Abschnitt zum finanzorientierten Controlling gedankt – die Passagen bauen stark auf den gemeinsam mit ihnen verfaßten Bänden 2, 3 und 6 der WHU-Schriftenreihe Advanced Control-

ling auf. Dank gilt schließlich – last but not least – der unermüdlichen Korrekturarbeit unserer Sekretärin, Beata Kobylarz, die uns wieder einmal bei diversen sprachlichen, orthographischen und sonstigen Nachlässigkeiten ertappt hat!

Jürgen Weber und Utz Schäffer,
Vallendar im Juni 1999

VORWORT ZUR 3. AUFLAGE

Nach einem Jahr die dritte Auflage: Die Balanced Scorecard ist in aller Munde – und steht auf den To Do-Listen vieler Manager und Controller in deutschen Unternehmen ganz oben an. Der Informationsbedarf ist hoch und die Zahl von Quellen, in denen man sich kompetent und leicht verständlich informieren kann, gering. Wir freuen uns sehr darüber, dass nicht nur eine begeisterte Unterstützung des neuen Instruments von der Praxis honoriert, sondern auch eine kritische Distanz gewürdigt wird. Wir tun die Balanced Scorecard nicht als Modewelle ab, sind aber auch weit davon entfernt, sie als bahnbrechende Innovation über den grünen Klee zu loben – so wie man es bei anderen Stimmen aus der Hochschul- und Beratungslandschaft vorfinden kann.

Gegenüber der 2. Auflage hat sich insbesondere der erste Teil des Buches verändert: Zusäzliche Praxisbeispiele helfen

Ihnen, sich das Konzept zu veranschaulichen, neue Erkenntnisse zur Implementierung, den richtigen eigenen Weg der Umsetzung zu finden. Viele Diskussionen spiegeln sich in zahlreichen kleinen Veränderungen und Erweiterungen wider. Der zweite Teil des Buches wurde aktualisiert. Hier sei Dr. Barbara Weißenberger – als Spezialistin für das finanzorientierte Controlling – für ihre große Unterstützung herzlich gedankt.

Die Balanced Scorecard ist derzeit das hoffnungsträchtigste Instrument in der Hand von Betriebswirten. Sollte es den Weg in seinem erfolgreich begonnenen Lebenszyklus planmäßig fortsetzen, wird es zu einem Standard avancieren. Grund und Basis genug, um weiteren Auflagen dieses Buches nicht den Stoff ausgehen zu lassen!

Jürgen Weber und Utz Schäffer,
Vallendar im Oktober 2000

INHALTSVERZEICHNIS

Zu den Autoren

Jürgen Weber

geboren 1953 in Holzminden. Er studierte Betriebswirtschaftslehre an der Universität Göttingen und legte dort 1978 sein Diplom-Examen ab. Anschließend promovierte er 1981 bei Wolfgang Männel an der Universität Dortmund. 1982 ging er mit seinem Doktorvater an die Universität Erlangen-Nürnberg, an der er Mitte 1986 habilitierte.

Das Haus d'Ester –
Sitz der WHU

Im gleichen Jahr übernahm er als Universitätsprofessor im Privatdienst den Lehrstuhl für Betriebswirtschaftslehre, insbesondere Rechnungswesen und Controlling, an der WHU – Otto-Beisheim-Hochschule –, einer privaten universitären Einrichtung mit Sitz in Vallendar bei Koblenz. Seit 1986 war er neben dem Wahlpflichtfach Controlling und Kostenrechnung zeitweise auch für die Wahlpflichtfächer Externes Rechnungswesen (bis heute) und Produktionswirtschaft zuständig. Als akademische Ämter sind die Leitung des Arthur Andersen-Zentrums für Externes Rechnungswesen und Steuerrecht, des Zentrums für Controlling & Management, ein Rektorat, mehrere Prorektorate sowie der Vorsitz im Prüfungs- und im Promotionsausschuss zu nennen.

Sein Vallendarer Lehrstuhl umfasst mittlerweile ca. 20 Mitarbeiter, die in mehreren Forschungsgruppen organisiert sind (Controlling, Telekommunikation, Logistik, Accounting, Veränderungsmanagement). Am Lehrstuhl entstehen pro Jahr ca. 70 Publikationen in den unterschiedlichsten Quellen, von Dissertationen über nationale und internationale Referee-Beiträge, Aufsätze in praxisnahen Zeitschriften, Herausgabe einer eigenen, praxisorientierten Schriftenreihe bis hin zu Management-Zeitungen.

Jürgen Weber nahm im SS 1990 eine Gastprofessur an der Universität Wien wahr. Seit 1988 gehört er dem Beirat des Vorstandes des Verbandes der Hochschullehrer für Betriebswirtschaft e.V. sowie mehreren Wissenschaftlichen Kommissionen des Verbandes an und ist Mitherausgeber der Zeitschrift für Planung (ZP) und der Kostenrechnungspraxis (krp). Rufe an die Universität Mainz (Logistik) und die Wirtschaftsuniversität Wien (Controlling und Unternehmensführung) lehnte er ab.

Außeruniversitär sind neben umfangreicher Kongress-, Seminar- und sonstiger Vortragstätigkeit die Aufsichts- und Beiratsmandate in der Lufthansa Cargo AG, der MicroLog AG, der Wrede Industrieholding und dem Gesundheitszentrum Evangelisches Stift Sankt Martin zu nennen. Das ausgeprägte Praxisinteresse Webers führte schon früh zur Übernahme zahlreicher Beratungs- und Schulungsmandate. Als Mitbegründer der CTcon – Consulting & Training im Controlling GmbH (www.ctcon.de), eines schnell wachsenden Dienstleisters mit den Geschäftsbereichen Unternehmensberatung und Managementschulung, unterstrich er bereits im Jahr 1992 die Vision, die Unternehmenspraxis ganzheitlich insbesondere bei der Bewältigung von Veränderungsprozessen zu unterstützen. Über die Funktionen als Mitgesellschafter und als Vorsitzender des Wissenschaftlichen Beirats ist er der CTcon, die Büros in Vallendar, Bonn, Düsseldorf und Frankfurt unterhält, bis in die Gegenwart hinein eng verbunden.

Utz Schäffer

Utz Schäffer, geboren 1966 in Stuttgart. Nach einer Ausbildung bei der Dresdner Bank AG studierte er Betriebswirtschaftslehre an der privaten Wissenschaftlichen Hochschule für Unternehmensführung (WHU) in Koblenz mit Auslandssemestern an der ESC Lyon (Frankreich) und der Kellogg Graduate School of Management (USA). Im Jahr 1993 legte er sein Diplom-Examen ab. Als Praxiserfahrung sind neben seiner Banklehre zahlreiche Praktika im In- und Ausland, ein Jahr als freiberuflicher Berater bei der CTcon Consulting & Training im Controlling GmbH, Vallendar und Düsseldorf, sowie zwei Jahre als Berater bei McKinsey & Company in München zu nennen.

Im Rahmen seiner wissenschaftlichen Laufbahn promovierte er bei Jürgen Weber zum Thema „Controlling für selbstabstimmende Gruppen" und ist seit Anfang 1998 wissenschaftlicher Assistent an dessen Lehrstuhl für Betriebswirtschaftslehre, insbesondere Controlling und Telekommunikation. An der WHU hält er Lehrveranstaltungen auf den Gebieten Controlling, Kostenrechnung, Planung und Unternehmensführung. Zu diesen Themen ist er auch in Arbeitskreisen aktiv und hält Vorträge außerhalb seiner Universitätstätigkeit.

1 EINFÜHRUNG DER BALANCED SCORECARD

Die Balanced Scorecard ist seit geraumer Zeit in aller Munde. Nicht nur als neuartiges Kennzahlensystem, sondern auch als Managementsystem zur Umsetzung von Strategien macht die Scorecard Furore.

1.1. DAS KONZEPT IN KÜRZE

Im US-amerikanischen Raum findet das Konzept seit der Veröffentlichung des ersten Artikels in der Harvard Business Review 1992 starke Beachtung. Die Beratung Renaissance von Co-Autor Norton gab bereits 1996 an, das Konzept in über 100 Unternehmen selbst eingeführt zu haben. Ihren Schätzungen zufolge arbeiteten bereits damals 60% der Fortune-1000 Unternehmen mit einer Balanced Scorecard. Die Breite der Anwendungen reicht von Industrieunternehmen, Banken, mittelständischen Unternehmen, staatlichen Institutionen und Organisationen im Gesundheitswesen bis hin zu Joint Ventures und Akquisitionen.

Balanced Scorecard – in den USA längst gebräuchlich?

Die Entwicklung des neuen Instruments liegt in Deutschland – wie so häufig – einige Jahre hinter den USA zurück. Nur wenige Unternehmen verfügen heute über nachhaltige Implementierungserfahrung (diverse Unternehmen berichten in diesem Buch über ihre Implemen-

tierungserfahrungen – vgl. S. 74 ff.; ergänzend nehmen Berater und Controller zu interessanten Einzelfragen Stellung – S. 110 ff.). Eine kritische Diskussion und eine vertiefte Auseinandersetzung auf Basis von Implementierungserfahrungen stecken immer noch in den Anfängen.

Andererseits wächst das Interesse ständig. Hochschullehrer, Seminaranbieter und Unternehmensberatungen sind auf dem Feld aktiv. Damit drängt sich die Vermutung auf, dass es sich bei der Balanced Scorecard möglicherweise um eine Modewelle handelt, die ähnlich wie Total Quality Management, Reengineering und Empowerment dem typischen Lebenszyklus „moderner" Managementkonzepte und -moden folgt – also zunächst viel Aufmerksamkeit erhält, dann nur halbherzig umgesetzt wird, dadurch die großen Versprechungen nicht erfüllen kann und schließlich still und leise wieder in der Versenkung verschwindet (vgl. auch Weber/Schäffer, 1998, S. 361f., und Kieser, 2000, S. 124).

Im Folgenden wollen wir überprüfen, ob es sich bei dem Konzept der Balanced Scorecard tatsächlich nur um eine austauschbare Modewelle handelt oder ob es nachhaltig zum Unternehmenserfolg beitragen kann. Wir werden Ihnen

Hinweise und ergänzende Instrumente an die Hand geben, um auch an den „kniffligen" Stellen der Implementierung einer Balanced Scorecard weiterzukommen. Doch zunächst sei das Konzept kurz vorgestellt.

1.1.1. Das Kennzahlensystem

Kennzahlen sind – präzise, wenngleich etwas abstrakt formuliert – quantitative Daten, die als eine bewusste Verdichtung der komplexen Realität über zahlenmäßig erfassbare betriebswirtschaftliche Sachverhalte informieren sollen.

Ausgangsbasis: Tradition finanzieller Kennzahlen

Kennzahlen werden in der Unternehmenspraxis bereits sehr lange verwendet. Traditionelle Ansätze sind jedoch einseitig auf finanzielle und vergangenheitsbezogene Größen fixiert. Das bekannteste Beispiel hierfür ist das bereits im Jahre 1919 entwickelte, nebenstehend dargestellte Du-Pont-Schema. Ausgehend vom Ziel der Gewinnmaximierung bildet der Return on Investment die Basis- oder Leitkennzahl. Durch eine schrittweise Analyse können (1) die finanziellen Haupteinflussfaktoren des Unternehmenserfolgs analysiert, (2) durch die Gegenübersetzung mit unternehmensinternen und unternehmensübergreifenden (z.B. Branchenvergleich) Soll- bzw. Vergleichswerten eventuelle Schwachstellen erkannt und (3) entsprechende Gegenmaßnahmen eingeleitet werden.

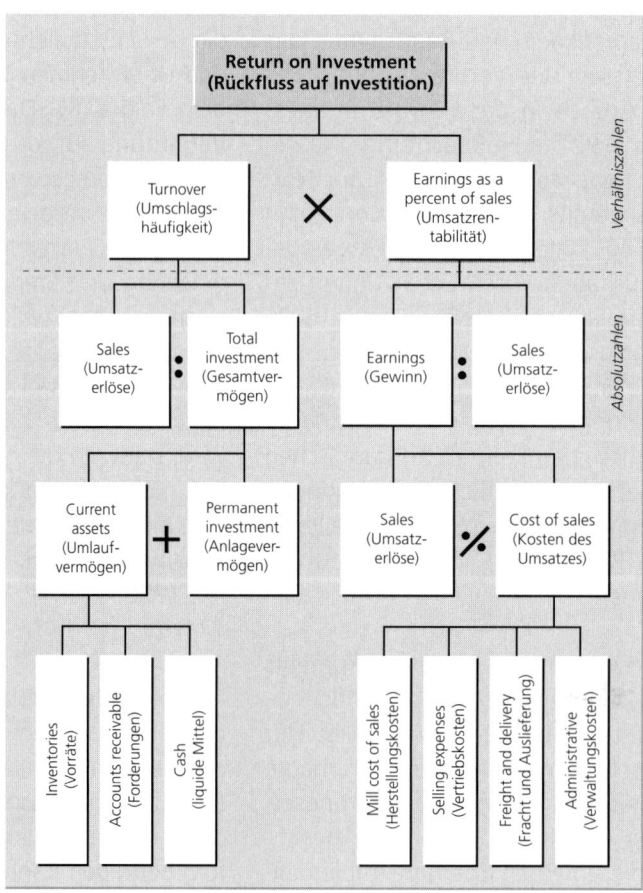

Das „berühmte" Beispiel eines algorithmisch verketteten Kennzahlensystems: Das DuPont-Schema

Vor dem Hintergrund immer lauterer Kritik an der Eindimensionalität solcher finanzieller Kennzahlensysteme in den USA wurde Anfang der neunziger Jahre unter der Leitung von Robert S. Kaplan und David P. Norton ein Forschungsprojekt mit 12 US-amerikanischen Unternehmen durchgeführt. Ziel war, die vorhandenen Kennzahlensysteme den gestiegenen Anforderungen der Unternehmen anzupassen.

Erweiterung: Der rein finanzielle Fokus reicht nicht aus!

Zur Verdeutlichung ihres Anliegens fordern Kaplan/Norton ihren Leser auf, sich vorzustellen, wie er das Cockpit eines modernen Flugzeugs betritt und dort nur ein einziges Instrument sieht: „Wie würden Sie sich wohl nach dem folgenden Gespräch mit dem Kapitän fühlen?

Frage: Es überrascht mich zu sehen, dass Sie in Ihrem Flugzeug mit nur einem Instrument zurechtkommen. Wozu dient es?
Antwort: Fluggeschwindigkeit. Heute konzentriere ich mich auf die Fluggeschwindigkeit.
Frage: Das ist gut. Die Fluggeschwindigkeit ist bestimmt wichtig. Aber was ist mit der Höhe? Wäre ein Höhenmesser nicht auch nützlich?
Antwort: Auf die Höhe habe ich mich während der letzten Flüge konzentriert und bin schon ziemlich gut darin. Jetzt muss ich an der optimalen Fluggeschwindigkeit arbeiten.

Womit steuert ein Flugzeugkapitän?

Frage: Mir ist aufgefallen, dass Sie gar keine Kraftstoffanzeige haben. Stört Sie das nicht?
Antwort: Sie haben recht. Nützlich wäre so ein Ding schon. Aber ich kann mich einfach nicht auf mehrere Geräte gleichzeitig konzentrieren. Wenn ich das mit der Geschwindigkeit und der richtigen Höhe im Griff habe, werde ich mich nächstes Mal auf den Kraftstoffverbrauch konzentrieren.

Wahrscheinlich würden Sie nach dieser Diskussion nicht mehr an Bord des Flugzeugs gehen" (Kaplan/Norton, 1997, S. 1). Die Autoren argumentieren nun, dass kein Pilot auf die Idee kommen würde, ein Flugzeug nur mit einem Instrument zu steuern. Warum sollten also Manager ein weniger umfangreiches Instrumentarium benützen, um ihr Unternehmen zu steuern? Im Konzept der Balanced Scorecard werden dementsprechend die traditionellen finanziellen Kennzahlen durch eine Kunden-, eine interne Prozess- und eine Lern- und Entwicklungsperspektive ergänzt; vorlaufende Indikatoren bzw. Leistungstreiber treten an die Seite von traditionellen Ergebniskennzahlen (vgl. Kaplan/Norton, 1997, S. 8):

→ Die *finanzielle Perspektive* zeigt, ob die Implementierung der Strategie zur Ergebnisverbesserung beiträgt. Kennzahlen der finanziellen Perspektive sind z.B. die erzielte Eigenkapitalrendite bzw. EVA (Economic Value Added). Die finanziellen Kennzahlen nehmen dabei eine Doppel-

Vier Perspektiven ersetzen die einseitige Betrachtung monetärer Ergebnisse

rolle ein. Zum einen definieren sie die finanzielle Leistung, die von einer Strategie erwartet wird. Zum anderen fungieren sie als Endziele für die anderen Perspektiven der Balanced Scorecard. Kennzahlen der Kunden-, internen Prozess- sowie Lern- und Entwicklungsperspektive sollen über Ursache-Wirkungs-Beziehungen mit den finanziellen Zielen grundsätzlich verbunden sein.

→ Die *Kundenperspektive* reflektiert die strategischen Ziele des Unternehmens in Bezug auf die Kunden- und Marktsegmente, auf denen es konkurrieren möchte. Für die identifizierten Kunden- und Marktsegmente sollen Kennzahlen, Zielvorgaben und Maßnahmen entwickelt werden.

→ Aufgabe der internen *Prozessper-*

spektive ist es, diejenigen Prozesse abzubilden, die vornehmlich von Bedeutung sind, um die Ziele der finanziellen Perspektive und der Kundenperspektive zu erreichen. Hierbei ist eine Darstellung der kompletten Wertschöpfungskette hilfreich.

→ Die Kennzahlen der *Lern- und Entwicklungsperspektive* beschreiben schließlich die Infrastruktur, die notwendig ist, um die Ziele der ersten drei Perspektiven zu erreichen. Die Notwendigkeit von Investitionen in die Zukunft wird von Kaplan/ Norton besonders betont. Drei Hauptkategorien werden hierbei unterschieden: Qualifizierung von Mitarbeitern, Leistungsfähigkeit des Informationssystems sowie Motivation und Zielausrichtung von Mitarbeitern.

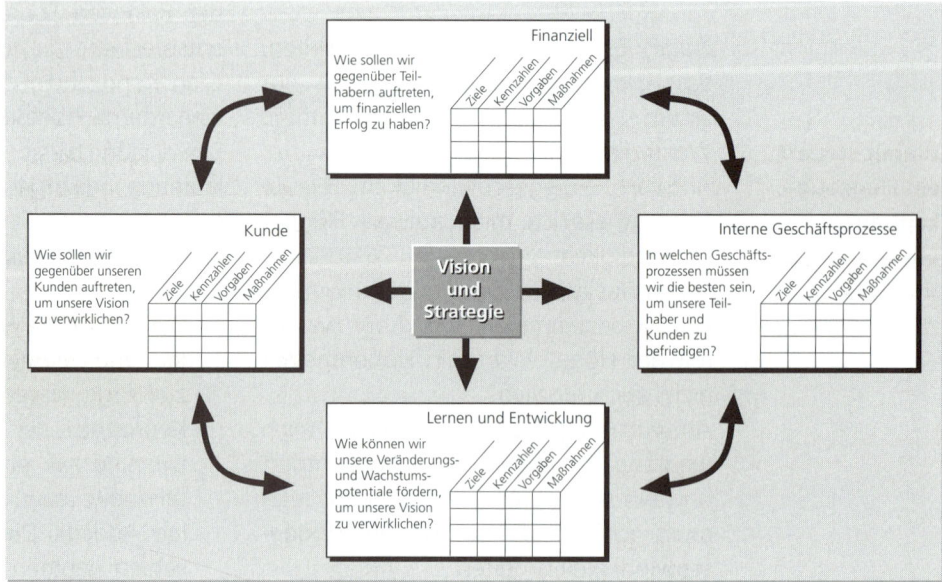

Die vier Perspektiven der Balanced Scorecard nach Kaplan/ Norton, 1997, S. 9

Durch die Ergänzung finanzieller Kennzahlen um weitere Perspektiven werden traditionelle Ergebniskennzahlen – quasi automatisch – auch um vorlaufende Indikatoren, wie beispielsweise Durchlaufzeiten oder Fehlerquoten, ergänzt. Diese werden auch als *Leistungstreiber* bezeichnet. Sie sind zumeist hochgradig geschäftsspezifisch und spiegeln Wettbewerbsvorteile des Unternehmens wider (vgl. auch Friedag/Schmidt, 1999, S. 108ff.).

Ausgewogenheit: Mischung von Ergebniszahlen und Leistungstreibern

Eine gute Scorecard sollte aus einer Mischung von Ergebniszahlen und Leistungstreibern bestehen:

→ Ergebniskennzahlen ohne Leistungstreiber vermitteln nicht, wie die Ergebnisse erreicht werden sollen. Auch erhält man von ihnen keine frühe Rückmeldung über die erfolgreiche Umsetzung einer Strategie.

→ Umgekehrt ermöglichen Leistungstreiber (z.B. Taktzeiten, Fehlerquoten) ohne Ergebniskennzahlen zwar die Erreichung kurzfristiger Verbesserungen für die Geschäftseinheit, lassen aber nicht erkennen, ob diese Verbesserungen auch zu einem größeren Geschäftsvolumen mit alten und neuen Kunden sowie gegebenenfalls zu einer verbesserten Finanzleistung geführt haben.

Das Bild eines Baumes kann den Zusammenhang verdeutlichen: Ergebniszahlen entsprechen Aussagen darüber, ob Früchte am Baum hängen. Möchte man jedoch eine frühe Rückmeldung über den Zustand des Baumes haben und ggf. Verbesserungsmaßnahmen anstoßen, gilt es, an den Wurzeln anzusetzen, d.h. an den Frühindikatoren der Lern- und Entwicklungs- sowie der Markt- und Prozessperspektive.

Die von Kaplan/Norton propagierte Idee einer auch nicht-monetäre Werte enthaltenden Kennzahlenbasis ist nicht neu. Sie wurde seit den fünfziger Jahren immer wieder mit stets ähnlichen Begründungen gefordert. So wurden in einem Kennzahlenprojekt bei General Electric, in dem auch der junge Peter Drucker als Berater mit von der Partie war, bereits im Jahre 1951 acht verschiedene Kennzahlentypen vorgeschlagen. Profitabilität, Marktposition, Produktivität, Produktführerschaft, Personalentwicklung, Mitarbeitereinstellung, öffentliche Verantwortung und Balance zwischen lang- und kurzfristigen Zielen (vgl. Eccles/Noriah, 1992, S. 157f.). Andere Ansätze zielen in dieselbe Richtung:

→ In Frankreich sind die sogenannten Tableaux de Bord als System finanzieller und nicht-finanzieller Kennzahlen weit verbreitet – worauf auch Kaplan/Norton hinweisen (vgl. u.a. Gray/Pesqueux, 1993, S. 61ff.).

→ Schott entwickelte im deutschsprachigen Raum bereits 1951 ein Kennzahlensystem, das „Transparenz der wirtschaftlichen Vorgänge im Unter-

Das Konzept der Balanced Scorecard hat viele konzeptionelle Vorläufer...

nehmen durch schwerpunktmäßige Ausleuchtungen zu gewinnen" versuchte. Er differenzierte nach Struktur-, Leistungs-, Ergebnis- und Entwicklungskennzahlen „,...da es nicht nur die finanzwirtschaftliche Sphäre erfassen will." (Schott, 1981, S. 294ff.).

→ Weber postuliert 1985 den Aufbau einer geordneten, prinzipiell gleichberechtigten Leistungsrechnung neben der Kostenrechnung, die u.a. als Basis von nicht-monetären Kennzahlen verwendet werden kann (vgl. Weber, 1985, S. 29f. und S. 29ff. in diesem Buch).

In Deutschland hilft die BSC, die Kennzahlenflut zu kanalisieren

→ Kaplan weist 1987 zusammen mit Johnson darauf hin, dass nicht-finanzielle, operative Kennzahlen vor dem Entstehen eines modernen Rechnungswesens eine große Rolle gespielt haben. Die Autoren fordern entsprechend „more extensive use of nonfinancial indicators ... that were the origin of management accounting systems"(Johnson/Kaplan, 1987, S. 125).

→ Stata kritisiert 1989 den starken Finanzbias traditioneller Informationssysteme und beschreibt die Praxis bei Analog Devices, Inc.: „To address this issue, we designed what we call a division scorecard that reports only the barest of financial information and places greater emphasis on quality improvement goals" (Stata, 1989, S. 71).

→ Eccles fordert 1991 nicht-finanzielle Kennzahlen wie Qualität, Kundenzu-friedenheit, Innovationsneigung und Personalentwicklung und prognostiziert, dass „within the next five years, every company will have to redesign how it measures business performance" (Eccles, 1991, S. 131).

Fazit: Die Forderung nach einer umfassenden Berücksichtigung nicht-finanzieller Kennzahlen ist nicht neu ist. Vorbilder finden sich häufig – zumindest in der Managementliteratur und in Teilen der deutschen Unternehmenspraxis: So zielen die Forderung von Kaplan/Norton nach einer breiten, ausgewogenen Kennzahlenbasis und das eingangs zitierte Bild der Steuerung im Flugzeugcockpit auf das in den Vereinigten Staaten ausgeprägte Problem zu *weniger* nicht-finanzieller Kennzahlen in den Unternehmen. Eine zentrale Herausforderung in Deutschland liegt daneben aber auch in den ungenutzten *Zahlenfriedhöfen* der Controller! Entsprechend ändert sich mit der Überquerung des Atlantiks in der Regel auch der potentielle Wert des Vorschlags: Nicht nur das ausgewogene Verhältnis finanzieller und nicht-finanzieller Kennzahlen, sondern auch die Selektion von Kennzahlen und die stärkere Berücksichtigung von Frühindikatoren treten in den Vordergrund! Um im Bild des Flugzeugcockpits zu bleiben: In Deutschland geht es nicht darum, mehr Instrumente zur Steuerung hervorzuheben, sondern aus dem Wust von Instrumenten nur einige wenige erleuchtet zu lassen, die anderen jedoch abzudunkeln!

...letztlich zählt nur der finanzielle Erfolg: Der Zwang zur Bildung von Ursache-Wirkungs-Beziehungen

In jedem Fall innovativ ist allerdings die Darstellung von vier Perspektiven, die wohl zu einem intuitiven Verständnis und einer hohen Anschaulichkeit des Konzepts beiträgt. Dabei sollte man jedoch auch bedenken, „dass die Scorecard als Schablone und nicht als Zwangsjacke gedacht ist. Es gibt keine mathematische Formel, die beweist, dass (die beschriebenen) vier Perspektiven notwendig und ausreichend sind" (Kaplan/Norton, 1997, S. 33) – wir werden an späterer Stelle (S. 12ff.) darauf wieder zurückkommen!

Primat der Finanzzahlen: Ausrichtung nicht-finanzieller Kennzahlen auf das finanzielle Ziel

Alle Ziele und Kennzahlen der Balanced Scorecard müssen – so das Konzept – mit einem Ziel (oder mehreren Zielen)

der finanzwirtschaftlichen Perspektive verbunden sein. Diese Verknüpfung mit finanzwirtschaftlichen Zielen stellt deutlich heraus, dass alle Strategien, Programme und Initiativen letztlich nur eines zum Ziel haben: die finanzwirtschaftlichen Ziele für die Geschäftseinheit zu erreichen! Dieses Postulat ist auch Kern der so intensiv geführten Debatte um Wertorientierung oder Shareholder-Value. Auch diese Managementinnovation (oder Modewelle?) fordert den strikten Bezug aller Planung auf ein monetäres Oberziel; wir werden unter dem Stichwort Werttreiberhierarchien auf diese Übereinstimmung an späterer Stelle noch genau eingehen!

Jede für eine Scorecard gewählte Kennzahl sollte Teil einer Ursache-Wirkungskette sein, die ihr Ende in einem finanzwirtschaftlichen Ziel findet, das die Stra

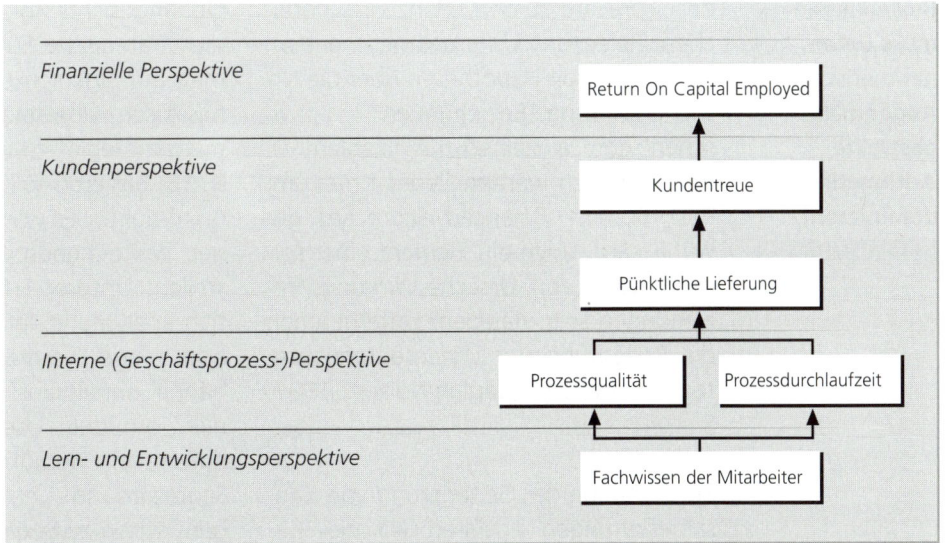

Ursache-Wirkungskette in der Balanced Scorecard nach Kaplan/Norton, 1997, S. 29

Finanzielle Perspektive — Return On Capital Employed

Kundenperspektive — Kundentreue

Pünktliche Lieferung

Interne (Geschäftsprozess-)Perspektive — Prozessqualität | Prozessdurchlaufzeit

Lern- und Entwicklungsperspektive — Fachwissen der Mitarbeiter

Bei der Bestimmung von Ursache-Wirkungs-Beziehungen muss unternehmerisches Augenmaß abstrakte Arithmetik dominieren!

tegie des Unternehmens reflektiert. Wenn man die Scorecard in dieser Weise verwendet, ist sie nicht eine Sammlung von isolierten Kennzahlen; sie muss vielmehr spezifizieren, wie Verbesserungen in operativen Leistungen mit verbesserter finanzieller Leistung verbunden sind, und zwar durch höhere Verkaufszahlen, höhere Deckungsbeiträge und geringere Kosten. Vielfach gelingt es nach Kaplan/Norton nämlich nicht, Programme wie TQM, Reengineering und Empowernment in ein höheres Ergebnis umzusetzen – und auch in Deutschland gibt es hierfür diverse Beispiele! In solchen Unternehmen sind Verbesserungsprogramme zu reinem Selbstzweck verkommen. Sie wurden nicht mit konkreten Zielen für ein verbessertes Leistungsangebot und eine verbesserte Finanzleistung verknüpft. Letzten Endes muss es aber einen Kausalzusammenhang aller Kennzahlen auf der Scorecard zu den finanzwirtschaftlichen Zielen des Unternehmens geben: „Die Folge von Hypothesen über die Ursache-Wirkungs-Beziehungen ... [zwischen den einzelnen Kennzahlen] ... muss deutlich werden. Jedes Kriterium, das für eine Balanced Scorecard gewählt wird, sollte ein Element einer solchen Kette von Ursache-Wirkungs-Beziehungen sein, das dem Unternehmen die Bedeutung der Unternehmensstrategie vermittelt" (Kaplan/Norton, 1997, S. 144).

Zur Methode der Generierung von Kausalbeziehungen erfahren wir bei Ka-

plan/Norton allerdings wenig Konkretes. Sie empfehlen die (offensichtlich mehr oder weniger ungestützte) Generierung von Hypothesen im Managementteam, die in der Folge durch Korrelationsanalysen bestätigt werden sollen. Das grundsätzliche – und nicht einfache! – Problem einer analytischen Ableitung der „richtigen" Ursache-Wirkungs-Beziehungen kann so nicht gelöst werden. Dessen scheinen sich auch Kaplan/Norton bewusst zu sein. So weisen sie auf Vorbehalte von Unternehmen hin, Bewertungsmodelle für Anreiz- und Prämiensysteme auf die Basis der so ermittelten Ursache-Wirkungs-Zusammenhänge zu stellen. Dieses Defizit des Konzepts erscheint um so gravierender, als erfahrungsgemäß hier einer der „Knackpunkte" bei der Implementierung liegt – wir werden später darauf noch genauer eingehen.

Ob angesichts solcher Konzeptmängel die strategische Führung im Unternehmen auf einer „expliziten und kompromisslosen Übersetzung der Unternehmensstrategie" (Kaplan/Norton, 1997, S. 18) basieren soll und kann, erscheint uns fraglich. Es wäre angebracht, weniger weitgehende Forderungen aufzustellen. Unserer Erfahrung nach lassen sich analytische, letztlich rechnermäßig erfass- und „verdraht"bare Zusammenhänge ohnehin in den meisten Fällen nicht ermitteln – selbst wenn man sich darum sehr bemüht. Wer die Balanced Scorecard so „hart" verstanden hat, geht schon zu Beginn fehl! Strategische

Planung handelt von (erheblichen) Wissensdefiziten. Sind Strategien leicht fassbar, sind es schon keine mehr, sondern operatives Geschäft. (Nur) Der Weg, Zusammenhänge zwischen den Perspektiven und den dort aufgeführten Zielen und Maßnahmen durch einen breiten Diskussionsprozess im Management zu erarbeiten, führt deshalb auch unserer Meinung nach zum Ziel. Allerdings sollte man dann dem Management auch nicht suggerieren, Analytik, Algorithmen oder komplexe Statistik könne ihm die Führungsaufgabe weitestgehend erleichtern – wir kennen einige Beispiele, die uns zu dieser Warnung Anlass sind!

Zusammenfassend halten wir fest, dass der Verknüpfung von Kennzahlen mit der Unternehmensstrategie eine wichtige Funktion zukommen kann. Unproblematisch implementierbar und ohne Alternativen ist die Idee jedoch nicht. Doch werfen wir nun einen näheren Blick auf die Vorstellungen von Kaplan/Norton zu den zusätzlichen Perspektiven der Balanced Scorecard.

Was ist ein guter Kunde? Was ist er wert?

Kundenperspektive: Identifikation der strategisch relevanten Kunden- und Marktsegmente

In der Kundenperspektive (vgl. Kaplan/Norton, 1997, S. 62ff.) geht es darum, die Kunden- und Marktsegmente zu identifizieren, in denen das Unternehmen konkurrenzfähig sein soll. Deshalb setzt die Kundenperspektive der Scorecard die Unternehmensstrategie in spezifische Ziele in Bezug auf Kunden- und Marktsegmente um, die dann dem ganzen Unternehmen vermittelt werden können. Kaplan/Norton stellen fest, dass Unternehmen meistens zwei Kennzahlenbündel für ihre Kundenperspektive auswählen.

→ Das erste Bündel umfasst die Grundkennzahlen, die so gut wie jedes Unternehmen verwendet. Hierzu zählen Kennzahlen für Marktanteil, Kundentreue, Kundenakquisition, Kundenzufriedenheit und Kundenrentabilität.

→ Das zweite Bündel von Kennzahlen umfasst die spezifischen Leistungstreiber der Kundenergebnisse. Sie beantworten die Frage, was ein Unternehmen seinen Kunden bieten muss, um einen möglichst hohen Grad an Zufriedenheit, Treue, Akquisition und schließlich Marktanteil zu erreichen. Die Leistungstreiberkennzahlen stellen die „value proposition" dar, die das Unternehmen seinen Kunden und Marktsegmenten übermitteln will. „Value Propositions" variieren von Unternehmen zu Unternehmen und lassen sich nach Kaplan/Norton in Produkt- und Serviceeigenschaften (Funktionalität, Qualität und Preis), Kundenbeziehungen (Qualität der Kauferfahrung und persönliche Beziehungen) und Image bzw. Reputation gruppieren.

Wie die Abbildung auf der Folgeseite zeigt, steckt hinter der Ableitung dieser

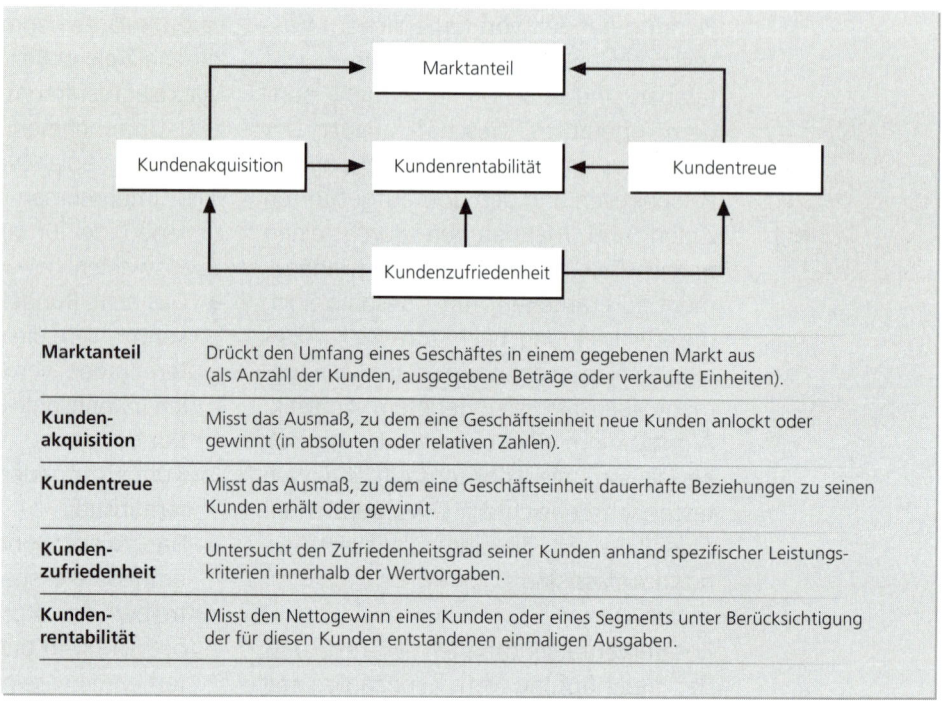

Marktanteil	Drückt den Umfang eines Geschäftes in einem gegebenen Markt aus (als Anzahl der Kunden, ausgegebene Beträge oder verkaufte Einheiten).
Kunden-akquisition	Misst das Ausmaß, zu dem eine Geschäfteinheit neue Kunden anlockt oder gewinnt (in absoluten oder relativen Zahlen).
Kundentreue	Misst das Ausmaß, zu dem eine Geschäfteinheit dauerhafte Beziehungen zu seinen Kunden erhält oder gewinnt.
Kunden-zufriedenheit	Untersucht den Zufriedenheitsgrad seiner Kunden anhand spezifischer Leistungskriterien innerhalb der Wertvorgaben.
Kunden-rentabilität	Misst den Nettogewinn eines Kunden oder eines Segments unter Berücksichtigung der für diesen Kunden entstandenen einmaligen Ausgaben.

Die Grundkennzahlen der Markt- und Kundenperspektive nach Kaplan/Norton, 1997, S. 66

markt- und kundenbezogenen Kennzahlen ein erkleckliches Maß an Marktwissen bzw. ist ein solches erforderlich. Die Führungskräfte werden gezwungen, die Zusammenhänge zwischen der in vielen Unternehmen derzeit hochgehaltenen Kundenzufriedenheit und konkreten Marktvorteilen abzuleiten, sei es über die gestiegene Kundenbindung (und damit geringere Kosten der Neukundenakquisition), sei es über die höhere Zahlungsbereitschaft der vom Unternehmen überzeugten Kunden, sei es durch höhere Marktanteile. Das Wissen um diese Zusammenhänge ist in vielen Unternehmen noch sehr verstreut, wenn überhaupt vorhanden. Die Balanced Scorecard wirkt hier – und darauf

Drei Typen von Prozessen werden in der BSC unterschieden

werden wir noch häufig verweisen – als *Lerninstrument*; wettbewerbsrelevantes Wissen wird deshalb aufgebaut, weil es die Logik des Instruments so will!

Interne Perspektive: Integration der Prozesssicht

In der internen Perspektive müssen Manager die für die Unternehmensstrategie kritischen Prozesse identifizieren (vgl. Kaplan/Norton, 1997, S. 89ff.). Die beiden Autoren unterteilen dazu die interne Wertkette in drei Teile:

→ Im *Innovationsprozess* erforscht das Unternehmen die aufkommenden oder latenten Wünsche der Kunden und schafft sodann Produkte oder

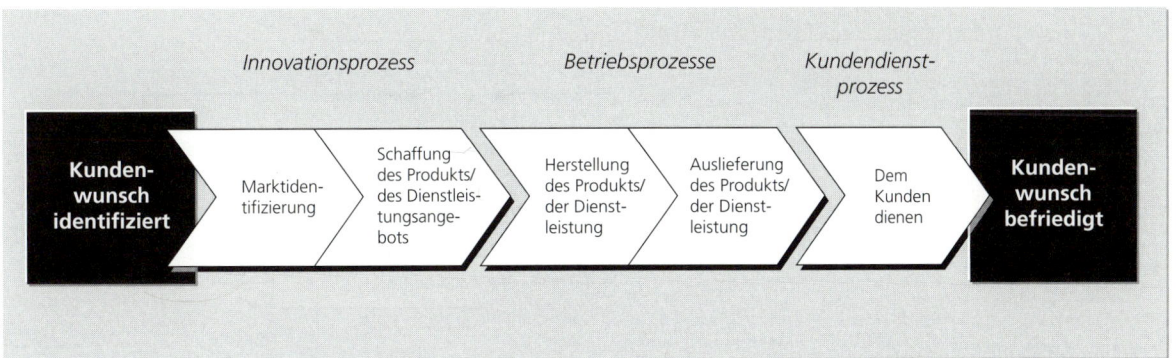

	Innovationsprozess		Betriebsprozesse		Kundendienst-prozess	
Kunden-wunsch identifiziert	Marktiden-tifizierung	Schaffung des Produkts/ des Dienstleis-tungsange-bots	Herstellung des Produkts/ der Dienst-leistung	Auslieferung des Produkts/ der Dienst-leistung	Dem Kunden dienen	**Kunden-wunsch befriedigt**

Die interne Prozess-perspektive – das generische Wertket-tenmodell nach Ka-plan/Norton, 1997, S. 93

Dienstleistungen, die diesen Wünschen entsprechen.

→ Im *Betriebsprozess*, der zweiten Stufe der internen Wertkette, werden die existierenden Produkte und Dienstleistungen produziert und an die Kunden ausgeliefert.

→ Schließlich verbleiben als dritter Teil *Serviceleistungen* für den Kunden nach dem eigentlichen Kauf eines Produktes oder einer Dienstleistung.

„Normalerweise" sollten Unternehmen nach Kaplan/Norton Kennzahlen für die Prozessperspektive nach der Formulierung von Zielen für die Kundenperspektive erarbeiten. Diese Reihenfolge ermöglicht es, die Kennzahlen der internen Prozesse auf diejenigen Prozesse zu fokussieren, die die für Kunden und Strategie relevanten Ziele verwirklichen. Häufig werden Sie in der Anwendung der Balanced Scorecard dagegen auf einen wahren Fundus vorhandener prozessorientierter Kennzahlen in Ihrem Unternehmen stoßen – infolge der tiefgreifenden Qualitätsoffensive (z.B. ISO 9000ff. und TQM) finden sich die Kern-

und wichtige unterstützende Prozesse in vielen Unternehmen sauber strukturiert, definiert und abgebildet. Die Balanced Scorecard übernimmt hier eine Selektions- und Auswahlfunktion.

Dynamische Sicht: Integration der Lern- und Entwicklungsperspektive

Die vierte und letzte Perspektive der Balanced Scorecard entwickelt Ziele und Kennzahlen zur Förderung einer lernenden und sich entwickelnden Organisation. Diese Perspektive schafft die zur Erreichung der Ziele in den anderen Perspektiven notwendige Infrastruktur. Kaplan/Norton sehen drei Hauptkategorien für die Lern- und Entwicklungsperspektive:

→ Mitarbeiterpotentiale
→ Potentiale von Informationssystemen
→ Motivation, Empowernment und Zielausrichtung.

Hintergrund der Lern- und Entwicklungsperspektive ist die – insbesondere in den Vereinigten Staaten – vorherrschende Tendenz, durch eine aus-

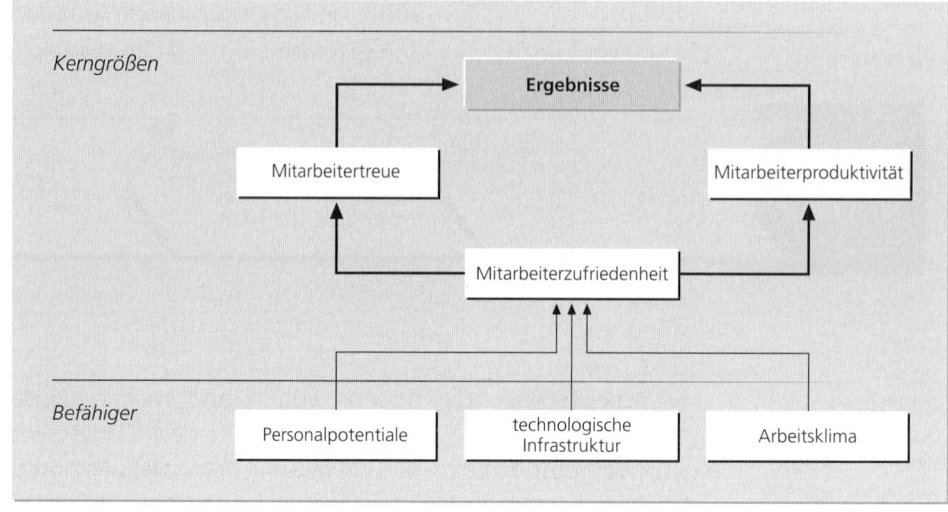

Der Rahmen für die Kennzahlen der Lern- und Entwicklungsperspektive nach Kaplan/Norton, 1997, S. 124

Von allen Perspektiven fällt es derzeit in den Unternehmen am schwersten, die Lern- und Entwicklungsperspektive auszugestalten

schließliche Bewertung kurzfristiger finanzieller Leistung zu wenig Investitionen zur Förderung der Mitarbeiterpotentiale, Systeme und Prozesse zu tätigen. Ausgaben für solche Investitionen werden vom Rechnungswesen als Periodenkosten behandelt, so dass durch eine Kürzung dieser Investitionen kurzfristige Erfolgssteigerungen erzielt werden können. Die negativen langfristigen Folgen werden zunächst nicht sichtbar, und wenn es geschieht, wird „jemand anders dafür verantwortlich sein". Die Balanced Scorecard betont daher die Wichtigkeit von Investitionen in die Zukunft. Unternehmen müssen in ihre Infrastruktur investieren – Personal, Systeme und Prozesse –, wenn sie hohe langfristige finanzielle Wachstumsziele erreichen wollen.

Eine Hauptgruppe aus drei mitarbeiterorientierten Kennzahlen – Zufrieden-

heit, Produktivität und Mitarbeitertreue – liefert laut Kaplan/Norton Ergebniskennzahlen bezüglich der Investitionen in Mitarbeiter, Systeme und Zielausrichtung. Die Autoren räumen jedoch auch ein, dass die treibenden Faktoren dieser Ergebnisse bis heute eher generisch und noch nicht so weit entwickelt sind wie die der anderen Scorecard-Perspektiven – die Gefahr der Fehlsteuerung und unveränderten Vernachlässigung ist damit aber offensichtlich. Auch erste Implementierungserfahrung in Deutschland zeigt, dass die Lern- und Entwicklungsperspektive von allen vier Blickrichtungen am schwersten zu füllen ist!

Problem: Warum gerade vier Perspektiven?

Schließlich sei noch am Beispiel der Auswahl der von Kaplan/Norton vorgeschlagenen Perspektiven ein potentielles Problem angesprochen, das letztlich allen „kochrezeptartigen" Managementempfehlungen anhaftet. Die vier skizzierten Perspektiven sind in hohem Maße intuitiv verständlich:

→ Die Wichtigkeit der Finanzen steht außer Frage.

→ Geld wird nur auf Märkten mit Kunden verdient.

→ Kunden erhalten ihre Leistungen nur durch vorab erbrachte Produktions- und Dienstleistungsprozesse.

→ Prozesse schließlich funktionieren nicht ohne zufriedenes und motiviertes Personal.

Schablone versus Zwangsjacke?

Zudem wird von den beiden Autoren erhebliche praktische Erfahrung ins Feld geführt. Allerdings weisen sie selbst auf den heuristischen Charakter der Selektion hin: „Man sollte jedoch bedenken, dass die Scorecard als Schablone und nicht als Zwangsjacke gedacht ist. Es gibt keine mathematische Formel, die beweist, dass vier Perspektiven notwendig und ausreichend sind. Wir müssen noch sehen, wie Unternehmen mit weniger als vier Perspektiven zurechtkommen. Je nach Branchenbedingungen und Geschäftsstrategie könnte sogar eine weitere Perspektive notwendig werden" (Kaplan/Norton, 1997, S. 33). Beispiele hierfür werden von den Autoren selbst genannt (z.B. Stakeholder-Perspektiven) und finden sich mittlerweile auch in der deutschen Unternehmenspraxis. So unterscheidet die Lufthansa AG die Perspektiven Kunden, Shareholder und Mitarbeiter, und die

Deutsche Bank AG differenziert in ihrem Geschäftsbericht 1998 nach Shareholdern, Kunden, Mitarbeitern und Gesellschaft. In jedem Fall gilt (bzw. muss gelten!), dass die Anzahl der Perspektiven überschaubar bleiben muss. Mehr als fünf Perspektiven laufen der Intention einer eingängigen Darstellung und Kommunikation der Strategie zuwider.

Als Hilfestellung bei der Ableitung der Perspektiven werden von Kaplan/Norton gängige Strategiekonzepte empfohlen, und dies wiederum in einer für den gesamten Ansatz typischen Offenheit (wir werden Ihnen auf Seite 22ff. einige Hinweise geben, die Sie bei der Ableitung der für Sie richtigen Perspektiven und Kennzahlen unterstützen können).

Hiermit ergibt sich für die praktische Implementierung ein Problem:

→ Richten sich Unternehmen im Prozess der individuellen Gestaltung der Balanced Scorecard eng am Basisbeispiel von Kaplan/Norton aus, so können sie auf von Kaplan und Norton gesammelte Erfahrung aufbauen, was für die Akzeptanz im Implementierungsprozess „vor Ort" Vorteile verspricht. Zudem liegt – z.B. in einem Konzern – ein großer Reiz in einer offensichtlich (ist sie wirklich gegeben?) besseren Vergleichbarkeit der Scorecards unterschiedlicher Unternehmen beziehungsweise Unternehmenseinheiten. Allerdings besteht die Gefahr, dass das Basisbeispiel gerade nicht optimal auf die individuelle Situation passt – so kommt den Lieferanten z.B. in der Automobilindustrie eine deutlich wichtigere Bedeutung zu als in der Bauwirtschaft, eine Bedeutung, für die sich die Ausbildung einer eigenen Perspektive anböte.

➔ Weicht das Unternehmen deshalb deutlich vom Basisbeispiel ab, können unterschiedlichste Ansätze zur Ableitung herangezogen werden; der Auswahlprozess bleibt den Beteiligten überlassen. Eigenständige Lösungen sind um so weniger zu erwarten, je mehr Unternehmen dem Basisvorschlag von Kaplan/Norton folgen und je weniger breit der Gestaltungsprozess im Top-Management verankert wird, d.h. je mehr Argumentationsarbeit zur Begründung der abweichenden Lösung geleistet werden muss.

Mangelnde Umsetzung der Strategien ist Ausgangspunkt der BSC-Entwicklung

Es wird sich in der praktischen Erfahrung zeigen, ob es aus diesem Grund zu einer gewissen „Normenbildung" der Balanced Scorecard kommt und ob diese Normierung den Intentionen der Instrumentenidee nicht doch zuwiderläuft.

1.1.2. Das Managementsystem

Die Balanced Scorecard präsentiert sich als strukturierte Sammlung von Kennzahlen. Nach Kaplan/Norton stellt sie aber nicht in erster Linie ein neues Kennzahlensystem dar – als „Manage-

mentsystem" soll sie vielmehr das Bindeglied zwischen der Entwicklung einer Strategie und ihrer Umsetzung sein. Auf diesem Feld konstatieren die Autoren in vielen Fällen erhebliche Defizite (vgl. Kaplan/Norton, 1997, S. 186ff.):

➔ Visionen und Strategie sind nicht umsetzbar.

➔ Es besteht keine Verknüpfung der Strategie mit den Zielvorgaben der Abteilungen, der Teams und der Mitarbeiter.

➔ Ebenso liegt keine Verknüpfung der Strategie mit der Ressourcenallokation (Budgetierung) vor.

➔ „Taktisches" Feedback herrscht vor, „strategisches" Feedback kommt zu kurz.

„All diese Hindernisse" (Kaplan/Norton, 1997, S. 184) sollen durch den Einsatz der Balanced Scorecard überwunden werden :

➔ Der Entwicklungsprozess einer Balanced Scorecard soll zur Klärung sowie zum Konsens im Hinblick auf die strategischen Ziele führen.

➔ Die Balanced Scorecard soll zur einheitlichen Zielausrichtung der Handlungsträger im Unternehmen durch drei Mechanismen beitragen: Kommunikations- und Weiterbildungsprogramme, Verknüpfung der Balanced Scorecard mit Zielen für Teams und einzelne Handlungsträger sowie die Verknüpfung mit Anreizsystemen.

➔ Neben den personellen Ressourcen müssen auch die finanziellen und materiellen Ressourcen auf die Unternehmensstrategie ausgerichtet werden. Vier Schritte sollen dazu beitragen:

(1) die Formulierung von hochgesteckten Zielen,

(2) die Identifizierung und Fokussierung strategischer Initiativen,

(3) die Identifikation kritischer unternehmensweiter Initiativen sowie

(4) ihre Verknüpfung mit den jährlichen Budgetierungsprozessen.

→ Der traditionell hierarchische Prozess zur Strategieformulierung und -implementierung ist nach Kaplan/Norton durch mangelhafte Feed-back-Schleifen gekennzeichnet. Die Rückkopplung erfolgt nur auf der operativen Ebene als „single-loop-Lernen": Abweichungen lösen (allein) Anpassungsmaßnahmen aus, um das anvisierte Ziel doch noch zu erreichen. Mit Hilfe der Balanced Scorecard soll dagegen die Rückkopplung auch auf die Anpassung der Strategie bezogen werden und einen durch „double-loop-Lernen" charakterisierten strategischen Lernprozess fördern: die Strategie selbst steht auf dem Prüfstand.

Die BSC kann nicht nur der Strategieumsetzung dienen, sondern ist auch ein Instrument strategischen Lernens!

Die Balanced Scorecard hat nach ihren „Erfindern" Kaplan und Norton also die Aufgabe, den strategischen Führungsprozess im Unternehmen zu unterstützen bzw. als Handlungsrahmen für diesen Prozess zu dienen. Ziel ist die „strategy-focused organization" (Kaplan, 2000, S. V) oder eine noch konsequen-

tere Strategie- und Zielorientierung aller Akteure im Unternehmen! Betrachten wir zunächst die logisch erste Phase der strategischen Führung, die Strategieentwicklung.

Strategiefindung: Unterstützung der Strategieentwicklung

Strategische Führung bedeutet, in den Nebel zukünftiger Entwicklung wenige richtungsweisende Orientierungspunkte zu setzen. Diese sind wesensmäßig mit erheblicher Unsicherheit behaftet. Das Management weiß nicht, ob der intendierte Weg der richtige sein wird; es kann nur das entsprechende Gefühl („unternehmerisches Gespür") besitzen. Aufgrund der hohen Unsicherheit können in der Strategieentwicklung deshalb lediglich selektive und zudem hoch aggregierte Sachziele (z.B. Marktpositionen, zu erreichende Technologiepositionen u.ä.m.) geplant werden. Implizites Wissen in den Köpfen der Führungskräfte – vom Top-Management bis zum umsetzenden Linienmanagement – dominiert. In Kennzahlen explizit abgebildetes Wissen kann dieses ergänzen, sollte es aber nicht beherrschen. Sonst kommt es zur Scheinrationalität, die viele strategische Planungen in der Praxis kennzeichnet. Genau an dieser Stelle liegt in unseren Augen ein wesentliches – von Kaplan/Norton nur am Rande angesprochenes – Potential der Balanced Scorecard im Rahmen der Strategieentwicklung:

→ Die Kennzahlen dienen primär nicht

dazu, konkrete Entscheidungen abzuleiten; dies würde den hohen Wissensbeschränkungen im strategischen Bereich entgegenlaufen.

→ Vielmehr werden die Führungskräfte im Rahmen des Prozesses der Erstellung von Hypothesen über Ursache-Wirkungs-Zusammenhänge dazu angeregt, ihr implizites Wissen und ihre internen Modelle explizit zu formulieren und dem kritischen Diskurs im Managementteam auszusetzen. Dies entspricht Ansätzen, wie sie im Rahmen der „lernenden Organisation" seit Jahren propagiert werden (vgl. u.a. Senge, 1990).

Unternehmen haben sehr unterschiedliche Strategieprozesse – hierauf muss sich die BSC ausrichten!

Entsprechend wird von Kaplan/Norton und vielen Beratern darauf hingewiesen, dass der Prozess der Erarbeitung einer Balanced Scorecard mindestens so wertvoll ist, wie die resultierende Scorecard selbst. Wir können uns dieser Erfahrung nur anschließen: Der Prozess zählt! Die Führungskräfte werden idealtypisch dafür sensibilisiert, ihr eigenes Bild der Zukunftswelt des Unternehmens – Kaplan/Norton sprechen von einer „theory of business" (Kaplan/Norton, 1996, S. 260) – kritisch zu hinterfragen und Sensitivitäten sowie Zielkonflikten eine größere Bedeutung beizumessen. Dabei sollten sie die von Kaplan/Norton aufgezählten vier Perspektiven für die Entwicklung einer Strategie berücksichtigen. Die Grundlage für strategisches Lernen im Kreis derjenigen, die in den strategischen Planungsprozess integriert sind, ist so gelegt.

Vergleicht man die (spärlichen) Gestaltungsempfehlungen von Kaplan/Norton mit der strategischen Planungspraxis in Deutschland, so fällt auf, dass die einzelnen Gestaltungen des Prozesses strategischer Willensbildung in praxi große Unterschiede aufweisen. In vielen Unternehmen wird nicht wirklich im kleinen Team strategisch geplant, sondern in einem der jährlichen Budgetierung entsprechenden Prozess vielmehr langfristig operativ: die kurz- und langfristigen Pläne unterscheiden sich nur in ihrem Detaillierungsgrad. Solange das Unternehmensumfeld beherrschbar erscheint, kann eine derart operativ orientierte, stärker formalisierte Langfristplanung durchaus effizient sein. In einem solchen Planungsumfeld stößt die Balanced Scorecard jedoch auf gänzlich andere Ausgangsbedingungen, als sie Kaplan/Norton offensichtlich vorschweben.

Auch im „Informationszeitalter", das Kaplan/Norton postulieren, muss eine Gestaltung des strategischen Planungsprozesses unternehmensspezifisch und differenziert erfolgen. Eine „rasche Implementierung" (Horváth, 1997, S. V) des vorgeschlagenen bzw. durch den Tenor der Beispiele implizierten „one size fits all"-Konzepts von Kaplan/Norton erscheint uns (sehr) problematisch. Nicht in jedem Fall ist dieser Weg – wie wir meinen – geeignet, durch die optimale Gestaltung der Strategieentwicklung gewünschte Wettbewerbsvorteile zu erzielen.

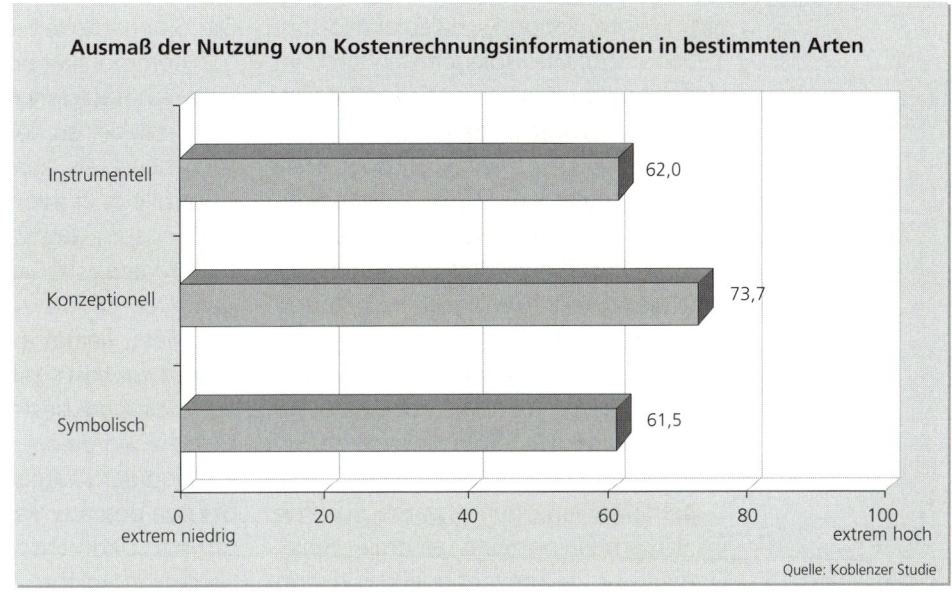

Ausmaß der Nutzung von Kostenrechnungsinformationen in bestimmten Arten

Instrumentell — 62,0
Konzeptionell — 73,7
Symbolisch — 61,5

0 extrem niedrig — 20 — 40 — 60 — 80 — 100 extrem hoch

Quelle: Koblenzer Studie

Unterschiedliche Nutzungsarten der Kostenrechnung im empirischen Befund (entnommen aus Homburg et al., 1998, S. 37)

Strategieumsetzung: Balanced Scorecard als Instrument zur Durchsetzung gefundener Strategien

Ein wesentlicher Nutzen der BSC ist konzeptioneller Natur!

Informationen können in sehr unterschiedlicher Weise genutzt bzw. verwendet werden. Intuitiv wird man zunächst an ein bestimmtes Entscheidungsproblem denken, für dessen Lösung zusätzliches Wissen benötigt wird. Eine solche Informationsverwendung bezeichnet die Theorie als *„instrumentell"*. Informationen können darüber hinaus jedoch auch als Kommunikationsmedium benutzt werden (*„konzeptionelle Nutzung"*). Sie spielen dann die Rolle einer Sprache, in der sich die Führungskräfte gerichtet und effizient über ökonomische Probleme unterhalten können. Schließlich können Informationen auch als Durchsetzungsinstru-

ment von bereits getroffenen Entscheidungen genutzt werden. Für diese Verwendungsrichtung hat die Theorie den anschaulichen Begriff der *„symbolischen Nutzung"* geprägt. In vielen Studien zeigt sich nun, dass diese Dreiteilung auch für die „klassischen" Informationen der Controller gilt, für Ergebnisse der Kostenrechnung und für Kennzahlen. Die aus einer umfassenden empirischen Erhebung der WHU aus dem Jahr 1998 stammende Abbildung zeigt dies eindrucksvoll auf.

Vor diesem Hintergrund überrascht es nicht, dass die Aspekte Durchsetzung und Kommunikation bei Kaplan/Norton den größten Raum einnehmen. Explizit sehen sie den Fokus der Balanced Scorecard als *„primarily a mechanism for strategy implementation, not for stra-*

tegy formulation" (Kaplan/Norton, 1996, S. 23). Dies spiegelt sich auch im Untertitel des Buches wider: „Translating Strategy into Action" bzw. in der deutschen Übersetzung: „Strategien erfolgreich umsetzen". Von uns durchgeführte Interviews in deutschen Unternehmen bestätigen, dass die Motivation für die Einführung einer Balanced Scorecard regelmäßig über die Optimierung des vorhandenen Kennzahlensystems hinausgeht. Angestrebt wird die Durchsetzung der Strategie.

Dabei spielt eine gemeinsame Sprache im Unternehmen eine zentrale Rolle. Gemeint ist die konzeptionelle Funktion der Balanced Scorecard als Kommunikationsmedium zwischen zentralen Einheiten und dezentralen Managern, zwischen Controllern und Linienverantwortlichen, zwischen Technikern und Kaufleuten (vgl. bezogen auf die Kostenrechnung auch Pfaff/Weber, 1998, S. 160). In dem Maße, wie alle Mitarbeiter einen engen Kontakt mit der Scorecard haben (vielleicht sogar die Kennzahlen als „Kennkarte" immer am Mann führen), wird schrittweise ein Verständnis, ein Wortschatz aufgebaut, der eine „strategische" Kommunikation über funktionale und hierarchische Grenzen hinweg erlaubt. Ein allgemeines Verständnis für die Scorecard mit Nachvollziehbarkeit und Plausibilität der Kennzahlen erlaubt es so auch, allgemein anerkannte Beurteilungsmaßstäbe für die Leistungen Einzelner oder ganzer Bereiche zu etablieren.

Balanced Scorecard als gemeinsame neue betriebswirtschaftliche Sprache

Die Sinnhaftigkeit eines solchen Fokus auf Kommunikation und Durchsetzung lässt sich auch empirisch stützen. Dieses zeigt u.a. der an der WHU durchgeführte Arbeitskreis zum Benchmarking im Controlling, in dem die Planungsprozesse von acht deutschen Konzernen detailliert analysiert und verglichen wurden. Der Arbeitskreis kam zum Ergebnis, dass keine ausreichende Verbindung zwischen strategischer und operativer Planung besteht. Als wesentliche Ursache wurde die mangelnde Kommunikation der strategischen Ziele gegenüber den operativ Verantwortlichen identifiziert. Dadurch fehlt die Brücke zur Umsetzung dieser Ziele in die operative Planung und in die sich später anschließende Ausführung (vgl. Weber/Goeldel/Schäffer, 1997, S. 274).

An diesem Defizit setzt das Konzept der Balanced Scorecard an. Durch die Vermittlung der Strategie und ihre Verknüpfung mit individuellen Zielvorgaben soll ein einheitliches Verständnis und gemeinsames Engagement bei allen Mitarbeitern geschaffen werden. Wenn jeder die strategischen Ziele des Unternehmens und die Maßnahmen, die zu ihrer Erreichung angewendet werden sollen, kennt, werden sich alle Anstrengungen und Initiativen in der Unternehmung daran orientieren. Der Einzelne soll erkennen, dass auch und gerade seine Handlungen zur Zielerreichung beitragen. Das Ziel des Kommunikationsprozesses besteht darin, alle Mitarbeiter innerhalb des Unternehmens auf die Strategie auszurichten. Einige Unternehmen nutzen das Konzept der Balanced Scorecard zudem nicht nur zur Kommunikation im Unternehmen, sondern auch in der Außenkommunikation mit Aufsichtsrat, Beirat und Analysten (vgl. auch Olve/Roy/Wetter, 1999, S. 281ff.).

Nutzung der BSC auch für Unternehmensexterne?

Die Ausrichtung einer Unternehmung an einer gemeinsamen Strategie ist ein komplexer Prozess. Dabei kommen nach Kaplan/Norton hauptsächlich drei Methoden zur Anwendung:

→ *Kommunikations- und Weiterbildungsprogramme*: Eine Voraussetzung für die Umsetzung einer Strategie besteht darin, dass alle Mitarbeiter und Manager die Strategie und das notwendige Verhalten zur Erreichung der Zielsetzung verinnerlichen. Ein konsistentes und kontinuierliches Informationsprogramm über die Komponenten der Strategie für die gesamte Organisation bildet die Grundlage für die einheitliche Ausrichtung der Unternehmung. Diese Informationen werden durch Feed-back über die aktuelle Leistung unterstützt.

Die Ratschläge von Kaplan/Norton sind an vielen Stellen nur vage

→ *Zielbildungsprogramme*: Sobald ein grundlegendes Verständnis der Strategie besteht, müssen Einzelpersonen und Teams im gesamten Unternehmen die übergeordnete strategische Zielsetzung in Ziele für den Einzelnen und die Teams übertragen. Die traditionellen Management by Objectives-Programme, die die meis-

ten Unternehmen anwenden, sollten mit den Zielvorgaben und Kennzahlen der Balanced Scorecard verknüpft werden.

→ *Verknüpfung mit dem Anreizsystem*. Die Ausrichtung der Unternehmung an der Strategie muss letztlich durch ein Anreiz- und Vergütungssystem motiviert werden. Diese Verknüpfung sollte allerdings vorsichtig und erst, nachdem die Weiterbildungs- und Kommunikationsprogramme etabliert sind, angegangen werden – wir werden auf diesen Aspekt später noch näher eingehen.

Der von Kaplan/Norton beschriebene Durchsetzungsprozess soll über die Formulierung von hochgesteckten Zielen, die Identifizierung und Fokussierung strategischer Initiativen, die Identifikation kritischer unternehmensweiter Programme sowie ihre Verknüpfung mit der jährlichen Budgetierung erfolgen. Nähere Hinweise zur Umsetzung dieser Empfehlungen erhält der Leser des Buches von Kaplan/Norton nur in geringem Umfang. Genau an dieser Stelle fängt die eigentliche Arbeit zur Verknüpfung von strategischer und operativer Planung allerdings erst an – mit oder ohne Balanced Scorecard!

Kontrolle: Balanced Scorecard zur strategischen Kontrolle

Jeder Controller hat es mit der Muttermilch eingesogen: Keine Planung ohne Kontrolle! Dies gilt auch für den Strategiebereich der Planung. Strategische Kontrolle besteht dabei grundsätzlich aus drei Elementen: einer strategischen Durchführungskontrolle, einer Prämissenkontrolle und einer möglichst ungerichteten strategischen Überwachung (vgl. Schreyögg/Steinmann, 1985).

Unterscheidung von Prämissen- und Durchführungskontrolle sowie strategischer Überwachung

→ Im Rahmen der *Durchführungskontrolle* stehen Erkenntnisse über bisherige Ergebnisse strategischer Maßnahmen im Vordergrund. Hier nimmt man häufig auf bestimmte zuvor gesetzte „Meilensteine" Bezug, wie etwa den Marktanteil eines neu eingeführten Produkts nach einem Jahr. Die Durchführungskontrolle zielt wesentlich auf die Beantwortung der Frage ab, ob die eingeschlagene strategische Richtung noch beibehalten werden kann. Sie ähnelt in ihrer Ausprägung stark der üblichen operativen Kontrolle.

→ In der *Prämissenkontrolle* werden die Schlüsselannahmen der strategischen Planung einer fortlaufenden Prüfung unterzogen. Diese Form der Kontrolle hat in dem typischen operativen Führungsprozess keine Entsprechung.

→ In engem Zusammenhang mit beiden Kontrollbereichen steht schließlich die *strategische Überwachung* als (idealerweise) ungerichtete Beobachtungsaktivität. Sie dient als „strategisches Radar" dazu, frühzeitig Chancen und Risiken in den Geschäftsfeldern und Wettbewerbskonzeptionen des Unternehmens zu identifizieren.

Die Ausführungen von Kaplan/Norton beziehen sich fast ausschließlich auf die Komponente der Durchführungskontrolle. Sie postulieren, dass der „traditionell hierarchische Prozess" zur Strategieformulierung und -implementierung durch einen mangelhaften Feedback-Prozess gekennzeichnet ist. Die Rückkopplung erfolge nur mit Bezug auf die planmäßige Umsetzung der Strategie auf der operativen Ebene. Zudem findet sie oft im „luftleeren Raum" statt – die Scorecard ermöglicht aber die Verknüpfung von Strategie und operativ Verantwortlichen sowie ggf. spezifischen Maßnahmen. Mit Hilfe der Balanced Scorecard soll die Rückkopplung auf die Strategie bezogen (feedforward) und so ein strategischer Lernprozess gefördert werden.

Entsprechend muss die Scorecard nach Kaplan/Norton als „Kommunikations-, Informations- und Lernsystem und nicht als Kontrollsystem" (Kaplan/Norton, 1997, S. 24) Verwendung finden. Neu ist die hinter diesen wohlklingenden Ausführungen stehende Konzeption einer primär auf Anpassung der Strategie gerichteten strategischen Durchführungskontrolle allerdings wahrlich nicht (hier sei nochmals auf die Arbeit von Schreyögg/Steinmann, 1985, verwiesen).

Wie die Umsetzung im Unternehmen funktionieren soll – weitgehend Fehlanzeige bei Kaplan/Norton. Dabei gilt es just an dieser Stelle das grundlegende

Dilemma der Balanced Scorecard

Dilemma der Balanced Scorecard (in Anlehnung an das in der Literatur als Dilemma der Kontrolle bekannte Phänomen) zu überwinden, das der oben angedeuteten Vision einer Synthese von lernender Organisation und kennzahlengetriebenem Controlling entgegensteht:

„Die Neigung, die konzeptionelle Gesamtsicht von Zeit zu Zeit kritisch zu überprüfen, ist üblicherweise gering. Je häufiger die konzeptionelle Gesamtsicht in Frage gestellt wird, desto größer ist die Gefahr, dass das hinter dieser Gesamtsicht stehende Commitment einer Erosion unterliegt und nicht mehr ernst genommen wird. Was mühsam erarbeitet und durchgesetzt wurde, wird nicht so schnell wieder in Frage gestellt ..." (Kirsch/Esser/Gabele, 1979, S. 324).

Und gerade auf der Durchsetzung liegt ja der Schwerpunkt der Balanced Scorecard!

Das Störgefühl wird bei der Betrachtung des zweiten Bausteins strategischer Kontrolle, der Prämissenkontrolle, noch verstärkt. Eine explizite Prämissenkontrolle sehen Kaplan/Norton nicht vor. Sie unterstellen, dass die Auseinandersetzung mit den Hypothesen des Modells im strategischen Lernprozess die Funktion einer Prämissenkontrolle erfüllt (Kaplan/Norton, 1997, S. 242). Vor dem Hintergrund des eben geschilderten Dilemmas ist dies mit Vorsicht zu sehen. Die Kommunikation eines präzi-

Wie vermeiden Sie die „Engstirnigkeit" der BSC?

sen, quantifizierten Geschäftsmodells mit Ursache-Wirkungs-Beziehungen täuscht schnell Wissen vor, das auch beim besten Willen nicht erreichbar ist – wir haben auf die hohen Wissensbeschränkungen als Charakteristikum strategischer Führung bereits mehrfach hingewiesen. Neue Einsichten und Orientierungen werden auf diesem Wege leicht blockiert und eine Fixierung auf traditionelle Erfolgsmuster begünstigt.

Die erforderliche kritische Distanz zu Kennzahlen reduziert sich mit der Zeit des Umgangs mit ihnen; strategisches Denken und eine anzustrebende wache Grundhaltung als Basis des dritten Bausteins strategischer Kontrolle, der von Kaplan/Norton nicht explizit vorgesehenen strategischen Überwachung, wird so arg bedrängt. Bekannte Phänomene kognitiver Begrenzungen von Managern, von denen uns die Psychologen viel erzählen können, erschweren es weiter, Commitment zur Strategie mit strategischer Wachsamkeit zu verbinden. Zudem zieht das Konzept der Balanced Scorecard Konkurrenzaktivitäten und Rahmenbedingungen nur bedingt über die Kundenperspektive in Betracht. Modelle, die im Rahmen der lernenden Organisation propagiert werden, tun dies oft in größerem Umfang.

Wer die Balanced Scorecard anwenden will, muss also im Bereich der strategischen Kontrolle wachsam sein und sich deutlich über die Vorschläge von Kaplan/Norton hinausgehend eigene Ge-

Selektion statt trügerische Sicherheit!!!

danken machen. Zwei Wege könnten hierfür gangbar sein:

→ Zum einen können Sie nicht nur für Ihr eigenes Unternehmen, sondern auch für Ihre wichtigsten Wettbewerber, Lieferanten und Kunden eigene Scorecards aufstellen – allerdings ist dieser Weg mit nicht unerheblichem zusätzlichen Aufwand verbunden. Hiermit wird die eigene „Engstirnigkeit" eingeschränkt. Alternativ oder parallel können Sie auch unterschiedlichen Teams im Unternehmen die Aufgabe stellen, Scorecards zu entwickeln, die dann in einem kritischen Diskurs miteinander abgeglichen werden.

→ Sie haben zum anderen auch die Möglichkeit, die Liste der erarbeiteten Kennzahlen durch einige wenige zu ergänzen, die auf die Prämissen der Planung gerichtet sind. Deren fortdauernde Gültigkeit ist dann ebenso zu überprüfen wie die Planerfüllung selbst.

1.2. MEHR ZUM KENNZAHLEN-SYSTEM

1.2.1. Ergänzende Hinweise zur Generierung und Verknüpfung von Kennzahlen

Das Konzept der Balanced Scorecard besticht durch seine intuitive Einfachheit. Statt einem – von Controllern als Gärtnern gepflegten – Kennzahlenfriedhof wird die Aufmerksamkeit des Ma-

nagements auf insgesamt nur ca. 20 (!) Kerngrößen konzentriert: Selektion statt der trügerischen Sicherheit, alles und jedes in den Berichten erkennen zu können. Derartige Verdichtungen leben allerdings davon, möglichst exakt zu passen; je weniger Zahlen ausgewählt und berichtet werden, desto mehr kommt es darauf an, dass sie die tatsächlich wichtigen sind. Betroffen hiervon ist die Balanced Scorecard in zweistufiger Weise: zum einen bezogen auf die Auswahl der relevanten Perspektiven, zum anderen hinsichtlich der diese abbildenden Ziele. Wie bereits angemerkt, treffen Kaplan/Norton für die Perspektiven- und Kennzahlenwahl sowie deren Verknüpfung nur sehr allgemeine und offene Aussagen. Wir wollen Ihnen einige ergänzende Tips geben.

Strategische Erfolgsfaktoren

Geht man die Erfahrungen und die Instrumente der strategischen Planung durch, so stößt man schnell auf ein Konzept, das ebenfalls zentral die Selektion wichtiger aus einer Vielzahl weniger wichtiger Aspekte zum Inhalt hat: Strategische Erfolgsfaktoren.

Anfang der sechziger Jahre begann man in den USA, systematisch diejenigen Faktoren zu separieren, von denen der Erfolg der Unternehmen maßgeblich beeinflusst wird. Sie lassen sich in zwei Gruppen differenzieren:

→ Auf der einen Seite stehen interne Begrenzungsfaktoren, wie z.B. die

Produktions- und Kostensituation des Unternehmens. Für sie gilt es, auf die relative Distanz zu den Wettbewerbern als Maßstab der Erfolgsbeurteilung zu achten.

→ Die zweite Gruppe von Faktoren kennzeichnet die Umweltsituation und soll das externe Chancenpotential aufdecken helfen.

Am Anfang beruhte die Separierung dieser Faktoren lediglich auf dem subjektiven Erfahrungswissen der Manager. 1960 wurde dann von der General Electric Company der empirische Zweig einer Identifikation von strategischen Erfolgsfaktoren ins Leben gerufen. Mit den dabei zu ermittelnden „laws of the marketplace" sollte die strategische Positionierung auf eine qualitativ bessere Basis gestellt werden. Dieses Profit-Impact-of-Market-Strategy (PIMS)-Projekt hat sich dann in Gestalt des gemeinnützigen und unabhängigen Strategic Planning Institute verselbständigt. Eine große Zahl von Unternehmen weltweit bildet heute den Datenbestand der PIMS-Datenbank und ermöglicht detaillierte Auswertungen.

Strategische Erfolgsfaktoren sind eine wichtige Quelle zur Ableitung von BSC-Kennzahlen

Wesentliches Ergebnis dieser Analysen ist die mittels statistischer Verfahren erfolgende Herausarbeitung von über 30 Erfolgsfaktoren, die die Varianz des return on investment (als zentral betrachteter Erfolgsgröße) der an der PIMS-Studie beteiligten Unternehmen bis zu 80% erklären können. Hierzu zählen insbesondere

→ die Investitionsintensität,
→ der relative Marktanteil und
→ die relative Produktqualität.

Die PIMS-Datenbank ermöglicht es, durch die Eingabe der entsprechenden Parameter Voraussagen über Erfolg und Misserfolg von Geschäftsfeldern zu machen und gleichzeitig Hilfestellung bei der Formulierung künftiger Strategien zu leisten.

Wer an dem PIMS-Projekt teilnimmt, hat in den für ihn geltenden Erfolgsfaktoren eine wichtige Ausgangsbasis vorliegen, um die Frage nach den richtigen Perspektiven und den für diese relevanten Zielgrößen der Balanced Scorecard zu beantworten. Nicht verschwiegen werden soll an dieser Stelle jedoch, dass auch der PIMS-Ansatz mit einer Reihe von Schwächen verbunden ist (z.B. der Vergangenheitsbezug der Analyse). Allerdings wiegt unseres Erachtens die unterstützende Wirkung im Prozess der Auswahl der Perspektiven der Balanced Scorecard diese Schwächen mehr als auf.

Viele Unternehmen haben schließlich die Grundidee der Erfolgsfaktoren auch ohne die breite empirische Verankerung in der PIMS-Studie umgesetzt. Die Literatur ist voller Beispiele aus den unterschiedlichsten Branchen, und auch für Management-Berater ist das Thema Ermittlung von Erfolgsfaktoren ein fester Bestandteil ihres Leistungsangebots. Bei näherem Hinsehen basiert deren Ableitung allerdings auf derselben Wissensbasis, die auch für die Spezifizierung der Balanced Scorecard herangezogen werden soll: der Erfahrung des Linienmanagements in den Märkten und im Unternehmen.

Mit anderen Worten bedeutet dies: Wer sich systematisch und ernsthaft über die Ermittlung von Erfolgsfaktoren Gedanken gemacht hat, besitzt eine hervorragende Voraussetzung, eine Balanced Scorecard aufzustellen!

Unterstützende Matrizen

Wie lassen sich Kenngrößen operational ableiten?

Werden strategische Ziele und die sie abbildenden Kenngrößen von Workshop-Teilnehmern interaktiv erarbeitet, steht häufig Verdichtungsarbeit ins Haus: Es gilt, die Vielzahl verschiedener Ziele im zweiten Schritt auf eine vergleichsweise geringe Anzahl von Kenngrößen zu reduzieren, die dann auch in der Balanced Scorecard berücksichtigt werden können. Dieser Prozess lässt sich durch den Einsatz einfacher Matrizen unterstützen.

So hat Knorren (1998, S.120) für operative Werttreiberhierarchien eine Matrix entwickelt, die auch den Auswahlprozess strategischer Ziele für die Balanced Scorecard unterstützen kann (vgl. Weber/Schäffer, 1999c, S.284ff.). Danach gilt es bei der Selektion von Zielsetzungen zwei Fragen zu stellen:

→ Welchen Einfluss auf den Erfolg hat die Kennzahl?

→ In welchem Maße ist sie durch das Management beeinflussbar?

Bei Kenngrößen mit hohem Erfolgseinfluss und einer geringen (wahrgenommenen!) Beeinflussbarkeit können Überlegungen angestellt werden, wie die Beeinflussbarkeit kurz- oder mittelfristig erhöht werden kann. Letztlich muss jede strategische Zielgröße vom Management in gewissem Umfang beeinflussbar sein. Ansonsten müsste sie als Prämisse der Strategie betrachtet werden (vgl. auch Seite 20) und käme nicht dafür in Betracht, handlungsleitend zu wirken.

Der Erfolgseinfluss einer strategischen Kenngröße kann aus den Dimensionen Chance und Risiko resultieren (vgl. die rechtsstehende Abbildung).

→ In der Regel wird die Realisierung strategischer Ziele den Erfolg des Unternehmens nachhaltig positiv beeinflussen. Wird das Ziel nicht erreicht, lassen sich zwei Fälle unterscheiden: Die hohe Chance geht nur mit einem vergleichsweise geringen negativen Veränderungspotential einher: das strategische Ziel ähnelt dann im Charakter einer Realoption und sollte als Kenngröße in der Balanced Scorecard repräsentiert sein.

→ Anders sieht es aus, wenn die hohe Chance von einem ebenso hohen (oder gar noch höheren) Risiko begleitet wird. Auch diese Kenngrößen sollten natürlich in der Balanced Scorecard berücksichtigt werden,

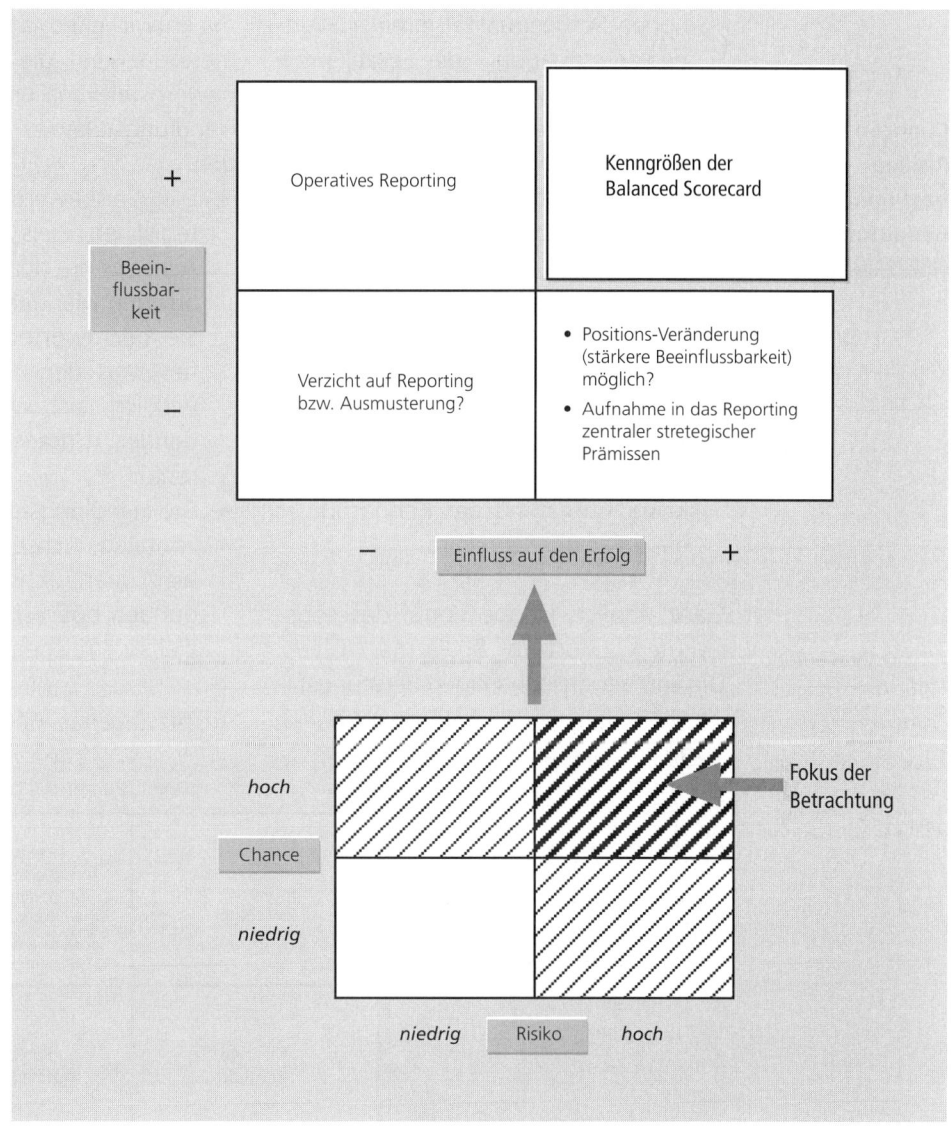

Strategische Bedeutung und Einfluss auf die BSC (in Anlehnung an Knorren, 1998, S. 120)

bedürfen dabei aber einer besonders intensiven Betrachtung (bereits hier deutet sich an, dass die ausgewogene Abbildung von strategischen Kenngrößen in einer Balanced Scorecard nicht das „Ende der Fahnenstange" sein kann; vgl. ausführlich dazu Seite 39ff.).

→ Daneben ist auch der Fall denkbar, dass der Rückgang einer bislang sehr

Chancen und Risiken bestimmen die Bedeutung

hohen Servicequalität in einer Wettbewerbssituation, die exzellenten Service voraussetzt, ein außerordentlich hohes Risiko für das Unternehmen bedeutet. Entsprechend mag das Balanced Scorecard-Team zum Schluss kommen, die Kenngröße auch dann aufzunehmen, wenn nicht erkennbar ist, wie eine weitere Steigerung der Qualität Kundennutzen und Markterfolg generiert.

→ Wenn Chance und Risiko klein bzw. beherrschbar erscheinen, erfolgt keine Aufnahme der Kenngröße in die Balanced Scorecard.

Ganz ähnlich ist die Logik des sogenannten „Horváth & Partner"-Filters: Die von der gleichnamigen Beratungsfir-

ma entwickelte Matrix baut auf zwei Dimensionen auf, die zum einen die Wettbewerbsrelevanz und zum anderen die Handlungsrelevanz zum Ausdruck bringen:

→ Die Wettbewerbsrelevanz eines strategischen Ziels auf der vertikalen Achse bringt den Einfluss eines Zieles auf den Markterfolg zum Ausdruck. Sie beantwortet die Frage: „Resultiert aus der Umsetzung des Ziels wirklich ein wettbewerbsentscheidender Unterschied zur Konkurrenz?"

→ Die Handlungsrelevanz auf der horizontalen Achse beschreibt, inwieweit überdurchschnittliche Anstrengungen nötig sind, um das gesetzte Ziel zu erreichen.

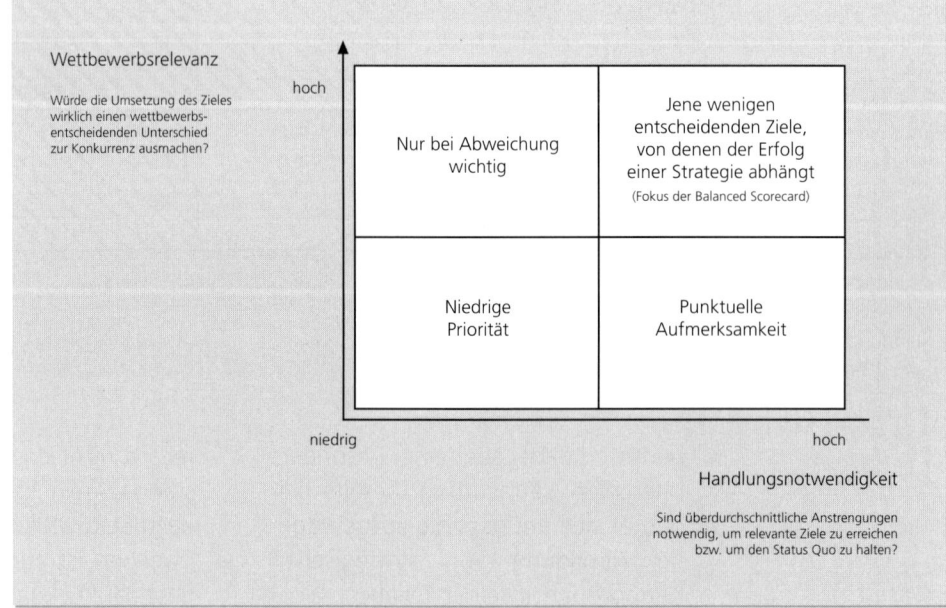

„Horváth & Partner-Filter" zur Ableitung strategischer Ziele (entnommen aus Horváth & Partner, 2000, S. 140)

Aus dieser Aufteilung leiten Horváth & Partner vier Felder einer Matrix ab. Nur die strategischen Ziele im Feld mit hoher Wettbewerbsrelevanz und hohem Handlungsbedarf werden in die Balanced Scorecard aufgenommen (vgl. Horváth & Partner, 2000, S.138ff.).

Verknüpfung von Perspektiven nach Juran

Ein eher schematischer Ansatz zur Verknüpfung von Prozess- und Kundenperspektive über sogenannte Planungsmatrizen findet sich bei Juran. Danach wird die erste Matrix durch die Dimensionen Kunden in den Zeilen und Kundenbedürfnisse in den Spalten aufgespannt. In den Schnittstellen werden Codes eingetragen, um die Intensität der Beziehung aufzuzeigen. In einer zweiten Matrix werden die Kundenbedürfnisse in die Zeilen übertragen und den Produkteigenschaften gegenübergestellt, die zur Erfüllung der Kundenbedürfnisse notwendig sind. Die dritte Matrix stellt die Beziehung zwischen Produkt- und Prozesseigenschaften, die vierte schließlich zu Prozessregelungseigenschaften her. Die Kenntnis der Prozessregelungseigenschaften ist dabei erforderlich, um sicherzustellen, dass sich alle Prozesse im Gleichgewicht befinden.

Sie können das Verfahren leicht modifizieren, indem Sie auf der horizontalen und auf der vertikalen Achse die strategischen Ziele zweier Perspektiven Ihrer Balanced Scorecard abtragen. Für jede Zielkombination bestimmen Sie nun im ersten Schritt die Wirkungsrichtung und -intensität. Beachten Sie dabei ggf. auch zeitliche Wirkungsunterschiede. Im zweiten Schritt gilt es, zu selektieren:

Matrizen als Hilfsmittel

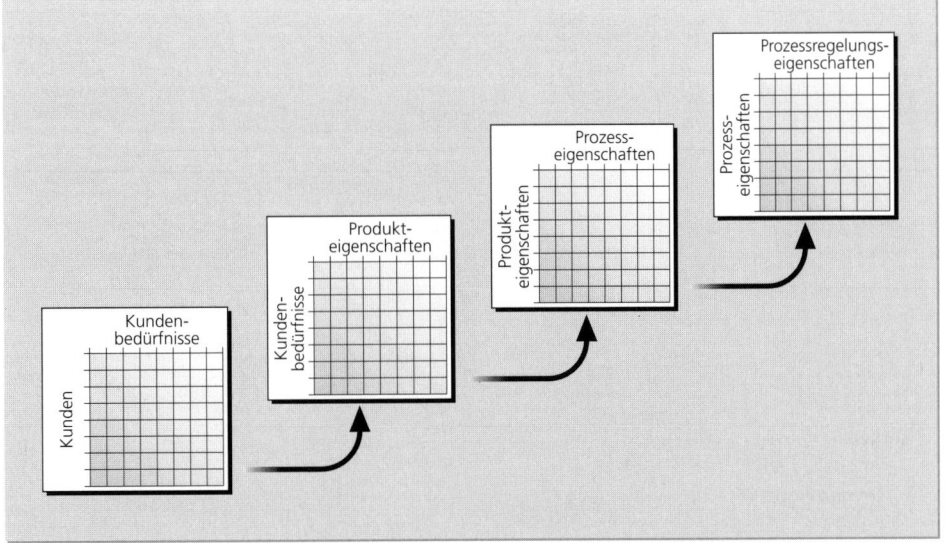

Generische Planungsmatrizen nach Juran, 1993, S. 36

nur die wichtigsten Ursache-Wirkungs-beziehungen sollten Sie in Ihre Score-card übernehmen!

Interaktiver Verknüpfungsprozess

Wir raten dabei zur Vorsicht: Die Arbeit mit Matrizen suggeriert leicht, die Zu-sammenhänge seien analytisch genau erfassbar. Dem ist aber nicht so – Stra-tegien und Strategische Planung han-deln von hohen Wissensdefiziten. Nur der Weg, die komplexen Zusammen-hänge zwischen den Kenngrößen (vgl. illustrativ die unten stehende Abbil-dung) durch einen breiten Diskussions-prozess in Management-Workshops zu erarbeiten, führt deshalb zum Ziel!

Auch bei dieser Methode gilt es, stark zu selektieren. Eine übermäßig komple-xe und unübersichtliche Darstellung der Ursache-Wirkungs-Beziehungen wird schnell aussagelos. Der Prozess kann technisch mit Pinnwänden, Flipcharts oder Beamer unterstützt werden. Flip-charts und Pinnwände haben den Vor-teil, dass Sie die von der Gruppe ausge-füllten Kärtchen schnell und unkompli-ziert versetzen können. Allerdings er-weist es sich häufig als problematisch, dass einmal gezeichnete Verbindungs-pfeile nicht mehr entfernt werden kön-nen. Hier kommt der Vorteil des Bea-mers zum Zug: Pfeile und Kenngrößen können beliebig verändert und verscho-ben werden.

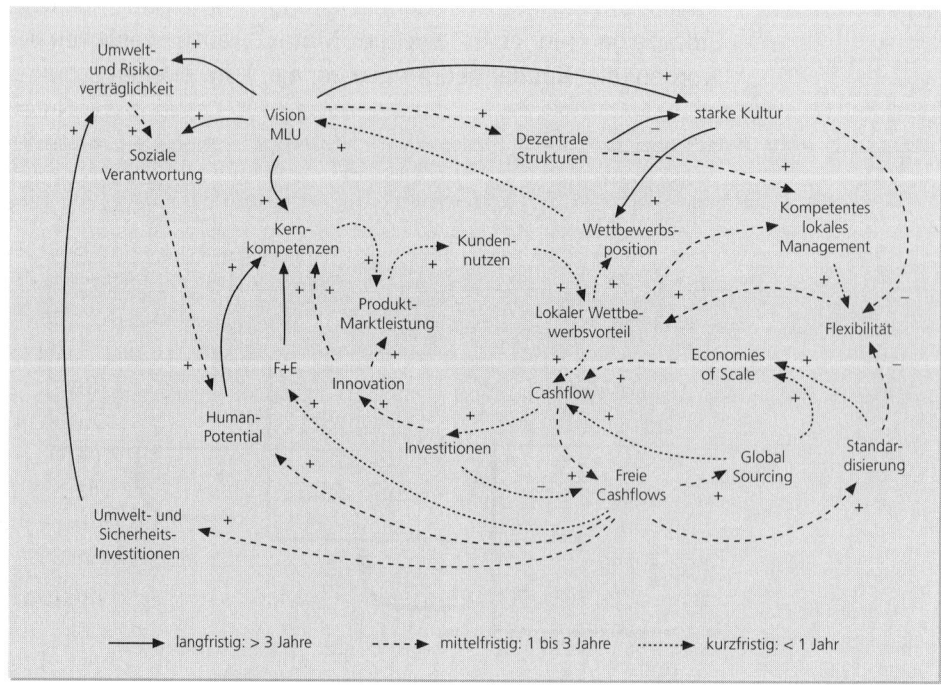

Vernetzte Kausal-modelle nach Gomez/Probst, 1999, S. 107

Fazit: Nutzung vorliegender Erfahrung

Die genannten Beispiele sollten Ihnen eines deutlich machen: Wer eine Balanced Scorecard einführen will, muss nicht bei Null anfangen. In den meisten Unternehmen besteht ein derart hohes Maß an instrumentellen, konzeptionellen und mentalen Vorarbeiten, dass es mehr um die Selektion als um die Neuentwicklung von Kennzahlen gehen wird. Zwei potentiell reichhaltig sprudelnde Erfahrungsquellen haben wir genannt: Ansätze zur Operationalisierung von Strategien und Anstrengungen zur Strukturierung und Abbildung des Geschäftssystems im Rahmen von Total Quality Management-Konzepten. Erfinden Sie das Rad nicht neu, sondern beziehen Sie die bereits vorliegenden Erkenntnisse ein; dies erspart Ihnen nicht nur Zeit und Kosten in der Gestaltungsphase der Balanced Scorecard, sondern erleichtert in hohem Maße auch deren Implementierung!

1.2.2. Wie steht es um Ihre Leistungsrechnung?

Eine wesentliche Aufgabe von Controllern im Prozess der Einführung einer Balanced Scorecard ist die Beschaffung und Unterstützung bei der Interpretation von relevanten Daten. Diese Aufgabe wird den Controller regelmäßig über seine traditionellen „Systeme" (insbesondere die Kosten-, Erlös- und Ergebnisrechnung) hinausführen. Kaplan/Nor-

TQM-Projekte bilden eine gute Basis für die BSC

ton bemerken dazu für die USA: „Erfahrungsgemäß stellt sich dabei heraus, dass für mindestens 20% der Kennzahlen der BSC keine Daten vorhanden sind." (Kaplan/Norton, 1997, S. 223). Diese Daten müssen zudem zeitnah integriert und aufbereitet werden. Insbesondere Daten für die Kunden-, interne Prozess- und Lernperspektive stammen teilweise aus prozessnahen DV-Systemen (z.B. der Betriebsdatenerfassung), teilweise sind sie nur extern verfügbar. Hier rächt es sich, dass sich die Controller in der Vergangenheit zu wenig Gedanken um nicht-monetäre Informationen als Unterstützung des Managements gemacht haben. Eine Leistungsrechnung als Pendant zur Kostenrechnung ist in den meisten Unternehmen ein (auch von Controllern!) in der Vergangenheit vernachlässigtes Gebiet.

Dabei ist der Nutzen einer ausgebauten Leistungsrechnung erheblich. Neben den bereits oben genannten generellen Argumenten einer höheren und frühzeitigeren Transparenz bezüglich des Geschäftssystems durch nicht-monetäre Leistungskennzahlen

→ können Leistungen insbesondere helfen, Bereiche sinnvoll zu steuern, deren Output sich einer unmittelbaren monetären Quantifizierung entzieht. Hierzu zählt u.a. der Bereich der zentralen Verwaltung eines Unternehmens. Die Beschäftigung mit der Formulierung von Leistungsgrößen hilft, diese oftmals weitgehend unstrukturiert, in „Eigendyna-

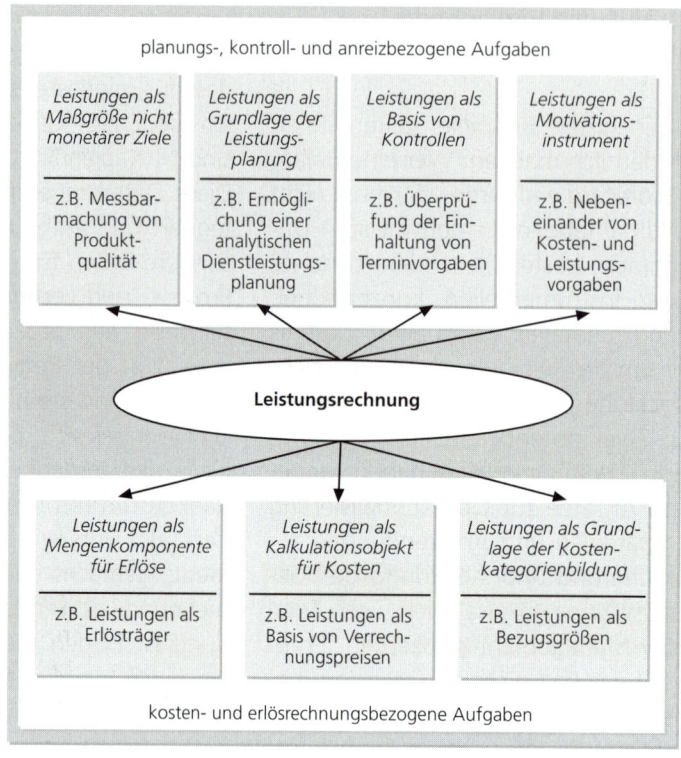

planungs-, kontroll- und anreizbezogene Aufgaben

Leistungen als Maßgröße nicht monetärer Ziele	Leistungen als Grundlage der Leistungsplanung	Leistungen als Basis von Kontrollen	Leistungen als Motivationsinstrument
z.B. Messbarmachung von Produktqualität	z.B. Ermöglichung einer analytischen Dienstleistungsplanung	z.B. Überprüfung der Einhaltung von Terminvorgaben	z.B. Nebeneinander von Kosten- und Leistungsvorgaben

Leistungsrechnung

Leistungen als Mengenkomponente für Erlöse	Leistungen als Kalkulationsobjekt für Kosten	Leistungen als Grundlage der Kostenkategorienbildung
z.B. Leistungen als Erlösträger	z.B. Leistungen als Basis von Verrechnungspreisen	z.B. Leistungen als Bezugsgrößen

kosten- und erlösrechnungsbezogene Aufgaben

Aufgaben einer Leistungsrechnung (entnommen aus Weber, 1999, S. 207)

zeitknappheitsbedingte Analysefehler, Kurzatmigkeit der Erfolge).

→ Leistungen treffen oftmals das operative Steuerungsproblem besser, sind unmittelbarer auf die zu erfüllende Aufgabe ausgerichtet als Kosten. Gibt man beispielsweise dem Leiter eines Logistikbereichs Kostenvorgaben, so lassen sich diese in sehr unterschiedlicher Art und Weise erreichen. Der Bezug zur einzelnen Führungsentscheidung ist weit. Kosten sind Folge von Prozessen; Letztere müssen gesteuert werden, nicht die Kosten selbst – wir werden hierauf im zweiten Teil dieses Buches noch ausführlich eingehen (vgl. S. 253ff.). Die Vorgabe und Messung eines Servicegrades, einer zu erreichenden Durchlaufzeit oder eines nicht zu überschreitenden Lagerfüllungsgrades ist direkt auf das tägliche Geschäft zu beziehen; Abweichungen sind aktuell sichtbar, Reaktionen in ihrer Wirkung ebenso.

→ Leistungen sind weiterhin Voraussetzung für die Einbindung jedes Unternehmensbereichs in die koordinierte

mik" gewachsenen Aufgabenbereiche einer analytischen Beurteilung zugänglich zu machen. Nicht selten wird dieser Prozess zur Aufdeckung tradierter aber nicht mehr bzw. nicht mehr in gleichem Maße benötigter Aufgaben führen, somit Ineffizienzen herausarbeiten. Dies zeigen die Erfahrungen mit Gemeinkostenwertanalysen und anderen Gemeinkosten-Managementtechniken. Im Gegensatz zu diesen Techniken vermeidet eine laufende Leistungserfassung, -planung und -kontrolle Verzerrungen des punktuellen Einsatzes (Abwehrhaltung der Führungskräfte,

Deshalb brauchen Sie eine Leistungsrechnung!

Unternehmensgesamtplanung. Zudem sollte jeder Budgetierung eine exakte Leistungsplanung zugrunde liegen. Fehlt diese, bleibt wenig mehr als eine ex-post-plus-(oder minus-)Festlegung der Budgetwerte.

→ Viele „Gemeinkostenbereiche" werden in den Unternehmen als reine Kostenverursacher gesehen („cost center"). Besonders motivierend ist dies für die jeweils Verantwortlichen nicht. Die standardmäßige Formulierung von Leistungsberichten parallel zu den Kostenberichten hilft, das Selbstverständnis zu stärken und den Servicecharakter den Dienstleistungsempfängern gegenüber besser kommunizieren zu können.

→ Eine ausgebaute Leistungsrechnung bietet sich insbesondere dann an, wenn die Verrechnungstiefe und -genauigkeit im Bereich der innerbetrieblichen Leistungen in der Kostenrechnung verringert werden soll. Hierfür sind nicht allein Wirtschaftlichkeitsgründe (hoher Kalkulationsaufwand) maßgebend. Moderne Organisationsformen, wie das Konzept der Fertigungsinsel, bringen hohe Kostenverbunde mit sich, da etwa die verschiedensten Leistungsarten (von der Instandhaltung der Anlagen bis zum Montagevorgang) vom gleichen Personal durchgeführt werden. Kalkulationen einzelner Leistungsarten („Handgriffe") bedeuten dann nur massive Gemeinkostenschlüsselungen; sie erbrächten keinen eigenständigen Aussagewert. Die entsprechenden Leistungsinformationen liefern dagegen die adäquate Basis für kurzfristige Steuerungsmaßnahmen.

Alle genannten Gründe lassen es in der Regel sinnvoll erscheinen, die Leistungsrechnung systematisch auszubauen. Sie reichen weit über die Zwecke einer Balanced Scorecard hinaus, lassen sich aber elegant mit diesen verbinden. Mit anderen Worten: Die Implementierung einer Balanced Scorecard liefert einen weiteren Grund und Anlass, sich mit dem Aufbau einer aussagefähigen Leistungsrechnung auseinanderzusetzen! Der Weg dorthin ist aktuell weit weniger aufwendig, als dies noch vor Jahren war: Die durchgängige Verbreitung moderner Standardsoftware liefert in aller Regel eine sehr tragfähige Basis; eine Vielzahl von Prozessdaten ist dort erfasst.

1.2.3. Operative Werttreiberhierarchien als Alternative?

Die Mehrzahl der großen börsennotierten Aktiengesellschaften in Deutschland bekennt sich explizit zum Ziel der Wertsteigerung für ihre Anteilseigner. Das zugrunde liegende Shareholder Value-Konzept propagiert operative Werttreiberhierarchien als Instrument zur Umsetzung der Strategie des Unternehmens (vgl. z.B. Knorren, 1998, S. 114 ff.). Daraus ergibt sich unmittelbar die Frage nach dem Verhältnis von operativen Werttreiberhierarchien und Balanced Scorecard. Wo liegen die Unter-

„Modewelle" Shareholder-Value contra „Modewelle" Balanced Scorecard

schiede? Handelt es sich um alternative oder komplementäre Konzepte? Welches Konzept ist ggf. überlegen?

Gemeinsamkeiten

Beide Konzepte fordern den strikten Bezug aller Planung auf ein monetäres Oberziel. Die Balanced Scorecard lässt deren konkrete Ausgestaltung offen – eine wertorientierte Größe wie der EVA oder Economic Profit ist hier ebenso möglich wie eine eher traditionelle Größe wie der Return on Capital Employed. Im Konzept der Werttreiberhierarchien bilden Cashflows den Ausgangspunkt der Betrachtung; die konkrete Umsetzung des Postulats erfolgt dann über Hierarchien von finanziellen und operativen Werttreibern (vgl. zum Konzept Lewis, 1995, S. 62 ff.) bzw. wertbestimmenden Faktoren (vgl. Copeland/Koller/Murrin, 1995, S. 142 ff.).

Auch Werttreiberhierarchien gehen auf nichtmonetäre Einflussgrößen zurück

Bei Copeland/Koller/Murrin wird der Free-Cash-Flow durch die wertbestimmenden Faktoren gebildet. Der Free-Cash-Flow ergibt sich genauer als das Produkt aus dem operativen Ergebnis nach Steuern mit einem durch die Investitionsrate gebildeten Faktor. Das operative Ergebnis nach Steuern wird in das Produkt aus „Investiertem Kapital" und der „Kapitalrendite" (ROIC) aufgespalten. Der durch die Investitionsrate bestimmte Faktor wird aus dem Anteil der als „Netto-Neuinvestitionen" bezeichneten Erweiterungsinvestitionen am operativen Ergebnis nach Steuern gebil-

det. Wertbestimmende und zu planende Faktoren sind demnach die Größen Investiertes Kapital, Kapitalrendite (ROIC) und Netto-Neuinvestitionen. Diese wertbestimmenden Faktoren können anschließend je nach benötigtem Detaillierungsgrad weiter in ihre Einflussfaktoren disaggregiert werden.

Während sich dieses Konzept in der Ableitung allein auf monetäre Größen stützt und damit von den vier Perspektiven der Balanced Scorecard explizit nur eine erfasst, schlägt der Ansatz von Lewis die Brücke zur BSC weit enger. Hier werden Größen wie das geschätzte Nachfragewachstum, der Marktanteil oder der Lagerumschlag als operative Werttreiber bezeichnet. Er zielt somit wie die Leistungstreiber der Balanced Scorecard auf eine wesentlich tiefere Aggregationsbasis als die wertbestimmenden Faktoren, nämlich die Kennzahlen des täglichen Geschäfts, die sich operativ steuern lassen. In der nebenstehenden Abbildung ist als illustratives Beispiel eine operative Werttreiberhierarchie für einen Konsumgüterhersteller dargestellt (vgl. im Folgenden Knorren/Weber, 1997, S. 31ff.). Ausgerichtet auf die Ermittlung der freien Cashflows (als Grundlage des Shareholder Values) werden Werttreiberhierarchien aus den betrieblichen Ein- und Auszahlungen sowie den Investitions- und Steuerzahlungen hergeleitet. Dies ist dem Vorgehen im klassischen Du Pont-Ansatz vergleichbar. Die Zahlungsströme wiederum werden sukzessive auf immer detail-

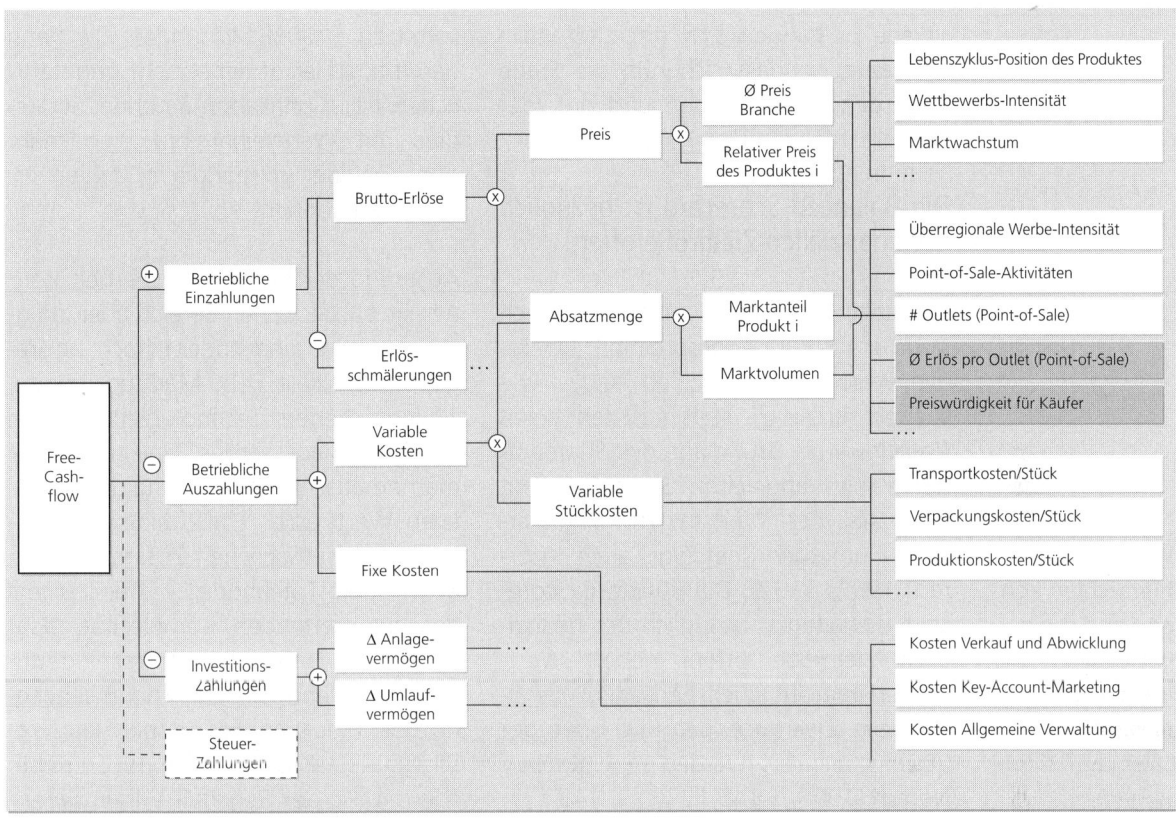

Mögliche Werttreiberhierarchie für einen Konsumgüterhersteller (entnommen aus Knorren/Weber, 1997, S. 32)

liertere Einflussfaktoren, die Werttreiber oder Wertgeneratoren, zurückgeführt. Bei diesen handelt es sich dann nur noch zum Teil um monetäre Größen. Hinsichtlich des Umfangs der Differenzierung ist festzustellen, dass der Prozess der Aufspaltung dort ein Ende finden sollte, wo die Werttreiber „handhabbare" und für das tägliche Geschäft „operationalisierbare" Größen sind. Im dargestellten Fall hat die Größe „Durchschnittlicher Erlös pro Outlet (Point-of-Sale)" das Kriterium der Handhabbarkeit bereits erreicht, d.h. es erscheint

genügend quantifizier-, plan- und kontrollierbar. Dies ist für die Größe „Preiswürdigkeit der Käufer" noch nicht der Fall, sie bedarf einer weitergehenden Operationalisierung.

Es bleibt somit zunächst festzuhalten, dass Leistungstreiber der Balanced Scorecard und operative Werttreiber im Rahmen des Shareholder Value-Ansatzes als operative steuerbare Größen des täglichen Geschäfts beide darauf abzielen, die finanzwirtschaftlichen Ziele der strategischen Planung zu operationalisieren. Es handelt sich um alternative Konzepte, so dass sich nun die Frage nach den Unterschieden und ggf. der Vorteilhaftigkeit eines Konzepts stellt.

Die Balanced Scorecard ist bezüglich der finanziellen Zielgröße offen

Der erste Unterschied ist offensichtlich und bereits kurz angesprochen: Operative Werttreiberhierarchien sind – wie soeben skizziert – stets aus den freien Cashflows als Grundlage des Shareholder Values abgeleitet. Sie sind somit dem Ziel der Wertsteigerung hierarchisch untergeordnet (vgl. auch Knorren, 1997, S. 32). Die Balanced Scorecard ist dagegen bezüglich der finanziellen Zielgröße offen, neben Wertgrößen können auch herkömmliche finanzielle Ziele wie der ROI oder der ROCE maximiert werden (vgl. Kaplan/Norton, 1997, S.145).

Werttreiberhierarchien verleiten stärker zu „100%"-Lösungen

Vom Ermittlungkonzept her weisen die Werttreiberhierarchien durch den hierarchischen Ableitungsbezug zu den freien Cashflows eine höhere Geschlossenheit auf. Darin liegt aber zugleich auch eine mögliche Schwäche des Konzepts gegenüber der Scorecard begründet: Die höhere Geschlossenheit der hierarchischen Ableitung impliziert eine größere Anzahl von Kennzahlen, da der hierarchische Baum ja umfassend abgearbeitet werden muss, und verleitet

Werttreiberhierarchien können zu Scheingenauigkeit und -rationalität führen

somit zu „100%"-Lösungen. Sie kann damit auch leicht der – nicht ungefährlichen – Illusion Nahrung geben, Strategien mit Werttreiberhierarchien mehr oder weniger vollständig in Zahlen erfassen zu können.

Aufgrund der hohen Unsicherheit können im strategischen Bereich aber lediglich selektive und zudem hoch aggregierte Sachziele (z.B. Marktpositionen, zu erreichende Technologiepositionen u.ä.m.) geplant werden. Eine eindeutige mathematische Verknüpfung der operativen Werttreiber – also eine Beschreibung der betrieblichen Zusammenhänge in einem Totalmodell – ist angesichts der anzutreffenden Komplexität nicht darstellbar. Zum einen werden eindeutige Wenn-Dann-Aussagen dann schwierig, wenn – und dies ist bei den Entscheidungstatbeständen in der betrieblichen Praxis der Regelfall – Interdependenzen auftreten. Zum anderen dominieren gerade im strategischen Bereich implizites Wissen und Intuition („unternehmerisches Gespür", vgl. Weber/Goeldel/Schäffer, 1997, S. 273ff.). In Kennzahlen explizit abgebildetes Wissen kann dieses ergänzen, aber nicht ersetzen. Aus diesen Gründen wird man sich in vielen Fällen mit subjektiven Abwägungen und Schätzungen begnügen müssen, die angesichts der Eleganz der dargestellten Werttreiber-Hierarchien mit der Gefahr verbunden sind, den Anschein mathematischer Scheingenauigkeit zu erwecken.

Entsprechend besteht auch die Gefahr, dass bestehende Hierarchien unreflektiert fortgeschrieben werden und die Transparenz bezüglich der zugrunde liegenden Prämissen über die Zeit verloren geht. Der Überführung von qualitativer Zukunftseinschätzung in eine quantitative Free Cash Flow-Planung muss deshalb höchste Aufmerksamkeit geschenkt werden. Weiterhin ist ein wichtiges Element die umfassende Kontrolle der zugrunde gelegten Prämissen, um bereits frühzeitig Abweichungen der Zukunftserwartungen erfassen und ggf. eine Modifikation der Planung initiieren zu können (vgl. Knorren, 1998, S. 131).

Kaplan/Norton fordern für die Balanced Scorecard die Beschränkung auf ca. zwei Dutzend Kennzahlen (vgl. Kaplan/Norton, 1997, S.156ff.). Eine solche Anzahl von Kennzahlen kann im Unternehmen kommuniziert werden und ermöglicht den Einsatz der Scorecard für die operative Steuerung. Die große Anzahl von operativen Werttreibern zwingt dagegen dazu, in einem zweiten Schritt die Kennzahlen weiter zu priorisieren. Nur die so ausgewählten Kennzahlen sollten in das Berichtswesen der Unternehmung eingehen (vgl. nochmals die Ausführungen der Seiten 24-27).

Balanced Scorecard oder Werttreiberhierarchien; was ist besser?

Fazit: Operative Werttreiber und das Kennzahlensystem der Balanced Scorecard sind sich konzeptionell (sehr) ähnlich, was den kritischen Leser nicht verwundern dürfte: schließlich ist die Bildung von Kennzahlenhierarchien wirklich keine „rocket science"! Ein Unterschied bleibt dennoch festzuhalten: Durch die höhere Geschlossenheit der hierarchischen Ableitung verleiten operative Werttreiberhierarchien zu 100%-Lösungen und zum Glauben an die Machbarkeit von Totalmodellen! Die nachgelagerte Priorisierung der Kennzahlen ist hier unabdingbar.

Die Balanced Scorecard ist in der Regel akzeptanzfähiger

Die Balanced Scorecard genießt unserer Erfahrung nach höhere Akzeptanz bei potentiellen Anwendern. Dies lässt sich auf fünf Faktoren zurückführen:

→ Kaplan/Norton vermeiden einen zu engen, instrumentellen Fokus vieler Management"innovationen" und vermitteln dem potentiellen Anwender das Gefühl, dass „an alles gedacht wurde". Lerntheoretisch formuliert erhält dieser zudem „Ankerpunkte". Er stößt auf bekannte und positiv besetzte Einsichten, die es ihm erleichtern, das neue Konzept in sein mentales Modell zu integrieren. Daran ändert auch die Tatsache nichts, dass die meisten Empfehlungen sehr vage gehalten sind.
Für das Shareholder Value-Konzept wurde hingegen erst in jüngerer Zeit eine „integrative und alle Führungsfunktionen des Unternehmens umfassende Ausrichtung an der Wertsteigerung" (Knorren, 1998, S. 1) gefordert und zugleich konstatiert,

dass eine derartige Sicht – trotz der hohen Akzeptanz des Ziels der Wertsteigerung – in der Praxis deutscher Unternehmen noch wenig verbreitet ist – ein für die Umsetzbarkeit des Konzepts (inklusive der Werttreiberhierarchien) gravierendes Problem!

→ Das Konzept der Balanced Scorecard ist von seinen Autoren exzellent verpackt und zudem *intuitiv eingängig*. Insbesondere die Strukturierung in vier Perspektiven trägt nachhaltig zum intuitiven Verständnis und einer hohen Anschaulichkeit des Konzepts bei. Das Management kann so die Balanced Scorecard gut dazu nutzen, um strategisches Denken und Handeln im Unternehmen zu befördern und Widerstand gegen Veränderungen zu minimieren (vgl. auch Eccles/Noriah, 1992, S. 29). Hingegen ist der Shareholder Value-Ansatz für die meisten Anwender intellektuell nur vergleichsweise schwer zugänglich. Einige Elemente, wie der Gedanke von Zahlungsströmen, müssen erst langsam ihren Weg in die mentalen Modelle deutscher Controller und Manager finden. Zudem ist das Konzept durch seine gedankliche Nähe zum Kapitalmarkt und internen Rationalisierungsprogrammen auf den unteren Hierarchiestufen vielfach negativ besetzt (vgl. z.B. Michel, 1997, S. 274 und Horváth/Kaufmann, 1998, S. 40). Shareholder-Value suggeriert dann Verteilungskampf und „Auspressen der Zitrone", nicht aber gemeinsame

Gegen Werttreiberhierarchien spricht das häufig schlechte Image des Shareholder-Value-Ansatzes

Problemlösung.

→ Von den Vertretern der das Instrument Balanced Scorecard propagierenden „Management Theory Industry" wird nach Kräften ein „Ready-to-use"-Image des Instruments gefördert. So ist die Entwicklung und Einführung nach Kaplan/Norton in drei Monaten zu haben (vgl. Kaplan/Norton, 1997, S. 298f.) und Horváth postuliert: „Das Buch ermöglicht durch seine klare Anwendungsorientierung – unterstützt durch die vielen nachvollziehbaren Beispiele – eine rasche Implementierung auch in der deutschen Praxis." (Horváth, 1997, S. VI). Allerdings ist ein solches Ready-to-use-Image nicht gefahrlos: Richten sich Unternehmen im Prozess der individuellen Gestaltung der Balanced Scorecard aufgrund der Eingängigkeit eng am Basisbeispiel von Kaplan/Norton aus, dann sind – wie wir bereits ausgeführt haben – eigenständige, individuell passende Lösungen kaum zu erwarten. Böse Überraschungen im eigenen Implementierungsprozess können zudem negativ auf die anfangs vorhandene Akzeptanz des Konzepts zurückschlagen.

→ Die Balanced Scorecard ist in Mode. In dem Maße, wie immer mehr Unternehmen das Konzept einführen, beginnt sie sich zu einem Standard zu entwickeln. Analog dem Kauf einer IBM-Anlage (zumindest in früheren Zeiten) kann man folglich als verantwortlicher Controller oder

Manager mit der Einführung einer Balanced Scorecard wenig falsch machen. Das Konzept des Shareholder Values ist zwar auch en vogue, operative Werttreiberhierarchien dagegen sind vergleichsweise wenig bekannt und propagiert.

→ Die Motive der im Unternehmen für die Einführung Verantwortlichen werden von der Balanced Scorecard getroffen. Zentrale Planer können darauf hoffen, endlich ihre Strategien im Unternehmen zu verankern, und Controller erhalten den vielfach lang ersehnten Zugang zu strategischen Fragen. Hingegen ist die Shareholder Value-Thematik in den meisten Unternehmen von zentralen Planern (oder Beratern) besetzt, und Controller finden sich in der Rolle des ungeliebten Zulieferers von Daten wieder – wahrlich keine gute Voraussetzung für die erfolgreiche Umsetzung und langfristige Weiterentwicklung im operativen Geschäft, der Domäne der Controller!

Wir raten eher zur BSC – die Entscheidung ist aber nur vor dem speziellen Unternehmenshintergrund valide zu treffen!

Fazit: In wertorientiert geführten Unternehmen kann die Umsetzung der Strategie in die operative Planung sowohl durch operative Werttreiberhierarchien als auch die Balanced Scorecard erfolgen. Aus zwei Gründen erscheint uns die Balanced Scorecard jedoch das erfolgversprechendere Konzept. Es verleitet weniger zu 100%-Lösungen und wird in der Regel im Unternehmen auf mehr Akzeptanz stoßen. Doch sei an dieser Stelle noch ein einschränkendes

Wort der Vorsicht angebracht: Letztlich sind nicht die vergleichsweise kleinen konzeptionellen Unterschiede für den Umsetzungserfolg ausschlaggebend, sondern das, was Manager und Controller im Unternehmen daraus machen!

1.2.4. Wie fokussiert sollte Ihre Scorecard sein?

Durch die Abbildung der strategierelevanten Kennzahlen und der sie verbindenden Ursache-Wirkungs-Beziehungen in den Perspektiven der Balanced Scorecard fordern Kaplan/Norton letztlich die *Abbildung der betrieblichen Wertschöpfungskette*, die sich in den Perspektiven ihrer Scorecard spiegelt:

→ Die Lern- und Entwicklungsperspektive fokussiert in den Vorschlagen von Kaplan/Norton – und so auch in den bisher vorliegenden praktischen Erfahrungen – stark auf die Mitarbeiter und damit einen wesentlichen *Input,*

→ die Prozessperspektive auf den eigentlichen Transformations*prozess,*

→ die Marktperspektive auf den Absatz des *Outputs* und

→ die finanzielle Perspektive auf den aus unternehmerischer Sicht letztlich entscheidenden *Outcome.*

Damit ist die Forderung nach einer ausgewogenen Abbildung der Perspektiven einer Balanced Scorecard und ihrer Verknüpfung über Ursache-Wirkungs-Beziehungen aber im Kern nichts anderes als die Forderung der „herkömmlichen"

Kostenrechnung, den funktionalen Zusammenhang zwischen eingesetzten Produktionsfaktoren und ausgebrachten Leistungen der vorgelagerten Realprozesse „zum Ausgangspunkt und zur Grundlage der Analyse" (Gutenberg, 1983, S. 302) zu machen. Die Balanced Scorecard präsentiert sich – wie wir an früherer Stelle bereits ausgeführt haben – als entlang der betrieblichen Produktionsfunktion strukturierte Sammlung von Kennzahlen und damit in diesem Aspekt: alter Wein in neuen Schläuchen.

Wir wollen an dieser Stelle die Frage aufwerfen (und beantworten), ob diese ausgewogene Abbildung für ein strategisches Management über Kennzahlen genügt oder ob Sie nicht den Scheinwerfer Ihrer strategischen Aufmerksamkeit fokussierter ansetzen sollten. Dazu sei zunächst das Konzept diagnostischer und interaktiver Steuerungssysteme von Robert Simons, wie Robert Kaplan von der Harvard Business School, kurz referiert.

Diagnostische und interaktive Steuerungssysteme

Zwei grundsätzlich unterschiedliche Funktionen von Kennzahlen müssen strikt auseinandergehalten werden

Robert Simons beschäftigt sich seit Jahren mit strategischen Steuerungssystemen (vgl. Simons, 1995, 1999). Folgt man seinen Ausführungen, sollte sich die Gestaltung eines solchen Steuerungssystems am *„Return on Management"* als Maximierungskriterium orientieren. Nach Simons ist die Aufmerksamkeit des Managements die knappe Ressource, deren Einsatz optimiert werden muss. „Like its cousins, return on equity and return on assets, ROM measures the payback from the investment of a scarce resource – in this case, a manager's time and attention. It indicates how well managers have chosen among alternative courses of action to deploy that resource optimally" (Simons, 1995, S. 72). Der Return on Management ist dabei keine quantitative Größe. Sie kann deshalb nur als intuitive Einschätzung der Manager ermittelt werden und als Steuerungsgröße Richtungen, aber keinen konkreten Landepunkt aufzeigen.

Wendet man den Gedanken des Return on Management auf Kennzahlensysteme an, empfiehlt sich nach Simons eine differenzierte Betrachtung von diagnostischen und interaktiven Steuerungssystemen.

→ *Diagnostische Steuerungssysteme* geben der Unternehmung Sicherheit, ohne dass die ständige Aufmerksamkeit des Managements erforderlich ist. Wie ein Thermostat reguliert sich das System im Idealfall über negative Rückkopplungsschleifen selbst und erfordert im laufenden Betrieb keine weitere Aufmerksamkeit. Periodisches Feedback, Stichprobenkontrollen und Management by Exception stellen sicher, dass die Kapazität des Managements nur in vertretbarem Umfang in Anspruch genommen wird.

Dynamisches Zusammenspiel von diagnostischen und interaktiven Kennzahlen

→ *Interaktive Steuerungssysteme* stehen im Zentrum der organisationalen Aufmerksamkeit und sollten ständig im Bewusstsein des Managements sein. Sie treiben die Unternehmung und generieren Spannung. So wird die Energie und Aufmerksamkeit des Managements auf den Teil des diagnostischen Systems fokussiert, der in besonderem Maße mit strategischer Unsicherheit behaftet ist. Unter Umständen handelt es sich dabei nur um eine einzige Kennzahl. Simons zitiert als plastisches Beispiel John Sculley: „Pepsi's top managers would carry in their wallets little charts with the latest key Nielsen figures. They became such an important part of my life that I could quote them on any product in any market. We would pore over the data, using it to search for Coke's vulnerable points where an assault could successfully be launched, or to explore why Pepsi slipped a fraction of a percentage point in the game ... No matter where I was at any time of the day, when the Nielsen flash came out, I wanted to be the first to know about it. ... The last thing I'd want was Kendall (Pepsi's CEO) calling for an explanation behind a weak number without having had the chance to see it myself" (Sculley, 1987, S. 6).

Komplementarität von ausgewogenen und fokussierten Systemen

Es fällt an dieser Stelle nicht schwer, die Balanced Scorecard als diagnostisches Kennzahlensystem zu interpretieren. Dies sieht auch Simons so (vgl. Simons, 1995, S. 68f.). Er zeigt die Notwendigkeit einer Ergänzung der ausgewogenen, vergleichsweise breiten Abbildung in einem diagnostischen System durch ein interaktives Steuerungssystem auf, das mit wenigen Kennzahlen konsequent auf die Treiber bzw. Engpässe des Geschäfts abstellt. Das Zusammenspiel von diagnostischen und interaktiven Steuerungssystemen wird von Simons als kreatives Spannungsverhältnis von stabilisierenden und expansiven Kräften beschrieben. Unternehmen sollten beide Fähigkeiten kultivieren: Stabilität mit möglichst geringer Beanspruchung der Aufmerksamkeit des Managements und auf strategische Unsicherheiten fokussiertes Lernen als expansives Element (vgl. Simons, 1995, S.158f., und Weber/Schäffer, 2000a, S. 8ff.).

Simons verweist weiter darauf, dass ganz unterschiedliche Kennzahlen interaktiven Charakter haben können („It is important to understand that the control system used interactively in one firm may be used diagnostically in another." Simons, 1995, S.113) und leitet einige Faktoren ab, die die Auswahl der interaktiven Kennzahlen beeinflussen: die zugrunde liegende Technologie, der Regulierungsgrad der Industrie, die Komplexität der Wertschöpfungskette und die Einfachheit taktischer Antworten durch die Wettbewerber (vgl. Simons, 1995, S. 110ff.). Die Selektion der interaktiv zu nutzenden Kennzahlen bleibt bei Simons letztlich der Intuition des Top Managements überlassen; seine Ausführungen zeigen – leider – keine in sich geschlossene Generierungsmethodik auf.

Die Offenheit bezüglich der Generierung interaktiver Steuerungssysteme bezieht sich auch auf die Anzahl der Kennzahlen. Ob – wie im Fall von Pepsi – der Fokus auf eine Kennzahl gelegt wird, oder wie im noch vorzustellenden Konzept selektiver Kennzahlen auf mehrere, ist situationsspezifisch zu entscheiden. Zu berücksichtigen sind hierbei die Erkenntnisse der Kognitionswissenschaften. Danach ist die Datentransformationsfähigkeit des Menschen begrenzt, seine Rationalität ist beschränkt. Besondere Beachtung erzielte in der Literatur ein Aufsatz von Miller. Darin zeigte er, dass die Kapazität für die bewusste Unterscheidung, Aufnahme und Verarbeitung gleichzeitig eintreffender Daten auf sieben (plus oder minus zwei) Einheiten begrenzt ist (vgl. Miller, 1956). Entsprechend bilden ca. sieben Kennzahlen die Obergrenze für ein interaktives Kennzahlensystem – diese Aussage stützt sich auch auf zahlreiche Rückmeldungen aus der Praxis in Workshops, Interviews und Beratungsprojekten.

Magic Number Seven

In der ROM-Logik von Simons wird man somit bemüht sein, die Anzahl interaktiv zu nutzender Kennzahlen gering zu halten: „... there is a limit to the organization's energy and attention. Intensive focus on all systems simultaneously causes incredible stress as employees are pushed to their limits to respond to the short-term information and action demands of superiors. Furthermore using multiple systems interactively diffuses senior management's signals of strategic uncertainties because attention is dispersed over several areas." (Simons, 1995, S. 115).

Einen direkten Bezug zur Balanced Scorecard als mögliche Basis der Generierung interaktiver Steuerungssysteme stellt Simons nicht her. Kaplan/ Norton dagegen greifen die Unterscheidung von diagnostischen und interaktiven Kennzahlen auf, verstehen aber die traditionellen Kennzahlenfriedhöfe als diagnostisches und die Balanced Scorecard als interaktives Steuerungssystem: „Die Ergebnis- und Leistungstreiberkennzahlen auf der BSC sollten im Gegensatz dazu Gegenstand intensiver und extensiver Interaktion zwischen der oberen und der mittleren Führungsebene sein..." (Kaplan/Norton, 1997, S. 157). Die Autoren postulieren – wie bereits angemerkt –, dass mit Hilfe der Balanced Scorecard die Rückkopplung auf die Strategie bezogen und ein durch „double-loop-Lernen" charakterisierter strategischer Lernprozess hinsichtlich der in den vier Perspektiven abgebildeten betrieblichen Wertschöpfungskette stattfinden soll. Entsprechend muss – wie ebenfalls bereits an früherer Stelle ausgeführt – die Balanced Scorecard nach Kaplan/Norton als „Kommunikations-, Informations- und Lernsystem und nicht als Kontrollsystem" (Kaplan/Norton, 1997, S. 24) Verwendung finden.

25 Kennzahlen sind deutlich mehr als 7...

Kaplan/Norton widersprechen so den Argumenten von Simons. Ihre Aussagen hören sich dabei durchaus defensiv an: „Sind 25 Kennzahlen zu viel? Kann sich eine Organisation auf 25 einzelne Kennzahlen konzentrieren? Die Antwort auf beide Fragen ist NEIN! Wenn man eine Scorecard als Ansammlung von 25 (oder auch 10) unabhängigen Kennzahlen betrachtet, wird es für eine Organisation zu schwierig, sie zu integrieren. ... Wenn die Scorecard als Manifestation einer Strategie verstanden wird, spielt die Anzahl der auf ihr verzeichneten Kennzahlen keine Rolle, weil alle Kennzahlen auf der BSC durch Ursache-Wirkungs-Beziehungen miteinander verknüpft sind und so die Strategie der Geschäftseinheit zum Ausdruck bringen. Obwohl dies einfacher gesagt als getan ist, zeigen die Beispiele ..., dass Unternehmen ihre Strategie tatsächlich auch mit einem integrierten System von ca. zwei Dutzend Kennzahlen formulieren und kommunizieren können" (Kaplan/Norton, 1997, S. 156).

BSC als diagnostisches Kennzahlensystem

Die Möglichkeit der Abbildung und Kommunikation der Strategie mit einer Größenordnung von zwei Dutzend ausgewogenen Kennzahlen ist in der Tat unstrittig. Fraglich ist vielmehr, ob mit einer solchen Anzahl von Kennzahlen die postulierte interaktive Auseinandersetzung sinnvoll möglich ist.

Auf Basis unserer Ratio muss der Kaplan/Norton'sche Ansatz des strategischen Lernens bzw. der interaktiven Auseinandersetzung mit derart vielen Kennzahlen scheitern. Damit werden die kognitiven Grenzen der Akteure überschritten und die Energie und Aufmerksamkeit des Managements „in alle Winde" zerstreut. Simons/Dávila argumentieren in unserem Sinne und führen das Beispiel eines Finanzdienstleisters an: „They identified more than a dozen critical performance variables and included reciprocal feedback loops that traced the variables' value to the business. Included were product innovation, employee training, customer satisfaction, employee commitment, organizational renewal, and many other „key" drivers of business success. Each item was duly substantiated by deductive analysis of cause and effect. The resulting diagrams with their myriad loops, arrows, and ovals were truly impressive to behold. Unfortunately, the scorecards were so all encompassing that they did not provide guidance about priorities. In fact, employees leaving the meeting were unable to articulate which of the performance variables were mission-critical to the strategy of the business.." (Simons/Dávila, 1998, S. 75f.). Dem ist in der Anschaulichkeit kaum etwas hinzuzufügen. An der kognitiven Barriere ändert auch die Verknüpfung der Kennzahlen über Ursache-Wirkungs-Beziehungen nichts. Diese sind nicht als ein festes funktionales Modell zu verstehen, sondern als plausibler Zusammenhang, der im täglichen Handeln von den Führungskräften jeweils neu interpretiert werden muss. Damit wird die Komplexität jedoch nur wenig reduziert; das Gesamtset an Kennzahlen bleibt beobachtungs- und erklärungsnotwendig.

aktivem Kennzahlensystem liegt. Die hinter dem Dilemma stehenden unterschiedlichen Anforderungen an Verhalten und Kontextgestaltung für ein single- und ein double-loop-Lernen wollen wir durch die Kultivierung unterschiedlicher Plattformen berücksichtigen. Der zeit- und aufmerksamkeitsintensive Prozess des double-loop-Lernens wird angesichts knapper organisationaler Aufmerksamkeitsressourcen auf wenige Kennzahlen fokussiert und in interaktiv genutzten Kennzahlensystemen selektiv eingesetzt. Die Balanced Scorecard als Weiterentwicklung des betrieblichen Kennzahlensystems kann in dieser Betrachtung nicht der Endpunkt sein. Sie muss vielmehr um ein interaktives und fokussiertes Kennzahlensystem ergänzt werden.

Nebeneinander ausgewogener und fokussierter Kennzahlen

Wie können Sie diese Einsicht in Ihrem Unternehmen umsetzen? Das Konzept selektiver Kennzahlen weist einen möglichen Weg.

Just an dieser Stelle der konzeptionell-theoretischen Argumentation stößt man nun auf die Tatsache, dass bei der Implementierung der Balanced Scorecard die Kommunikations- und Durchsetzungskomponente und die eher traditionelle single-loop Nutzung in praxi zu dominieren scheint; die von Kaplan/Norton postulierte Komponente des strategischen Feedbacks aber allerorten ein Schattendasein fristet.

Wir argumentieren nun auf Basis der obigen Ableitung, dass ein möglicher Ausweg aus dem Dilemma in der Kombination aus diagnostischem und inter-

Konzept der Selektiven Kennzahlen

Das Konzept selektiver Kennzahlen wurde am Beispiel der Logistik zu Beginn der neunziger Jahre (also in ungefähr zeitgleich mit dem Konzept der Balanced Scorecard) im Zuge einer umfangreichen Arbeitskreisarbeit an der WHU Koblenz entwickelt (vgl. Weber et al., 1995, und dieselben, 1997).

Selektive Kennzahlen als interaktives Konzept

Ein erster Arbeitskreis befasste sich mit der Gestaltung des Logistik-Controlling und legte dabei einen wesentlichen Schwerpunkt auf die Definition und Erfassung der Logistikleistungen. Hieraus resultierte u.a. eine intensive Diskussion der sinnvollen Verdichtung breit erfasster Leistungsgrößen in Kennzahlensystemen. Deren Komplexität war Ausgangspunkt eines weiteren, aufbauenden Arbeitskreises, der sich mit der Entwicklung einfacherer, fokussierterer Kennzahlensysteme beschäftigte.

Das dort gewählte Vorgehen setzt wie das Konzept der Balanced Scorecard an der Unternehmensstrategie an – dem Fokus des Arbeitskreises entsprechend speziell an dem Beitrag, den die Logistik zur strategischen Ausrichtung des Unternehmens leisten kann. Eine entsprechende Analyse umfasst die Erhebung des typischen zukünftigen logistischen Anforderungsprofils vorhandener oder potentieller Kunden gemäß den Strategien der einzelnen strategischen Geschäftseinheiten bzw. Produkt-/Markt-

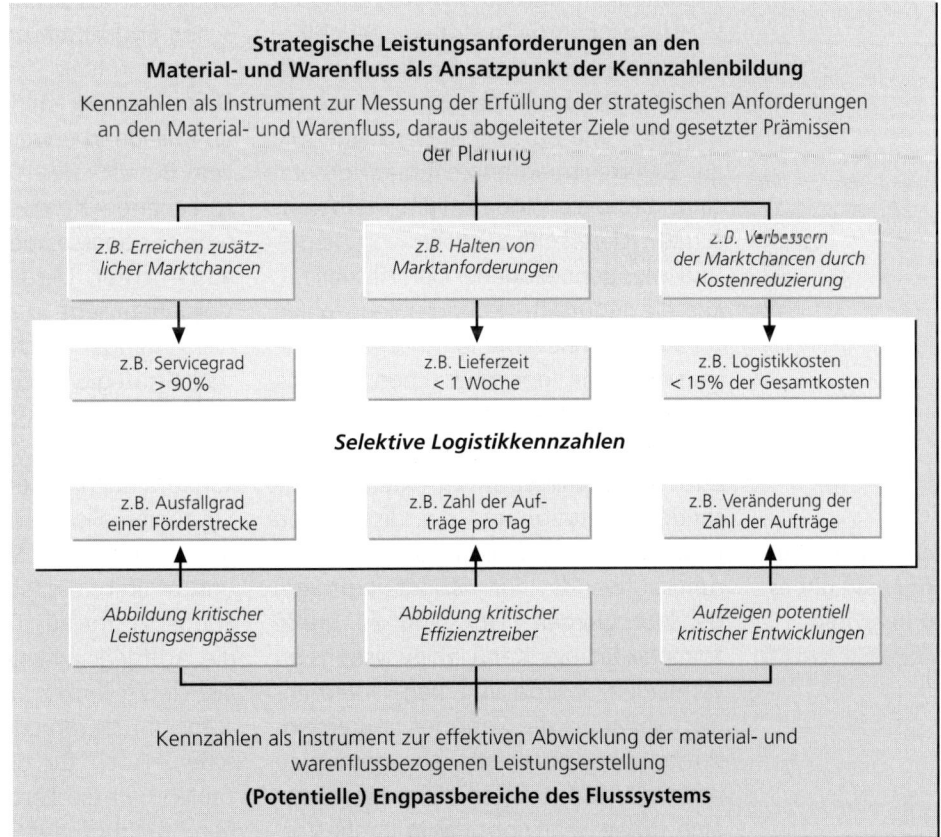

Konzept der selektiven Kennzahlen (am Beispiel der Logistik) (entnommen aus Weber/Schäffer, 1998, S. 36)

Kombinationen. Zusätzlich sind die möglichen Entwicklungen dieser Anforderungen auf dem betrachteten Markt zu prognostizieren. Logistikintern gilt es die wesentlichen Kostensenkungspotentiale zu ermitteln, die sich unter Einhaltung des angestrebten Leistungsniveaus ergeben. Ausgehend von den Ergebnissen einer derartigen Analyse sind die strategischen Ziele der Unternehmenslogistik zu bestimmen.

Auf der nun geschaffenen Grundlage vorhandener bzw. abgeleiteter Logistikstrategien werden im Konzept des WHU-Ansatzes dann strategiegerichtete Kennzahlen ermittelt. Sie können sich auf zentrale anzustrebende Ziele ebenso beziehen wie auf die Meilensteine, die zur Zielerreichung im Zeitablauf gesetzt sind. Beispiele sind etwa Lieferbereitschaft, Lieferzeiten sowie sortiments- und mengenbezogene Lieferflexibilität. Für die Inputseite können Kennzahlen für strategierelevante logistische Prozesse sowohl in der physischen Logistik (wie Tätigkeiten der Bereitstellung, Transport oder Kommissionierung) als auch der administrativen (wie der Versandbearbeitung) und der dispositiven Logistik (wie etwa die Höhe des Änderungsaufwands für Kundenaufträge) gebildet werden. Um eine zu große Komplexität des Kennzahlensystems zu vermeiden, wurde von den Unternehmen verlangt, die Zahl der strategieinduzierten Kennzahlen sehr gering zu halten (3 bis 5 Größen). Dies erforderte eine *strikte Selektion*, die in ihrem Vorgehen dem der Ermittlung strategischer Erfolgsfaktoren gleicht. Die Unternehmen wurden gezwungen, auch innerhalb des Strategiefokus nach besonders wichtigen Engpässen für die Wettbewerbsfähigkeit zu suchen und nur diese schlaglichtartig zu beleuchten.

Parallel bzw. alternativ könnte man den Scheinwerfer der Aufmerksamkeit auch auf zentrale Wachstumsfaktoren bzw. Treiber richten, also nicht die Begrenzung in den Mittelpunkt der Betrachtung stellen, sondern die Ausweitung und/oder das *Spannungsverhältnis zwischen Engpässen und Treibern*.

Diese Idee der starken Selektion wurde anschließend erweitert auf den operativen Betrieb des Logistiksystems. Entsprechende Kennzahlen sind auf kritische Engpässe des Geschäftssystems ausgerichtet. Die Motivation für dieses Vorgehen liegt in der – trivialen, aber nicht minder wichtigen – Erkenntnis, dass Strategien nicht nur dadurch scheitern können, dass man einmal gefasste strategische Ziele aus dem Auge verliert, sondern auch dadurch, dass sich bei der Strategierealisierung unerwartete Probleme einstellen. Solche den Material- und Warenfluss störenden operativen Engpässe analytisch zu bestimmen und die Aufmerksamkeit des Managements auf sie zu lenken, bietet die beste Gewähr, ihr Gefahrenpotential zu beherrschen. Auch für die operativen Kennzahlen galt die Forderung einer strikten Beschränkung auf 3-5 Größen.

Auch operative Engpässe gilt es zu beachten

Strategisch und operativ engpassbezogene Kennzahlen stimmen nur in Ausnahmefällen überein. Auch in zeitlicher Hinsicht gilt Unterschiedlichkeit: Während die strategischen Kennzahlen längerfristige Gültigkeit besitzen (entsprechend dem Horizont logistischer Strategien), sind bei den engpassbezogenen Kennzahlen im operativen Bereich eher laufende Veränderungen zu erwarten: Engpässe zu erkennen, wird häufig dazu führen, sie zu beheben. Das Beseitigen alter Engpässe lässt neue hervortreten, usw.

Die Erfahrung aus dem Arbeitskreis zeigte in vielfältiger Hinsicht Defizite in den Unternehmen auf. In den meisten Fällen lagen keine Logistikstrategien vor. Deren Entwicklung wurde infolge von erheblichen Defiziten auf dem Gebiet der Unternehmensstrategie behindert. Anders als von Kaplan/Norton referiert, ging es im Arbeitskreis weniger um die Frage, wie gefundene Strategien in das operative Geschäft umgesetzt werden können, sondern darum, zunächst adäquate Strategien zu finden – allerdings zeigen die Erfahrungen mit der Einführung der Balanced Scorecard, dass auch hier ein wesentlicher Nutzen in der Konkretisierung und Weiterentwicklung der zugrunde liegenden Strategie liegt!

Strategielernen war wichtiger als Strategieumsetzung – diese Situation wird nicht atypisch sein

Ein ebenso weitgehender Wissenszuwachs war auf dem Feld operativer Kennzahlen festzustellen. Die Sichtweise kritischer Engpässe war den meisten Unternehmensvertretern fremd. Mit anderen Worten ging es im Arbeitskreis in der meisten Zeit seiner Arbeit nicht um die Frage, wohin die Scheinwerfer der selektiven Kennzahlen zu richten seien, sondern darum, zunächst die Bühne zu bauen, auf der sie montiert werden konnten – wir werden darauf noch zurückkommen.

Die Entwicklung Ihres Kennzahlensystems

Ausgewogene und (stärker) fokussierte Kennzahlensysteme ergänzen sich komplementär. Wir argumentieren daher, dass Sie mit der Einführung der Balanced Scorecard eine Filterung und Auswahl der Kennzahlen vornehmen sollten, die als kritische Faktoren die Abbildung der gesamten Wertschöpfungskette wiedergeben. Im zweiten Schritt sollte dann aber in der Regel die weitergehende Fokussierung auf wesentliche Engpässe und Treiber erfolgen (vgl. ausführlich Weber/Schäffer, 2000a).

Die zentralen Argumente für ein solches, schrittweises Vorgehen sind in der Minimierung des Widerstands gegen die Veränderung von Kennzahlensystemen angesichts organisationaler Trägheit und im Lernverhalten der Akteure zu suchen: Wie wir bereits ausgeführt haben, ist die Balanced Scorecard in Mode. In dem Maße, wie immer mehr Unternehmen das Konzept einführen, beginnt sie sich zu einem Standard zu entwickeln, entsprechend kann man mit

Wer einer raschen Implementierung der BSC das Wort redet, trägt möglicherweise zum Scheitern der Einführung bei, bevor sie richtig begonnen hat

der Einführung eigentlich wenig falsch machen. Unterstützt wird dies durch die intuitive Eingängigkeit des Konzepts, insbesondere der vier Perspektiven. Der Widerstand gegen Veränderungen kann so minimiert werden. Mit Hilfe der Balanced Scorecard ist die verbesserte Kommunikation und Durchsetzung der Strategie sowie die diagnostische Kontrolle der zugrunde liegenden Wertschöpfungskette möglich. Die bislang in hoher Zahl im Unternehmen vorhandenen Kennzahlen („Kennzahlenfriedhof") werden kritisch überprüft und reduziert. Idealtypisch wird so sichergestellt, dass sich die Aufmerksamkeit der Organisation im Rahmen der diagnostischen Steuerung auf die Kernfaktoren der Strategie beschränkt und keine Perspektive „unter den Tisch fällt." Der Einsatz der Balanced Scorecard als diagnostisches Instrument ist vergleichsweise schnell erreicht und der Erfolg der Einführungsbemühungen im Unternehmen damit sichtbar.

Allerdings seien an dieser Stelle noch(mals) zwei Worte der Vorsicht angebracht.

→ In vielen Unternehmen haben wir beobachten müssen, dass die Selektion von Kernfaktoren äußerst halbherzig erfolgte und zu einem Ergebnis von 37, 53 und mehr „zentralen" Kennzahlen führte – ein Resultat intensiver Projektarbeit, das wahrlich nicht im Sinne der Erfinder ist! Ganz in diesem Sinne kritisieren auch Simons/Dávila: „Too often ... in order

not to offend any division or constituency within the company, they compile long lists of critical performance variables – such as information processing productivity, employee satisfaction, and revenue growth – but do not differentiate what is supposedly nice to have from what is truly critical to the company's success. As a result, people don't know exactly where they should focus their time. Energy disperses..." (Simons/Dávila, 1998, S. 75f.)

→ Weiter warnen wir vor allzu optimistischen Versprechungen, so bei Kaplan/Norton, 1997, S. 298: „Ein typisches Scorecardentwicklungsprojekt kann 16 Wochen dauern.." und bei Horváth, 1997, S. VI: „Das Buch ermöglicht durch seine klare Anwendungsorientierung – unterstützt durch die vielen nachvollziehbaren Beispiele – eine rasche Implementierung auch in der deutschen Praxis." In der Tat bindet der Prozess der Entwicklung und Einführung einer Balanced Scorecard erfahrungsgemäß mehr Management- (und ggf. – sinnvoller – Berater-)Kapazität als zunächst erwartet – wir werden hierauf an späterer Stelle noch ausführlich eingehen (vgl. S. 94ff.).

Folgt man Kaplan/Norton, sollte sich nun in der nächsten Periode das strategische Feedback „aus den unteren Hierarchiestufen des Managements" (Kaplan/Norton, 1997, S. 16) einstellen. Wie bereits ausgeführt, ist dies nur bedingt zu erwarten. Der Einsatz der Balanced Scorecard sollte aber strategisches Denken und ein verbreitetes Verständnis über die Zusammenhänge des Geschäftssystems geschaffen haben. Die „theories of business" (oder mentalen Modelle) der Akteure bezüglich des Geschäfts sind in der Balanced Scorecard expliziert und haben sich ggf. angepasst. Die Termini der Scorecard können als gemeinsame Sprache im Unter-

Die BSC kann als gemeinsame Sprache dienen

Normpfad für die Führung durch Kennzahlen (entnommen aus Weber/Schäffer, 2000a, S. 11)

nehmen fungieren – inbesondere auch an Schnittstellen, die traditionell durch Verständigungsschwierigkeiten gekennzeichnet sind: Kaufleute / Techniker, Forschung & Entwicklung / Marketing, Strategen / Controller, Zentrale / Dezentrale Einheiten ... gerade dieser Nutzen der Balanced Scorecard ist aus unserer Sicht kaum zu überschätzen!

Eine entsprechende Nutzung der Balanced Scorecard bildet so die Basis für die Ermittlung der interaktiv zu nutzenden Kennzahlen. Der strategische Diskurs kann sinnvoll fokussiert und damit erst ermöglicht werden. Für die Unternehmen, die die Balanced Scorecard ein-

führen, heißt das, dass sie noch einen Schritt weitergehen müssen. Mit der Einführung der Balanced Scorecard stehen sie erst auf der ersten Stufe einer aktiven Entwicklung ihres Kennzahlensystems!

Schließlich stellt sich noch die Frage, ob der zweite Schritt einer Fokussierung des Kennzahlensystems in jedem Fall angeraten ist oder nur kontextabhängig erfolgen sollte. Zur Beantwortung erfolgt auch an dieser Stelle der Argumentation ein Rekurs auf die Forschungsergebnisse von Simons. Dieser zeigt, dass sich je nach verfolgter Unternehmensstrategie ein Fokus auf diagnostische bzw. interaktive Steuerungssysteme ergibt. Aufbauend auf der von Miles/Snow entwickelten Strategietypologie – eine alternative Unterteilung zur in Deutschland bekannteren Unterscheidung von Porter – klassifiziert er Unternehmen als Prospektoren oder Verteidiger (vgl. Miles/Snow, 1978, und Simons, 1987):

→ Prospektoren bringen eine Vielzahl neuer Produkte in den Markt und schaffen so Unruhe.

→ Verteidiger behalten aggressiv eine prominente Position in einer sorgfältig ausgewählten, engen Marktnische.

Erfolgreiche Prospektoren nutzen der Studie von Simons zufolge ihre Steuerungssysteme dominant interaktiv, erfolgreiche Verteidiger diagnostisch. Eine Reihe von Arbeiten bestätigt diese Aussage (vgl. Bruggeman/Van der Stede, 1993, Hong, 1996). Je nach verfolgter Strategie ist also der Schritt zur Fokussierung mehr oder weniger wichtig. Unterstellt man, dass Prospektoren mit höheren Wissensbeschränkungen konfrontiert sind als Verteidiger, wird die Fokussierung erst auf der Basis von ausreichendem Wissen über das zugrunde liegende Geschäftsmodell möglich und sinnvoll. Das bestätigt zum einen die implizierte Reihenfolge für die Implementierung der Kennzahlensysteme. Zum anderen bedeutet dies auch, dass der Fokus eines Unternehmens über Zeit zunehmen, in einem klar definierten Wettbewerbsumfeld wie z.B. den „Cola-

Kriegen" zwischen Pepsi und Coke bis auf eine Kennzahl reduziert werden kann. Im anderen Extrempunkt ist bei sehr hohen Wissensbeschränkungen über das Geschäftssystem ein Fokus kontraproduktiv. Hier sollte das Unternehmen seine organisationale Aufmerksamkeit – wie auch in der Balanced Scorecard postuliert – gleichmäßig verteilen.

Bezogen auf die Einführung der Balanced Scorecard bedeutet dies, dass in vielen Fällen ein weiterer Schritt der Fokussierung erfolgen sollte. In diesen Fällen kann die von Kaplan/Norton für die Balanced Scorecard postulierte interaktive Auseinandersetzung mit der Strategie im Unternehmen erfolgreich nur auf der

Welcher Typ von Kennzahlensystem Vorrang hat, bestimmt auch die Strategie

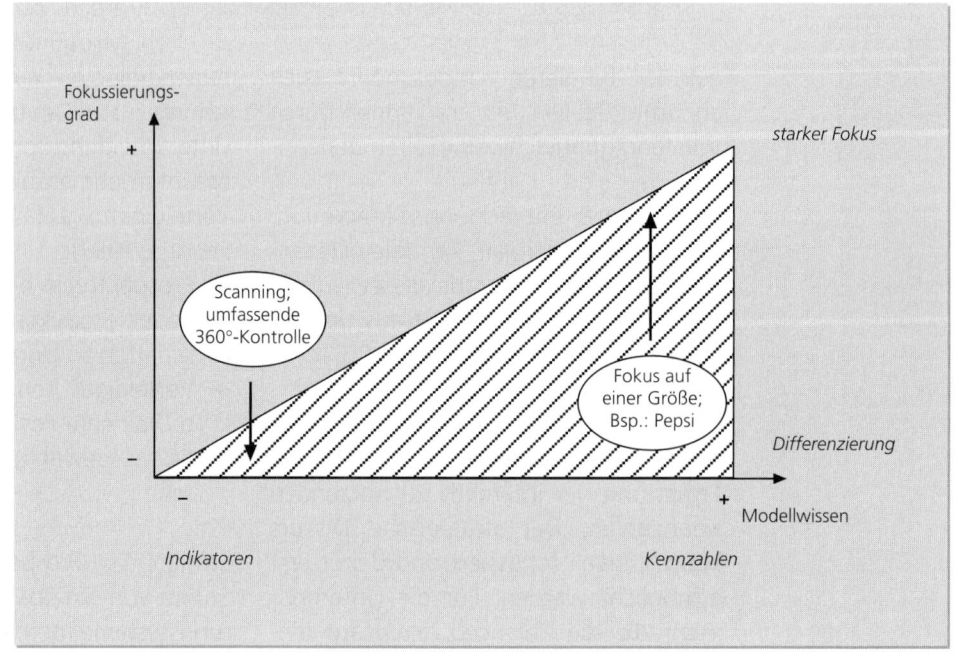

Abhängigkeit zwischen dem Ausmaß der Fokussierung und dem vorhandenen Modellwissen

Basis dieser weitergehenden Fokussierung (und nicht wie von Kaplan/Norton propagiert!) erfolgen. Hierfür lässt sich das an der WHU entwickelte Konzept der selektiven Kennzahlen nutzen.

1.2.5. Einbeziehung von Prämissen in die Betrachtung

Je früher die Obsoleszenz von Prämissen deutlich wird, desto besser

Die Selektion in der Festlegung des diagnostischen und interaktiven Kennzahlensystems geschieht in der Regel auf Basis der im strategischen Planungsprozess gesetzten Prämissen. Mit ihrer Hilfe lässt sich nicht nur „das prinzipiell unabschließbare Entscheidungsfeld" (Schreyögg/Steinmann, 1985, S.401) in der Strategiefindung, sondern auch das Steuerungsfeld in ein handhabbares Format bringen. Da sich durch das Setzen der Prämissen ja an der Unsicherheit der Umwelt selbst nichts ändert, diese vielmehr nur ein Modus zu ihrer besseren Handhabung sind, bedürfen die Prämissen der fortlaufenden Kontrolle.

Dazu ist im ersten Schritt eine optimale Transparenz bezüglich der gesetzten Prämissen zu schaffen. Dies wird in der Regel durch die Explizierung der Prämissen bzw. entsprechender Kennzahlen geschehen. Diese können sich mit den im diagnostischen bzw. interaktiv genutzten Kennzahlensystem enthaltenen Kennzahlen decken (z.B. Annahme eines gewissen Marktanteils als Mindestschwelle), müssen es aber nicht (z.B. Anzahl der Wettbewerber, Wachstumsrate des Bruttosozialprodukts). Ent-

sprechend bedarf die Balanced Scorecard der Ergänzung um eine explizite Berücksichtigung der Strategieprämissen, ggf. in der Form entsprechender Kennzahlen. Durch diese Ergänzung können Krisensymptome in vielen Fällen früher ausgemacht werden. So wird – im konstruierten Beispiel – bereits der Eintritt neuer Wettbewerber und nicht erst die Auswirkung dieses Eintritts auf den Marktanteil des Unternehmens angezeigt. „Je früher die Krisentendenzen erkannt werden, um so größer ist – bei sonst gleichen Umständen – das Alternativenspektrum für mögliche Reaktionen und die Zeit für wohlüberlegte Vorbereitung, insgesamt also der potentielle Rationalitätsgewinn" (Schreyögg/Steinmann, 1985, S. 403f.).

Bei der Erarbeitung der Prämissen ergeben sich zwei Probleme. Zum einen ist es aus wirtschaftlichen Gründen nicht sinnvoll, allen Prämissen die gleiche Kontrollintensität zuzuwenden. Daher wird man die Prämissen in eine Dringlichkeitsrangordnung bringen müssen. „Einer besonders hohen Kontrollintensität bedürfen jene Prämissen, die auf schwachen Prognosen gründen, dem eigenen Einflussfeld entzogen sind und im strategischen Konzept einen kritischen Stellenwert haben, etwa weil bereits geringe Abweichungen weitreichende Konsequenzen nach sich ziehen" (Schreyögg/Steinmann, 1985, S. 401). Damit zeichnet sich auch für Prämissen eine Unterteilung in interaktiv und in diagnostisch genutzte Prämissen als sinnvolle Lösung ab (vgl. Weber/ Schäffer, 1999b). Diagnostische Prämissensysteme umfassen die weniger dringlichen Prämissen und geben der Unternehmung Sicherheit, ohne dass die ständige Aufmerksamkeit des Managements erforderlich ist. Interaktiv zu nutzende Prämissensysteme stehen wie ihr unmittelbar auf die Wertschöpfungskette bezogener Counterpart im Zentrum der organisationalen Aufmerksamkeit und sollten ständig im Bewusstsein

ner nicht bewusst sein können. Ist die Umwelt nicht vollständig beschreib- und prognostizierbar, werden Sie zudem nicht oder nur eingeschränkt wissen, welche Punkte im Handlungsraum für Sie relevant sind. Sie können Ihren Informationsbedarf nicht präzise beschreiben und prognostizieren. Dadurch ist aber auch eine explizite Festlegung der relevanten Prämissen ex ante nur in Grenzen möglich. Der daraus resultierende selektive Charakter der Prämissenkontrolle bedarf selbst wieder der Kompensation, die der *strategischen Überwachung* zufällt. Diese muss ihrem Wesen nach ungerichtet sein, d.h. sie hat keinen ex ante identifizierbaren Kontrollgegenstand.

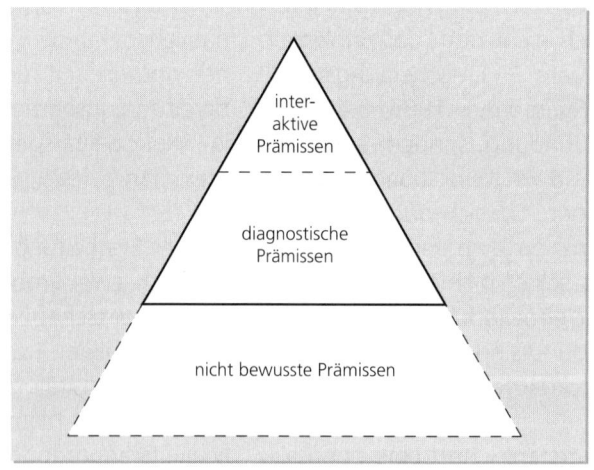

Prämissenpyramide (entnommen aus Weber/Schäffer, 1999b)

des Managers sein. So wird die Aufmerksamkeit des Managements auf die Prämissen fokussiert, die in besonderem Maße mit strategischer Unsicherheit behaftet sind.

Zum anderen lässt sich aber auch grundsätzlich keine abschließende Liste der (expliziten und impliziten) Prämissen erstellen. Es gibt also immer Prämissen, die zum Zeitpunkt der Planung dem Pla-

Der Prozess der laufenden Umweltanalyse zur Beseitigung von Wissensdefiziten wird in der englischsprachigen Literatur zur strategischen Planung als „environmental scanning" (to scan = prüfen, überblicken) bezeichnet (vgl. Aguilar, 1967 und Kefalas, 1971). Das Konzept erlaubt es, eine möglichst große Datenmenge auf Informationen abzusuchen. Letztlich bleibt jedoch auch die weitgehend flächendeckende und ungerichtete Datensuche selektiv.

In der betrieblichen Praxis erweist sich das in der Literatur hinlänglich bekann-

Strategische Überwachung erweist sich bei näherem Hinsehen als eine kaum lösbare Aufgabe

te Konzept der strategischen Überwachung jedoch als schwer umsetzbar. So schreiben Schreyögg/Steinmann: „Aus den meisten Antworten ließ sich jedoch schließen, dass die strategische Kontrolle auf mehr oder weniger informellem Weg betrieben wird. Man vertraute, kurz gesagt, auf die strategische Wachsamkeit der Akteure im Unternehmen, etwa auf die Konkurrenzbeobachtung durch den Vertrieb oder auf die Überwachung der wichtigsten Planungsprämissen durch das Linienmanagement im Rahmen seines täglichen Geschäfts. Mehrfach akzentuierte man in diesem Zusammenhang die Bedeutung eines ‚strategischen Denkklimas', das strategische Kontrolle zum selbstverständlichen Bestandteil der Managementaufgabe werden lassen soll" (Schreyögg/Steinmann, 1986, S. 752).

Um die „Operationalisierungslücke" des Konzepts von Schreyögg/Steinmann zu füllen bzw. zu reduzieren, schlagen wir vor, die interaktiv genutzten Kennzahlen und Prämissen als eine Art „Leitmotiv" für die ungerichtete Suche nach Risiken und Chancen vorzugeben. Sie sind dann dazu angehalten und idealerweise geradezu „getrieben" von der Frage, welche Implikationen jedes Detail der von Ihnen beobachteten Aktivitäten und Entwicklungen (zum Beispiel) für den zukünftigen Marktanteil oder die zukünftige Kundenzufriedenheit haben könnte. Diese Suche ist nicht reaktiv und damit gerichtet (wie in dem von Simons benutzen Pepsi-Beispiel), sondern

bezieht sich auf die Zukunft und ist bezüglich des Suchfelds (weitgehend) ungerichtet.

Von hoher Bedeutung ist der bewusste Filter, der diese Suche leitet. Die einzelnen Akteure sollen nämlich nicht nur (wie im Konzept von Simons) Informationen aufnehmen und weitergeben, sondern sie müssen selbst die wahrgenommenen Signale als (potentiell) strategisch relevant einstufen. Die Sinnhaftigkeit eines solchen Vorgehens ist plausibel: es findet sich ganz ähnlich auch bei einem Forscher, der mit seinem offenen Problem im Hinterkopf durchs Leben (oder zumindest seine Studierstube) geht und – treibt ihn das Problem nur intensiv genug um – häufig an völlig unerwarteter Stelle eine Information bekommt, die (nur) er als relevant oder gar entscheidend für seine Problemstellung interpretieren kann.

Durch die Verknüpfung mit dem Konzept der interaktiv genutzten Kennzahlen und Prämissen wird die Aufgabe der strategischen Überwachung im Unternehmen konkretisiert und institutionalisiert. Das ist von entscheidender Bedeutung, soll doch das Konzept der strategischen Überwachung „organisationsweit allen Mitarbeitern die Möglichkeit geben, Dialogprozesse zu initiieren, wenn kritische Signale auf eine strategische Bedrohung hindeuten" (Steinmann/Küstermann, 1996, S. 34). Dies impliziert aber die Notwendigkeit entsprechender Kommunikationsplattformen. Die im Rahmen des interaktiv genutzten Kennzahlen- und Prämissensystems etablierten Plattformen sollten daher stets auch für die Diskussion der Anregungen und Ergebnisse einer strategischen Überwachung genutzt werden.

1.3. MEHR ZUM MANAGEMENTSYSTEM

1.3.1. Die Strategie als notwendige Voraussetzung

Die Balanced Scorecard will – wie wir an dieser Stelle hinreichend wissen – Strategien in das tägliche Geschäft umsetzen, die Lücke zwischen den strategischen Wolken des Topmanagements und dem Wetteralltag der Linie schließen. Idealtypisch hilft das neue Instrument – wie auch die unten stehende Abbildung zeigt – in drei Aspekten weiter:

→ Sie überprüft, ob Strategien in ausreichend konkreter Form im Unternehmen vorliegen.

→ Sie beinhaltet einen Check der gesetzten strategischen Ziele in Hinblick auf deren Präzision und Umsetzbarkeit.

→ Sie führt zu einer Priorisierung der gesetzten Ziele dann, wenn das Zielbündel zu komplex ist.

Wie wir ebenfalls schon mehrfach angesprochen haben, ist die Situation einer vorliegenden Strategie allerdings in vielen Unternehmen nur ein frommer Wunsch. Wenn die Balanced Scorecard die Unternehmensstrategie umsetzen soll, ist deshalb zunächst die Frage zu stellen: Wie ist der Stand strategischer Planung (und Kontrolle) im Unternehmen? Zur Beantwortung dieser Frage zeigt das nebenstehende Radar-Chart wichtige Kriterien auf. Als Heuristik gilt: Je weniger Fläche der sich nach Einschätzung der einzelnen Kriterien ergebende Kurvenzug umschließt, desto schlechter ist die strategische Ausgangssituation, auf die die Balanced Scorecard stößt. Entsprechend unterschiedlich muss auch der Implementierungsprozess ausfallen. Mit anderen Worten:

Wirkung einer BSC für den Fall vorhandener strategischer Planung

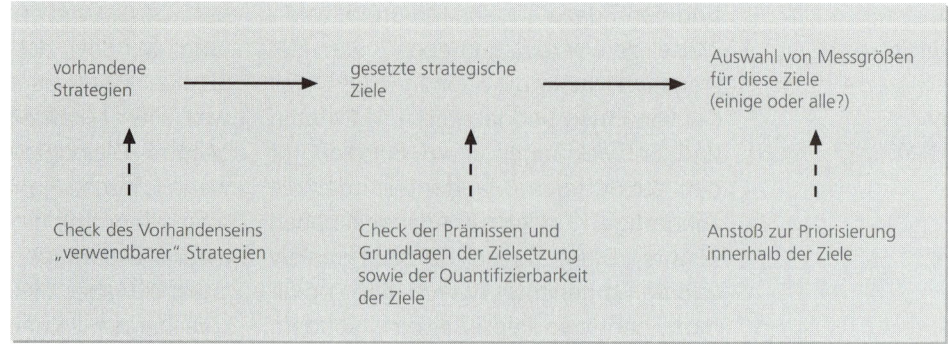

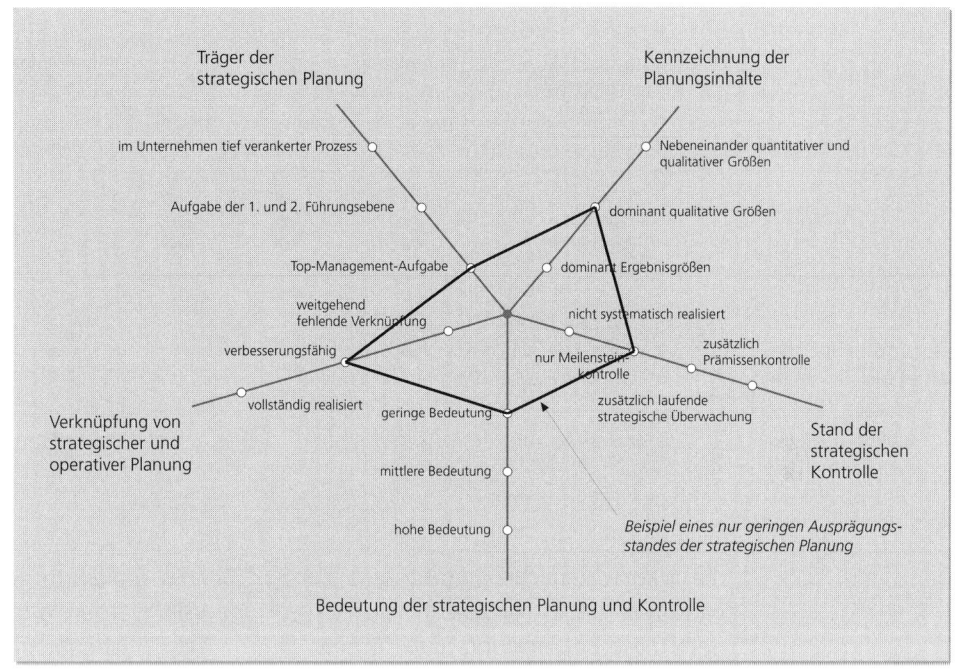

Träger der strategischen Planung

○ im Unternehmen tief verankerter Prozess

○ Aufgabe der 1. und 2. Führungsebene

Top-Management-Aufgabe ○

weitgehend fehlende Verknüpfung

verbesserungsfähig ○

Verknüpfung von strategischer und operativer Planung

○ vollständig realisiert

Kennzeichnung der Planungsinhalte

○ Nebeneinander quantitativer und qualitativer Größen

○ dominant qualitative Größen

○ dominant Ergebnisgrößen

○ nicht systematisch realisiert

nur Meilenstein-Kontrolle

○ zusätzlich Prämissenkontrolle

○ zusätzlich laufende strategische Überwachung

Stand der strategischen Kontrolle

geringe Bedeutung ○

mittlere Bedeutung ○

hohe Bedeutung ○

Beispiel eines nur geringen Ausprägungs-standes der strategischen Planung

Bedeutung der strategischen Planung und Kontrolle

Kriterienraster zur Beurteilung des Standes der strategischen Führung

Wie die BSC eingeführt werden soll, hängt zentral vom Stand der strategischen Führung ab

Liegt bislang nur eine implizite Unternehmensstrategie vor – wie etwa in vielen mittelständischen Unternehmen, wo sie „in den Köpfen der Unternehmer steckt" –, so heißt die Beschäftigung mit der BSC zunächst und in erster Linie, die Strategie bewusst und „öffentlich" zu machen (zu explizieren). Hierzu kann die BSC ein gut geeignetes Vehikel sein. BSC-Einführung bedeutet dann im Wesentlichen *Strategielernen*. Eine Balanced Scorecard in einem strategieerfahrenen Großunternehmen zu implementieren, trifft dagegen exakt die Ausgangssituation, die wir im Buch von Kaplan/Norton präsentiert bekommen. Aufgrund der in unseren Augen sehr hohen Abhängigkeit der BSC-Einführung vom Stand der strategischen Füh-

rung wollen wir im Folgenden einige Grundaussagen zu letzterer treffen.

Haben Sie einen funktionsfähigen strategischen Planungsprozess?

Sich auf Weniges zu konzentrieren, fällt leichter, wenn man weiß, aus welch Vielem man auswählen kann. Konkret auf unser Problem bezogen leitet sich diese Referenz aus der Grundstruktur der strategischen Planung ab. „Lehrbuchhaft" geht diese wie folgt vor: Strategische Planung hat – kurz formuliert – das Erkennen und den Aufbau von strategischen Erfolgs- und Fähigkeitenpotentialen im Rahmen von gewählten Wettbewerbsstrategien zum Inhalt. Die strategische Planung soll also nicht

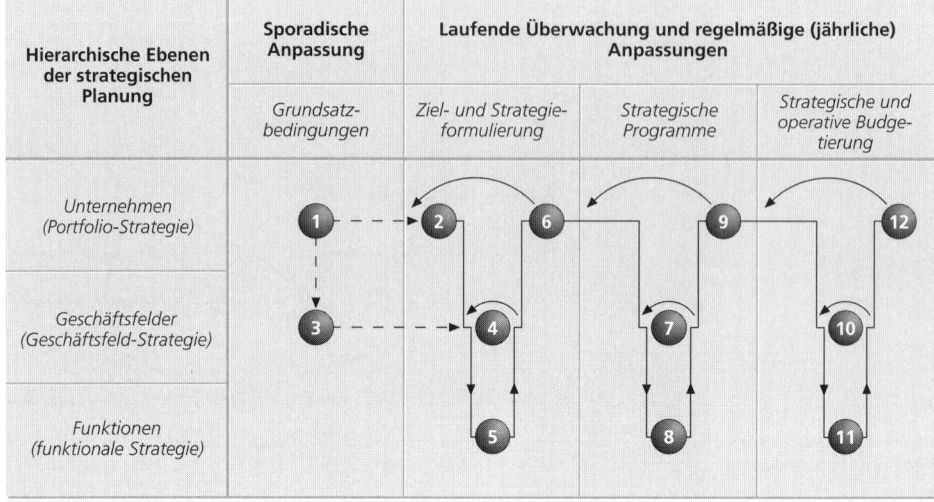

Hierarchische Ebenen der strategischen Planung	Sporadische Anpassung	Laufende Überwachung und regelmäßige (jährliche) Anpassungen		
	Grundsatzbedingungen	*Ziel- und Strategieformulierung*	*Strategische Programme*	*Strategische und operative Budgetierung*
Unternehmen (Portfolio-Strategie)	1	2	6	9 · 12
Geschäftsfelder (Geschäftsfeld-Strategie)	3	4	7	10
Funktionen (funktionale Strategie)		5	8	11

„Normstruktur" des Prozesses der strategischen Planung (entnommen aus Zahn, 1989, Sp. 1909f.)

„Lehrbuch-Vorgehen" der strategischen Planung

die wahrscheinliche Unternehmensentwicklung passiv prognostizieren, sondern diese Entwicklung aktiv fördern.

→ *Wettbewerbsstrategien* formulieren bestimmte Grundverhaltensweisen des Unternehmens gegenüber Konkurrenten. Unterschieden werden nach Porter Kostenführerschaft, Differenzierung und Fokussierung auf spezielle Segmente oder Branchen; die alternative Strukturierung nach Miles und Snow haben wir bereits bei den Ausführungen zum grundsätzlichen Typus des Kennzahlensystems kennengelernt (Verteidiger und Prospektor).

→ Mit *Erfolgspotentialen* sind abgrenzbare Produkt- (z.B. Telefonendgeräte), Markt- (z.B. Mobilfunkmarkt) oder Kundensegmente (z.B. Geschäftskunden) gemeint, die dem Unternehmen für einen bestimmten (längeren) Zeitraum die Möglichkeit

zur Erzielung von Erfolgen bieten. Sie werden organisatorisch zumeist als „Geschäftsfelder" gekennzeichnet.

→ *Fähigkeitenpotentiale* (sie werden zuweilen auch als „Kernfähigkeiten" bzw. „Kernkompetenzen" bezeichnet) beschreiben die Möglichkeiten, die ein Unternehmen besitzt, um Erfolgspotentiale zu erschließen und zu nutzen. Hierunter findet sich die Beherrschung innovativer Techniken (z.B. Keramikverarbeitung) ebenso wie die Fähigkeit einer Organisation, sich schnell und flexibel Umweltänderungen anpassen zu können (z.B. mittels Teamstrukturen).

Für die Erfolgs- und Fähigkeitenpotentiale werden dann in einem mehr oder weniger revolvierenden Planungsvorgehen Strategien (Geschäftsfeld- und Funktionalstrategien) entwickelt und miteinander abgeglichen, ein Prozess, der – wie auch die links stehende Abbildung durch die verschlungenen Pfeile veranschaulicht – den hohen Grad an Wechselwirkung zwischen beiden berücksichtigt. Die Formulierung strategischer Programme und die daraus ableitbare Budgetierung schließen den Planungsprozess ab. Hat ein Unternehmen diesen Normprozess funktionierend im Management verankert, so ist die Aufstellung der Balanced Scorecard im Prinzip ein Kinderspiel: Jenes ist wichtig und potentiell als Perspektive abzubilden, was im Strategieprozess Gegenstand gesonderter Strategieformulierung war: Gibt sich ein Unternehmen eine gesonderte Beschaffungs- bzw. Lieferantenstrategie (wie etwa in der Automobilindustrie), so ist diese auch originärer Kandidat einer eigenen Scorecardperspektive. Auswahlprobleme treten nur dann auf, wenn sehr viele Geschäftsfeld- und Funktionalstrategien existieren.

Manche strategischen Pläne entpuppen sich bei näherem Hinsehen als zeitlich verlängerte operative Pläne

Allerdings sei gleich wieder etwas Wasser in den Wein geschüttet: Unserer Erfahrung nach gibt es – wie bereits mehrfach angemerkt – nur sehr wenige Unternehmen, deren strategischer Planungsprozess so professionell ausgestaltet ist, dass er „normstrukturgerecht" funktioniert – und dann ist es auch aus mit der Zulieferfunktion für die Balanced Scorecard!

Typische Defizite der strategischen Planung

Als Fehlentwicklungen lassen sich zwei Punkte konstatieren (vgl. Weber/Goeldel/Schäffer, 1997):

(1) In manchen Unternehmen finden die Überlegungen zur Positionierung in Vorstandszirkeln statt, weitgehend losgelöst vom Rest des Unternehmens. Operativ verantwortliche Manager, die wegen ihrer direkten Kundenkontakte über große Markt- und Wettbewerbskenntnisse verfügen, sehen wir dann höchst selten miteinbezogen. Diese Distanz betrifft auch die Controller, die ebenfalls von der Festlegung der strategischen Ziele weitgehend ausgeschlossen bleiben. Daraus entsteht ein Informationsmangel, auf den die Controller reagieren, indem sie eigene „strategische" Planungen anstellen, die sich oftmals nur im Aggregationsgrad und in der Länge des betrachteten Zeithorizonts von operativen Planungen unterscheiden. Der „strategische" Charakter der Planung beschränkt sich dabei auf das Hinzufügen eines kurzen verbalen Teils, der die laufende und erwartete Geschäftsentwicklung erläutert.

Ein solcher „Financial Bias" der Planungsinhalte degradiert die als strategisch bezeichnete Planung zu einer langfristigen Extrapolation der operativen Planung.

Ohnehin kann eine Ausdehnung des Zeithorizonts allein, ohne eine Erweiterung der inhaltlichen Dimension der Planung, keinerlei Neuorientierung bewirken. Solche auf die Fortschreibung bestehender Programme ausgerichteten Planungskonzepte sind ihrer Natur nach einfach nicht strategisch und sollten besser als langfristige operative Planung charakterisiert werden. Der Vorteil der unmittelbaren Verknüpfbarkeit mit der „normalen" operativen Planung verliert sich in der – realen – Einschätzung der langfristig angelegten Zahlen, das Ganze mutiert zur reinen Pflichtübung.

Selbstabstimmung will gelernt sein!

(2) In der anderen Gruppe der Unternehmen finden sich in den strategischen Plänen zwar die eigentlich zu erwartenden strategierelevanten Informationen wieder (zum Beispiel Stärken/Schwächen, Portfoliopositionierungen, strategische Prämissen), aber dafür wirft der Planungsprozess selbst Probleme auf.

Die Bildung eines strategischen Willens lässt sich als ein Führungsprozess hoher Unsicherheit bzw. sehr begrenzten planungsrelevanten Wissens kennzeichnen. Das Problem einer großen und nur zum Teil bekannten Streuung dieses Wissens kommt hinzu: Wenn man in der operativen Planung z.B. einem Produktionsleiter die Fähigkeit zur Sach- und Formalzielplanung seines Bereichs zumeist ohne Einschränkungen zutrauen kann, muss er nicht der Richtige sein, die Technologiestrategie festzulegen, da die „zündenden Ideen" hierzu z.B. auch von Marktleuten (aus den Wünschen von Kunden oder den Anregungen von Lieferanten) und von Technolo-

gieberatern kommen können. Hohe Wissensdefizite und breite sowie unsichere Streuung des Wissens machen eine Programmkoordinierung des Planungsprozesses obsolet; eine derart weitgehende Vorstrukturierung lässt die Strategieentwicklung schnell zur Farce bzw. Pflichtübung werden. Die Ausgangssituation der strategischen Planung erfordert als Methodik der Prozessgestaltung vielmehr *Koordination durch Selbstabstimmung* (vgl. ausführlich Schäffer, 1996). Diese stellt hohe Anforderungen an die Gestaltung eines Planungskontextes. Insbesondere drei Aspekte müssen gewährleistet sein:

→ Die Koordination der Planungsaktivitäten kann ohne direkte Eingriffe der Unternehmensspitze nur dann gelingen, wenn die Beteiligten über gemeinsame Werte und Basisziele verfügen. Im Gegensatz zu der in vielen Unternehmen zu beobachtenden Beschränkung auf die Formulierung von Unternehmensgrundsätzen gilt es allerdings, diese Werte aktiv zu kommunizieren und zu verankern. Eine gemeinsame Zielbasis kann z.B. über die Schaffung eines gesamtunternehmensbezogenen Ziels erreicht werden, an dem sich die Planungsgruppen orientieren können („*strategic intent*").

→ Neben den gemeinsamen Werten und Basiszielen ist es auch erforderlich, gemeinsame Grundbegriffe und Denkstrukturen zu etablieren, um einen übergreifenden sprachlichen Kontext für die Selbstabstimmung zu schaffen. Dies ist eine wesentliche Voraussetzung für die Effizienz der Kommunikation in den Selbstabstimmungsprozessen. Die Bedeutung eines gemeinsamen sprachlichen Kontextes ergibt sich vor allem aufgrund der Heterogenität der Planungsgruppen und deren unterschiedlichen Erfahrungshintergründen ("internen Modellen").

→ Schließlich sollte die Unternehmensspitze bei den Planungsgruppen klarmachen, dass der Informationsaustausch mit Personen unterschiedlicher Wissensbasen und unterschiedlicher Wahrnehmungen trotz möglicher Interpretationsprobleme wesentlich zur Generierung neuer Ideen beitragen kann. Hier geht es vor allem darum, eine offene, hierarchie- und bereichsübergreifende Atmosphäre zu schaffen, die die Kommunikation zwischen den Planungsgruppen fördert.

Strategische Planung heißt Selektivität – und nicht formale Vollständigkeit!

Koordination durch Selbstabstimmung lässt sich nicht für beliebig große Gruppen realisieren. Die Kontextbedingungen – insbesondere die hohe geforderte Kommunikationsdichte – beschränken den Kreis der Planenden. Dies bedeutet eine notwendige Begrenzung der Planungsaufgabe. *Selektion und Konzentration, nicht Vollständigkeit ist die Devise!*

Obwohl strategische Planung – wie wir gesehen haben – eigentlich kreativ und innovativ erfolgen sollte, gestalten viele Unternehmen den Planungsprozess programmorientiert (vgl. auch Mintzberg, 1994). Die notwendigen Prozessschritte werden dann vorab festgelegt und schematisch abgearbeitet mit dem Ergebnis, dass für die Entwicklung oder Berücksichtigung neuer strategischer Einsichten kein Raum bleibt. Zum Teil geht diese Programmierung so weit, dass die noch zu erarbeitenden Inhalte der strategischen Pläne vorab detailliert festgelegt werden.

In manchen Firmen existieren sogar EDV-gestützte Prozesse, die die zu verarbeitenden Daten und die anzuwendenden Methoden genau vorschreiben. In solchen Systemen werden die strategischen Planer in den dezentralen Einheiten zu reinen Datenlieferanten degradiert, deren "eigenständiger" Planungsinput lediglich darin besteht, vordefinierte Marktanteilskennzahlen et cetera in das System einzugeben. Von Kreativität – und noch wichtiger – von einer Anpassung strategischer Prozesse und Inhalte an Änderungen der Umweltsituation kann dann keine Rede sein.

Strategische Planung in dieser Form muss eher als bürokratischer Prozess denn als innovativer Denkansatz bezeichnet werden. Zudem führt eine solche Formalisierung des Planungsprozesses im Weiteren leicht dazu, dass sich die strategische Planung in überkommenen Vorstellungen, vor allem einem überholten Wettbewerbsverständnis, verfängt und damit ihre Arbeit mehr oder weniger nutzlos macht. Ein funktionierender Strategieentwicklungsprozess ist aber eine zentrale Voraussetzung dafür, dass es sich lohnt, die entwickelten Strategien auch mit einer Balanced Scorecard fest im Unternehmen zu verankern. Liegen bereits hier signifikante Defizite vor, macht es wohl wenig Sinn, sich über Kommunikationsmaßnahmen bezüglich der vorhandenen Strategien verstärkt Gedanken zu machen. Damit sagen wir nicht, dass die Balanced Scorecard in solchen Fällen „untauglich" ist. Die hinter ihrem Einsatz stehende Zielfunktion ist eine andere: sie kann dann als Treiber für einen verbesserten Strategieentwicklungsprozess im Unternehmen dienen, sie kann ein wesentliches Instrument sein, strategisches Denken und Führen zu lernen. Unserer Erfahrung nach liegt hier derzeit – zumindest in deutschen Unternehmen – der Schwerpunkt ihres Nutzens!

Die Mehrzahl der Unternehmen wird mit der BSC primär nicht lernen, wie Strategien umgesetzt werden, sondern, wie man Strategien findet und formuliert

1.3.2. Was ist bei der Verbindung von Strategie und operativer Planung alles zu beachten?

Die Idee der Balanced Scorecard, Strategie und tatsächliches Handeln zu verbinden, steht nicht ohne Alternative da. In der Literatur konkurrieren diverse Ansätze zur Verknüpfung der strategischen und der operativen Planungsebene. Neben einer durchgängig programmorientierten Planung (im Sinne einer verknüpften, finanziell orientierten

und durch feste Planungskalender gekennzeichneten Planung) und dem Konzept überlappender, sich selbst abstimmender Gruppen sei hier exemplarisch das Konzept der Hoshin-Planung als Lösungsansatz der Planungspraxis skizziert (vgl. Goeldel, 1997, S. 216).

Das Konzept der *Hoshin-Planung* sieht – wie auch die nebenstehende Abbildung verdeutlicht – als Kern eine Bündelung der wichtigsten strategischen Aussagen zu Projekten vor, die direkt in die operative Planung einfließen. Dadurch wird gewährleistet, dass die verschiedenen Prozesse auf den unterschiedlichen Planungsebenen zielgerichtet und koordiniert ablaufen. Abgeleitet aus Strategien beschränkt sich der Hoshin-Plan bewusst selektiv auf wenige Ziele, die für die Erreichung der strategisch angestrebten Marktposition von Bedeutung sind. Diese Ziele werden anschließend über alle Ebenen des Unternehmens in einem strukturierten Prozess bis auf die unterste Unternehmensebene heruntergebrochen, wobei jeweils Maßnahmen zur Erreichung dieser Ziele erarbeitet werden.

Durch das kaskadenförmige Vorgehen der Hoshin-Planung ist eine koordinierte Zielbildung auf allen Unternehmensebenen gewährleistet. Die Ziele und Maßnahmen der übergeordneten Ebenen bilden jeweils die Ziele für die nächstfolgende Ebene, auf der diese Vorgaben detailliert und mit Maßnahmen unterlegt werden. Die Ziele werden seitens

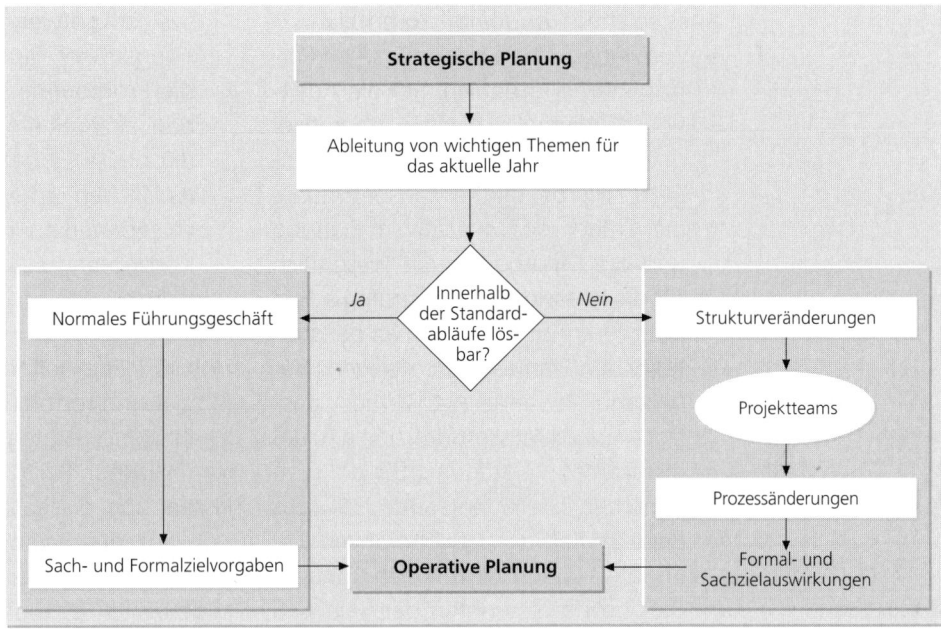

```
                    ┌─────────────────────────────┐
                    │    Strategische Planung     │
                    └─────────────────────────────┘
                                  │
                                  ▼
                    ┌─────────────────────────────┐
                    │  Ableitung von wichtigen     │
                    │  Themen für das aktuelle Jahr│
                    └─────────────────────────────┘
                                  │
                                  ▼
```

| Normales Führungsgeschäft | ← *Ja* — Innerhalb der Standard-abläufe lös-bar? — *Nein* → | Strukturveränderungen |

Projektteams

Prozessänderungen

| Sach- und Formalzielvorgaben | → Operative Planung ← | Formal- und Sachzielauswirkungen |

Vorgehen der
Hoshin-Planung

der Unternehmensleitung zunächst rein qualitativ vorgegeben. Sie werden dann von den untergeordneten Ebenen entsprechend dem dort verfügbaren Wissen konkretisiert. Von besonderer Bedeutung ist hierbei, dass – dem Vorgehen der Balanced Scorecard vergleichbar – diese Maßnahmen auch quantitativ bewertet werden, so dass sie direkt in die eher formalzielorientierte operative Planung (Budgetierung) einfließen können.

Parallelen zur Balanced Scorecard

Durch eine solche Form der Projektbündelung werden die Wissensdefizite der operativen Planung effizient reduziert:
→ Durch die bewusste Auswahl weniger wesentlicher Ziele wird eine wirksame Komplexitätsreduktion bei der strategischen Willensdurchset-

zung erreicht. Dies erleichtert Kommunikation und Verständnis der strategischen Ziele.
→ Durch die konsequente Überleitung der Hoshin-Ziele in die operative Planung erfolgt eine projektweise Übersetzung der strategischen Inhalte in die operative Ebene, so dass die Unsicherheit bezüglich der Maßnahmen zur Umsetzung der strategischen Ziele abgebaut wird.

Die Parallelen in Intention und Gestaltungselementen zum Konzept von Kaplan/Norton sind offensichtlich. Hoshin-Pläne wie die Balanced Scorecard können ein wichtiges, zentrales Element der Verknüpfung von operativer und strategischer Planung sein. Beide erscheinen geeignet, zwei Kernanforderungen eines solchen „*bridging*" zu erfüllen:

→ Zum einen ist ein hoher Grad an Partizipation erforderlich, um die Adaptionsprobleme zwischen operativer und strategischer Planung zu verringern. Hierbei gilt es, insbesondere die Träger der operativen Planung und die Mitarbeiter, die wesentlich für die Realisierung der strategischen Ziele verantwortlich sind, an der strategischen Planung zu beteiligen. Nur so kann gewährleistet werden, dass trotz hoher Wissensdefizite ein gemeinsames Verständnis für die strategischen Ziele entsteht, so dass diese im Rahmen der operativen Planung als Zielgrößen dienen können. Dies gelingt sowohl in der Balanced Scorecard wie im Konzept der Hoshin-Planung leicht, wenn die Ziel- und Maßnahmenverantwortlichen in den Prozess der Ziel- und Maßnahmenableitung eingebunden werden – und anders sind beide Konzepte kaum vorstellbar!

→ Zum anderen müssen die Planungsträger lernen, auf strategischer und auf operativer Ebene verschiedene Rollen einzunehmen, d.h. auf strategischer Ebene in einem teamorientierten (heterarchischen) Umfeld zu agieren und auf operativer Ebene bestimmte programmgesteuerte Prozesse „abzuarbeiten" (z.B. einen Budgetierungsfahrplan). Eine wesentliche Voraussetzung dafür ist Vertrauen in die Ergebnisse der Selbstabstimmung, d.h. in die gemeinsam gefundene Strategie. Die-

ses ist notwendig, damit die Planungsträger auf operativer Ebene die Programme und Planungsvorgaben akzeptieren. Auch hier schafft die breite Einbeziehung der Verantwortlichen unterschiedlicher Hierarchieebenen in beiden betrachteten Konzepten eine gute Voraussetzung.

Hoshin-Pläne gelten als eine sehr tragfähige und erfolgreiche Methode zur Verbindung strategischer und operativer Planung. Bei genauerem Hinsehen lassen sich diese Vorteile auch in das Konzept der Balanced Scorecard integrieren, die darüber hinaus weitere Vorzüge besitzt (z.B. die Betonung der vier Perspektiven). Deshalb erscheint uns die BSC in Konzept und Umsetzung der überlegene Ansatz zu sein.

Wie steht die Balanced Scorecard mit anderen Aspekten der Unternehmensführung in Beziehung?

Die Balanced Scorecard versteht sich als ein Managementsystem. Damit muss sie adäquat mit der Führung verbunden werden. Bislang haben wir diese Verbindung soeben für strategische und die operative Planung, weiter vorne für Kontrolle diskutiert. Planung und Kontrolle machen aber nur einen Teil der Führung aus. Offen sind an dieser Stelle – wie auch die nebenstehende Abbildung zeigt – Fragen der Organisation, also Kompetenz und Verantwortung, sowie Aspekte der Anreizgestaltung.

Die Balanced Scorecard ist in die gesamte Unternehmensführung einzubinden!

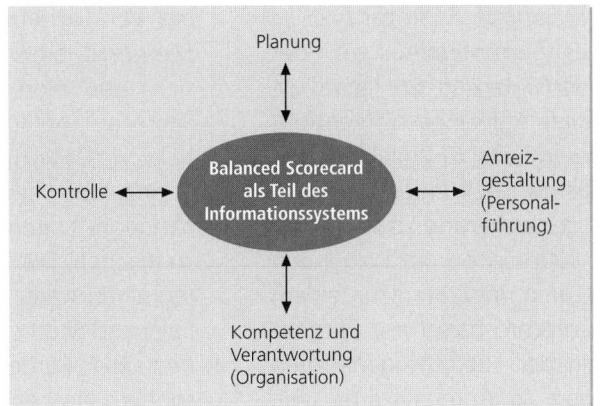

Planung

Balanced Scorecard als Teil des Informationssystems

Kontrolle

Anreiz-
gestaltung
(Personal-
führung)

Kompetenz und
Verantwortung
(Organisation)

Stellung der BSC in
der Unternehmens-
führung

systemen und Erfüllung strategischer Vorgaben: „Corporations often find it difficult to carry out their strategies because they have executive compensation systems that measure and reward performance in a way that ignores or even frustrates strategic thinking, planning, and action" (Stonich, 1981, S. 345).

Beide Themengebiete sind für die Ausgestaltung und den Erfolg der Balanced Scorecard in unseren Augen ausgesprochen bedeutsam. Wir werden sie deshalb in zwei eigenen Abschnitten umfassender diskutieren. Fragen der Organisationsgestaltung bündeln wir dabei unter der Headline „Balanced Scorecard und Konzernorganisation " (vgl. S. 66ff. dieses Buches). Die Aussagen werden allerdings auch auf ein einzelnes Unternehmen übertragbar sein.

Strategische Anreizsysteme sind in der Praxis wenig verbreitet

1.3.3. Balanced Scorecard und Anreizgestaltung

Der Erfolg der Strategieimplementierung hängt ganz wesentlich von dem Verhalten und der Motivation der Führungskräfte ab. Durch eine entsprechende Ausgestaltung des Anreiz- und Vergütungssystems können die funktionalen Verhaltenswirkungen der Unternehmensstrategie verstärkt werden. Dennoch existiert nur in wenigen Unternehmen eine Verbindung von Anreiz-

Anreize für die Erreichung formulierter Strategien

Eine ältere Studie von Ringbakk in 350 Unternehmen aus 20 Ländern kommt zum Ergebnis, dass fast ausschließlich Verhaltensweisen belohnt werden, die auf die Erreichung – einfacher messbarer – kurzfristiger, operativer Ziele abzielen (vgl. Ringbakk, 1972, S. 14). Vor diesem Hintergrund wurde seit Anfang der achtziger Jahre in der Literatur wiederholt eine Ausrichtung des Anreizsystems auf die strategische Planung gefordert (vgl. u.a. Becker, 1990, Ansoff/Declerck/Hayes, 1976); entsprechende Forderungen blieben in praxi zwar nicht ungehört, aber dennoch weitgehend unberücksichtigt.

Dabei ist der Anreizaspekt „praktisch wie theoretisch von außerordentlich bedeutsamem Rang" (Becker, 1986, S. 105). Ohne seine Berücksichtigung greift jeder Versuch einer Strategiedurchsetzung im Unternehmen – ob mit oder ohne Balanced Scorecard – zu kurz. Bei Entgeltsystemen auf der Grundlage der Balanced Scorecard ist nun die variable Führungskräfteentlohnung an wesentliche Kennzahlen und damit an Faktoren gebunden, die dem Aufbau und der Sicherung strategischer Erfolgspotentiale dienen. Im Folgenden wollen wir prüfen, inwieweit mit einem Balanced Scorecard-basierten Entgeltsystem die in der Literatur genannten Anforderungen an Anreizsysteme (vgl. u.a. Schanz, 1991, S. 22ff.) erfüllt werden:

Gestalten Sie Ihr strategisches Anreizsystem so einfach wie möglich!

→ Anreizsysteme sollten *transparent* sein. Die Ausgestaltung des Anreizsystems und das Zusammenwirken der einzelnen Variablen sollen für alle Beteiligten durchschaubar und nachvollziehbar sein. Die Transparenz wird dabei durch zwei Faktoren

mit der Einführung einer Balanced Scorecard eine große Chance, da sich das Konzept der Balanced Scorecard gerade zum Ziel gesetzt hat, wesentliche strategierelevante Kennzahlen und ihre Zusammenhänge im Unternehmen transparent zu machen. Die Forderung nach strategischen Anreizsystemen ist mit der Balanced Scorecard nicht mehr eine nebulöse Forderung der Theorie, sondern ein konsequent erscheinender nächster Schritt auf Basis allseits bekannter und vor allem „greifbarer" Kennzahlen!

(2): die Komplexität wird maßgeblich davon bestimmt, mit wie vielen Kennzahlen das Anreiz- bzw. Vergütungssystem verknüpft wird. Dazu ist festzustellen: Alle Kennzahlen der Scorecard sind für ein Anreizsystem zu viele! Es gilt (auch hier) zu selektieren und zu fokussieren. Gegenstand des Vergütungssystems sollten nicht mehr Kennzahlen sein als die interaktiv genutzten! Auch an dieser Stelle erweist sich somit die von uns weiter oben getroffene Unterscheidung diagnostischer und interaktiver Funktion von Kennzahlen als essentiell! Die interaktiven Kennzahlen werden in der Regel nicht für alle Manager im Unternehmen übereinstimmen.

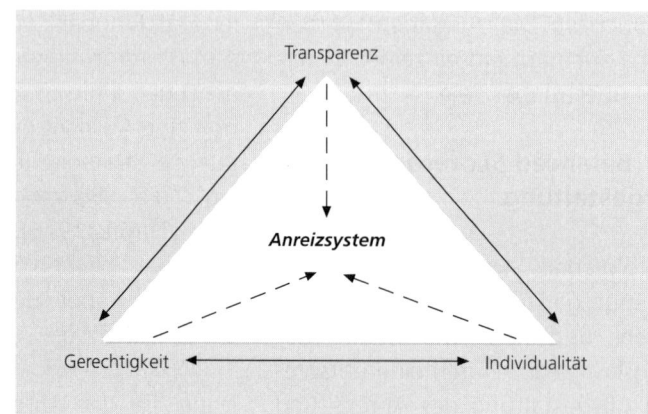

Basisanforderungen an ein Anreizsystem (entnommen aus Weber, 1999, S. 294)

determiniert: 1. die Beschreibbarkeit der Strategie und 2. die Komplexität der Anreizsysteme.

(1): Hier ergibt sich für Unternehmen

Vielmehr sollte in Zielvereinbarungsgesprächen ein Konsens mit jeder einzelnen Führungskraft hergestellt werden, welche ihre vergütungsrelevanten Balanced Scorecard-Kennzahlen sind.

→ Anreizsysteme sollen das Kriterium der *Gerechtigkeit* erfüllen. Dabei ist das subjektive Gerechtigkeitsempfinden der jeweiligen Person entscheidend. Über die vereinbarten Zielgrößen muss Konsens herrschen, die Balanced Scorecard muss in den mentalen Modellen der Manager verankert sein. Auch hier ist mit der Einführung der Balanced Scorecard wichtige Vorarbeit für ein strategisches Anreizsystem geleistet worden! Die Fokussierung der Scorecard und die angesprochenen Zielvereinbarungsgespräche sind weitere wichtige Elemente.

→ Anreizsysteme unterliegen selbst dem Gebot der *Wirtschaftlichkeit.* Insbesondere die situative und individuelle Ausgestaltung des Anreizsystems darf nicht zu Lasten der Wirtschaftlichkeit gehen. Hierzu ist festzuhalten, dass mit der Einführung der Balanced Scorecard ein großer Teil des für ein entsprechendes Anreizsystem erforderlichen Aufwands bereits getätigt (und damit als „sunk cost" zu betrachten) ist. Zum anderen stellt sich die Frage, bis zu welcher Hierarchiestufe im Unternehmen eine Verknüpfung mit dem Anreizsystem erfolgen sollte. Schließlich wird im Rahmen der Balanced

Das Rominger-Modell

Scorecard-Diskussion ja auch häufig gefordert, die Kommunikation der Scorecard müsse „bis hin zum Pförtner" erfolgen. Unseres Erachtens gibt es hier keinen „one best way" für alle Fälle. Es hängt von der Situation des Unternehmens und der verfolgten Strategie ab, ob und in welchem Umfang das Anreizsystem für Mitarbeiter auf die strategische Planung ausgerichtet werden soll: „Für einen Stahlhersteller kann es ausreichen, wenn das Top-Management in strategischen Dimensionen denkt, da es sich hier um einen internationalen Wettbewerb mit weitgehend homogenen Massenprodukten handelt und strategische Grundsatzfragen wie Integrationsgrad und Standortstruktur im Vordergrund stehen. Verfolgt dagegen ein Unternehmen eine Differenzierungsstrategie, die auf eine Steigerung des Kundennutzens abzielt, so werden alle Mitarbeiter, die Kontakt zu Kunden haben, zu Schlüsselpersonen. Sie sind es, die durch ihr Verständnis von Kundenbedürfnissen den Anstoß zu innovativen Produkten geben können" (Feider/Schoppen, 1988, S. 687). Uns ist kein Unternehmen bekannt, das seine Balanced Scorecard bereits mit dem Anreizsystem für alle Mitarbeiter verknüpft hat.

Einen grundsätzlich möglichen Weg zeigt ein für die Reisebürogruppe Rominger Jahre vor der Balanced Scorecard-Diskussion entwickeltes Anreizsystem. Der Gesamtbetrag der zu verteilenden Boni setzt sich im Rominger-Konzept aus der nach einem alten Erfolgsbeteiligungssystem berechneten Jahresgratifikation der Mitarbeiter (Beitrag der Mitarbeiter) sowie 10% des Betriebsergebnisses (Beitrag der Gesellschafter) zusammen. In einem ersten Schritt wird dieser Gesamtbeitrag leistungsbezogen nach strategischen und operativen Kriterien auf die Filialbetriebe und danach in einer zweiten Phase auf einzelne Mitarbeiter verteilt. Die Implementierung des Systems scheiterte an der „tariflichen Entwicklung zwischen der Kreierung und dem Einsatz des Systems" (Zitat aus einem Schreiben von Rominger an einen der Autoren). Dies zeigt deutlich, dass in Deutschland der strategischen Ausrichtung des Entgeltsystems für Mitarbeiter durch Tarifverträge enge Grenzen gesetzt sind!

Anreizsysteme müssen konsistent zum Gesamtsystem der Führung sein

➜ Anreizsysteme sollen auf die Motivstruktur der einzelnen Führungskräfte eingehen. Diese *Individualität* erhöht für sich allein genommen die Wirksamkeit der Anreize. Für die Individualisierung der Zuteilung der überwiegenden Anzahl der extrinsischen Anreize als Belohnung ist in den letzten Jahren das Cafeteria-System entwickelt und diskutiert worden. „Durch ein flexibles Cafeteria-System erhält jedes Organisationsmitglied eine unterschiedliche Anzahl von Optionen, um aus einem Anreiz- und Belohnungspaket zu

einem von ihm selbst gewählten Zeitpunkt ein ihm genehmes Belohnungsobjekt im Austausch zu den in Geld bewerteten Optionsrechten zu wählen" (Becker, 1990, S. 119). Dadurch wird ein stärker motivbezogenes Anreizangebot mit nachfolgender höherer Motivbefriedigung erreicht.

➜ Anreizsysteme sollten situationsgerecht ausgerichtet sein, so dass sich ein „Fit" zur verfolgten Unternehmensstrategie, der jeweiligen Situation und Aufgabenstellung ergibt. In der Vergangenheit hat diese Forderung zur Entwicklung einer Vielzahl von Anreizsystemen geführt, deren Ausgestaltung sich z.B. am Lebenszyklus- oder Portfoliokonzept orientiert (vgl. im Überblick Becker, 1990). Mit Hilfe der Balanced Scorecard können Sie einen Schritt weitergehen. Jetzt ist ein individuelles, „maßgeschneidertes" Anreizsystem möglich!

➜ Das Anreizsystem muss mit den anderen Führungsteilsystemen in ein in sich *konsistentes Gesamtsystem* integriert sein. Bei der Ausrichtung der einzelnen Elemente des Anreizsystems ist auf Konsistenz zu achten. So müssen z.B. entsprechende Daten (ohne große Zeitverzögerung!) zugänglich sein. Auch diese Forderung entspricht der Grundintention der Balanced Scorecard!

Die Festlegung bestimmter Anforderungen impliziert – wie wir gesehen haben

**Mit der Anbin-
dung an die
Anreizsysteme
wird die BSC
„scharfgeschal-
tet"**

– immer die Setzung von Prioritäten, da nicht alle möglichen Forderungen in gleichem Maße in einer Systemkonzeption realisiert und berücksichtigt werden können. Wie dies für den gesamten Prozess der Einführung der Balanced Scorecard gilt, lautet das Postulat, schrittweise, mit Augenmaß vorzugehen. Genügende Vorsicht ist geboten, denn spätestens mit der Verknüpfung mit Anreizen wird die BSC „scharfgeschaltet". Grundsätzliche Mängel in der Vorbereitung rächen sich dann „unbarmherzig".

Anreize für die Strategieformulierung

Bisher haben sich unsere Ausführungen auf das zu belohnende Leistungsverhalten in der Strategieumsetzung beschränkt. Diese stellt jedoch nur einen – wenn auch wichtigen – Aspekt des Aufgabenfeldes von Führungskräften dar. Das Verhalten während der Phase der Strategieformulierung ist ebenfalls unter strategischen Gesichtspunkten zu aktivieren, zielgerichtet zu lenken und zu belohnen. So müsste positives Risikoverhalten bei der Strategieformulierung durch adäquate Anreize gefördert werden. Die Schaffung und Erhaltung von Erfolgspotentialen setzt eine Risikoübernahme voraus, die für die Gesamtunternehmung durch ein Risikoportfolio aller strategischen Geschäftseinheiten ausgeglichen werden kann. Die einzelne Führungskraft kann keine solche Risikoreduktion durch Diversifikation vornehmen. Erfolgsrisiken für die Strategieimplementierung bedeuten gleich-

zeitig, sofern keine entsprechenden Ausgleichsmaßnahmen im Entgeltsystem vorgesehen sind, Belohnungsrisiken. Durch eine risikoärmere Strategieformulierung sinken diese Risiken. Solch ein Verhalten ist jedoch nicht unbedingt im Interesse der Unternehmung.

Verschiedene für den Absatzbereich (vgl. Gonik, 1978, S. 116ff.) und die Planwirtschaft in der ehemaligen UdSSR (vgl. Kaplan, 1982, S. 615ff.) konzipierten Entgeltsysteme zur realistischen Planung wurden modifiziert, um eine Anwendung in der Formulierungsphase der strategischen Führung zu ermöglichen. Durch eine realistische strategische Planung sollen die negativen Leistungswirkungen unrealistisch hoher oder niedriger strategischer Ziele vermieden werden. Solche Entgeltsysteme können bei entsprechender Ausgestaltung dazu motivieren, Strategiealternativen und zugrunde liegende Daten und Prämissen sorgfältiger zu erarbeiten.

Noch ein Tip: Die Verknüpfung Ihrer Balanced Scorecard mit Anreiz- und Vergütungssystemen sollte – wie bereits implizit angemerkt – nicht am Anfang stehen. Dies würde den Entwicklungsprozess Ihrer Balanced Scorecard unnötig stark mit den Eigeninteressen aller beteiligten Akteure belasten. Zudem ist die Akzeptanz der Balanced Scorecard und ihre Verankerung in den mentalen Modellen der Manager in der Regel noch nicht in vollem Umfang erreicht. Lassen Sie sich also *ein oder zwei Jahre*

Zeit, bevor Sie an die Verknüpfung der Balanced Scorecard mit dem Anreiz- und Vergütungssystem gehen! Ansonsten besteht die Gefahr, dass Sie den Implementierungserfolg des Instruments unnötig gefährden.

1.3.4. Balanced Scorecard und Konzernorganisation

Ein bislang weitgehend unbeachtet gebliebenes, aber dennoch dringliches Problem ist die Frage nach der spezifischen Ausprägung von Balanced Scorecards auf der Konzernebene. So auch Kaplan/Norton selbst: „Die Entwicklung von Scorecards für das Gesamtunternehmen steckt noch in den Kinderschuhen" (Kaplan/Norton, 1997, S. 163). Dies erscheint nicht unproblematisch, da – wie noch zu zeigen sein wird – je nach Konzerntyp unterschiedliche Anforderungen an die Gestaltung von Scorecards im Konzern zu stellen sind und sich auch Aufsichtsräte und Analysten zunehmend für die Balanced Scorecards von Konzernen interessieren (vgl. Horváth/Kaufmann, 1998, S. 40). Zunächst seien jedoch drei idealtypische Konzernformen unterschieden (vgl. z.B. Hamprecht, 1996, S. 70ff. und Weber, 1998, S. 254f.):

Unterschiedliche Kontexte erfordern unterschiedliche Konzerntypen

→ „Urform" des Konzerns ist der *Stammhauskonzern*. Zumeist entstanden durch die Notwendigkeit von internationalen Tochtergesellschaften (Emanzipierung von Vertriebsbüros) und Wachstum durch Zukauf von Unternehmen, sind

Stammhauskonzerne durch eine weitgehende Homogenität des Geschäfts gekennzeichnet. Diese ermöglicht eine straffe Führung von der Konzernspitze aus. Beispiel eines Stammhauskonzerns in Deutschland ist die BMW AG.

→ Die Diversifizierungswelle in den siebziger und frühen achtziger Jahren hat Konzerne geschaffen, die in sehr unterschiedlichen Geschäften tätig sind. Für sie ist eine zentrale Führung aller Geschäftstätigkeit durch die Konzernzentrale aus Gründen fehlenden Wissens nicht effizient und effektiv möglich. Antwort hierauf war eine Teilung der Führungsaufgabe: Die Integration der Teilgeschäfte, d.h. die Nutzung möglicher Synergien, verbleibt als Kernaufgabe einer *Strategischen Holding*; die einzelnen Geschäftsfelder sind dagegen in operativer Hinsicht weitgehend frei. Typisches Beispiel für eine solche Konzernform ist die Daimler Benz Holding der frühen neunziger Jahre.

→ Erweist sich auch die strategische Integration in der Konzernspitze noch als zu komplex und aufgrund von Wissensbeschränkungen nicht effektiv und effizient leistbar, besteht als weitere Konzernform die Möglichkeit, den Beitrag der Holding auf eine finanzielle Steuerung zu beschränken. Eine solche *Finanzholding* betrachtet ihre Töchter letztlich wie „normale" Anlageobjekte, also in Risiko-Rendite-Sicht. Sie sind Port-

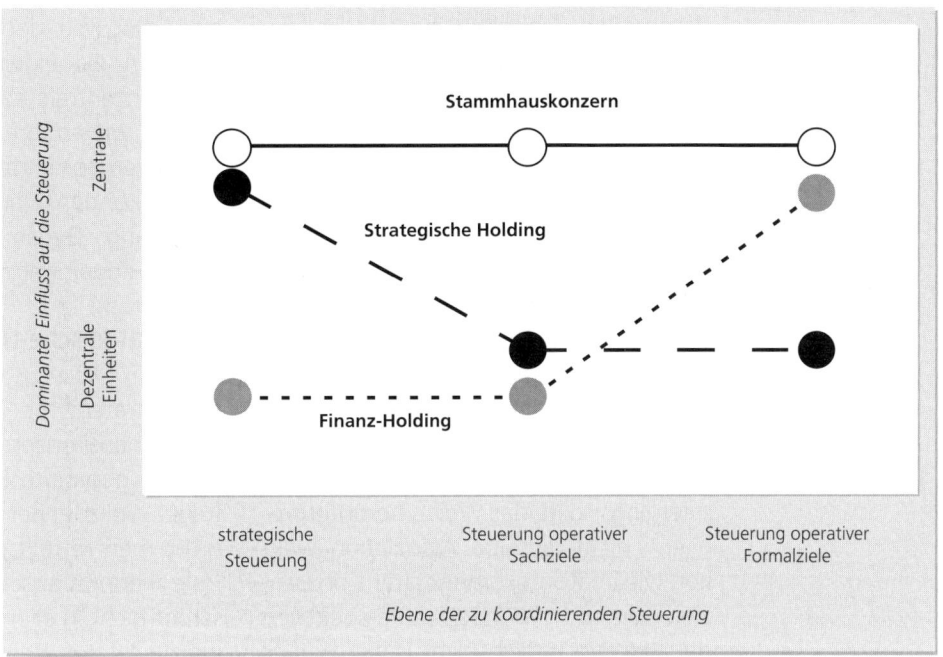

Unterscheidung von
Konzern-Idealtypen

folio-Überlegungen genauso „ausgesetzt" wie Anlageobjekte auf dem Kapitalmarkt. Vorteile gegenüber der gänzlichen Auflösung des Unternehmens, d.h. der völligen Integration in den Kapitalmarkt, bestehen durch die Nutzung von Informationsvorsprüngen und selektiven Synergien. International bekanntestes und sehr erfolgreiches Beispiel für eine Finanzholding ist General Electric (GE).

Konzerntypen und Balanced Scorecard – Der Stammhauskonzern

Die nebenstehende Abbildung zeigt neben den drei grundsätzlichen Organisationsformen eines Konzerns unmittel-

bar die Bezüge zur Gestaltung der Balanced Scorecard auf: Für einen Stammhauskonzern unterscheidet sich – idealtypisch betrachtet – ein interner Funktionsbereich in Fragen der Steuerung nicht von einer Tochtergesellschaft. Die rechtliche Struktur beeinflusst den Koordinationsgrad der Steuerung nicht – bzw. sollte dies nicht. Der Stammhauskonzern stellt sich als eine durchgängige Produktionsfunktion bzw. Wertschöpfungskette dar. Entsprechend sollte die Abbildung der Produktionsfunktion des Stammhauskonzerns auch in einer einzigen Balanced Scorecard bzw. in einem System sich überlappender Scorecards erfolgen. Die Kennzahlen werden für den Gesamtkonzern in dessen Spitze aggregiert. Die Funktion der dezentralen Einheiten besteht in der Einbringung von Detailwissen, das im Zusammenwirken mit dem Überblickswissen der Zentrale zu konzernoptimalen Entscheidungen führt. Der Erstellungsprozess der Balanced Scorecard unterscheidet sich in nichts von dem in einem nicht konzernierten Großunternehmen. Aufgabe der Balanced Scorecard ist es primär, den Konzernwillen auf die untergeordneten Bereiche „herunterzubrechen". Sie erleichtert der Zentrale „den Durchgriff" im Konzern.

Allerdings sollte das Wort „herunterbrechen" nicht dieselbe Assoziation wekken wie im Kontext monetärer Konzernziele. Die nicht-monetären Perspektiven der BSC lassen sich nicht – wie bereits mehrfach angemerkt – algorithmisch über Ebenen hinweg verdichten oder im „Drill down" aufspalten. Stets gilt es, den einheitlichen Konzernwillen in für die jeweilige dezentrale Einheit „passende" Kennzahlen und Ziele zu übersetzen. Dies kann z.B. bedeuten, dass ein interner Produktionsbereich keinen Beitrag zur Abdeckung der Kundenperspektive leisten mag; es ist sogar wahrscheinlich, dass unterschiedliche Konzernteile für unterschiedliche Ausschnitte der Konzern-BSC verantwortlich sind. In diesem Kontext passt unsere Erfahrung, dass einige Unternehmen dezentralen Einheiten keine komplette BSC vorschreiben, sondern ihnen nur einzelne Kennzahlen aus der Gesamt-Scorecard vorgeben. Eine solche Form hierarchisch geprägter, integrierter Gesamt-

BSC können nur in Ausnahmefällen algorithmisch „heruntergebrochen" werden

steuerung mit der Balanced Scorecard stellt an die eigene Wissensbasis der Konzernzentrale ebenso hohe Anforderungen wie an ihre Fähigkeit, Detailwissen untergeordneter Einheiten verarbeiten zu können. Damit sind der Komplexität und Dynamik des Konzerngeschäfts enge Grenzen gesetzt.

Die strategische Holding

Eine strategische Holding löst einen Stammhauskonzern dann ab, wenn die soeben genannte Bedingung – z.B. infolge vollzogener Diversifizierung – nicht mehr erfüllt ist. Die Konzernzentrale kann ein sehr heterogenes Geschäft nicht in allen Einzelheiten – quasi bis zur letzten Kennzahl – steuern. Dezentralen Einheiten muss daher ein Teil der Führungsaufgabe übertragen werden. Von der Bedeutung für eine „interne Logik" des Konzerns und der zentralen wie dezentralen Wissensbasen her liegt es nahe, sich in der Konzernspitze auf eine strategische Rahmenplanung zu beschränken. In dem damit geschaffenen Rahmen erstellen die dezentralen Einheiten im Rahmen ihrer Produkt-Markt-Kombinationen und ihrer Kernfähigkeiten eigenständige Scorecards.

Die Balanced Scorecard der Zentrale führt die dezentralen Scorecards über finanzielle und zentrale nicht-finanzielle Kennzahlen (z.B. Sicherheit bei Du Pont oder Innovation bei 3 M, vgl. Kaplan/ Norton, 1997, S. 163) zusammen und ergänzt sie um Kennzahlen, die sich auf die spezifische Wertschöpfung der Zentrale in der Realisierung finanzieller und immaterieller Synergien beziehen (z.B. geschäftseinheitenübergreifendes Cross Selling, gemeinsame Nutzung von Technologien oder zentraler Dienstleistungen, vgl. Kaplan/Norton, 1997, S. 163). Die Anwendung der Scorecard in der Zentrale ermöglicht so auch Transparenz bezüglich der Wertschöpfung des zentralen „Wasserkopfs" und kann Ausgangs- und Bezugspunkt für den strategischen Dialog im Konzern sein.

Die Finanzholding

Schließlich kann es der Fall sein, dass das Überblickswissen der Konzernzentrale und/oder ihre Fähigkeit, Detailwissen der zu führenden Einheiten zu verarbeiten, selbst auf der strategischen Ebene nicht ausreicht, um die dezentralen Einheiten effektiv auszurichten. Dann verbleibt nur der Weg, Portfolio-Gestaltungen auf der Basis von Rendite-Risiko-Überlegungen anzustellen. Eine eigene Balanced Scorecard für die Zentrale ist damit überflüssig; ihre Wertschöpfung ist auf die finanzielle Sphäre beschränkt. Die für die Portfolio-Überlegungen der Zentrale geeignete Grundlage sind die finanziellen Ergebniskennzahlen, also die „Spitze" der Balanced Scorecard. Die Ergebnisse sind in ihrer Höhe und ihrem Risiko zu erfragen und zu beurteilen. Konzernweit integriert werden die Balanced Scorecards der dezentralen Einheiten nicht. Als Konsequenz des Rückzugs der Konzernspitze

In einer Finanzholding haben die BSC der einzelnen Geschäftsbereiche lediglich Informationscharakter

auf die finanzielle Spitze entsteht für die Basiseinheiten ein Zwang zur dezentralen Einigung.

Die Balanced Scorecards dienen allerdings in der Interaktion Konzernspitze – dezentrale Einheit als Informationsquelle. Die Konzernspitze nimmt im Verhandlungsprozess die Funktion des Investors ein, den es zu überzeugen gilt. Hierbei kann der Rekurs auf die Balanced Scorecards der einzelnen Einheiten unter Umständen sinnvoll sein. Sprache und Logik der Balanced Scorecards ermöglichen einen intensiveren Dialog „nicht nur über kurzfristige Finanzergebnisse, sondern auch darüber, ob die Grundlagen für das Wachstum und die zukünftige Finanzleistung gelegt worden sind." (Kaplan/Norton, 1997, S. 162). Dies stellt nun aber eine *schmale Gratwanderung* zwischen der Rolle des Investors und einer inhaltlichen Kontrolle der dezentralen Einheit dar.

Symptomatisch erscheint hier das Zitat eines Konzernplaners in einer Finanzholding, er lasse sich die dezentralen Balanced Scorecards „nur zum Bericht, nicht zur Kontrolle" vorlegen. Die Aussage entlarvt sich selbst: Liest der Konzernplaner den Bericht, ohne gegebenenfalls zu reagieren, verschwendet er seine Zeit, reagiert er doch, erscheint es schwierig, diesen Vorgang von einer mehr oder weniger intensiven Kontrolle der geschäftlichen Aktivitäten der dezentralen Einheiten abzugrenzen. In der Tat postulieren auch Kaplan/Norton für die von ihnen beispielhaft betrachtete Finanzholding FMC Corporation: „Die Einführung der Balanced Scorecard bei FMC hat nun die Rolle der Ebene des Gesamtunternehmens verändert, die jetzt die Strategien der einzelnen Gesellschaften überwacht und bewertet." (Kaplan/Norton, 1997, S. 162). Das Bild des Investordialogs wird so leicht zum Vorwand für eine der Finanzholding nicht angemessene Steuerungstiefe bzw. einen erweiterten Durchgriff der zentralen Konzernplanung.

Eine zu hohe Eingriffstiefe der Spitzeneinheit in die Steuerung der Basiseinheit verhindert aber eine Flexibilisierung und Mobilisierung der dezentralen Unternehmensführung. Andererseits verhindert eine zu geringe Eingriffstiefe der Spitzeneinheit die Nutzung immaterieller oder operativer Synergien und konterkariert damit den Zweck der Konzernbildung. Dieses Spannungsfeld muss die Konzernleitung proaktiv gestalten – aber nicht durch die Hintertür des Instruments Balanced Scorecard!

Differenzierung im Konzern

Schließlich sei noch ein Wort der Vorsicht angebracht. Es ist wahrscheinlich, dass bei einem historisch gewachsenen Konzern eine Gruppe von dezentralen Einheiten anzutreffen ist, deren Lebens- und Sprachformen weitgehend mit denen der Spitzeneinheit übereinstimmen. In Anlehnung an den Begriff des Stammhauskonzerns können diese auch

Gestalten Sie Ihre BSC nicht wie das literarische Vorbild des Haarschneideautomaten

als Stammeinheiten bezeichnet werden. Daneben können jedoch auch Konzerneinheiten existieren, deren Lebenswelt sowie deren strategisches Produkt-Markt-Umfeld deutliche Unterschiede im Vergleich zur Spitzeneinheit aufweisen. Finanzeinheiten repräsentieren Unternehmensbeteiligungen, die aus reinen Portfolioüberlegungen heraus gehalten werden, und Kerneinheiten entsprechen einer Beteiligung in der strategischen Holding. Ihre Einbindung beruht auf der erstrebten Ausnutzung immaterieller Synergien (vgl. Bendak, 1992, S. 203ff.).

In der Realität wird zwar ein Typus dezentraler Einheiten dominieren, dies rechtfertigt jedoch keine einheitliche Steuerungstiefe im Konzern. Vielmehr muss die Eingriffstiefe der Spitzeneinheit in die Kennzahlen der dezentralen Einheit an der Stärke der operativen und strategischen Verbundbeziehungen ausgerichtet werden. Für Stammeinheiten ist entsprechend eine feste Koordination anzustreben, während den Kern- und Finanzeinheiten planerische Autonomie im Rahmen einer losen Kopplung einzuräumen ist. Richtet man Balanced Scorecards im Konzern hingegen undifferenziert auf den dominanten Typ der dezentralen Einheiten aus, so wirkt dieses auf die Steuerung der anderen dezentralen Einheiten wie der „Haarschneideautomat" von Kirsch/Roventa/Trux („Da gab es einmal einen Mann, er erfand einen Haarschneideautomaten. ,Hier in diese Öffnung', erklärte er dem

Patentanwalt, ‚steckt der Kunde seinen Kopf. ... Drückt man auf diesen roten Knopf, so dauert es höchstens 5-6 Sekunden und der Kunde hat den gewünschten Haarschnitt.' - ‚Aber', entgegnete der Patentanwalt, ‚die Menschen haben doch unterschiedliche Kopfformen.' - ‚Nur vorher', entgegnete der Erfinder." Kirsch/Roventa/Trux, 1983, S. 17). Die Botschaft der Metapher ist offensichtlich. Sie richtet sich gegen Einheitsrezepte der strategischen Unternehmensführung und fordert angemessene Individualisierung bzw. Differenzierung. Als Folge einer Nichtberücksichtigung der unterschiedlichen Steuerungsanforderungen dezentraler Einheiten durch eine für den Gesamtkonzern einheitliche Balanced Scorecard-Philosophie entsteht eine Unterstützungslücke zwischen der Steuerungsleistung der offiziellen Systeme und den Anforderungen einzelner dezentraler Einheiten (vgl. Seitz, 1993, S. 141 und Hamprecht, 1996, S. 267f.). Dies gilt es durch eine differenzierte Gestaltung zu vermeiden.

Auch innerhalb der einzelnen Konzerntypen gibt es noch viel Individualität

Fazit: Einfluss des Konzerntyps

Der zugrunde liegende Konzerntyp nimmt – wie die Ausführungen gezeigt haben – entscheidenden Einfluss auf die Gestaltung der Balanced Scorecard im Konzern.

→ Die Steuerung eines Stammhauskonzerns kann über eine Balanced Scorecard bzw. ein System sich überlappender Balanced Scorecards erfolgen, eine spezifische Scorecard für die Zentrale ist überflüssig.

→ In einer Strategischen Holding führt hingegen eine spezifische Balanced Scorecard der Zentrale die dezentralen Scorecards zusammen und ergänzt sie um Kennzahlen, die sich auf die spezifische Wertschöpfung der Zentrale in der Realisierung immaterieller und finanzieller Synergien beziehen. Die zentrale Scorecard dient auch dem internen Marketing der Unternehmensspitze und bildet den Ausgangspunkt für den strategischen Dialog im Konzern.

→ Eine Finanzholding als interner Investor benötigt wie der Stammhauskonzern keine eigene Scorecard. Scorecards dienen aber auch hier als Basis für den Dialog zwischen Investor und dezentralen Einheiten. Anders als in einer strategischen Holding muss die zentrale Konzernplanung jedoch der (von Kaplan/Norton nahegelegten!) Versuchung widerstehen, die Informationen der Balanced Scorecards auch zur Steuerung der dezentralen Einheiten zu missbrauchen – fürwahr eine schwierige Gratwanderung.

→ Die Steuerungstiefe sollte nicht konzerneinheitlich, sondern unter Berücksichtigung der spezifischen Anforderungen einzelner Einheiten festgelegt werden.

==Insgesamt ist das Konzept der Balanced Scorecard – so ist an dieser Stelle deutlich geworden – ein sehr gelungener==

Versuch, eine Vielzahl zum Teil verstreuter, im Wesentlichen altbekannter Erkenntnisse über Strategiefindung, Strategieformulierung, Kopplung von Strategie und operativer Umsetzung sowie Kennzahlenbildung und -abbildung zu einem schlüssigen Gesamtkonzept zu verbinden – dieser Hinweis durchzieht unser Buch quasi wie ein roter Faden! Wenn Sie die Balanced Scorecard in Ihrem Unternehmen „konfektionieren" wollen, wird Ihnen dies deshalb dann am besten gelingen, wenn Sie über breite Kenntnisse auf den genannten Gebieten verfügen. Ansonsten besteht die Gefahr, mit der Übernahme des „Normvorschlags" nicht alle Chancen des Instruments für Ihr Unternehmen voll auszuschöpfen.

1.3.5. Balanced Scorecard und KonTraG

Unternehmen agieren seit jeher unter Unsicherheit. Chancen zu nutzen und dabei auch Risiken einzugehen, ist der Kern unternehmerischen Handelns überhaupt. Spektakuläre Unternehmenskrisen zu Beginn der 90er Jahre (z.B. die Fälle Balsam, Schneider, Metallgesellschaft oder Barings) haben jedoch dazu geführt, dass die Betrachtung der Risiken wieder in den Vordergrund gerückt ist. Worte wie „Corporate Governance", „Risikomanagement" und „Risiko-Controlling" sind dabei in aller Munde. In diesem Zusammenhang ist auch das Gesetz zur Kontrolle und Transparenz im Unternehmensbereich

Auch das Risikomanagement nach dem KonTraG bindet derzeit viel Management Attention

(KonTraG) zu sehen, das in Deutschland am 1. Mai 1998 in Kraft getreten ist. Das KonTraG fordert unter anderem in einem neu formulierten § 91 Abs. 2 AktG die Einrichtung eines *Risikomanagementsystems*. Wörtlich spricht der Gesetzgeber dabei von einem sogenannten „Überwachungssystem", das dazu beitragen soll, „den Fortbestand der Gesellschaft gefährdende Entwicklungen" frühzeitig aufzuzeigen.

Die Einrichtung eines solchen Überwachungssystems ist letztlich eine Konkretisierung der allgemeinen Leitungsaufgabe des Vorstands (§ 76 AktG). An eine Pflichtverletzung bei der Implementierung und dem laufenden Einsatz des Überwachungssystems ist deshalb die direkte, gesamtschuldnerische Haftung des Vorstands geknüpft. Jedes Vorstandsmitglied kann persönlich für den gesamten Schaden, der Dritten z.B. im Rahmen einer Unternehmenskrise oder gar einer Insolvenz entsteht, in Anspruch genommen werden. Verschärfend gilt noch die sogenannte Beweislastumkehr. Im Schadensfall muss jedes Vorstandsmitglied beweisen, dass es seine gesamten Pflichten ordnungsgemäß erfüllt hat. Kann ein solcher Beweis nicht erbracht werden, wird quasi automatisch eine Pflichtverletzung angenommen.

Vor diesem Hintergrund verwundert es nicht, dass die Einrichtung eines den gesetzlichen Bestimmungen entsprechenden Risikomanagementsystems derzeit in den Vorstandsetagen eine erhebliche Aufmerksamkeit erfährt. Ein Risikomanagement, das allein auf den gesetzlichen Vorstellungen aufbaut, kann jedoch in langfristiger Konsequenz zu einer Verminderung des Unternehmenswerts führen, wenn nämlich potentielle Risiken in Relation zu möglichen Chancen überbewertet werden. Solche Überwachungssysteme sind nichts anderes als gerichtete Diagnosesysteme, wie sie sich z.B. auch im täglichen Leben finden: Menschen kontrollieren täglich ihr Gewicht oder lassen regelmäßig Blutwerte überprüfen, um mit diesen Informationen Krankheiten rechtzeitig zu erkennen oder vorbeugen zu können. Über den Erfolg eines Menschen und seine (Über-)Lebensfähigkeit sagen solche Diagnosesysteme allerdings wenig aus. Um auch im Unternehmen eine Fixierung auf reine Diagnosesysteme zu verhindern, ist ein umfassendes Chancen- und Risikomanagement (Risk Tracking) erforderlich, das es ermöglicht, ein ausgewogenes Chancen-Risiko-Profil sicherzustellen – also ein Instrument, das über den Horizont eines risikogerichteten Diagnoseinstruments hinausgeht – und genau an dieser Stelle wird die Beziehung zur Balanced Scorecard deutlich:

In einer Balanced Scorecard sind – verteilt über die verschiedenen Perspektiven – die wichtigsten Erfolgsfaktoren des Unternehmens in Zielen und Maßnahmen konkretisiert aufgeführt. Im Rahmen einer Balanced Scorecard PLUS

Verbinden Sie Risikomanagement und Balanced Scorecard!

ließen sich – dem Vorschlag von Weber/Weißenberger/Liekweg, 1999, folgend – sehr einfach auch die wichtigsten Chancen und Risiken mit ihren Einflussfaktoren ausweisen, aus denen eine Überschreitung der Wesentlichkeitsgrenzen in den einzelnen Bereichen resultieren kann. Oft dürften die in der Balanced Scorecard formulierten und überwachten kritischen Erfolgsfaktoren bereits mit den zentrale Chancen und Risiken bestimmenden Einflussfaktoren übereinstimmen. In diesen Fällen sind aus Chancen- bzw. Risiko-Gesichtspunkten lediglich andere Grenzwerte (beispielsweise getrennt für Chance und Risiko) hinzuzufügen.

Die Verbindung der Bemühungen um die Erfüllung der aus dem KonTraG resultierenden Anforderungen und die Implementierung einer Balanced Scorecard vermiede einerseits eine zu starke Fokussierung auf Risikovermeidung und erhöhte andererseits die Dringlichkeit der Einführung – zwei wahrlich gute Gründe, über unseren Vorschlag genauer nachzudenken!

1.4. IMPLEMENTIERUNGS-ERFAHRUNGEN AUS DER PRAXIS

Die Balanced Scorecard ist ein in enger Zusammenarbeit mit Unternehmen entstandenes Konzept. Es buhlt nicht um theoretische Eleganz und Nobelpreisverdächtigkeit. Sein Wert wird vielmehr durch den Nutzen seines Einsatzes in der Unternehmenspraxis bestimmt. Praxiserfahrungen kommt damit ein zentraler Stellenwert zu. Sie sollen deshalb nicht nur „en passant" in unsere Empfehlungen einfließen, sondern auch einen gesonderten, exponierten Platz eingeräumt bekommen.

Im Folgenden kommen zunächst sechs Unternehmen zu Wort, die über ihre Erfahrung mit Konzept und Implementierung berichten. An späterer Stelle werden Controller und Berater aus ihrer spezifischen Sicht über weitere Erfahrungen berichten. Damit decken wir ein breites Spektrum unterschiedlicher Unternehmenskontexte (Größe, Implementierungsstand, Geschäftsart usw.) ab. Insofern müssten auch für Ihr Unternehmen verwendbare Erkenntnisse dabei sein! Beginnen wir mit einem Vorreiter der BSC in Deutschland, dem „Kaufhaus" Breuninger.

1.4.1. Balanced Scorecard bei Breuninger GmbH & Co.

Die E. Breuninger GmbH & Co., ein Unternehmen des modischen Einzelhandels, das mit insgesamt 5.000 Mitarbeitern in 14 Kauf- und Modehäusern in Deutschland einen Gesamtumsatz von 1 Mrd. DM erwirtschaftet, hat sich innerhalb seiner Branche im mittleren bis gehobenen Produktsegment als Haus der Markenartikel positioniert und verfolgt dabei eine Differenzierungsstrategie. Diese basiert im Wesentlichen auf (i) der Qualität des angebotenen Services – hierbei zum einen das Angebot der Services (z.B. die Integration von gastronomischen Einheiten in ein Modehaus) und zum anderen die Ausführung der Services, (ii) der Ausrichtung der Sortimente auf Kompetenz und lokaler Dominanz sowie (iii) der Schaffung eines Ambientes, welches „Erlebniskauf" möglich macht. „Es ist Ihr gutes Recht, von Breuninger etwas Besonderes zu erwarten", dieser Slogan des Unternehmens fasst die Art der strategischen Ausrichtung anschaulich zusammen.

Dieser strategischen Positionierung und Ausrichtung folgend wurden vier Perspektiven definiert, die insofern von der ursprünglichen Kaplan-Norton-Version abweichen, als die zusätzliche Perspektive „Ware/Lieferant" eingefügt und die Scorecard „interne Prozesse" und die „Lern- und Entwicklungsperspektive" in die Scorecard „interne Prozesse" (als „interne Prozesse & Ressourcen" integriert wurde. Die folgende Abbildung illustriert unter Nennung einiger ausgewählter Elemente pro Karte die Scorecard.

Dr. Andreas Guldin, Mitglied der Geschäftsführung E. Breuninger GmbH & Co.

Aufgrund der Gleichartigkeit des Geschäftsmodelles bei sowohl vertriebs- (d.h. pro Kauf-/Modehaus) als auch produktbezogener Untergliederung (d.h. pro Sortimentsgruppe über alle Häuser hinweg) des Unternehmens kann die

mensspezifisches Modell der Unternehmensleistungen zu verstehen ist, wobei dieses Modell im Wesentlichen die Festlegung (i) der Leistungen an sich, (ii) deren Treiber, (iii) deren Wechselwirkungen sowie (iv) die Wirkfunktionen

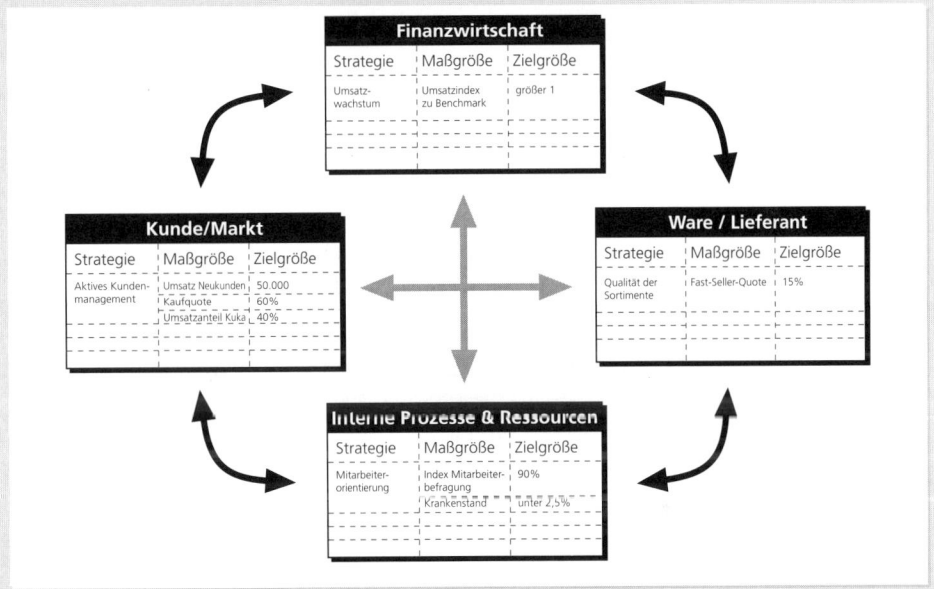

Gesamtkonzept der Balanced Scorecard bei Breuninger: Integrierte Sichtweise der vier Perspektiven

Scorecard bezogen auf die Verantwortungsebenen des Unternehmens untergliedert und inhaltlich konsistent aggregiert werden.

Bei Implementierung, Nutzung und Management der Scorecards ist die Prozessperspektive in der Vorgehensweise besonders hervorzuheben. Hierunter ist zu verstehen, dass die Ableitung und die Nutzung einer Balanced Scorecard am besten als ein kollektiver Top-Down-Prozess zur Schaffung eines gemeinsamen Verständnisses über ein unterneh-

der Treiber (z.B. linear oder non-linear, mit zeitlicher Verzögerung – und wenn ja, wie lange) umfassen sollte.

Eine weitere wichtige Facette in der praktischen Umsetzung ist die Nutzung von bereits vorhandenem Gedankengut und Daten. Keineswegs stellt die Balanced Scorecard die Erfindung eines „neuen Rades" dar, aber sie fügt die – ggf. bereits vorhandenen – Elemente, die „Speichen", die „Felgen", den „Reifen" etc., zu einem funktionierenden Ganzen, dem „Rad", zusammen. Um die Akzeptanz zu erhöhen, erscheint es aus unserer Erfahrung sogar geboten, gerade jene Unternehmensbereiche in die Implementierung und das Management der Scorecard zu integrieren, die – der Analogie folgend – sich bereits mit „Speichen", „Reifen" oder „Felgen" in der Vergangenheit befasst haben.

Mit zunehmender Nutzungszeit der Balanced Scorecard wird deutlich, dass ihr möglicherweise größter Wert in der Initialisierung von organisationalen Lernprozessen liegt. Von daher kann auch nicht davon ausgegangen werden, dass eine Balanced Scorecard jemals als „fer-

dingt die Offenheit des Systems Unternehmen Anpassungen und Innovationen der geplanten und antizipierten Handlungsentwürfe (der „Strategie") sowie der operativen Handlungsausführungen. Dass eine Balanced Scorecard niemals „fertig" ist, mag vor dem Hintergrund eines traditionellen, eher mechanistischen Verständnisses von Unternehmensplanung und -steuerung eine Enttäuschung sein, wenn man hingegen die Fähigkeit zum organisationalen Lernen als den wesentlichen Kern im Management- und Entwicklungsprozess der Scorecard akzeptiert, ist dies jedoch weder verwunderlich noch schädlich, sondern vielmehr erwünscht!

Pro	Contra

• Vertiefte Diskussionen über Wirkungszusammenhänge
• ganzheitlicher Management-prozess
  ➢ für jeden Einzelnen
  ➢ für das Team
• Management durch Hypothesen-testung (Faktenorientierung)
• Ermöglicht 'Lernen' am eigenen Geschäftsmodell
  ➢ Verbesserungslernen
  ➢ Erneuerungslernen
	• Komplexität
	  ➢ Multi-Kausalität
	  ➢ zeitliche Verzögerungen
	  ➢ Instabilität der Zusammen-hänge
	• Management ist keine empirische Forschung
	• „Analyse till Paralyzed"
	• „Je mehr man lernt, desto mehr muss man lernen"

Pro und Contra der Diskussion von Ursache-Wirkungs-Zusammenhängen der BSC

tig" i.S. von unveränderlich über die Zeit angesehen werden kann. Der in zeitlich strukturierten Rückkoppelungsschleifen zu erfolgende konstruktiv-kritische Austausch über Vision, Strategie, Erfolgsfaktoren, Maßgrößen, Wirkmechanismen u.ä. ist der lebendige Kern dieses Steuerungstools, denn schließlich be-

Schließlich ist auch die Diskussion über Ursache-Wirkungs-Verknüpfungen zwischen den Elementen des Leistungsmodelles vor dem Hintergrund des organisationalen Lernens positiv zu bewerten. Dabei ergibt sich jedoch eine Art „Erkenntnis-Management-Paradoxie": Einerseits legt das Postulat der ganzheitlichen Betrachtung der miteinander in Wirkungsbeziehung stehenden Leistungsfacetten die Überprüfung der Wirkmechanismen nahe, andererseits sind die dafür zur Verfügung stehenden

Methodiken wie z.B. multivariate Kausalmodelle u.ä. nicht dazu geeignet, handlungsrelevante Diskussionen im operativen Management zu stimulieren. Es ergibt sich das Spannungsfeld zwischen der auf der einen Seite notwendigen Einfachheit und Klarheit, um die Mitarbeiter, die Teams, die Verantwortungsbereiche „auszurichten", und jener auf der anderen Seite bestehenden Verpflichtung, die postulierten Zusammenhänge nicht nur im Glaubensbereich zu belassen, sondern anhand intraorganisational gewonnener Daten auch zu überprüfen.

Und schließlich folgt das Handlungsmuster eines Managers nicht dem Paradigma der empirischen Forschung, sondern eher jenem der Aktionsforschung. Während in der empirischen Forschung bekanntlich unabhängig vom Beobachter Erkenntnisse

Petra Dickmeis, Projektmanager in der Abteilung Qualitäts-, Prozess- und IT-Management der ABB Industrie AG

über das Verhalten des zu beobachtenden Objektes – in diesem Fall das Unternehmen – gesammelt werden sollen, ist das Paradigma der Aktionsforschung das Verstehen eines Objektes durch das aktive Verändern und Einwirken des Beobachters auf das Objekt. Praxisbezo-

gen formuliert bedeutet dies: Für die Erkenntnis, nach dreijähriger Beobachtungszeit beispielsweise festgestellt zu haben, dass Bedienungs- und Beratungsqualität nur einen schwachen Einfluss auf die Umsatzentwicklung hat, wird ein Manager nicht bezahlt, vielmehr soll er durch sein aktives Gestalten genau jenen postulierten Zusammenhang herstellen.

1.4.2. Balanced Scorecard bei ABB Industrie AG

Die ABB Industrie AG (Baden/Schweiz) ist ein weltweit führender Hersteller von Produkten aus den Bereichen Automatisierung, Antriebstechnik und Leistungselektronik. Rund 1.500 Mitarbeiter erwirtschafteten in 1999 einen Umsatz von 634 Mio. CHF. Mit der Balanced Scorecard verbindet die ABB Industrie AG in erster Linie das Ziel, die identifizierte Lücke zwischen strategischer Planung und jährlicher Maßnahmenplanung zu schließen. Zugleich soll dem Management ein leicht nutzbares Informationsinstrument bereitgestellt werden, das darüber hinaus in der Lage ist, die verfolgte Strategie allen Mitarbeitern nahezubringen.

Erarbeitung der Balanced Scorecard-Elemente

Zur Erreichung der gesetzten Ziele wurde die Balanced Scorecard zunächst für die strategische Geschäftseinheit Druckereianlagen (ID) entwickelt. Dieses

Pilotprojekt begann im März 1999 mit der Zusammenstellung eines BSC-Teams, das die grundlegenden Elemente der Balanced Scorecard – strategische Ziele, Ursache-Wirkungsketten, Kennzahlen, Etappen- und Endwerte, strategische Programme – erarbeiten sollte. Team-Mitglieder waren die Leiter aller ID-Abteilungen. Auf diese Weise wurde Sorge getragen, dass verschiedene Interessen in den Entwicklungsprozess einfließen konnten, und dass eine breite Basis zur Umsetzung der erzielten Ergebnisse vorhanden war.

Die Erarbeitung der einzelnen Balanced Scorecard-Elemente, für die jeweils ein Ganztags-Workshop vorgesehen war, folgte einem übereinstimmenden Schema. So waren die BSC-Teammitglieder

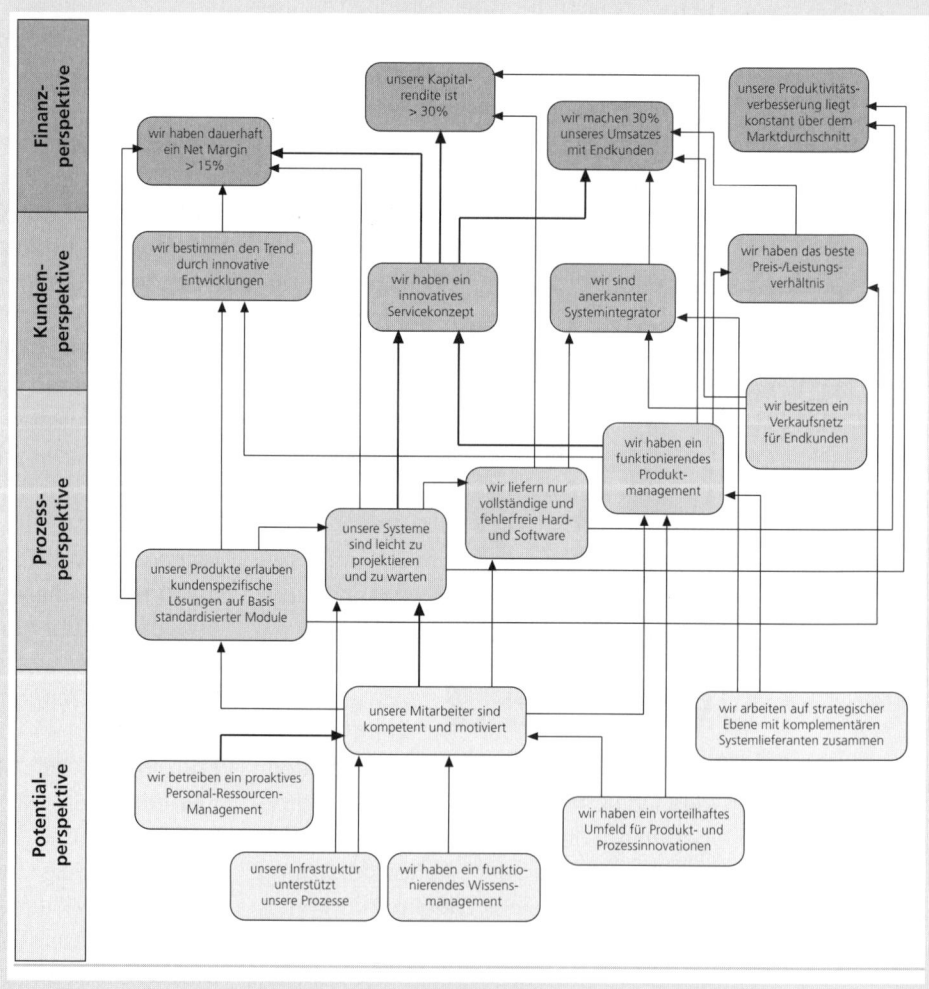

Netzwerk der strategischen Ziele des Geschäftsbereichs Druckereianlagen

in einem ersten Schritt z.B. aufgefordert, die ihnen selbst wichtig erscheinenden strategischen Ziele offenzulegen. Auf diesem Wege wurde erreicht, dass alle Teammitglieder am Zielfindungsprozess partizipierten. In einem zweiten Schritt wurden die individuellen Vorstellungen zusammengeführt und einem moderierten Selektionsprozess unterworfen. Ein Ziel wurde erst dann endgültig bestätigt oder eliminiert, wenn darüber Konsens erzielt werden konnte. Dies führte z.T. zu langwierigen Diskussionen, deren Notwendigkeit aber außer Frage stand. Letztendlich wurden 19 Ziele ausgewählt, die – zusammen mit ihren als zentral identifizierten Wirkungsbeziehungen – der links abgebildeten Grafik entnommen werden können.

Abweichend von üblichen Empfehlungen erfolgte die Kennzahlen-Bestimmung erst nach Aufdeckung zielbezogener Ursache-Wirkungsketten: von vornherein sollten nur solche Kennzahlen in Erwägung gezogen werden, die den unterstellten Wirkungsbeziehungen nicht widersprachen. Kraft eines recht mühsamen Selektionsprozesses, bei

Dr. Heinz Ahn, Wissenschaftlicher Assistent am Lehrstuhl für Umweltökonomie und industrielles Controlling, RWTH Aachen

dem je Ziel nur maximal 2 Kennzahlen Berücksichtigung finden sollten, einigte man sich schließlich auf 25 Kennzahlen.

Für einen Ausschnitt des Netzwerks strategischer Ziele sind die zugehörigen Kennzahlen in einer Tabelle festgehalten. Diese gibt auch die angestrebten Etappenwerte im Rahmen des dreijährigen Planungshorizonts wieder. Um die Etappenwerte zu erreichen, wurden in einem abschließenden Workshop strategische Programme bestimmt. Im Sinne von Hauptaktionen bilden sie die Grundlage zur Ableitung einzelner, kurzfristig umsetzbarer Maßnahmen. Jedem ausgewählten Programm wurde ein verantwortliches BSC-Teammitglied zugeordnet, dem es obliegt, die Umsetzung 'seines' Programms im Planungszeitraum voranzutreiben.

Einsatz der Balanced Scorecard: Aufwendig, aber lohnend!

Erfahrungsberichte, welche die sehr unverbindlich gehaltenen Empfehlungen im Hinblick auf die Umsetzung des Balanced Scorecard-Konzepts beklagen, können von der ABB Industrie AG nur bestätigt werden. Als Folge der unzureichenden Gestaltungshinweise wurde in der Einführungsphase tatsächlich weitaus mehr Managementkapazität als erwartet beansprucht.

Auch in der Nutzungsphase ist die Balanced Scorecard mit nicht zu vernachlässigendem Aufwand verbunden. So

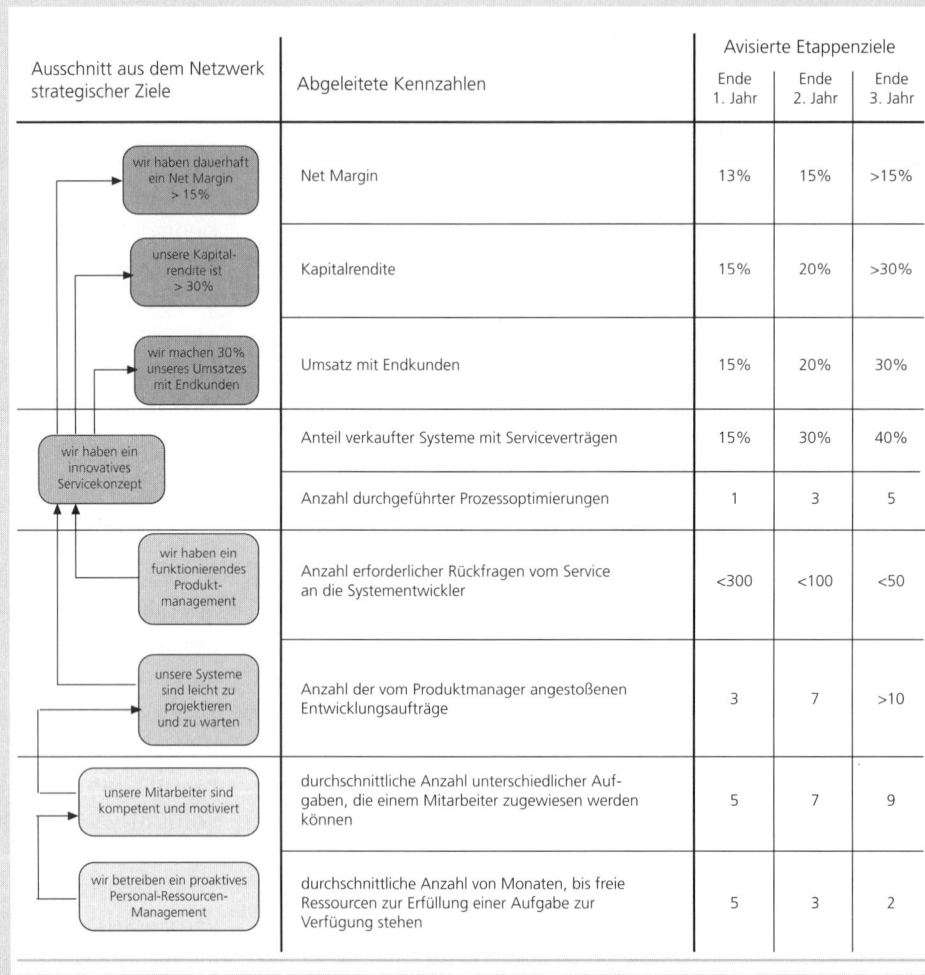

Ausschnitt aus dem Netzwerk strategischer Ziele	Abgeleitete Kennzahlen	Avisierte Etappenziele		
		Ende 1. Jahr	Ende 2. Jahr	Ende 3. Jahr
wir haben dauerhaft ein Net Margin > 15%	Net Margin	13%	15%	>15%
unsere Kapitalrendite ist > 30%	Kapitalrendite	15%	20%	>30%
wir machen 30% unseres Umsatzes mit Endkunden	Umsatz mit Endkunden	15%	20%	30%
wir haben ein innovatives Servicekonzept	Anteil verkaufter Systeme mit Serviceverträgen	15%	30%	40%
	Anzahl durchgeführter Prozessoptimierungen	1	3	5
wir haben ein funktionierendes Produktmanagement	Anzahl erforderlicher Rückfragen vom Service an die Systementwickler	<300	<100	<50
unsere Systeme sind leicht zu projektieren und zu warten	Anzahl der vom Produktmanager angestoßenen Entwicklungsaufträge	3	7	>10
unsere Mitarbeiter sind kompetent und motiviert	durchschnittliche Anzahl unterschiedlicher Aufgaben, die einem Mitarbeiter zugewiesen werden können	5	7	9
wir betreiben ein proaktives Personal-Ressourcen-Management	durchschnittliche Anzahl von Monaten, bis freie Ressourcen zur Erfüllung einer Aufgabe zur Verfügung stehen	5	3	2

Ausgewählte Kennzahlen mit ihren angestrebten Etappenwerten

kommen die BSC-Teammitglieder alle drei Monate zusammen, um sich gegenseitig über den Stand der geplanten Maßnahmen sowie die Entwicklung der angestrebten Etappenwerte zu informieren. Je nach Projektstand und Kennzahlenentwicklung wird im Team über ergänzende Maßnahmen beraten. Des Weiteren wird im Rahmen eines permanenten Monitoring-Prozesses überprüft, ob sich Anpassungsbedarf hinsichtlich der abgeleiteten strategischen Ziele und Ursache-Wirkungsketten abzeichnet. Unter Beobachtung stehen insbesondere die der Strategie zugrunde liegenden Rahmenbedingungen.

Besonderer Wert wird auf die Einbeziehung der Mitarbeiter gelegt. Im Mittelpunkt steht dabei die Erörterung ihres persönlichen Beitrags zur Zielerreichung. Ein diesbezüglicher Informationsaustausch findet sowohl anlässlich der Initiierung neuer Maßnahmen als auch im Rahmen regelmäßiger Einzelgespräche statt. Ergänzend finden im monatlichen Rhythmus Vorträge über strategierelevante Themen statt, zu denen alle Mitarbeiter eingeladen sind.

Die Vermittlung der Strategie an die Mitarbeiter ist zwar aufwendig, gleichzeitig aber auch einer der wesentlichen Aspekte, warum die ABB Industrie AG den Einsatz der Balanced Scorecard als Erfolg wertet. Hoch geschätzt wird das Instrument darüber hinaus für die engpassorientierte Aufdeckung derjenigen Handlungsparameter, auf die sich die strategische Führung konzentrieren sollte. Im Hinblick auf die weitere Verbesserung der Methodik wird insbesondere der automatisierten Kennzahlenaufbereitung zentrale Bedeutung zuerkannt.

1.4.3. Balanced Scorecard bei der Siemens AG

Was wollen wir mit der BSC erreichen und wie sind wir vorgegangen?

Der Siemensbereich Energieübertragung und -verteilung erwirtschaftet mit knapp 25000 Mitarbeitern weltweit in sieben Geschäftsgebieten einen Umsatz von 6,5 Mrd. DM im Produkt-, System- und Anlagengeschäft.

Im September 1998 begannen wir mit der Einführung der Balanced Scorecard im top-down-Ansatz, vom Geschäftsbereich in die -gebiete, -zweige und -segmente. Unser Inhouse-Beratungsteam bestehend aus Mitarbeitern mit mehrjähriger operativer Erfahrung versteht sich dabei weniger als klassischer Consultant, sondern eher als Projektbegleiter der verschiedenen BSC-Teams. Projektleiter sind ausgewählte Führungskräfte unserer operativen Geschäftsgebiete. Wir sehen die BSC als das bislang fehlende Bindeglied zwischen der mittel- bzw. langfristigen Geschäftsplanung und der operativen Geschäftsführung.

Als Rahmen unseres Change-Managements erlaubt die BSC darüber hinaus ein zeitnahes Controlling der strategisch relevanten Maßnahmen durch vorauseilende Führungsgrößen, wie z. B. Laufzeiten für die Auftragsabwicklung oder die Mitarbeiterzufriedenheit. Wir sehen in der BSC ein wichtiges Kommunikationsinstrument zur Mobilisierung der Mitarbeiter über alle funktionalen und hierarchischen Ebenen hinweg. Die Klärung von Ursache-Wirkungs-Zusammenhängen zwischen den gewählten Führungsgrößen ist eine wesentliche Voraussetzung für die Akzeptanz von strategischen Zielen und deren operative Konkretisierung. Über die breite Akzeptanz der Ziele führt der Weg zur Erarbeitung und Umsetzung von Maßnahmen zur Zielerreichung durch die Mitarbeiter. Besonders wichtig war es uns, eine pragmatische Vorgehensweise zu wählen. Die BSC ist nach unserem Verständnis kein geschlossenes System, für dessen Implementierung es einen Königsweg gibt. Sowohl Konzepte als auch Inhalte und Optik der verschiedenen BSC wurden geschäftsspezifisch entwickelt und für das jeweilige Management maßgeschneidert, um den größtmöglichen Nutzen zu erzielen: Konzentration auf die wesentlichen Leistungstreiber schafft Freiräume für andere Aufgaben.

Christian Paulsen, Dr. Thomas Voigt, Roland Schmitt (Siemens AG – Bereich Energieübertragung und -Verteilung, EV Business Excellence) und Reinhardt Schnopp (Siemens AG – ZP top-Mobilisierung, zweiter von links)

Um möglichst schnell Siemens-weit Erfahrungen mit der Vorgehensweise zur Implementierung der BSC zu nutzen, haben wir ein regelmäßiges best-practice-sharing initiiert. Hieran nehmen Erfahrungsträger und Koordinatoren anderer Unternehmensbereiche sowie externe Entwickler und Anwender dieses Management-Tools teil. Hierbei werden nicht nur positive Erfahrungen ausgetauscht, sondern auch offen über Problemsituationen, mögliche Fallstricke und gelernte Lektionen berichtet.

Als notwendige und erfolgreiche Klammerfunktion erwies sich Siemens EV-intern eine schnelle und ausgeprägte Kommunikation zwischen den Teams. Zum einen wirkte sich die Auswahl der Teammitglieder aus dem laufenden operativen Geschäft vorteilhaft auf die schnelle Einbindung der BSC in das Tagesgeschäft aus. Andererseits wurde der Erfahrungsaustausch durch die enge Zusammenarbeit mit dem BSC-Beratungsteam gewährleistet.

In regelmäßigen Ergebnis-Meetings wurden die jeweils vorliegenden (Zwischen-)Ergebnisse präsentiert und diskutiert. Das Lernen voneinander und die Aufnahme neuer Ideen standen dabei im Vordergrund. Natürlich resultierte daraus auch ein interner Wettbewerb, der zusätzlich motivierte und die Einführung der BSC vorantrieb.

Welche Prozesse stößt die Arbeit mit der BSC im Management an? Erste Erfahrungen zeigen, dass eine systematischere Durchsprache der Geschäftsentwicklung angeregt wird. Bei diesen Durchsprachen im übergeordneten Management-Kreis werden die enthaltenen Ursache-Wirkungs-Hypothesen nochmals auf den Prüfstand gebracht und positive wie auch negative Erfahrungen schnell und wirkungsvoll vermittelt. Hierdurch wird die Kenntnis über die inneren geschäftlichen Zusammenhänge zwischen Treiber- und Ergebnisgrößen einerseits und den zugeordneten Maßnahmen andererseits ständig verbessert. Ein wichtiger Schritt auf dem Weg zum lernenden Unternehmen.

Worauf Sie achten sollten!

Der Weg zur BSC ist lang und steinig. Gehen Sie ihn trotzdem und nehmen Sie sich ausreichend Management-Zeit dafür. Konzentrieren Sie sich auf die für Ihr Geschäft richtigen und wichtigen Führungsgrößen und Maßnahmen zur Zielerreichung. Vermeiden Sie Komplexität und streben Sie keine Perfektion an.

Die BSC ist auch ein gutes Instrument, aus der Vielzahl angebotener Management-Tools die für Sie strategisch Richtigen auszuwählen und zu koordinieren.

Dr. Christoph Klingenberg, Senior Vice President Operational Excellence, Deutsche Lufthansa AG

Noch ein Tip: Benutzen Sie die BSC nicht als zusätzliche top-down-Kontrolle. Durch die regelmäßige, ganzheitliche Durchsprache der Geschäftsentwicklung anhand der BSC-Führungsgrößen im Management-Kreis wird eine systematische, zielgerichtete und letztlich effizientere Geschäftsführung möglich. Teiloptimierungen lassen sich so leichter vermeiden.

Der Start mit „Bordmitteln" (MS Excel, MS Powerpoint) gelingt in der Regel recht überzeugend und schnell. Eine mittelfristige Einbindung in die existierende DV-Landschaft ist aber unerlässlich, um die Akzeptanz als zentrales Führungsinstrument zu erreichen. Dabei sollte das Implementierungsteam Wert auf Bedienkomfort bei Zugriff und Darstellung der Führungsgrößen legen, ohne teure und aufwendig zu pflegende Speziallösungen zu schaffen.

1.4.4. Balanced Scorecard bei der Deutschen Lufthansa AG

Das in Managementtheorie und -praxis seit Anfang der neunziger Jahre diskutierte Konzept der Balanced Scorecard hat wie bei zahlreichen Unternehmen unterschiedlichster Branchen auch bei der Deutschen Lufthansa AG Eingang in die Strategieentwicklung gefunden. Dabei steht die methodische Erweiterung der Unternehmenssteuerung und nicht die Schaffung eines weiteren Kennzahlensystems im Vordergrund. Die Unternehmenssteuerung der Lufthansa basiert auf dem Konzernstrategieprozess. Mit einem Fünf-Jahres-Horizont werden Ziele top-down vorgegeben und Strategien für die sieben Geschäftsfelder der Lufthansa retrograd geplant. Die Ableitung der operativen Umsetzung erfolgt progressiv über drei Jahre und wird in einem jährlichen Budget konkretisiert.

Die Geschäftsfeldstrategien werden in einem kontinuierlichen Planungsprozess unter Einbindung aller Konzerngesellschaften erarbeitet und dabei an den

	Strategische Ziele	Messgrößen	Operative Ziele	Strategische Initiativen
Aktionäre	Profitabilität Renditeansprüche der Eigentümer erfüllen	Kapitalrentabilität DCF-Rendite	x% nach Steuern	Geschäftsspezifische Ableitung von Hurdle- u. Targetrates
	Nachhaltiges Wachstum	Umsatzwachstum	Anstieg des Auslands- umsatzes um x% Steigerung in Region A um x%	Screening potentieller ausländischer Partner Kauf eines Unterneh- mens in Region A
		Erhöhung Marktanteil		
Kunden	Kundenloyalität	Customer Service Index	Steigerung des CSI um x PP	Szenarioentwicklung d. zukünft. Kundenerw. u. Berücksichtigung bei d. Angebotserstel.
	Qualitätsimage	Imagekorrektur	Verbesserung des Anteils ausl. Kunden um x%	Antizipative Produkt- entwickl. nach Lebensz.
	Globalität	Ausländischer Kundenanteil		Internationalisierung d. externen Kommunikat.
Mitarbeiter	Mitarbeiter- engagement	Employee Commitment Index	Steigerung des ECI um x PP p.a.	Projekt „Mitarbeiter im Fokus"
	Führungsqualität	Führungspotential	x-%ige Erweiterung d. dezentralen Führungs- kompetenz in 3 Jahren	Hierarchieübergreifen- des Job-Rotation- Programm
	Dienstleistungskultur	Branchenweiter Ver- gleich aus Kundensicht	Unter den 5 Anbietern mit der höchsten Dienst- leistungsorientierung	Verankerung dienst- leistungsbez. Einstel- lungsverfahren u. -kriterien

Beispiel einer Kennzahlentafel der Deutschen Lufthansa

wichtigsten Stakeholdern ausgerichtet. Hier setzt das Konzept der Balanced Scorecard an, wobei der ursprünglich von R. Kaplan und D. Norton entwickelte Vier-Perspektiven-Ansatz bei Lufthansa zugunsten einer einfacheren Kommunikation auf drei Dimensionen reduziert ist. Auf der Basis des sogenannten „Strategischen Dreiecks" orientieren sich die Geschäftsfeldstrategien an Kunden, Mitarbeitern und Aktionären. Das bedeutet, dass für die unternehmerischen Leistungen der Geschäftsfelder neben dem Wohlwollen der Öffentlichkeit die langfristige Sicherung von

→ Zufriedenheit der Kunden
→ Engagement der Mitarbeiter
→ Vertrauen der Anleger
im Mittelpunkt steht.

Ziele und Strategien werden durch die Stakeholder-bezogene Ausrichtung operationalisierbar. Die konkrete Ausgestaltung vollzieht sich bei Lufthansa in einem dynamischen Prozess und wird kontinuierlich hinterfragt und optimiert. Stabil bleibt hingegen der explizite Bezug auf Kunden, Mitarbeiter und Aktionäre, wobei in die Kennzahlentafel auch Indikatoren der im Original als „In-

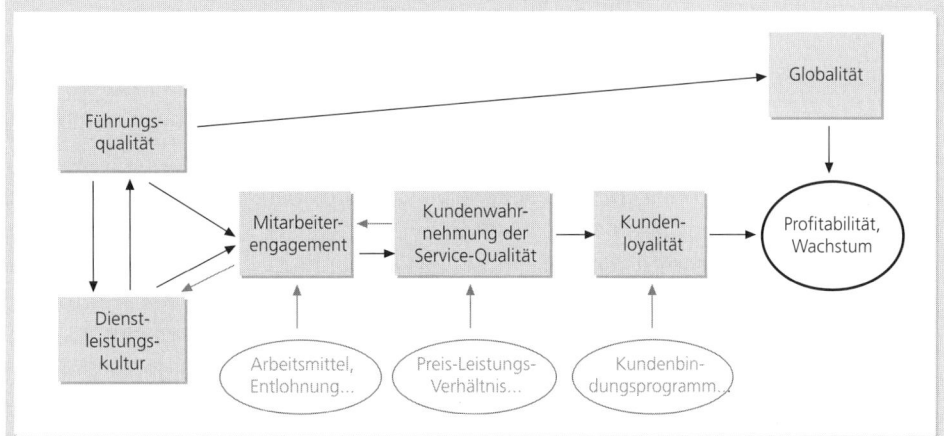

Modell-Beispiel der kausalen Zusammenhänge innerhalb der Lufthansa-Scorecard

terne Prozesse" und „Lernen und Innovation" bezeichneten Perspektiven einfließen.

Die Scorecard beinhaltet Ziele, Messgrößen und Initiativen, die für alle Geschäftsfelder gleichermaßen formuliert werden können. Die geschäftsspezifische Detaillierung wird im Zuge des Strategieprozesses mit den einzelnen Gesellschaften diskutiert und abgestimmt, was den eher prozess- als instrumentenfokussierten Ansatz der Balanced Scorecard verdeutlicht. Die Quantifizierung der Messgrößen ist in den operativen Planungsprozess integriert, um damit auch Budgetierung und Ressourcenzuteilungen auf die strategischen Ziele abzustimmen.

Der Mehrwert des Konzeptes der Balanced Scorecard im Vergleich zur traditionellen Erfolgsmessung liegt für Lufthansa als Dienstleistungsunternehmen vor allen Dingen in der Berücksichtigung

der nicht-monetären Leistungstreiber. Die Erweiterung der strategischen Diskussion um Mitarbeiter- und Kundenbelange im Top-Management trägt maßgeblich zum Wandel der Unternehmenskultur in Richtung einer starkeren internen und externen Dienstleistungsorientierung bei. Durch die systematische Berücksichtigung des von Kaplan und Norton als „intangibles bzw. intellektuelles Vermögen" bezeichnete Potential gewinnt das Management umfassende Transparenz über alle Erfolgsfaktoren.

Grenzen der Balanced Scorecard liegen nach unserer Erkenntnis in der Ursache-Wirkungs-Verknüpfung der Erfolgsindikatoren, da der kausalanalytische Zusammenhang aufgrund von Komplexität und Offenheit des Systems dynamisch ist. Für viele der verwendeten Messgrößen liegen keine Erfahrungswerte vor und die Verknüpfung der Strategieelemente kann nicht ausschließlich über einseitige Kausalitäten erfolgen, sondern muss auch Rückkopplungen berücksichtigen. Vor dem Hintergrund, dass die Balanced Scorecard nicht als deterministisch rechenbares Modell misszuverstehen ist, wird bei Lufthansa die Methode der kleinen Schritte verfolgt, indem Zusammenhänge zunächst ausschnittweise untersucht werden.

Abschließend lässt sich für Lufthansa feststellen, dass der Wert des Balanced Scorecard-Konzeptes in erster Linie in der perspektivischen Erweiterung bestehender Prozesse besteht. Als Instrument und Methode ist sie weder ein Ersatz für das operative Informationssystem noch für den Konzernstrategieprozess. Sie ist vielmehr als Zusatzhilfsmittel in der Toolbox der Strategieentwicklung zu begreifen und als solche überaus hilfreich für die Unterstützung von Kommunikationsprozessen und Kulturwandel.

1.4.5. Balanced Scorecard bei der Mannesmann o.tel.o GmbH

Die Praxiserfahrungen bei Mannesmann o.tel.o betreffen zwei Aspekte: Die Gestaltung der Workshops und die instrumentelle Umsetzung.

Wie Sie im Balanced Scorecard-Workshop vorgehen sollten

Auch praxisgerichtete Ausführungen zur Balanced Scorecard stellen in der Regel sehr stark die einprägsame Gruppierung der bekannten vier Perspektiven in den Mittelpunkt. Dies ist natürlich das Leitmotiv entsprechender Implementierungsprojekte. Für die Hürden und Fallstricke konkreter Projekte gibt diese Darstellung allerdings nur eine sehr begrenzte Hilfestellung. So ist das Vorhaben der Einführung eines durchgängigen, eventuell gar vergütungsrelevanten Kennzahlensystems ein grundlegendes Unterfangen – glaubhaft kann man dies nur einmal versuchen. Wie für alle Projekte, die dezentral vorhandenes Wissen für die Unternehmensgesamtheit nutzen wollen, ist folglich das Commitment der Unternehmensleitung wie auch die Akzeptanz der Mitarbeiter unabdingbar.Die nachstehende Schrittfolge stellt ein solches Vorgehen dar:

(1.) Das Projektteam erarbeitet eine Aufstellung der einzubeziehenden Unternehmensbereiche. Diese werden durch die Vergabe von verschiedenen Stufen in eine Bearbeitungsreihenfolge gebracht. Der Begriff „Prioritätsreihenfolge" sollte tunlichst vermieden werden: Jeder Bereich ist wichtig.

(2.) Für jeden Bereich werden durch einen Moderator Workshops vorbereitet. Der Moderator nutzt das Projektteam zu einem ersten Brainstorming, um eine Vorstellung der strategischen Schwerpunkte, Aufgaben, Kundenbeziehungen und Problemfelder zu geben und eventuell erste Kennzahlenansätze zu generieren. So will gerade eine spontan-reaktionsfähige Workshop-Moderation gründlich vorbereitet sein.

(3.) Nach dieser Vorbereitung beginnen die einzelnen Workshops mit Mitarbeitern der definierten Bereiche. Nun ist die Definition von strategie- und steuerungsrelevanten Kennzahlen – gerade wenn zudem ein Bezug zu individuellen Vergütungsregelungen angestrebt wird – eine äußerst heikle Angelegenheit, die von einer Vielzahl von „politischen" Kalkülen beeinflusst wird. Um nicht in eine solche Sackgasse zu geraten, ist eine strukturierte Moderation unumgänglich:

Dr. Martin Grothe, ehemals Leiter Concepts & Procedures Mannesmann o.tel.o GmbH, heute Leiter Corporate Development & Controlling, ID-Media AG

→ Der Moderator bereitet eine Sequenz aus Metaplan-Tafeln vor. Im ersten Abschnitt tragen die Teilnehmer die wesentlichen Aufgabenbereiche der Abteilung zusammen. Bei großer Detailtiefe stellt der Moderator eine Gruppierung auf drei bis sieben Aufgabenfelder sicher.

→ Diese Aufgabenfelder werden in den zweiten Abschnitt übernommen; ihnen werden nun durch die Teilnehmer Kennzahlenvorschläge zugeordnet. Nach einer knappen Vorstellungsrunde dieser Indikatoren treffen die Teilnehmer durch Punktever-

gabe („runde Klebepunkte auf die Indikatorzettel verteilen") eine Auswahl. Es sollten nicht mehr als zehn bis zwölf Vorschläge in die nächste Runde kommen.

→ In den ersten beiden Abschnitten muss der Moderator eine oftmals diffundierende Bewertungsdiskussion verhindern: er verweist hierzu auf den dritten Abschnitt und sammelt bis dahin die offenen bzw. strittigen Aussagen. Die Bewertung erfolgt wiederum durch Punktevergabe zu mehreren Einzelaspekten: Zielrelevanz, Beeinflussbarkeit, Abbildungsqualität (Güte, Vollständigkeit), Datenbereitstellungsmöglichkeit. Aus diesem Schritt werden zwei bis fünf Indikatoren gewonnen.

(4.) Damit wird für die ausgewählten Bereiche eine Auswahl auf überschaubar viele steuerungsrelevante Kennzahlen erreicht, die im operativen Geschäft ermittelbar sind und doch in die richtige Richtung steuern. Weitere sinnvolle Kennzahlen lassen sich für den späteren Einsatz festhalten. Im weiteren Verlauf muss in Review-Gesprächen mit den Leitern der Unternehmensbereiche eine Festlegung der Kennzahlen – gegebenenfalls in mehreren Iterationen – erreicht werden. Hierbei wirkt positiv, dass die Kennzahlen durch Bereichsmitarbeiter erarbeitet wurden.

(5.) Begleitend zu diesen Schritten muss eine Abschätzung der Steuerungswirkungen sowie die Formulierung von

Kausalketten erfolgen. Gleichfalls darf die Dokumentation der erreichten Ergebnisse nicht vernachlässigt werden. Nur wohldefinierte Kennzahlen können später überhaupt Verwendung finden.

Durch diesen Zyklus entsteht ein umfassender Pool aus Kennzahlen und Kausalbeziehungen als Basis eines Balanced Scorecard-Instrumentariums. Hierbei zeigt sich, dass diese Aufgaben kaum von einem Projektteam alleine geleistet werden können. Gerade bei einer großen Zahl von Unternehmensbereichen würde es an Anmaßung grenzen, wollte ein kleines Team die vorhandenen Abhängigkeiten ungestützt formulieren. Insbesondere auch aus Gründen der Akzeptanzgewinnung ist dies eine erfolgskritische Phase für den weiteren Projektverlauf.

Es kann hier nur empfohlen werden, für die Aufbereitung der abgestimmten Basis ein Instrument als Plattform zu nutzen, das direkt durch Controlling gestaltet und weiterentwickelt werden kann. Jedes extern vorgefertigte Tool nimmt Controlling wichtige Elemente seiner Gestaltungsaufgabe.

Anmerkungen zur instrumentellen Umsetzung der Balanced Scorecard

Jedes Implementierungsprojekt zur Balanced Scorecard stößt, wenn es denn nicht vorher scheitert, auf die Frage, wie die identifizierten Kennzahlen abgebildet werden sollen. Spätestens dies ist die Projektphase, in der konzeptionelle Schaubilder nicht mehr ausreichen. Es geht um die Bereitstellung und Gestaltung einer geeigneten instrumentellen Plattform, die die Inhalte und Aussagen einer Scorecard einem breiten Anwenderkreis zugänglich macht. Eine solche Plattform stellt das sichtbare Endprodukt dar: die Akzeptanz wird wesentlich durch die Qualität der Abbildung bestimmt, sei es bezogen auf die fachlichen Inhalte, sei es den intuitiven Verständnisgrad wie auch das allgemeine „Look & Feel". Mittlerweile stehen softwarebasierte Instrumente zur Verfügung, die eine entsprechende Modellierung und Ausgestaltung ohne überflüssige Schnittstellen erschließen. So kann die folgende Skizze als Plädoyer gerade für den Verzicht auf externe Hilfestellung verstanden werden.

Betrachtet man die Grundstruktur einer Balanced Scorecard, dann wird deutlich, dass die Darstellungs- und Analysestruktur multidimensional ist: so definieren sich die Kernkennzahlen durch die Dimensionen:

→ Organisationseinheiten oder Prozesse,

→ die eigentliche Kennzahlen- und Rechendimension mitsamt der Unterteilung in die gewählten Perspektiven,

→ Datenart (Vorgabe- oder Plan-Werte, tatsächliches Ist, Abweichungen, Hochrechnung o.ä.),

→ ein Zeitstrahl mit Monats- oder Wocheneinteilung (evtl. auch Einzel-

und kumulierte Monate) und höheren Verdichtungselementen

→ sowie gegebenenfalls eine Unterscheidung nach der Währung (DM, Euro).

Jeder Wert innerhalb einer Balanced Scorecard ist erst durch Angaben zu diesen fünf Dimensionen einordenbar und verständlich. Folglich kann das entsprechende analytische Modell als fünfdimensionaler Würfel verstanden und abgebildet werden. Erst eine solche multidimensionale Abbildung erschließt variable Auswertungen, sei es z.B. eine Zeitreihen- oder eine Querschnittsuntersuchung.

Mittlerweile sind Instrumente verfügbar, die es auch Controlling erlauben, solche Abbildungsbereiche in performante Systeme zu transformieren. Ein solches Würfelmodell kann mit Hilfe von OLAP-Systemen erstellt werden. OLAP steht für Online-Analytical-Processing und beschreibt die Möglichkeit zu Echtzeitanalysen auch bei einer großen Anwenderanzahl innerhalb eines gemeinsamen und transparenten Datenbestandes.

Genauso wie die Modellierung solcher Dimensionen und Rechenlogiken ist auch die Gestaltung von analysegerichteten Oberflächen schnell zu realisieren. Durch diesen weiteren Schritt wird die Datengrundlage auch für weitere Anwenderkreise einfach und komfortabel zugänglich gemacht. Es besteht weiter die Möglichkeit, verschiedene Datenquellen unter einer Oberfläche zu integrieren. Insbesondere für die Hinzunahme von operativen Systemen oder SAP ist dies sehr hilfreich.

Für ein entsprechendes „BSC-Informationssystem" bestehen charakteristische Merkmale: vorstrukturierte Seiten mit spezifischer Aufbereitung (Tabelle, Grafik, Ampel, Portfolio etc.) und logischen Verweisstrukturen, die eine intuitive Anwenderführung (Menüs, Buttons etc.) erlauben. Spezifikationsmöglichkeiten (Auswahllisten, Drill-down etc.) erlauben eine Anpassung der individuellen Fragestellungen.

Das Vorgehen in dieser Projektphase konzentriert sich auf die Gestaltung einer Analyseoberfläche für die aufgebauten multidimensionalen Modelle. Eine weitgehende Eigenerstellung erlaubt eine enge Abstimmung mit den jeweiligen Anforderungen und Gewohnheiten. Wichtig ist die frühzeitige Festlegung einer Rahmenstruktur des Gesamtsystems. Im Mittelpunkt steht die Gestaltungsaufgabe des Controlling und nicht die Software!

1.4.6 Balanced Scorecard bei der Deutschen Bahn AG

Die Balanced Scorecard als Instrument zur durchgängigen und umfassenden unternehmerischen Steuerung beschäftigt weltweit zur Zeit nicht nur Industrieunternehmen, sondern auch Dienstleister. Die Deutsche Bahn AG hat sich als ein führender Transportdienstleister frühzeitig dazu entschlossen, die Balanced Scorecard – unter dem Namen BahnStrategieCard (BSC) – einzuführen.

Die Einführung der BSC bei der Deutschen Bahn AG hat ein Ursachenbündel veranlasst. Als erste Ursache ist der weiter steigende Sanierungsdruck zu nennen, der eine stärker wahrgenommene unternehmerische Verantwortung und eine durchgängigere Konzentration auf die Erfolgsfaktoren im Geschäft erzwingt. Zur Veranschaulichung der Sanierungs-

Michael Vulpius,
Leiter Koordination
BahnStrategieCard,
Deutsche Bahn AG

situation ist darauf hinzuweisen, dass die Altlastenerstattungen des Bundes für die Deutsche Bahn AG in Milliardenhöhe bis zum Jahr 2003 vollständig auslaufen, während gleichzeitig die Abschreibungen für die jährlichen Investitionen in Höhe von z.Zt. etwa 50% des Umsatzes stark ansteigen.

Eine zweite Ursache für den Einsatz der BSC bilden die Ergebnisse der Mitarbeiterbefragung 1998. Danach erwarten sowohl die mittleren Führungskräfte wie auch die Mitarbeiter eine bessere Information über die strategische Ausrichtung der Deutschen Bahn, über die konkreten Ziele und den jeweiligen

Stand der Zielerreichung in ihrem Bereich. Zudem wird in derselben Mitarbeiterbefragung deutlich, dass erhebliche Verbesserungspotentiale zu realisieren sind, wenn die Geschäftserfahrung und das Engagement der Führungskräfte und Mitarbeiter vor Ort besser für eine dezentrale unternehmerische Steuerung genutzt werden.

Eine dritte Ursache bildet die Notwendigkeit, Insellösungen erfolgreicher Verbesserungen schnell und nachhaltig in der Fläche zu vervielfältigen. Durch die Ausrichtung der BSC auf die Erfolgsfaktoren im Geschäft, mithin auf Verbesserungsansätze und -maßnahmen, wird nicht nur die Transparenz im Unternehmen hinsichtlich der Verbesserungspotentiale zunehmen. Auch der Druck wird wachsen, gerade die Potentiale auszuschöpfen, die bereits an anderem Ort genutzt wurden.

Die BSC wird seit Frühjahr 1999 bewusst dezentral eingeführt, um der beabsichtigten Stärkung der unternehmerischen Verantwortung vor Ort Glaubwürdigkeit zu verleihen. Ziel ist, Ende 2001 BSCs konzernweit als „lebendiges" Steuerungs- und Kommunikationsinstrument im „eingeschwungenen Zustand" etabliert zu haben. Bis Mitte 2000 wurden bereits über 1.000 BSCs in unternehmerischen Einheiten aller Führungsgesellschaften (DB Cargo, DB Netz, DB Regio, DB Reise&Touristik und DB Station&Service) entwickelt einschließlich der Erhebung aktueller Ziel-

und Ist-Werte. Im Zielzustand werden etwa 1.200 BSCs existieren. Die Geschwindigkeit wie Tiefe der Durchdringung war angesichts der regional weit verzweigten Struktur und der großen Mitarbeiter- und Führungskräftezahl der Deutschen Bahn AG notwendig, um die BSC als eine alle betreffende Angelegenheit in Schwung zu bringen. Die begrenzten Personalressourcen in den Unternehmenszentralen wie in der Konzernholding forcierten dabei die konsequent dezentrale Einführung der BSC: Das heißt, dass nicht nur die Durchführungsverantwortung grundsätzlich bei den Führungsgesellschaften liegt, sondern auch innerhalb der Führungsgesellschaften die regionalen Führungskräfte eine aktive Multiplikatorrolle für die Einführung der BSC übernehmen müssen.

Die Konzernholding ist koordinierend zuständig, soweit dies für ein gemeinsames Verständnis der BSC, für ihre „Durchgängigkeit" und für einen effektiven in- und externen Erfahrungsaustausch zur Zielerreichung erforderlich ist. Die Koordinationstätigkeit beinhaltet insbesondere die Bündelung der „vertikalen Steuerungsprozesse" Strategieentwicklung, Planung, Berichtssystem und Zielvereinbarungen sowie die Planung methodischen Vorgehens z.B. bei der Ermittlung plausibler Ursache-Wirkungs-Zusammenhänge, die Unterstützung bei Workshops und Veranstaltungen, gemeinsame Kommunikationsmaßnahmen, die Klärung von generel-

len Fragen der IT-Unterstützung sowie die Verknüpfung des Instruments BSC mit verwandten zentralen Projekten. Synergien ergeben sich bei letzterem vor allem mit den Projekten zur Stärkung der kaufmännischen Verantwortung in den Kostenstellen und mit Projekten im Rahmen des Kontinuierlichen Verbesserungsprozesses. Dabei steht besonders der Bezug zur Zielorientierung, die Identifikation von beeinflussbaren Stellhebeln und das Messen des Maßnahmenerfolgs im Fokus.

Die Abstimmung im Einführungsprozess zwischen der Konzernholding und den Führungsgesellschaften sichert ein monatlich tagendes „BSC-Kernteam", zusammengesetzt aus Vertretern der Führungsgesellschaften, die unmittelbar den jeweils zuständigen Vorständen der Führungsgesellschaften berichten, der Koordinierungsstelle BSC in der Holding, die direkt dem Vorstand Finanzen und Controlling des Konzerns berichtet, sowie aus Vertretern der Zentralbereiche Konzernentwicklung, Konzernkommunikation, Controlling, Personal, Qualitätsmanagement und des Konzernbetriebsrates. Zudem wird über den Stand der BSC-Einführung quartalsweise an den Konzernvorstand berichtet und im Konzernvorstand diskutiert.

Angelehnt an Kaplan/Norton nimmt auch die BahnStrategieCard vier Perspektiven auf. In der bahnspezifischen Ausprägung heißen sie Effizienz/Finanzziele, Kundenzufriedenheit/Marktanteil,

Qualität der Leistungserstellung und Engagement der Mitarbeiter, wobei mit dem Engagement der Mitarbeiter der Ausgangspunkt des Ursache-Wirkungs-Zusammenhangs für das Erreichen von Effizienz- und Finanzzielen und diese wiederum als selbstverständlicher Fokus im Sanierungsprozess betont werden. Das Ordnungsschema der BahnStrate-

mensweit transparentes, in Zielvereinbarungen zunehmend in Bezug genommenes Bemessungssystem auch für variable Gehaltsbestandteile. Innerhalb dieses Rahmens erfolgt die weitere Auswahl von Steuerungsgrößen grundsätzlich in Verantwortung der jeweiligen unternehmerischen Einheit, wobei durch „Botschafter" der nächsthöheren Einheit (deren Leiter) in Workshops ein Mindestmaß an Konsistenz sicherzustellen ist. Die Entwicklung der BSC jeder Einheit erfolgt im Hinblick auf die Frage, wie die Ziele der übergeordneten Einheit unterstützt wer-

Das Ordnungs-
schema der
BahnStrategieCard

Kundenzufriedenheit/Marktanteil	Effizienz/Finanzziele
1. Ergebnis Kundenbefragung	1. Umsatz
2. Kundenbindung	2. Produktivität
3. Beschwerden	3. Betriebsergebnis/Deckungsbeitrag
4. Entwicklung des spezifischen Marktanteils	4. Netto Cashflow
	5. ROCE
Qualität der Leistungserstellung	**Engagement der Mitarbeiter**
1. Pünktlichkeit	1. Gesundheitsstand
2. Verfügbarkeit (Fahrzeuge, Anlagen, Personal)	2. Zielorientierung/Führungskultur
3. Kundenbezogenheit/Servicequalität	3. Verbesserungen
	4. Mitarbeiterqualifikation

gieCard (siehe Abbildung) dient bei der Entwicklung der Steuerungsgrößen in allen unternehmerischen Einheiten als Orientierung. Für die Vorstandsebene der fünf Führungsgesellschaften hat sich der Konzernvorstand darüber hinaus je Führungsgesellschaft auf vier präzise, vergleichbare Steuerungsgrößen je Perspektive geeinigt. Dieses Maß an Einheitlichkeit ist in zweifacher Sicht wichtig: Zum einen mit Blick auf die BSC als eine unternehmensweit gemeinsame Sprache über das Geschäft, zum anderen mit Blick auf die BSC als unterneh-

den können. Eine ebenenübergreifende mathematische Verknüpfung der BahnStrategieCards steht dabei nicht im Vordergrund.

Während der Einführungsphase ging es neben intensiver Kommunikationsarbeit vor allem darum, die Praktikabilität des Instruments für das tägliche Geschäft sicherzustellen. Dies ist Voraussetzung für jegliche Akzeptanz. Die Systematik wie die absolute Konsistenz des Instruments BSC über alle Hierarchieebenen und entlang den Geschäftsprozessen ordnen sich entsprechend dem gelebten Lernprozess über das Geschäft unter. Insbesondere wurde auf intensivierte Prozess- und Werttreiberanalysen als Ausgangspunkt für zu formulierende Steuerungsgrößen im Wesentlichen verzichtet, um die Einführung nicht mit zu hohem Analysebedarf zu überfrachten. Statt dessen bildeten ein bereichs- und hierarchieübergreifender Austausch von Erfahrungen und Plausibilitätserwägungen in Workshops den Ausgangspunkt für die Formulierung der Steuerungsgrößen. Dabei wird in besonderem Maße darauf geachtet, dass die entsprechenden Daten aus vorhandenen Systemen oder Quellen entnommen werden können; nur in wenigen Fällen sind unverzichtbare Daten neu zu erheben. Die Daten wurden, um den Programmieraufwand in der Einführungsphase zu verringern, zunächst händisch in dezentralen Insellösungen zusammengeführt. Inzwischen werden dazu vorhandene OLAP-Instrumente genutzt, die zu einer Reduzierung des Eingabeaufwands geführt haben. Eine managementgerechte Visualisierung des Zielerreichungsstandes je BSC-Steuerungsgröße wird – entsprechend dem Kerngeschäft der Deutschen Bahn AG – über Tachometer erreicht. Deren Präsentation auf „BSC-Tafeln" an über 1.000 Örtlichkeiten in Gebäuden des DB-Konzerns ist ein entscheidender Baustein des Kommunikationskonzepts.

Insgesamt markiert die Einführung der BahnStrategieCard nicht nur die Einführung eines neuen Instruments für die Deutsche Bahn AG. Vielmehr ist sie auch ein integrativer Beitrag zum Wandel der Deutschen Bahn AG hin zu einem konsequent unternehmerisch geführten Dienstleistungsunternehmen. Dabei verlangt der Erfolg der BSC wie der Erfolg jeder grundlegenden Veränderung vor allem eine sichtbare Einbindung der Top-Führungskräfte in den Einführungsprozess. Um die BSC glaubwürdig vermitteln zu können, müssen die Top-Führungskräfte neben der grundsätzlichen Handhabbarkeit der BSC durch Erfolgsbeispiele von dem tatsächlichen Nutzen der BSC im täglichen Geschäft überzeugt sein. Entscheidende Überzeugungs- und Motivationshilfen sind ein intensiver Austausch von Erfahrungen mit anderen deutschen Großunternehmen und die schnelle Verbreitung von positiven Piloterfahrungen erster Organisationseinheiten und einiger Tochtergesellschaften.

Für eine Akzeptanz der BSC bei Mitarbeitern muss neben dem Engagement der Top-Führungskräfte vor allem deutlich sein, dass die BSC als Instrument dazu dient, vorhandene Projekte wie z.B. im Bereich der Prozessoptimierung durch Konkretisierung der Ziele, Fokussierung der Maßnahmen und Messung des Erfolges besser zu bewältigen. BSC muss also sichtbar vereinfachend wirken. Mit weniger Zielen und Zahlen und mit verständlichen Zielen und Zahlen. Die BSC darf keinesfalls als etwas wahrgenommen werden, das unverbunden neben Vorhandenem steht. Eine nachhaltige Veränderungswirkung in einer großen Organisation wie der Deutschen Bahn ist nur dadurch zu sichern, dass die BSC nicht als bloßes Instrument eingeführt wird, sondern als ein deutlich in das nächste Jahrtausend hineinreichender unternehmerischer Management-(lern-)prozess – zu allererst hinsichtlich der Führungs- und Kommunikationskultur.

1.5. IMPLEMENTIERUNG: VORGEHEN UND ERFOLGSFAKTOREN

Ein heuristischer Vorschlag zum Vorgehen bei der Implementierung

Das schönste Instrument taugt nichts, wenn es sich nicht im Unternehmen verankern lässt. Der Erfolg hängt – da sagen wir Ihnen sicher nichts Neues – zumeist primär von der Umsetzungsfähigkeit, nicht von der intellektuellen Brillanz und theoretischen „Richtigkeit" ab. So kann es beispielsweise in einer Produktionsumgebung durchaus Sinn machen, die im Bewusstsein vor Ort, „an den Maschinen", fest verankerte Kennzahl „Produktionsoutput in Quadratmeter" in den ersten Wurf einer Balanced Scorecard aufzunehmen, auch wenn die strategische Relevanz der Kennzahl für das Management nicht erkennbar ist. Akzeptanz sticht konzeptionelle Perfektion!

Mögliches Vorgehen bei der Einführung einer Balanced Scorecard

1.5.1. Vorgehen zur Implementierung

Fragen der Implementierung fehlen auch bei Kaplan/Norton nicht. Sie stellen einen „typischen" Entwicklungsprozess vor, der nach ihren Angaben in Dutzenden von Unternehmen verwendet wurde, um eine Balanced Scorecard zu erstellen (vgl. die unten stehende Abbildung). Auch wenn vor einer unkritischen Übernahme gewarnt sei, mag der nachfolgend auf Basis der Empfehlungen von Kaplan/Norton und eigener Erfahrungen skizzierte Standardprozess doch Anregungen zur Implementierung im eigenen Unternehmen geben.

1. Grundlagen des Projekts schaffen

Vor Beginn des eigentlichen Projekts muss sichergestellt sein, dass alle Mit-

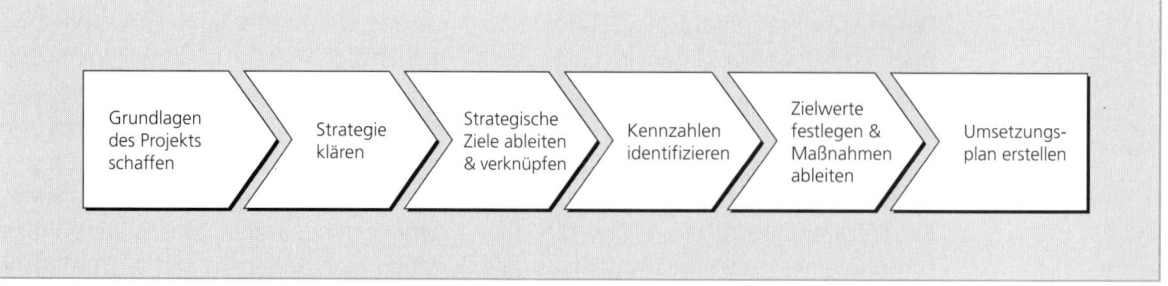

glieder des Projektteams und (ggf.) des Lenkungsausschusses das Konzept der Balanced Scorecard und die damit verfolgte Intention verstehen. Weiter muss vor Beginn des Projekts eine ganze Reihe wichtiger Fragen zum Vorgehen in der Implementierung geklärt sein, so z.B. für welche Unternehmenseinheiten Balanced Scorecards entwickelt werden sollen und wie Sie dabei vorgehen wollen: top-down oder bottom-up, mit oder ohne externe Unterstützung, in welchem Zeitrahmen?

Eine gute Vorbereitung der Einführung ist unverzichtbar

Schließlich gilt es, sich mit den Faktoren zu beschäftigen, denen i.d.R. die größte Bedeutung für die erfolgreiche Einführung einer Balanced Scorecard zukommt (vgl. ausführlich S. 100ff.). So ist u.a. das Commitment aller verantwortlichen Führungskräfte zu sichern, ein geeigneter Projektleiter zu bestimmen und eine Einheit festzulegen, der Pionierfunktion zukommt.

Für den nachfolgenden Prozess hat es sich unserer Erfahrung nach bewährt, die Balanced Scorecard in mindestens halb-, besser ganztägigen Workshops fern des Tagesgeschäfts zu erarbeiten. Dabei sollten die einzelnen Workshops zeitlich nicht zu lange auseinander liegen.

2. Strategie klären

In einem ersten Workshop sollte (sofern noch erforderlich) neben einer detaillierten Vorstellung des Konzepts das (gemeinsame?) Verständnis der beteiligten Manager bezüglich der zugrunde liegenden Strategie geklärt werden. Häufig wird hier Handlungsbedarf deutlich, da die Strategie nicht vorhanden oder nicht eindeutig ist. Nehmen Sie sich Zeit und seien Sie ehrlich! Nur eine geteilte und hinreichend präzise Strategie taugt als Grundlage für die Erstellung einer Balanced Scorecard.

3. Strategische Ziele ableiten und verknüpfen

Ist ein grundlegender Strategiekonsens erreicht, gilt es, die relevanten Perspektiven sowie drei bis vier strategische Ziele je Perspektive festzulegen. Zur Identifikation der strategischen Ziele hat es sich bewährt, dass zunächst alle Workshop-Teilnehmer die aus ihrer Sicht wesentlichen Ziele (z.B. auf Metaplankarten) notieren. Im zweiten Schritt gilt es, die so generierte „Rohmasse" auf die gewünschte Anzahl von ca. 12-24 Zielen zu reduzieren. Dabei gilt:

→ Die Ziele sollten direkt den einzelnen Perspektiven zugeordnet werden und sich ausgewogen auf diese verteilen.
→ Die Ziele sollten möglichst spezifisch und konkret gefasst sein und aktionsorientiert formuliert werden.
→ Entscheidend ist die strategische Relevanz des Vorschlags, nicht die Messbarkeit der Zielerreichung.

Ergänzend können Sie vor dem entsprechenden Workshop – einem Vorschlag

Fokussieren Sie sich auf wenige, wirklich wichtige Ursache-Wirkungs-Beziehungen

von Kaplan/Norton folgend – Interviews mit dem Führungsteam führen. Diese Interviews haben mehrere wichtige Ziele. Explizit ist der Zweck, das Konzept der Scorecard beim Führungsgremium vorzustellen und von Anfang an seinen Beitrag zur Entwicklung der Scorecard einzufordern. Implizit dienen die Interviews dazu, das Management zum Nachdenken über die Umsetzung der Strategie in greifbare operative Kennzahlen anzuregen und in Erfahrung zu bringen, welche Interessen die Mitglieder der Unternehmensleitung bei der Entwicklung und Umsetzung der Scorecard haben. Weiter haben die Interviews den Zweck, potentielle Konflikte zwischen Schlüsselfiguren entweder in ihren Ansichten über die Strategie und die Ziele oder auf persönlicher oder zwischenfunktionaler Ebene aufzudecken. Das Ergebnis der Synthesesitzung sollte eine Auflistung und Rangfolge der Zielsetzung für die vier Perspektiven sein. Das Team sollte versuchen festzustellen, ob die vorläufige Liste priorisierter Ziele Ausdruck der Unternehmensstrategie ist, und ob die Ziele für die vier Perspektiven in Ursache-Wirkungs-Beziehungen verknüpft sind. Diese Beobachtungen können als Diskussionsgrundlage während des Workshops dienen.

Sind nun die strategischen Ziele identifiziert, gilt es anschließend, die Hauptverbindungen zwischen den Zielen innerhalb einer Perspektive sowie der einzelnen Perspektiven zu identifizieren (vgl. auch nochmals S. 27ff.). Erst durch die Einbindung der strategischen Ziele in kausale Beziehungsketten wird Ihr Geschäftsmodell vollständig. Fokussieren Sie dabei auf wenige, aber wirklich relevante Ursache-Wirkungs-Beziehungen. Sonst laufen Sie Gefahr, sich „zu verzetteln"!

4. Kennzahlen identifizieren

Nicht zufällig erfolgt die Auswahl der strategischen Kennzahlen erst im Anschluss an die Definition der strategischen Ziele. So wird vermieden, dass vorhandene oder leicht ermittelbare Kennzahlen bei der Gestaltung der Balanced Scorecard dominieren. Viel zu häufig nämlich wird die Balanced Scorecard in praxi darauf reduziert, vorhandene Kennzahlen zu strukturieren!

Die Workshops, die sich mit der Identifikation von Kennzahlen befassen, versuchen folgende zwei Ziele zu erreichen:

→ Identifizierung der Kennzahlen, die die Absicht der Zielsetzung am besten zum Ausdruck bringen und vermitteln. Seien Sie dabei kreativ („out of the box") und haben Sie den Mut, innovative Kennzahlen zu generieren!

→ Identifizierung möglicher Datenquellen für jede Kennzahl und der Maßnahmen, die notwendig werden können, um diese Informationen verfügbar zu machen.

Können Sie nicht auf Anhieb alle strategischen Ziele mit Kennzahlen hinterle-

Auszug aus einer Balanced Scorecard	Strategische Ziele	Messgrößen	Zielwerte 2003	Strategische Aktionen
Finanzielle Perspektive Welche Zielsetzungen leiten sich aus den finanziellen Erwartungen unserer Kapitalgeber ab?	CFROI deutlich steigern	CFROI	18%	In den folgenden Perspektiven definiert
	Konkurrenzfähige Kosten-struktur aufbauen	% Gesamtkosten vom Umsatz % Vertriebs- und Verwaltungskosten	80% 7%	In den folgenden Perspektiven definiert
	Internationales Wachstum vorantreiben	Gesamtumsatz % Umsatz nicht EU / nicht USA	2 Mrd. DM 900 Mio. DM	Marktstudie „Mittel-Ost-Europa" Task Force „Pacific"
Kundenperspektive Welche Ziele sind hin-sichtlich Struktur und Anforderungen unserer Kunden zu setzen, um unsere finanziellen Ziele zu erreichen?	Affordable but good: Einfachgeräte am Markt positionieren	Marktanteil im Massensegment Bewertungsindex Händler	12% 75 Indexpunkte	Marketingoffensive Einrichtung Händlerforum
	Excellence in copying im Hochpreissegment	Marktanteil im Hochpreissegment Imagewerte Zielkunden	16% 88 Indexpunkte	Designstudie Überarbeitung Marketingmaterial
	Funktionssicherheit erhöhen	Anzahl Störfälle	-45%	Technikumstellung RCP Projektgruppe „No excuses"
	Kundenbetreuung aktiver gestalten	Wiederverkaufsquote Besuche/Zielkunde	75% 2 p.a.	Key Account Management Ausrichtung Vertriebsmeeting
Prozessperspektive Welche Ziele sind hin-sichtlich unserer Prozesse zu setzen, um die Ziele der Finanz- und Kundenper-spektive erfüllen zu können?	Produkte standardisieren	Gleichteilkosten in Relation zu den gesamten Materialkosten	65%	Benchmarking mit Hyoto Baukastenanalyse
	Synergien nutzen	Personalkosten in % vom Umsatz Synergiebericht	8,5% Kein Zielwert	Synergieleitfaden erarbeiten Synergiezirkel initiieren
	Fertigungstiefe an Kern-kompetenzen anpassen	Kerntechnologiequote	80%	Definition der Kernkompetenzen Anpassung Fertigungslayout
	Interne Kundenorien-tierung erhöhen	Schnittstellen-befragungsindex	75 Indexpunkte	Synergiezirkel initiieren (w.o.) Einführung Prozessmanagement
Potentialperspektive Welche Ziele sind hin-sichtlich unserer Potentiale zu setzen, um den aktuellen und zukünftigen Heraus-forderungen gewachsen zu sein?	Entwicklungskompetenz steigern	Assessmentwerte (durch F&E, Ver-trieb, Produktion, Management)	80 Indexpunkte	Rekrutierungsoffensive Partnerschaft mit Uni Stuttgart
	Neue Medien nutzen	Bestellvorgänge über Internet	+125%	Neugestaltung Homepage Web Auftritt offensiv bewerben
	Mitarbeitermotivation erhöhen	Austritte von Key Employees Mitarbeiterbefragungswerte	3% 75% Indexwerte	Einführung Mitarbeiterbefragung Feedbacksystem überarbeiten

Auszüge aus einer Balanced Scorecard (modifiziert entnom-men aus Horváth &Partner, 2000, S. 193ff.)

gen, ist die Balanced Scorecard den-noch einsatzfähig. So stellen schon Ka-plan/Norton fest: „Ein weiterer Ansatz [mit fehlenden Kennzahlen umzugehen] besteht darin, immer dann einen Text zu verwenden, wenn Kennzahlen noch nicht entwickelt oder nicht verfügbar sind. Nehmen wir an, eine Organisation hat sich zum Ziel gesetzt, die Fähigkei-ten seiner Mitarbeiter zu verbessern, damit die Strategie besser umgesetzt werden kann. Die genaue Bedeutung dieses Ziels ist momentan zu unklar, um sie genau und glaubwürdig zu messen. Jedesmal (z.B. einmal im Quartal), wenn Manager in einem Strategie-Review ihren Personalentwicklungsprozess be-trachten, schreiben sie nach bestem Wissen und Gewissen ein ein- bis zwei-seitiges Memo über die ergriffenen

Maßnahmen, die erreichten Ergebnisse sowie über die aktuellen Personalpotentiale des Unternehmens. Dieser Text ersetzt Kennzahlen und dient als Basis für die Diskussion über Initiativen und Ergebnisse. Dies ist nicht dasselbe wie bei Kennzahlen und sicherlich langfristig auch kein Ersatz dafür. Der Text dient jedoch als Wegweiser und unterstützt dieselben Ziele wie ein formales Kennzahlensystem" (Kaplan/Norton, 1997, S.139f).

5. Zielwerte festlegen und Maßnahmen ableiten

Zielwerte festlegen und Maßnahmen zu deren Erreichung ableiten, ist normales Führungsgeschäft – und nicht spezifisch für die Einführung einer Balanced Scorecard. Dennoch möchten wir Ihnen auf der Basis unserer Erfahrung fünf Empfehlungen mit auf den Weg geben:

→ Kein Ziel sollte ohne Maßnahme zur Zielerreichung und keine wichtige Maßnahme ohne Steuerungsgröße zum Messen des Maßnahmenerfolgs bleiben.

→ Seien Sie ehrgeizig, aber realistisch! Bringen Sie die neue Balanced Scorecard nicht mit unerreichbaren Zielen in Misskredit.

→ Stellen Sie sicher, dass hinter jedem Ziel und jeder Maßnahme ein Verantwortlicher steht.

→ Achten Sie darauf, dass die Maßnahmen aktionsorientiert und präzise formuliert sind. So, dass auch ein Außenstehender ihre erfolgreiche

5 Empfehlungen zum Vorgehen bei der Festlegung von Zielwerten und Maßnahmen

Realisierung kontrollieren könnte.

→ Und schließlich gilt auch bei der Definition von strategischen Maßnahmen: Weniger kann Mehr sein!

Häufig stellt man fest, dass im Zuge der Zuordnung der bereits laufenden Projekte ein signifikanter Anteil nicht zur Erreichung der BSC-Ziele beiträgt. Sofern diese nicht aufgrund externer Vorgaben zwingend sind, sollten sie grundsätzlich in Frage gestellt und ggf. beendet werden, um so eine zielgerechte Allokation knapper Ressourcen sicherzustellen.

6. Umsetzungsplan erstellen

Der Umsetzungsplan sollte u.a. beinhalten,

→ wie die Kennzahlen mit Datenbanken und anderen Informationsquellen verknüpft werden (vgl. dazu S. 144ff.)

→ wie die Scorecard mit den anderen Elementen des Managementsystems verbunden wird (Anreizsystem, Budgetierung etc., vgl. nochmals S. 61ff.)

→ wie Ziele und strategische Maßnahmen konsequent mit den Balanced Scorecards untergeordneter Einheiten verknüpft werden. Dabei gilt es, für jede unternehmerische Einheit anhand der Balanced Scorecard der übergeordneten Instanz die Frage zu beantworten: „Welchen auf unserer Ebene messbaren und beeinflussbaren Beitrag müssen wir zur Zielerrei-

1	Pioniere sind in der Minderheit, der Widerstand ist massiv und undifferenziert
	„Es ging doch auch bislang ohne Balanced Scorecard! Wieder nur so eine neue Modewelle aus den USA! Passt nicht!"
2	Befürworter und Gegner beginnen sich zu formieren
	„Wie stehen Sie eigentlich zur Scorecard? Herr Mayer will doch nur seinen Freund aus der XY Beratung reinholen!"
3	Positionskämpfe zwischen den Befürwortern und Gegnern werden ausgefochten
	„Waren Sie nicht vor kurzer Zeit noch sehr zufrieden mit unserem Berichtswesen? Wie schnell wechseln Sie eigentlich Ihre Meinungen?"
4	Die Widerstände nehmen in ihrer Intensität ab. Die Überzeugungsarbeit trägt erste Früchte
	„Wie: Mein ROI ist auch in der Balanced Scorecard weiterhin sichtbar? Und ich soll ihn noch besser beurteilen können als früher?"
5	Die Gegner sind in der Minderzahl. Die Zustimmung ist massiv und undifferenziert
	„Die Balanced Scorecard haben wir als eines der ersten Unternehmen eingeführt!"

Typische Phasen der Verankerung neuer Ideen und Konzepte im Unternehmen

chung der übergeordneten Einheit erbringen und mit welchen Maßnahmen kommen wir dorthin?"

→ wie Ziele und strategische Maßnahmen organisatorisch nebeneinander stehender Einheiten durch die Balanced Scorecard besser aufeinander abgestimmt werden können.

Der von Kaplan/Norton anvisierte Zeitraum von drei Monaten für die Entwicklung einer ersten Scorecard erscheint uns nur realistisch, wenn die Strategie bereits in ausreichend konkretisierter Form vorliegt und die eigentliche Einführung nicht in die Betrachtung mit eingeschlossen ist. Für eine unternehmensweite Entwicklung und Einführung der Balanced Scorecard ist eine Projektdauer von minimal 12 Monaten deutlich realistischer. Der Grund dafür liegt im Charakter der Einführung einer Balanced Scorecard: Sie greift so tief in die Führung des Unternehmens ein, dass sie sich nicht mit einem DV-Tool vergleichbar verankern lässt, sondern hierfür ein Prozess der Organisationsentwicklung erforderlich ist. Einstellungen und Routinen von Menschen zu ändern, kostet Zeit – und der Prozess vollzieht sich in mehreren Phasen. Wir haben ein bekanntes Muster hierfür an den Anfang unserer Ausführungen gestellt (vgl. die linksstehende Abbildung), und werden auf die Thematik noch mehrfach zurückkommen, integriert in unsere Erfahrungen zu den wesentlichen Erfolgsfaktoren der Einführung einer Balanced Scorecard.

Investieren Sie in eine gründliche Vorbereitung des Projekts!

In welchen Zeiträumen man zu denken hat, wenn es um die Verankerung eines neuen Instruments in der täglichen Führungsarbeit geht, zeigt das Beispiel der Kapitalwertmethode: Trotz ihrer im Vergleich zur Balanced Scorecard geringen Komplexität hat es knapp 30 Jahre (sic!) gedauert, bis sie sich in der Unternehmenspraxis voll durchgesetzt hat (vgl. Pritsch, 2000, S. 377). In der Zwischenzeit muss das Management aufpassen, dass die schöne instrumentelle Hülle nicht – wie es im Bereich der strategischen Planung schon oft passiert ist – eine Fassade vor unverändertem Führungsverhalten wird.

1.5.2. Erfolgsfaktoren der Implementierung

Im Rahmen unserer Beratungsprojekte, Workshops und Interviews wurde eine Vielzahl von Faktoren für den Erfolg oder Misserfolg einer Balanced Scorecard-Implementierung deutlich, die sich zu insgesamt acht wesentlichen Erfolgsfaktoren zusammenfassen lässt. Die unten stehende Abbildung listet diese

auf. Die zentrale Erkenntnis lautet: Der Erfolg eines Implementierungsprojektes Balanced Scorecard entscheidet sich oft bereits in der Vorbereitungsphase!

Planung von Projektzielen und -umfang

Wichtigster Erfolgsfaktor für ein Balanced Scorecard-Projekt ist nach unseren Erfahrungen der Einstieg in dieses Vorhaben – die Planung des Einführungsprozesses. In unseren Interviews wurde uns immer wieder von Projekten berichtet, die in uferlose Aktivitäten ausgeartet sind. Aus Unsicherheit darüber, welche konkreten Ziele im Fokus des Balanced Scorecard-Projekts stehen, versucht man sich am großen Wurf, der alle Probleme der Unternehmung auf einmal löst. Solche Projekte enden dann meistens – wenn sie nicht ganz abgebrochen werden – in dicken Berichten, die in der Schublade verschwinden, weil die Energie aller am Projekt Beteiligten wirkungslos verpufft. Also: Think Simple! *Vermeiden Sie unnötige Komplexität!* Definieren Sie Umfang und Ziele des

Acht Erfolgsfaktoren zur Einführung einer Balanced Scorecard

→ Planung der Balanced Scorecard-Einführung: Umfang und Ziele
→ Hierarchieübergreifende Projektunterstützung: Top Management und Process Owner
→ Auswahl des Piloten und schneller erster Erfolg
→ Unternehmenskultur und Veränderungsbereitschaft
→ Besetzung des Balanced Scorecard-Teams: Perspektivenvielfalt, Teamgröße und Konstanz
→ Projektmanagement: Straffe Planung und starker Projektleiter
→ Kommunikation: Kontinuität und Offenheit
→ Externe Unterstützung: Objektivität und Wissenstransfer

Wozu brauchen Sie eine Balanced Scorecard wirklich?

Projektes genau und halten Sie die Ergebnisse fest. Stellen Sie sicher, dass Sie alle Beteiligten im Boot haben!

Die zentrale Frage an dieser Stelle lautet: Brauchen Sie die Balanced Scorecard wirklich und wenn ja wozu? Die möglichen Funktionen des Einsatzes einer Balanced Scorecard sind vielfältig:

→ Wollen Sie in erster Linie ihren „Kennzahlenfriedhof" durchforsten und ggf. um nicht monetäre Kennzahlen ergänzen?

→ Wollen Sie eine integrative Klammer um die Vielzahl der „strategischen" Aktivitäten bilden und diese (endlich!) einer harten Kosten/Nutzen-Analyse unterziehen?

→ Soll die Scorecard die Kommunikation und Durchsetzung bereits vorliegender Strategien unterstützen? Wenn ja, liegt der Fokus auf der internen oder externen Kommunikation?

→ Soll die Scorecard eine unterstützende Rolle im Prozess der Strategieentwicklung spielen? Wollen Sie die Balanced Scorecard zum Anlass nehmen, die Defizite Ihres Unternehmens in Strategie und strategischer Planung zu attackieren? Wenn ja, wer ist daran beteiligt?

→ Wie ausgeprägt ist die wirklich notwendige Tiefe der Organisationsdurchdringung?

Es muss sichergestellt sein, dass alle Mitglieder des Projektteams und (ggf.) des Lenkungsausschusses das Konzept der Balanced Scorecard und die damit verfolgte Intention verstehen.

Seien Sie ehrgeizig, aber realistisch. Wie wir bereits angedeutet haben, bindet der Prozess der Entwicklung und Einführung einer Balanced Scorecard erfahrungsgemäß mehr Management- (und ggf. Berater-)Kapazität als zunächst erwartet. Ist der strategische Diskurs im Unternehmen ernst gemeint, wird die Balanced Scorecard fast zwangsläufig intensive inhaltliche Diskussionen provozieren. Fehlende Daten führen unserer Erfahrung nach zu nicht zu unterschätzendem Aufwand auf der System- und DV-Seite. Schließlich stellt die Balanced Scorecard idealtypisch die Gestaltung von Strategieentwicklung, -durchsetzung und -kontrolle generell zur Disposition. Zu den häufigsten Fehlern bei Balanced Scorecard-Projekten gehören unserer Erfahrung nach denn auch ein zu knappes Zeit- und Kostenbudget sowie unterschätzte Probleme der Datengewinnung und der EDV-seitigen Realisierung.

Hierarchieübergreifende Projektunterstützung: Top Management und Process Owner

Insgesamt an zweiter Stelle der Rangliste der wichtigsten Erfolgsfaktoren steht unserer Einschätzung nach der Aspekt einer hierarchieübergreifenden Projektunterstützung. Eine solche Unterstützung ist deshalb von so entscheidender Bedeutung, weil die Balanced

Scorecard letztlich auf die Steuerung des Unternehmens sowie die Veränderung bestehender Strukturen zielt und somit Widerstände gegen ein solches Projekt mit hoher Wahrscheinlichkeit zu erwarten sind (vgl. auch den noch folgenden Erfolgsfaktor Unternehmenskultur und Veränderungsbereitschaft). Ein auf sich allein gestelltes Balanced Scorecard-Team wird damit sehr schnell an seine Grenzen stoßen. Zwei Faktoren gilt es also unbedingt bei der Durchführung eines Balanced Scorecard-Projektes zu beachten:

→ Zum einen muss in jeder Phase die Unterstützung des Top Managements bei der Durchführung des Projektes gegeben sein.

→ Gleich wichtig ist jedoch auch eine kontinuierliche Einbindung der Process Owner, die von der Steuerung mit einer Balanced Scorecard betroffen sind. Ohne ihre Unterstützung wird das Projekt schnell scheitern – spätestens nach der Implementierung!

Ohne das Commitment des Top-Managements läuft nichts

Die Frage nach der idealen Einbindung dieser beiden Gruppen lässt sich nicht allgemeingültig beantworten. So kann die Einbindung des Top Managements in unterschiedlicher Form erfolgen. Zum einen sollte der Auftrag für die Durchführung des Balanced Scorecard-Projektes unbedingt vom Top Management (Vorstand, Geschäftsführung, Unternehmensbereichsleitung, etc.) kommen. Neben dem formellen Auftrag sollte das Top Management aber auch in einer

darüber hinausgehenden Form an dem Projekt beteiligt sein. Dies kann zum einen in der Form eines Sponsorships für das Projekt erfolgen (Machtpromotor), zum anderen in einer direkten Beteiligung eines Vertreters des Top Managements im Projektteam bestehen. Welche Form vorteilhafter ist, muss auf Grundlage der speziellen Gegebenheiten entschieden werden.

Stellen Sie aber in jedem Fall sicher, dass Sie das Buy-in des gesamten Top Managements haben und dass alle Führungskräfte ausreichend über das Konzept informiert sind!

Was die Einbindung der Process Owner angeht, ergibt sich eine ähnliche Konstellation. Auch hier ist entweder die direkte Einbindung in Workshops oder Projektteam bzw. eine enge Verbindung zum Projektteam denkbar, beispielsweise durch regelmäßige Projektpräsentationen und eine kontinuierliche Kommunikation.

Auswahl des Piloten und schneller erster Erfolg

Vergessen Sie bei der Planung auch nicht die Motivation und die notwendige Begeisterung aller Beteiligten. Suchen Sie einen geeigneten Piloten aus, der dem Konzept positiv gegenübersteht und im Unternehmen ausreichend sichtbar ist. Ein schneller erster Erfolg ist von nicht zu unterschätzender Bedeutung für Ihr Balanced Scorecard-Projekt!

Neben der Erfolgswahrscheinlichkeit gilt es dabei die Dringlichkeit der Einführung in der betreffenden Einheit, die Verfügbarkeit und das Commitment der entsprechenden Teammitglieder, die Vergleichbarkeit (und damit das Lernpotential: „wie typisch ist ihr Pilot"?) sowie die Akzeptanz des Piloten zu beachten.

Pragmatismus und Augenmaß schlägt Perfektion

Weiter hat es sich in vielen Fällen als erfolgreich erwiesen, am Anfang pragmatisch vorzugehen und erste Lösungen mit Papier und gängiger PC-Standardsoftware zu entwickeln. Das geht schneller und reduziert die Hemmschwelle für laufende Anpassung der Balanced Scorecard in der ersten Lernphase. DV-gestützte 100%-Lösungen und die Einbindung in die existierende DV-Landschaft sind sinnvoll, haben aber Zeit (vgl. auch Hoch/Langenbach/Meier-Reinhold, 2000, S. 58).

Unternehmungskultur und Veränderungsbereitschaft

In der Implementierung kann das Balanced Scorecard-Projekt auf ernsthafte Widerstände stoßen: Wird nach den neuen Kennzahlen gesteuert, werden unter Umständen in hohem Maße Verbesserungspotentiale aufgedeckt, was die Notwendigkeit drastischer Veränderungen und Aufgabe von liebgewordenen Pfründen bedeuten kann. Dabei müssen Sie die Kultur und die Veränderungsbereitschaft der betroffenen Bereiche beachten.

Die Frage der Veränderungsbereitschaft lässt sich mit Begriffen wie Offenheit für neue Ideen, Flexibilität oder Bereitschaft zur Innovation umschreiben – Schlagworte, die uns in unseren Interviews in diesem Zusammenhang immer wieder genannt wurden. Letztendlich sind sie eine Frage der Unternehmenskultur. Nun kann man zwar eine Kultur nicht kurzfristig ändern, unverrückbar ist sie aber nicht – und sie verändert sich nicht abstrakt, sondern nur mit konkreten Maßnahmen und Aktionen!

So vermag die Balanced Scorecard-Idee selbst ein probates Mittel sein, um die Veränderung der Unternehmenskultur anzustoßen. Sie signalisiert durch das Aufbrechen verkrusteter strategischer Denkmuster und die Konkretisierung „strategischer Wolken" die Bereitschaft zu lernen, und diese ist die Vorbedingung und der Anlass für Veränderungen!

Wie können Sie nun strategische Denkmuster Ihres Unternehmens und Ihrer Mitarbeiter mit Hilfe der Balanced Scorecard aufbrechen? Zur Beantwortung dieser Frage wollen wir zunächst auf das bekannte Prozessmodell des Wandels von Kurt Lewin rekurrieren. Seine Arbeiten zur Gruppendynamik zeigen, dass Veränderungen in einer Gruppe dann besser, reibungsloser und effektiver zu erzielen sind, wenn die Betroffenen zu Beteiligten werden (vgl. Lewin, 1947).

Ein entscheidender Eingriff in Gewohntes, wie es die Implementierung der Balanced Scorecard darstellt, hat als Führungsproblem zwei Interventionsbereiche: Die Person(en) und die Struktur. Greift man auf Lewins Feldtheorie zurück, wonach das Verhalten einer Person in Abhängigkeit von Persönlichkeits- und Umweltmerkmalen zu sehen ist, dann ergibt sich ein Grundmodell personenbezogener Interventionstechniken, das Drei-Phasen-Schema:

> Eine „erfolgreiche Veränderung umfasst ... drei Aspekte: das Auflockern des jetzigen Niveaus N_1 ..., das Hinübergleiten auf N_2 und das Verfestigen des Gruppenlebens auf dem neuen Niveau" (Lewin, 1963, S. 263).

Das Organisationsentwicklungskonzept nach Kurt Lewin

Die erste Phase ist also die des Auftauens („Unfreezing") verfestigter Strukturen, die aus einem quasi-stationären Gleichgewicht gebracht werden. Ist die Situation N_1 aus dem Gleichgewicht gekommen, dann wird sehr schnell ein neuer Gleichgewichtszustand angestrebt. In dieser Phase des Veränderns („Moving") ist es sehr wichtig, dass die fördernde Wirkung genutzt wird, die von den Erwartungen der Betroffenen für den Veränderungsprozess mit der Balanced Scorecard ausgeht. Die dritte Phase des Stabilisierens („Refreezing") des neuen Gleichgewichtszustandes muss unterstützt werden, indem die „öffentliche" Bewertung dieser neuen Situation positiv gehalten und routinemäßig eingehalten wird.

Das soeben skizzierte Grundmodell der Organisationsentwicklung ist in der einschlägigen Forschung vielfältig weiterentwickelt worden. Die drei Phasen wurden differenziert und prägnanter, umsetzungsnäher benannt. Die Abbildung auf der Folgeseite zeigt ein aktuelles, auf Veränderungsprozesse allgemein bezogenes Beispiel einer derartigen Fortentwicklung. Es ist in seiner Anschaulichkeit fast als Checkliste verwendbar. Im Sinne von Managementkonsequenzen lassen sich an das Bild zwei Aussagen knüpfen:

1. Notwendige individuelle und organisationale Lernprozesse zur Durchsetzung des Balanced Scorecard-Gedankens lassen sich zumeist planmäßig gestalten.
2. Der Verzicht auf ein solches planmäßiges Vorgehen gefährdet den Erfolg der Lernanstrengung. Muddling through ist hier der falsche, ja gefährliche Weg.

Besetzung des Balanced Scorecard-Teams: Perspektivenvielfalt, Teamgröße und Konstanz

Die Besetzung des Balanced Scorecard-Teams ist ein weiterer Erfolgsfaktor bei der Einführung der Balanced Scorecard. Dabei sind insbesondere drei Punkte zu beachten: Verschiedene Perspektiven, Teamgröße und Konstanz des Kernteams.

Ein immer wieder im Zusammenhang mit der Besetzung des Balanced Score-

Bewusstsein für die Dringlichkeit des Wandels schaffen	• Ohne ein Gefühl von Dringlichkeit bewegt sich nichts • Markt- und Wettbewerbssituation analysieren • Aktuelle und potentielle Krisenbereiche sowie bedeutende Chancen erkennen und offen diskutieren • Status quo muss gefährlicher erscheinen als der Sprung ins Ungewisse • 75% der Manager müssen das Gefühl haben, dass es mit „business as usual" nicht weitergeht • Schwierigkeit und Zeitbedarf oft unterschätzt
Richtungsweisende Personen in einer Koalition vereinen	• Aktive Unterstützung durch höchsten Entscheidungsträger • Je mächtiger die Koalition der Veränderer, desto erfolgversprechender der Wandel • Führung durch starke Führungspersönlichkeit aus dem operativen Management • In kleinen und mittleren Unternehmen 3-5 Personen, in Großunternehmen 20-50 Personen • Teamarbeit, Zusammenschweißen in Klausuren
Vision für das Unternehmen kreieren	• Vision = Bild der Zukunft, das leicht zu verstehen ist • Richtung, in die sich das Unternehmen bewegen muss • Ständige Konkretisierung • Entwicklung von Strategien, um Ziele und Vision zu erreichen • Gefahr: Aufhäufung von Plänen und Programmen ohne Zusammenhang und gemeinsame Richtung • Vision muss in 5 Minuten vermittelbar sein und Interesse hervorrufen
Gefundene Vision bekannt machen	• Ohne glaubhafte, breit angelegte Informationspolitik lassen sich die Köpfe und Herzen der Truppe nicht gewinnen (Breite der Kommunikationsmittel, Einheitlichkeit der Message) • Mitarbeiter müssen nachvollziehen können, dass die Veränderung nützlich, notwendig und möglich ist • Veränderer/Führung muss Vision vorleben (lebende Symbole) • Gewünschtes Verhalten durch Feed-back verstärken
Andere ermächtigen, gemäß der Vision zu handeln	• Hindernisse und Widerstand managen • Systeme und Strukturen verändern, die der Vision ernstlich entgegenstehen • Dazu ermutigen, etwas zu wagen • Unkonventionelle Ideen, Maßnahmen und Handlungsweisen fördern
Kurzfristige Erfolge planerisch vorbereiten und herbeiführen	• Erneuerung verliert an Schwung, wenn kurzfristig keine Erfolge zu feiern sind (Bestätigung, dass die Reise zum Ziel führt) • Bewusstes Planen erster sichtbarer Erfolge • Zum Erreichen der Erfolge klare Ziele setzen • Erfüllung von Zielvorgaben belohnen
Erreichte Verbesserungen weiter ausbauen	• Feldzüge nicht vorschnell als gewonnen ansehen • Bis Veränderungen sich durchgesetzt und die Unternehmenskultur verändert haben, können 5-10 Jahre vergehen (größter Fortschritt oft nach 5 Jahren) • Verringerung der Anstrengungen • Besser: erhöhte Glaubwürdigkeit zur tiefgreifenden Veränderung von Systemen und Strukturen nutzen
Neue Lösungswege fest verankern	• Zusammenhänge zwischen den neuen Verhaltensweisen und dem Unternehmenserfolg sichtbar machen • Mittel und Wege finden, um Entwicklungen der Führung und Führungsnachfolge zu sichern, neue Werte im Nachwuchs verankern

Prozessschema für Veränderungen nach Kotter, 1995

card-Teams genannter Punkt ist die Heterogenität der eingebrachten Perspektiven. Die von uns befragten Unternehmen haben sehr gute Erfahrungen mit Balanced Scorecard-Teams gemacht, in denen je nach strategischer Ausrichtung unterschiedlichste Funktionen vertreten waren. Geht man vom Standardbeispiel einer Balanced Scorecard bei Kaplan/Norton aus, sollten neben Linienmanagern auch Marketing/Vertrieb, die Produktion, F&E, Personal und Finanzen/Controlling vertreten sein – gleichzeitig sollte jedoch darauf geachtet werden, dass die Anzahl der in das Projekt involvierten Mitarbeiter nicht zu groß wird. Ein zu großes Team führt in der Regel zu einem exponentiell ansteigenden Koordinationsbedarf, der das Voranschreiten im Projekt wesentlich hemmen kann! Statt Teamarbeit stehen dann nachhaltiges Vertreten der Bereichsinteressen und endlose Abstimmungsrunden auf dem Programm.

Die Zusammensetzung des Kernteams darf im Zeitablauf wechseln, nicht aber dessen Leitung!

Die Lösung kann darin liegen, ein kleines Kernteam mit Teams bzw. speziell zusammengesetzten Workshops für die einzelnen Perspektiven zu koppeln. Die einzelnen Aspekte können dann parallel (schnell mit gebündelten Ressourcen) oder sequenziell gestaffelt (kontinuierlich bei beschränkten Ressourcen) bearbeitet werden. Dabei muss jedoch sichergestellt sein, dass der Integration der Workshop-Ergebnisse und der Verknüpfung der einzelnen Perspektiven ausreichende Aufmerksamkeit zukommt. Zu groß ist die Gefahr, dass ein

Marketing-dominiertes Team „seine" Kundenperspektive, ein Produktions-dominiertes Team „seine" Prozessperspektive, ein von Finanzern und Controllern geprägtes Arbeitsteam „seine" Finanzperspektive und die Personalentwicklung schließlich „ihre" Lern- und Entwicklungsperspektive zimmert und diese (mehr oder weniger) ausschließlich für Präsentationszwecke zusammenhängend dargestellt werden. Ein solcher Weg ist in vielen Fällen einfacher – allein: der Grundgedanke der Balanced Scorecard wird damit ad absurdum geführt!

Achten Sie weiter darauf, dass Ihr Kernteam hierarchisch nicht zu niedrig angesetzt ist. Neben der richtigen Zusammensetzung haben wir immer wieder auch die Konstanz des Kernteams als wesentlichen Erfolgsfaktor vorgefunden. Ein Wechsel der Verantwortlichkeiten im Kernteam kann an dieser Stelle insofern sinnvoll sein, als dass in späteren Projektphasen andere Fähigkeiten und Kompetenzen gefordert werden als in den vorhergehenden Phasen. Um auch in diesem Fall Konstanz sicherzustellen, sollte zumindest der Projektleiter bzw. der Sponsor des Projektes weiter verfügbar – und mitverantwortlich! – sein.

Projektmanagement: straffe Planung und starker Projektleiter

Ein straffes Projektmanagement mit einer detaillierten Planung sowie einem starken Projektleiter ist sicherlich ein Erfolgsfaktor eines jeden Projekts – doch besonders auch für Balanced Scorecard-Projekte relevant. Hierfür sind mehrere Gründe maßgeblich. Zum einen erstreckt sich ein erstmaliger Implementierungsprozess einer Balanced Scorecard – wie bereits kurz erwähnt – in der Regel über eine relativ lange Zeit von bis zu einem Jahr. Gleichzeitig müssen oft Teammitglieder aus verschiedenen Funktionen zusammengeführt werden. Beide Punkte verlangen nach einer detaillierten Planung mit klaren Meilensteinen und abgegrenzten Aufgabenpaketen. Viele Unternehmen konnten in dieser Hinsicht eher von negativen Erfahrungen berichten: Balanced Scorecard-Projekte, die nicht mehr richtig kontrollierbar waren und in eine uferlose Flut von Scorecards und Kennzahlen in allen Bereichen des Unternehmens ausarteten. Neben einer straffen Projektplanung wurde immer wieder die Stellung des Projektleiters als entscheidender Erfolgsfaktor erwähnt. Nur ein starker und „sichtbarer" Projektleiter kann ein komplexes Balanced Scorecard-Projekt durchführen – und den bereits mehrfach erwähnten, zu erwartenden Widerständen gegen den Einsatz der Balanced Scorecard in Durchsetzung und Kontrolle trotzen. In vielen Gesprächen haben wir nach der Bedeutung des Projektmanagements für den Erfolg eines Balanced Scorecard-Projektes gefragt – die Antworten rücken das Projektmanagement unter die wichtigsten Erfolgsfaktoren!

Schreiben Sie eine „Sales Story" für die Betroffenen!

Kommunikation: Kontinuität und Offenheit

Der Erfolgsfaktor einer kontinuierlichen und offenen Kommunikation ist im engen Zusammenhang mit dem Punkt einer hierarchieübergreifenden Projektunterstützung zu sehen. Das Balanced Scorecard-Vorhaben sollte nicht – wie die Strategiefindung häufig in der Vergangenheit – zu einem „Geheimprojekt" des Vorstands ausarten, sondern vielmehr in der Organisation leben. Nur durch eine ständige Kommunikation der Balanced Scorecard-Idee und -Einsichten kann Veränderungsbereitschaft geschaffen und den Betroffenen deutlich gemacht werden, dass operative Steuerung an die Strategie gekoppelt sein sollte. Denken Sie dabei auch daran, Personal und Betriebsrat frühzeitig einzubinden! Und: was ist eigentlich Ihre „Sales Story" für die Betroffenen?

Externe Unterstützung: Objektivität und Wissenstransfer

Mit externer Unterstützung haben wir schließlich noch einen weiteren Erfolgsfaktor identifizieren können. Die Unterstützung kann vor allem in zweierlei Hinsicht erfolgversprechend sein: im Gewährleisten einer neutralen Sichtweise sowie im Einbringen von methodenbezogenem Fachwissen in den Prozess der Erstellung einer Balanced Scorecard. Beide Punkte müssen nicht in jedem Fall relevant sein – dies ist abhängig von den jeweiligen Strukturen der betroffen

Externe Unternehmensberater	Interne Unternehmensberater	Strategische Planung/ Unternehmensent- wicklung	Controller
+ hohes methodisches Knowhow + breite Praxiserfahrung	+ hohes methodisches Knowhow + größere Nähe zum Top-Management für strategische Projekte	+ methodisches Knowhow + Strategieerfahrung	+ hohe Kenntnis des Gesamtunternehmens + in allen Bereichen der Unternehmens- führung vertreten
– teuer – für die Implemen- tierung schlechter geeignet als Unter- nehmensinterne	– geringere Kenntnis der Unternehmensprozesse – geringere Umsetzungs- nähe	– zuweilen hohe Dis- tanz zum täglichen Geschäft – auf Planung be- schränktes Wissen	– bislang wenig Er- fahrung mit dem neuen Instrument – oftmals stark opera- tive Ausrichtung

Mögliche „Nicht-Linien"-Träger der Einführung der BSC und ihre Beurteilung

Die Implemen- tierung muss von der Linie getragen werden

Bereiche. Das Einbringen einer neutralen Sichtweise erweist sich häufig als wesentliche Unterstützung für die Durchführung eines Balanced Scorecard-Vorhabens. Als Moderator der Balanced Scorecard-Aktivitäten lässt sich dabei ein externer oder interner Berater bzw. der Controller hinzuziehen. So kann garantiert werden, dass die Moderation des Projektes frei von persönlichen Interessen am Ergebnis der Balanced Sorecard ist – Interessen, die bei einzelnen Mitgliedern des Projektteams durchaus gegeben sein könnten.

Das Einbringen von methodenbezogenem Fachwissen durch externe Unterstützung bedeutet das zweite Nutzenfeld einer externen Projektbegleitung. Gerade bei Balanced Scorecard-Vorhaben ist oft ein erhebliches Knowhow gefragt, wie beispielsweise bei der Generierung von Leistungstreiber-Kennzahlen oder Ursache-Wirkungs-Beziehungen. Wer diese externe Unterstüt-

zung leisten soll, muss wiederum von Fall zu Fall entschieden werden. Stets ist jedoch darauf zu achten, dass das Engagement der Bereichsexternen begrenzt bleibt. Die hauptsächliche Arbeit muss noch immer von denjenigen gemacht werden, die danach für die Ergebnisse verantwortlich sind – das „Outsourcen" von Balanced Scorecard-Projekten an Berater oder zentrale Stäbe ist die beste Garantie dafür, dass diese wirkungslos verpuffen!

Fazit

Wenn Sie die vorangegangenen Ausführungen Revue passieren lassen, spricht aus ihnen eine eindeutige, klare Botschaft: Die Einführung der Balanced Scorecard ist ebenso planbar wie ihr Erfolg! Die genannten Erfolgsfaktoren im Griff zu haben, lässt den Einführungsprozess gelingen – zumindest meistens...

...an dieser Stelle müssen wir noch etwas Wasser in den Wein schütten. Die soeben getroffene Aussage setzt voraus, dass in Ihrem Unternehmen einige grundsätzliche Voraussetzungen für die Einführung der BSC erfüllt sind. Wie bereits mehrfach angesprochen, hat sich die Balanced Scorecard nicht im luftleeren Raum entwickelt, sondern setzt auf diversen (insbesondere strategischen) Vorarbeiten auf. Wir haben einige von diesen in einer Checkliste in nachstehender Abbildung zusammengefasst. Sie können für Ihr Unternehmen eine

Selbsteinschätzung vornehmen. Für das Gesamturteil stehen sich zwei Einschätzungen gegenüber: Konnten Sie jeweils im linken Bereich der Skalen antworten, so bedeutet für Sie die Einführung einer Balanced Scorecard einen organisatorischen Wandel als organische Fortentwicklung bestehender Strukturen. Der Prozess ermöglicht ein schrittweises Lernen, eine Entwicklung in mehreren Stufen und ist weitgehend steuerbar.

Antworten im rechten Bereich der Skalen weisen dagegen auf einen Bruch be-

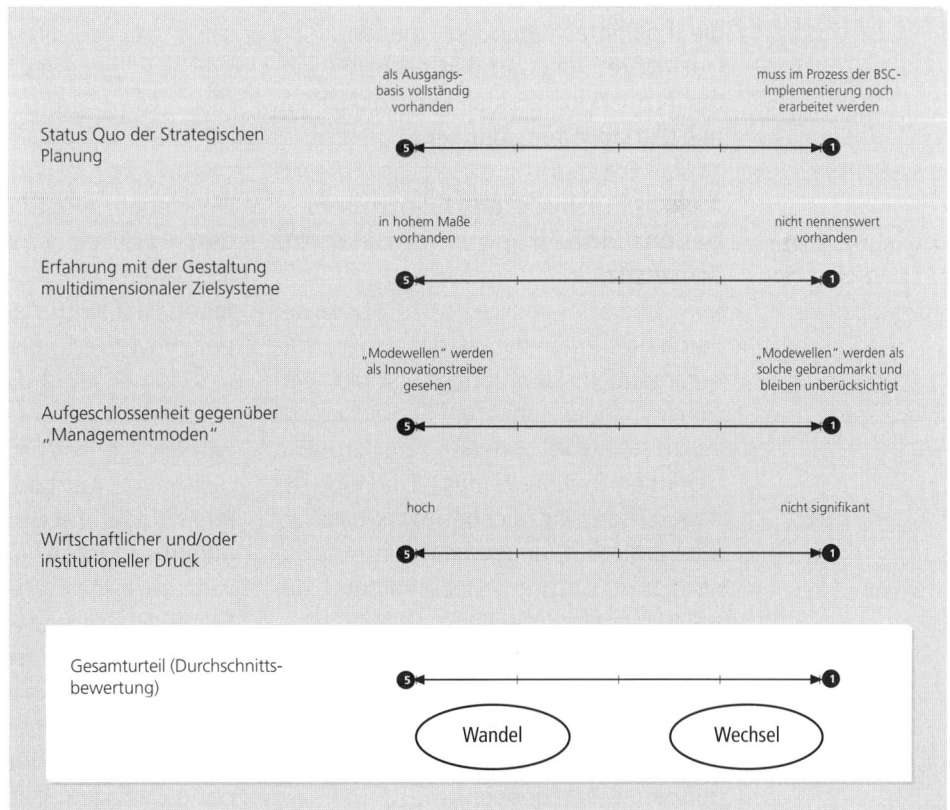

Heuristik zur Klassifizierung der Ausgangslage für die Einführung einer Balanced Scorecard

stehender Strukturen hin, der mit einer deutlichen Veränderung der Einstellungen der Mitarbeiter verbunden ist bzw. sein muss. Ein solcher Wechsel ermöglicht zwar einen „Aufbruch zu neuen Ufern", ist aber nur in Grenzen vom Management steuerbar. Damit unterliegt die Einführung einem erheblichen Risiko fehlzuschlagen bzw. zu scheitern. Besser erscheint es uns in einem solchen Fall, erst einige Voraussetzungen zu schaffen, um in den Bereich eines geordneten Wandels zu kommen. Wer zu früh mit der Balanced Scorecard beginnt, provoziert ein Scheitern – und wer scheitert, kann das Instrument und die dahinterstehenden neuen und fruchtbaren Ideen in den nächsten Jahren nicht noch einmal auf die Agenda des Managements bringen!

1.6. CONTROLLER UND BERATER ZUR BALANCED SCORECARD

Controllern und Beratern kommt – wie soeben angesprochen – bei der Einführung und dem Betrieb der Balanced Scorecard eine zentrale Rolle zu. Daher haben wir einen gesonderten Abschnitt dieses Buches reserviert, damit sie Ihnen diese Erfahrung unmittelbar vermitteln können. Die letzten drei der folgenden Erfahrungsberichte befassen sich dabei insbesondere mit der wichtigen Frage der IT-Implementierung.

1.6.1. Zur Rolle des Controllers bei der Einführung einer Balanced Scorecard

Betrachtet man die in der Praxis vorkommenden Situationen bei der Einführung einer Balanced Scorecard, so lassen sich typischerweise zwei Grundsituationen unterscheiden. Die eine ist dadurch gekennzeichnet, dass das verantwortliche Management einer Organisation (Konzern, Unternehmen, Geschäftsbereich, Abteilung...), für die die BSC vorgesehen ist, dieses Konzept bejaht, unterstützt und letztlich fordert. Die damit einhergehenden Aufgaben des Controllers bei der Einführung werden unten beschrieben.

Die andere zeichnet sich dadurch aus, dass das Management die BSC ablehnt. In diesem Fall bleibt für den Controller fast nichts zu tun. Eine Situation, die er nur schwer ertragen kann, insbesondere wenn er selbst diese „tolle Idee" vorgeschlagen hat und sich daran erinnert, wie andere Instrumente (Kostenstellenrechnung, Leistungsverrechnung etc.) auch eingeführt wurden, ohne das Management nach deren Geschäftsrelevanz zu fragen. Trotzdem, solange das Management nicht wirklich hinter dem Konzept steht, ist jeder Aufwand hierfür sinnlos. Als wir in der Sparte tesa des Beiersdorfkonzerns 1993 die BSC einführten, haben wir dieser Einsicht Rechnung getragen. Wir haben bewusst nur in dem Organisationsteil begonnen, dessen Management bereits seinerzeit aktiv das Konzept gefordert hat. Erst im Laufe der Zeit, als die Funktionsfähigkeit wirklich sichtbar wurde und die BSC Akzeptanz und Geschäftsbezug zeigte, wurden sukzessive weitere Bereiche abgedeckt.

Während des Einführungsprozesses kann der Controller einen wesentlichen Beitrag leisten. Zunächst steht der Prozess zur Konzeption der Scorecard im Vordergrund. Der Controller ist als Gestalter und Moderator dieses Prozesses gefragt. Er muss die entscheidenden Manager an einen Tisch bringen, die die Träger der BSC sind,

Dr. Ralf Eberenz, Vice President Corporate Accounting and Controlling, Beiersdorf AG, Hamburg

die sich mit ihr identifizieren müssen, die sie als Managementinstrument später tatsächlich nutzen. Mit ihnen ist zu klären, was die wichtigsten Erfolgsfaktoren sind, d.h. die Frage zu beantworten, was letztlich darüber entscheidet, ob wir bei unseren Kunden (interne oder externe) erfolgreich sind. Hieraus können dann die Perspektiven der BSC abgeleitet werden. Ob es sich dabei um die von Kaplan/ Norton genannten vier handelt oder um andere, ist nicht entscheidend. Entscheidend ist, dass ein

Diskurs gefunden wird, an dessen Ende ein gesamthaft getragener Satz von Erfolgsfaktoren steht, für den in einem nächsten Schritt bestimmt wird, welche Einflussmöglichkeiten (Einflussfaktoren) auf die Erfolgsgrößen bestehen. Der Controller hat hierbei dafür Sorge zu tragen, dass diese Arbeitsschritte vom Management selbst durchgeführt werden. Er muss verhindern, dass irgend jemand – im schlechtesten Falle er selbst – für das Management Erfolgs- und Einflussfaktoren festlegt. Mithin hat er sich inhaltlich eher zurückzunehmen und mehr den Prozess zu moderieren. Dadurch wird auch die Voraussetzung geschaffen, leichter die richtige „Sprache" für die BSC zu treffen. Sehr häufig beschreiben Manager ihr Geschäft nur teilweise mit finanziellen Größen, sondern mehr mit nicht-finanziellen Größen (Zeit, Qualität, Marktposition, Servicegrad, Menge...). Der Controller muss sicherstellen, dass diese Sprache des Managements in der BSC gesprochen wird und nicht ausschließlich die Sprache des Geldes.

Sind die Inhalte und die „Sprache" einmal erarbeitet, ist eine nächste häufig völlig unterschätzte Aufgabe zu lösen. Die BSC muss handwerklich umgesetzt werden. Es müssen klare und eindeutige Definitionen für die einzelnen Kennzahlen festgelegt werden, die Datenquellen sind zu beschreiben, das Layout ist festzulegen u.s.w. Wer einmal versucht hat, für eine Scorecard im Produktionsbereich Abwesenheits- oder Lohnraten international einheitlich zu definieren und operativ laufend zur Verfügung zu stellen, weiß, wovon hier die Rede ist. Trotzdem hängt die nachhaltige Akzeptanz hiervon entscheidend ab, da anderenfalls die inhaltliche Nutzung durch Diskussionen über die „Richtigkeit der Zahlen" verdrängt wird. Controller kennen diese Probleme aus dem traditionellen Planungs- und Reportinggeschäft. Sie sind prädestiniert für eine professionelle handwerkliche Umsetzung.

Steht auch das Handwerk, muss die BSC in den laufenden Managementprozess eingebunden werden, d.h. konkret in den Planungs- und Reportingzyklus überführt werden. Sie muss die Grundlage für Zielvereinbarungen, Bonussysteme, Jahresplanungen, Businessreviews etc. werden, um ihre Verbindlichkeit herauszustellen. Es muss deutlich werden, dass sie das Kommunikations- und Messsystem für die Organisation ist. Auch dieser Schritt ist Controlleraufgabe. Er muss dabei allerdings sicherstellen, dass die BSC nicht einfach ein zusätzliches Instrument neben anderen ist. Anders ausgedrückt, er muss die hergebrachten Instrumente in ihrer Bedeutung zurücknehmen oder gar einstellen. Ansonsten kommt es zu einer Komplexitätserhöhung im Managementprozess, die, wie in allen anderen Geschäftsprozessen auch, vermieden werden muss. Schließlich ist die BSC kein statisches Konzept. Sie kommuniziert die Strategie in die Organisation.

Zum einen kann sich diese Strategie im Zeitablauf ändern und zum anderen kann die Erfahrung im Umgang mit dem Konzept zu Anpassungen führen, z.B. weil eine Kennzahl doch nicht der erhoffte gute Indikator für einen Einflussfaktor ist und deshalb ausgetauscht werden muss. Der Controller sollte ähnlich wie in der Konzeptionsphase den Prozess einer Weiterentwicklung bzw. Überarbeitung der BSC gestalten. Er muss damit sicherstellen, dass die BSC ein „lebendes" Konzept bleibt und nicht über kurz oder lang von dem sich weiterentwickelnden Geschäft überholt wird. Erst wenn das erreicht ist, sind seine Aufgaben bei der Einführung einer BSC beendet.

Insgesamt kommt dem Controller während der Einführungsphase also vorwiegend eine prozessgestaltende, moderierende Funktion zu. Sie erfordert in hohem Maße ein inhaltliches Geschäftsverständnis und eine intensive Kundenorientierung in Richtung auf das Management. Gelingt ihm das, so kann er dadurch nicht nur einen geschäftsrelevanten Beitrag leisten, sondern auch seine eigene Akzeptanz beim Management sichern.

1.6.2. Balanced Scorecard-basiertes Controlling in einem Internet-Start-up

Anhand einer Fallstudie soll aufgezeigt werden, wie ein Controlling-System in einem sehr dynamischen, start-up-orientierten Unternehmensumfeld gestaltet sein kann (vgl. ausführlich Hoffmann 2000, S. 312ff.). Als Beobachtungsobjekt soll die ISP AG (Name vom Verfasser geändert) dienen, ein Unternehmen der Internetbranche, das in seinem Heimatmarkt innerhalb kurzer Zeit nach seiner Gründung im Herbst 1996 eine führende Position eingenommen

Dr. Olaf Hoffmann ist Mitglied der Direktion der Credit Suisse e-Business in Zürich

hat. Aufgrund ihrer Akquisition ist sie seit Herbst 1997 in einem Telekommunikationskonzern integriert. Die strategischen Ziele der ISP AG lassen sich wie folgt umschreiben:

→ Marktführer im Heimatmarkt bei dem Hauptprodukt zu werden mit einem eigenen Branding.
→ Die Schaffung einer loyalen Kundenbasis durch das Kreieren von Communities. Dafür ist es notwendig, dass eine Plattform für Inhalte (Content) geschaffen wird, die allen Kunden der ISP AG zur Verfügung gestellt wird.
→ Der führende Systemanbieter für E-Commercelösungen von Unternehmen (Applications) im Heimatmarkt zu werden.

Diese Zielsetzungen haben ihren Niederschlag in der Organisationsstruktur ge-

funden. Es bestehen drei Unternehmensbereiche, die für ihr Ergebnis verantwortlich sind: die Center „Access", „Content" und „Applications". Daneben bestehen zentrale Dienste, die von den Abteilungen „Business Development & Controlling", „Marketing" und „Operations" wahrgenommen werden.

Projektstruktur und Rahmenbedingungen

Im Sommer 1997 wurde von der Geschäftsleitung beschlossen, ein Reporting einzuführen, das den Besonderheiten der Internetbranche sowie der Unternehmenskultur der ISP AG Rechnung trägt. Ausschlaggebend war die Erkenntnis, dass zahlreiche Faktoren für den zukünftigen Erfolg verantwortlich sein werden, die sich bislang nicht in der Erfolgsrechnung abbilden ließen.

Bei der Geschäftsleitung entstand nicht nur das Bedürfnis nach der Abbildung qualitativer Messgrößen, sondern auch nach Frühwarnindikatoren, die als „Enabler" des finanziellen Erfolgs ein frühzeitiges Gegensteuern ermöglichen. Die wichtigsten Erfolgsgrößen sollten auf wöchentlicher Basis vorliegen, so dass ihre Entwicklung in den allwöchentlichen Geschäftsleitungssitzungen besprochen und ggfs. Gegenmaßnahmen diskutiert und eingeleitet werden können. Wegen der Dynamik des Internetmarktes, der weitestgehend noch unbekannten Marktstrukturen sowie den ungewissen zukünftigen Spielregeln bestand zudem das Bedürfnis nach einer Überprüfbarkeit der Prämissen, die der Strategieentwicklung zugrunde gelegt wurden.

Des Weiteren sollte eine schnelle und umfassende Ausrichtung des Unternehmens auf den Wettbewerb unterstützt werden, wozu ein zeitnahes Kennzahlensystem für die Rückkopplung als notwendig betrachtet wurde.

Implementierung eines Executive Cockpits

Ausgehend von den erfassten Bedürfnissen des Managements wurde im August 1997 mit der Einführung einer verbesserten Reportingstruktur begonnen. Die erste Aufgabe bestand darin, rasch die Transparenz über kritische Faktoren des Geschäftsverlaufs zu erhöhen, ohne die oben genannten Zielsetzungen nach einem umfassenden Controllingansatz zu vernachlässigen.

Als erstes Projektergebnis wurde ein Executive Cockpit für die Geschäftsleitung entwickelt, das bei den wöchentlichen Managementsitzungen vorgestellt wurde. Da es in der ersten Phase mit einem Tabellenkalkulationsprogramm umgesetzt wurde, konnte es ohne großen Aufwand rasch modifiziert werden. Dies geschah in der ersten Phase des Öfteren, wobei wechselnde Charts innerhalb des Cockpits auch dazu dienten, Größen, die sich nicht auf wöchentlicher Basis signifikant veränder-

ten, abwechselnd abzubilden und dadurch die Aufmerksamkeit in den wöchentlichen Management Meetings auf sie zu richten.

Es wurde in dem Cockpit versucht, die Kundensicht zu integrieren, indem Daten aus den Schnittstellenbereichen zum Kunden eingefügt worden sind. Ein Entwurf eines Cockpits geht aus der rechtsstehenden Abbildung hervor.

Die Hauptmessgröße (Entwicklung der Kunden) wird anhand ihrer dominierenden Position im Cockpit ersichtlich. Diese Größe stellt auch den bedeutendsten Werttreiber in der Anfangsphase der ISP AG dar. Auf der linken Seite befinden sich Informationen über die Wahrnehmung der ISP AG aus Kundensicht: so werden z.B. die telefonische Erreichbarkeit des Helpdeskbereichs oder die wichtigsten Probleme der vergangenen Wochen dargestellt, um der Geschäftsleitung zu eröffnen, wo Probleme vom Kunden wahrgenommen wurden.

Während sowohl die drei linken als auch die drei rechten Charts permanente Größen repräsentieren, bilden die beiden kleinen Charts in der Mitte des Cockpits wöchentlich wechselnde Indikatoren ab. Dadurch konnte auf Messgrößen fokussiert werden, deren Reportingfrequenz und Perspektive von den sieben permanenten Charts abweichen.

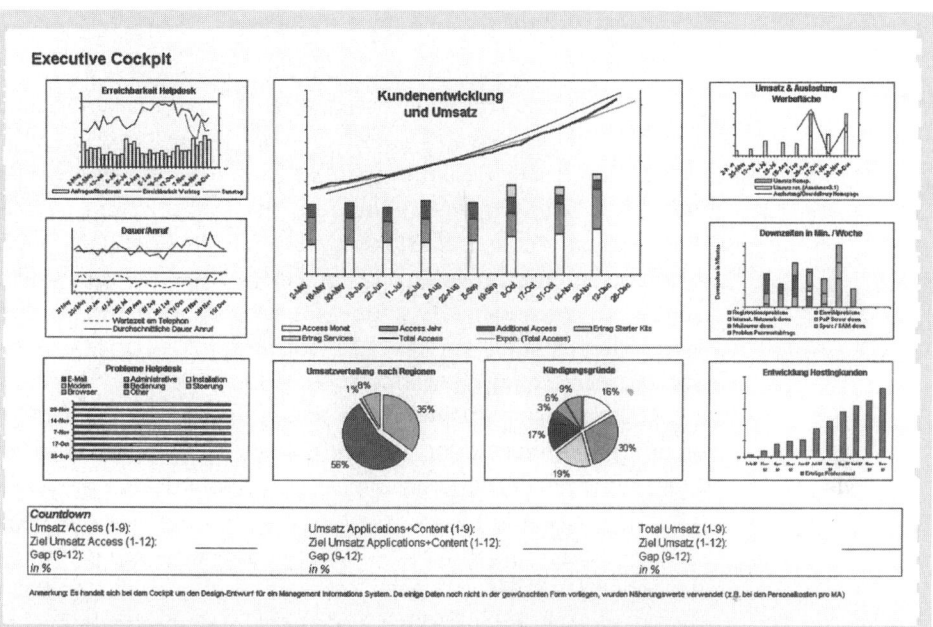

Entwurf eines
Executive Cockpits

Die starke Konzentration von Informationen in Cockpitform erfordert ergänzende Ausführungen. Daher wurde den Mitgliedern des Managements zusätzlich zum Cockpit ein einseitiger Kommentar zugestellt, der Erläuterungen zu den einzelnen Charts liefert. Das ist notwendig, da Abweichungen der Messgrößen oft Ursachen haben, die nicht im Cockpit abgebildet sind.

Nach erfolgreicher Einführung des Executive Cockpits wurde von der Geschäftsleitung beschlossen, für alle wichtigen Unternehmensbereiche spezifische, auf deren Informationsbedürfnisse zugeschnittene Cockpits zu entwickeln und zu implementieren. Ausgehend von der Ermittlung der Teilstrategien für die Unternehmensbereiche

wurden die wichtigsten Fähigkeiten sowie Indikatoren bestimmt, die für die Strategieumsetzung notwendig sind. Die verschiedenen Teilschritte dieses Prozesses von der Klarheit über die Konsequenzen der Unternehmensstrategie für einen Teilbereich bis zum Cockpitentwurf werden im Nachfolgenden dargestellt.

Cockpitdesign als iterativer Prozess

Der erste Schritt bei der Cockpitimplementierung bestand darin, Klarheit über die strategischen Ziele des Unternehmens zu gewinnen. Dadurch wurde die Basis für die Auswahl strategiekonformer Messgrößen gelegt. Diese Aufgabe gestaltete sich aufgrund der hohen Marktdynamik sowie der fehlenden Historie als Start-up-Unternehmen schwieriger als erwartet. Anhand des Contentbereichs soll das Vorgehen beschrieben werden. Dieser Bereich besitzt eine große strategische Bedeutung: Im Internetbereich werden viele Produkte zu einem „Commodity", was sich am Beispiel von Internetprovidern in der Tendenz zu niedrigen Grundgebühren sowie den zahlreichen Freesurf-Angeboten niederschlägt. Daher versucht die ISP AG, mit ihren Inhalten die Kundenbindung zu erhöhen und sich auf Aktivitäten mit einer höheren Wertschöpfung zu konzentrieren.

Ausgehend von der strategischen Zielsetzung, die Kundenloyalität durch die offerierten Inhalte zu erhöhen und dadurch zu einem profitablen Business Channel zu werden, stellt sich die Frage, wie diese Auswirkungen gemessen werden sollen.

Daraus können fünf kritische Faktoren abgeleitet werden, die beherrscht werden müssen, um das strategische Ziel des profitablen Business Channels erfolgreich umzusetzen:

→ Fähigkeit, aktuelle und für die Zielgruppen attraktive Inhalte anzubieten.
→ Fähigkeit, die Zielgruppen längere Zeit auf den eigenen Seiten zu binden.
→ Fähigkeit, den zunehmenden Verkehr vermarkten zu können (z.B. durch Vermietung von Werbefläche).

→ Fähigkeit, Kooperationen einzugehen, um Quellen für den Kontent zu erschließen und zu sichern
→ Fähigkeit, die Ressourcen für die Kontentgenerierung zu kontrollieren

Nachdem die strategischen Zielsetzungen für den Contentbereich erarbeitet worden sind, wurden die typischen erfolgs- und kostenrelevanten Merkmale jedes Bereichs in einem Kausalkettenmodell erfasst. In der rechtsstehenden Abbildung wird sehr stark vereinfacht dargestellt, welche Einflussfaktoren auf den Erfolg in der Contentdivision wirken können.

Während konventionelle Controllinginstrumente auf den Ergebnisbeitrag der Contentdivision fokussieren, wurde bei der ISP AG versucht, alle kritischen erfolgs- und kostentreibenden Faktoren transparent darzustellen. Das Kausalkettenmodell kann dabei als ein Instrument dienen, um mutmaßliche Abhängigkeiten abzubilden. Es eignet sich als Diskussionsgrundlage, um Einigkeit über die mutmaßlichen „Spielregeln" des Contentgeschäfts zu erzielen. Diese Einigkeit ist notwendig, um eine Auswahl der geeignetsten Messgrößen vornehmen zu können, die von allen Entscheidungsträgern dieser Division getragen werden.

Die hergeleiteten Messgrößen (in der Abbildung kursiv dargestellt) können in einem weiteren Schritt den kritischen Erfolgsfaktoren zugeordnet werden.

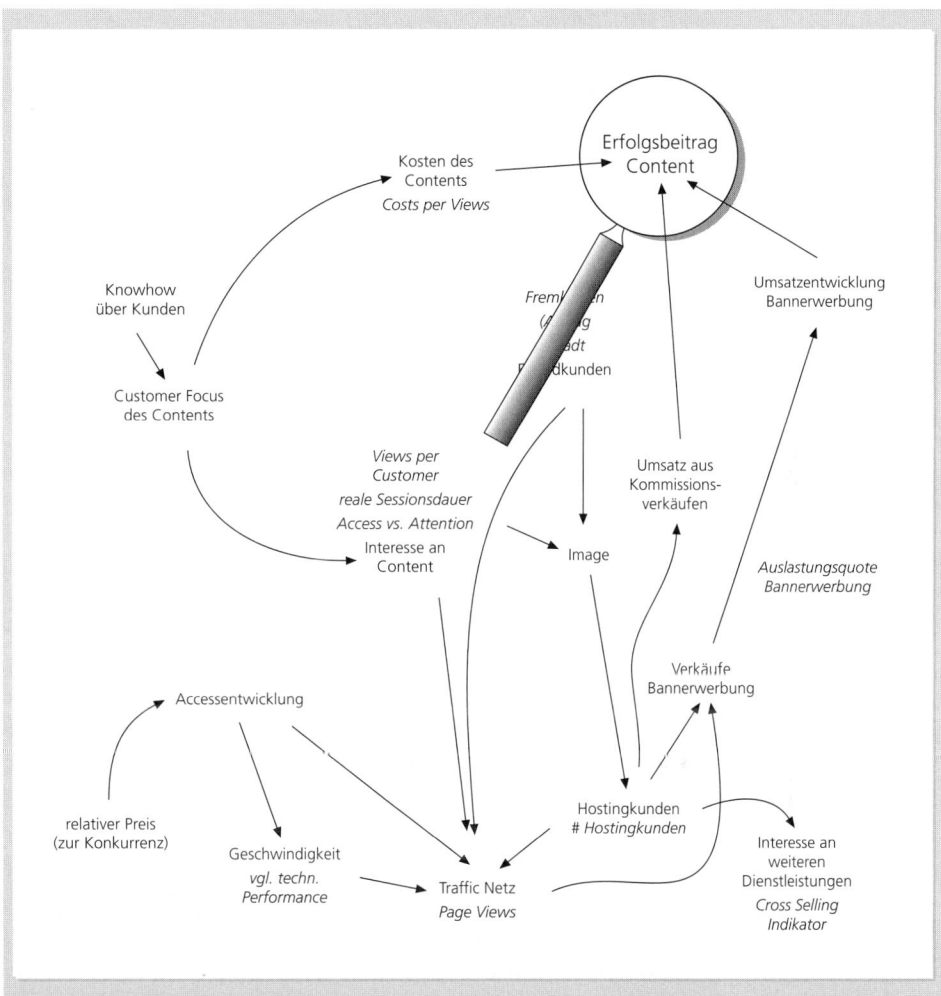

Stark vereinfachtes Kausalkettenmodell des Contentbereichs

Dadurch wird ersichtlich, wo noch Defizite bei der Messgrößenauswahl bestehen: So lässt sich z.B. die Fähigkeit, Kooperationen einzugehen, kaum messen. Spätestens bei der Auswahl der Messgrößen tritt die Frage nach der Erhebbarkeit der gewünschten Informationen auf. Es hat sich als empfehlenswert erwiesen, diese Fragen möglichst spät zu stellen, um nicht bereits bei der Kausal-

kettenmodellierung den Entwurfsspielraum zu stark einzugrenzen. Bei der Modellierung sollten im Rahmen des Brainstorming alle potentiellen Einflussgrößen erfasst werden. Feststellungen, dass einzelne Größen nicht erhoben werden können, können diese Phase lähmen. Es hat sich zudem im Laufe des Projekts herausgestellt, dass ein bedeutender Teil der ausgewählten Mes-

Fähigkeit, Kooperationen einzugehen	Neuigkeitsgehalt und Attraktivität der Inhalte	Bildung von Kundenloyalität	Verkaufs- aktivitäten	Wirtschaftlichkeit (Realisierung von Skaleneffekten)
?	von neuen Produkten erzeugte Onlinezeit im Internet Erneuerungsquote des Inhalts auf der Homepage Match mit Zielgruppen	Onlinezeit nach verschiedenen Inhaltsgruppen durch Content erzeugte Onlinezeit zu gesamter Onlinezeit Entwicklung Fremdkunden (AOL, Compuserve u.a.) Anteil erzeugte Onlinezeit durch Stammkunden	Auslastung Werbefläche auf der Homepage Entwicklung Werbekunden nach Struktur (z.B. Agenturen) und Dauer der Zusammenarbeit Entwicklung der Werbeattraktivität (gemessen an der Klick Rate)	Umsatz nach Werbeflächenart Kosten der Inhaltsgruppen Kosten pro 1.000 aufgerufene Stellen Kostenstruktur: interner vs. externer Content

Zuordnung von Performance-indikatoren zu den kritischen Erfolgsfaktoren

sgrößen bereits in den Produktivsystemen vorhanden war und mittels Queries erhoben werden konnte. Dort, wo der Erfassungsaufwand zu hoch war, wurde entweder auf Surrogatgrößen ausgewichen oder mit einem niedrigeren Detaillierungsniveau gearbeitet.

Nach der Selektion der Messgrößen hat es sich im weiteren Schritt als nützlich erwiesen, ein Mustercockpit mit Dummyzahlen zu erstellen, damit sich die zukünftigen Anwender eine konkretere Vorstellung über das zukünftige Reportingdesign machen und ihre Bedürfnisse frühzeitig berücksichtigt werden konnten. Der Auswahlprozess kann für viele Anwender leichter erfolgen, wenn er konkret am Cockpit vollzogen wird. Zudem kann anhand der grafischen Darstellung rasch festgestellt werden, ob ein ausgeglichenes Bündel an Mess-

größen verschiedener Dimensionen selektiert worden ist.

Ein Aspekt, der in der Entwicklungsphase nicht hoch genug bewertet werden kann, ist die frühzeitige Einbindung der späteren Anwender. Wenn sie nicht nur an der Entwicklung des Kausalmodells sowie bei der Auswahl der Messgrößen beteiligt sind, sondern auch bei der Gestaltung des Cockpits, kann ihre Akzeptanz für die neue Reportingstruktur signifikant steigen. Bei der ISP AG spielten informelle Kontakte dabei eine nicht zu unterschätzende Rolle.

Erkenntnisse aus dem Projekt

Bei der ISP AG standen am Anfang des Projekts – ähnlich wie in den ersten Artikeln von Kaplan/Norton über den Balanced Scorecard-Ansatz – Aspekte des

Reportingdesigns im Vordergrund. Es kristallisierte sich aber im Laufe des Projekts heraus, dass die verwendeten Messgrößen eine viel größere Bedeutung haben, als anfangs angenommen: Sie sind nicht alleine Performanceindikatoren, sondern auch elementare Bestandteile des Geschäftsmodells, das seinen Ausdruck sowohl in einem Kausalkettenmodell, als auch in dem Value Driver- und dem Budgetmodell im Rahmen der Planungsprozesse findet. Es bestand zu Beginn des Projekts ein großer Abstimmungsbedarf, da unterschiedliche Auffassungen über die strategischen Schwerpunkte sowie die Gestalt des umzusetzenden Geschäftsmodells existierten. Die Einführung eines Performance Measurement-Systems kann hierbei einerseits unterschiedliche Vorstellungen zum Vorschein bringen, andererseits aber auch als Katalysator bei der Konkretisierung und Umsetzung der Unternehmensstrategie wirken.

Ein hiermit zusammenhängender Aspekt, dessen exorbitant große Bedeutung sich erst im Laufe des Projekts herausgestellt hat, betrifft die Partizipation der Mitarbeiter bei der Abklärung des Geschäftsmodells, der Identifikation kritischer Erfolgsfaktoren sowie der Messgrößenauswahl und -definition. Schwächen in diesem Punkt können sich als äußerst kritisch für einen späteren Projekterfolg herausstellen. Wenn der „Buy-in" nicht bei weiten Teilen der späteren Anwender gelingt, ist der dauerhafte Erfolg des Projekts gefährdet.

Aufgrund der zahlreichen Interdependenzen mit anderen Managementprozessen war die tatsächliche Projektkomplexität viel höher als bei Projektbeginn angenommen. Als vorteilhaft stellte sich dabei heraus, dass bei der ISP AG die Planungs- und Feedbackprozesse erst im Aufbau begriffen waren und somit ein großer Gestaltungsspielraum vorhanden war. Ein weiterer Vorteil betraf die Organisation des Projekts: eine oft in Großunternehmen anzutreffende Teilung zwischen (strategischer) Planungs- und operativ tätiger Controllingabteilung existierte aufgrund der Unternehmensgröße nicht.

Probleme bereitete die Integration einer zukunftsorientierten Perspektive. Praktische Erfahrungen bei der Umsetzung von Scorecards in zahlreichen Unternehmen zeigen jedoch, dass insbesondere in dieser Dimension (oftmals Entwicklungs- und Lernperspektive genannt) noch ein großes zukünftiges Entwicklungs- und Verbesserungspotential liegt.

Die Umsetzung von Performance Measurement-Systemen ist ein sehr komplexes und herausforderndes Unterfangen, wie die Erfahrungen der ISP AG demonstrieren. Dabei zeigte sich auch, dass die inhaltliche Geschlossenheit eines Ansatzes nicht vor der Gefahr des Scheiterns schützt, wenn dessen Umsetzung signifikante Defizite aufweist.

Die folgenden Aspekte sollten daher im Rahmen des Implementierungsprozesses besonders berücksichtigt werden:

→ Es ist sehr hilfreich, wenn innerhalb der Geschäftsleitung ein weiter Konsens über die Unternehmensstrategie, das gewählte Geschäftsmodell sowie über die Hypothesen der wichtigsten dabei zugrunde gelegten Kausalzusammenhänge vorhanden ist. Dieser Konsens erleichtert eine Konzentration auf kritische Erfolgsfaktoren sowie die Kommunikation und Herleitung von strategischen Zielen und Maßnahmen. Zudem sollten sich die Initiatoren/Sponsoren bewusst sein, dass die Umsetzung eines Performance Measurement-Systems ein sehr langwieriger Prozess sein kann, bei dem Implementierungsdauern von 18-24 Monaten keine Seltenheit sind.

→ Operative nicht-finanzielle Messgrößen sollten hauptsächlich von den Personen hergeleitet und verwendet werden, die die Verantwortung dafür tragen, anstatt dass sie von zentralen Abteilungen (Controlling, Qualitätssicherung o.a.) vorgegeben werden. Eine intensive Auseinandersetzung mit den Bereichszielen, eine Schulung der Mitarbeiter sowie der freie Zugang zu allen notwendigen Informationen ist empfehlenswert, um eine weitestgehende Selbststeuerung zu fördern. Sie sollte durch regelmäßige Plausibilitätsüberprüfungen sowie ein aktives Coaching durch den Linienvorgesetzten

ergänzt werden.

→ Dem Reportingdesign sollte eine Erfassung der spezifischen internen Kundenbedürfnisse vorgelagert sein. Um sowohl eine Entscheidungs- als auch Verhaltensorientierung als gleichberechtigte Zielsetzungen des Performance Measurements zu unterstützen, sollte ein selektives Reporting angestrebt werden, das flexibel auf die unterschiedlichen Informationsbedürfnisse seiner Kunden reagiert. Die Konzentration auf kritische Erfolgsfaktoren kann den Selektionsprozess der Performanceindikatoren unterstützen. Cockpits und Scorecards eignen sich als Instrumente eines fokussierten und auf die internen Kunden ausgerichteten Reportings.

→ Es ist empfehlenswert, bei einer Dezentralisierung der Aufgaben des Performance Measurements auch im Informationstechnologiebereich dynamische, dezentralisierte Strukturen („Zeltstrukturen") zu schaffen, anstatt eine schwerfällige und betreuungsintensive IT-Umgebung („Palaststruktur") aufzubauen, deren Pflege große Ressourcen beansprucht. Entwicklungen im Bereich der Informationstechnologie spielen nicht nur bei der kostengünstigen Erfassung von Performanceindikatoren eine bedeutende Rolle, sondern insbesondere auch bei der internen Kommunikation und Distribution von performancerelevanten Informationen (z.B. via webbasierter Reportinginstrumente) und Kenntnissen (z.B. Best Practice-Datenbanken).

Es sollte abschließend noch einmal darauf hingewiesen werden, dass eine unkoordinierte Verwendung nicht-finanzieller Größen einige Unsicherheiten bergen kann: Bei einer starken Fokussierung auf sie können Ziele und Mittel miteinander verwechselt werden. Das kann u.a. auch dazu führen, dass die Prioritätenbildung und damit auch die Entscheidungsfindung erschwert werden. Zudem ist auf die Gefahr eines „Management by Numbers" hinzuweisen, wenn versucht wird, vermehrt „weiche" Faktoren zu quantifizieren und sie in mehrdimensionale Ergebnistafeln zu integrieren.

Umso bedeutender wird daher ein weiter Konsens uber die strategischen Ziele sowie die Konzentration auf kritische Erfolgsfaktoren, die eine Fokussierung auf wenige, sehr relevante Aspekte der Leistungserzeugung fördern. Ein koordiniertes Vorgehen, das auch der großen Bedeutung der internen Kommunikation und Mitarbeitereinbindung Rechnung trägt, kann bei der Vermeidung dieser Gefahren helfen.

1.6.3. Implementierung zwischen Pragmatismus und Perfektionismus

Die Umsetzung neuer Unternehmensführungssysteme über Balanced-Scorecards (BSC) steht, wie Erfahrungen in der Top-Management-Beratung zeigen,

im Spannungsfeld zwischen zwei Extremen: Zum einen gibt es Unternehmen, die ihre Führungssysteme grundlegend erneuern wollen. Die Ausgestaltung ihrer BSC ist von einem Detailgrad und Präzisionsstreben insbesondere hinsichtlich der Informations-System(IS)-Integrität der Lösung geprägt, dass sie im (sicher unrealistischen) Extremfall dem Perfektionismus nahe kommt. Zum anderen erleben wir immer mehr Unternehmen, denen die Einführung neuer Führungsinstrumentarien nicht schnell genug gehen kann. Unter dem Schutz eines nahezu immer positiv begründeten bzw. begründbaren Pragmatismus, sprich einer kurzfristigen Geschäftsnutzenoptimierung, kann es hier im (sicher unrealistischen) Extremfall zu einer starken Übersimplifizierung kommen.

Auch wenn die Realität wohl zwischen diesen Extrempositionen liegt, ist die Tendenz doch klar: Bestimmte Unternehmen gehen eher den „perfekten" Weg, während andere einen „quick and dirty"-Ansatz vorziehen. Entsprechend groß sind die Unterschiede beim Aufwand: Ein schnelles, pragmatisches Vorgehen kann bereits in einigen Wochen, manchmal sogar nur wenigen Tagen, eine brauchbare „Start-BSC" liefern. Dagegen benötigt der Detailansatz meist mehrere, oft sogar viele Monate – natürlich ist das Ergebnis dann auch ein differenzierteres System.

Woher kommen diese Unterschiede in der Vorgehensweise? Wenn auch statistisch (noch nicht) nachweisbar, scheinen doch folgende Erkenntnisse gesichert: Unternehmen, deren „innere Uhr" markt- und wettbewerbsbedingt schneller tickt (z.B. Elektronik- oder Software-Unternehmen), gehören eher den dynamischen Pragmatikern an. Die detailorientierten

Detlev J. Hoch, Director McKinsey & Company

Fundamentalisten kommen dagegen eher aus Branchen (z.B. Chemie, Pharma und Versicherungen, mit Ausnahme von Direkt- bzw. Internet-Versicherern), in denen der Wettbewerbsdruck zwar auch zunimmt, die Schlagzahl aber doch noch vergleichsweise niedrig ist.

Ist schneller Pragmatismus bei der Umsetzung von BSC-basierten Führungssystemen – gerade im Internet-Zeitalter – immer die bessere Option? Zwar weisen „schnelle" Unternehmen tendenziell Vorteile gegenüber den langsamen auf; Gründlichkeit und Tiefgang sind aber gerade bei bestimmten Kenngrößen unverzichtbar. Letztlich können also beide „Typen" voneinander lernen. In der Praxis sind erfolgreiche BSC-Einführungen häufig durch folgende sechs Faktoren gekennzeichnet:

1. Berücksichtigung von Unterneh-

menskultur bzw. situationsspezifischer Schlagzahl.
Das richtige Vorgehen gibt es nicht. Wie die Realisierung von BSC-Führungssystemen auszugestalten ist, hängt von der Schlagzahl des jeweiligen Unternehmens und der spezifischen Situation im Umfeld ab. Schwieriger ist es, die richtige Geschwindigkeit für solche Unternehmen zu finden, die aus Einheiten mit unterschiedlich starker Wettbewerbsdynamik bestehen. Eine unternehmensweit einheitliche Vorgehensweise, sofern überhaupt sinnvoll, würde sich in solchen Fällen wohl am ehesten an der Einheit orientieren, die am „langsamsten" und am stärksten detailgeprägt ist. In den „schnelleren" Einheiten könnten dadurch allerdings erhebliche Frustrationen auftreten. Eine zeitliche Entkopplung im Vorgehen kann derartige Konflikte vermeiden bzw. reduzieren helfen. Lernerfahrungen der Vorreiter finden bei nachfolgenden Einheiten Berücksichtigung, während Detailerkenntnisse der Folge-Einheiten nachträglich noch von den Vorreitern genutzt werden können.

2. Schnelle Pilotierung.
Mit zunehmender Durchdringung sämtlicher Unternehmenstypen und -formen mit digitalen Unternehmensnervensystemen wird eine hohe Schlagzahl, zumindest in den Management- und Führungsprozessen, zum Imperativ. Bei intelligenter Spei-

sung der BSC über eine gute Anbindung der Basis-Transaktions- und Informationssysteme eines Unternehmens müssen Detailorientierung und Präzision nicht auf der Strecke bleiben. Ein Prototyping-Vorgehen, das die bedeutendsten Kennzahlen für die schnell „schlagenden" Unternehmenseinheiten zügig pilotiert und einführt, sollte genau das leisten können. Nach der Pilotierung finden

Unternehmenswert. Eine griffige Kennzahl für die Entwicklung des Unternehmenswertes, die von den Top-Führungskräften verstanden und akzeptiert wird, lässt sich nicht über Nacht einführen und erfolgreich anwenden. Eine solche Veränderung rechtfertigt nicht nur, sondern verlangt geradezu erhebliche zeitliche Investitionen: Führungskräfte, die gewohnt sind, mit Bruttomar-

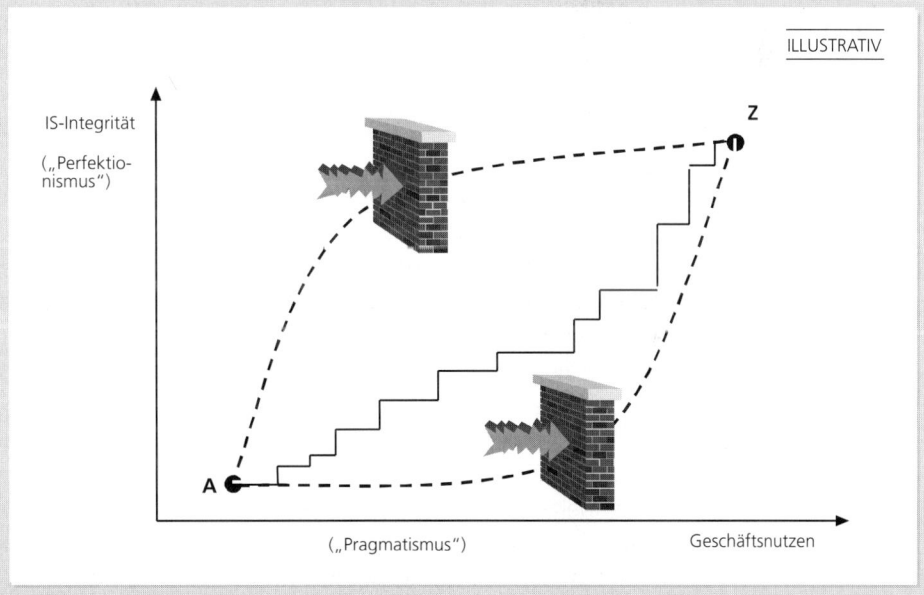

ILLUSTRATIV

IS-Integrität

(„Perfektionismus")

(„Pragmatismus") Geschäftsnutzen

A

Z

Der geeignete (Mittel-)Weg zum BSC-Erfolg

dann mehrere Phasen der sukzessiven Feineinstellung statt.

3. Zeit für das Wesentliche
Ohne eine gewisse Gründlichkeit geht es nicht. Dies gilt insbesondere für Unternehmen, in denen neue, aber wichtige Führungskennzahlen noch auf Unverständnis stoßen bzw. gewöhnungsbedürftig sind. Beispiel:

gen bzw. Kostensätzen zu steuern, brauchen Zeit, mit unternehmenswertorientierten Steuerungsgrößen arbeiten zu lernen. Diese „meantime-to-learn" (MTTL) wird dabei vielleicht zu einer interessanten Kennzahl der Wettbewerbsfähigkeit eines Führungsteams.
Eine gründliche Vorbereitung, und

damit genügend Zeit, fordert aber auch ein potentieller weiterer Schritt: Die Kopplung der BSC-Kennziffern mit Anreizsystemen sollte zunächst in einer Testphase erprobt werden, um mögliche Schwachpunkte frühzeitig aufdecken und abbauen zu können. Ein zusätzlich lohnendes Gebiet für die Investition von Ressourcen und Zeit ist die Entwicklung und nutzbringende Anwendung neuer Metriken, die Frühwarncharakter haben oder zur Messung der Innovationsfähigkeit bzw. organisatorischen Schlagkraft eines Unternehmens genutzt werden können.

4. Nutzung externer Erfahrungen
Nicht alles muss jedes Unternehmen neu erfinden. Bei wichtigen „Pulsmessungen" wie Kundenzufriedenheit oder Mitarbeiterzufriedenheit lassen sich auch die Erfahrungen anderer nutzen. In einigen Märkten haben sich bereits Standards herausgebildet, wie etwa der Kundenzufriedenheitsindex in der Automobilindustrie in den USA, der sich an relativ objektiven Erfahrungen mit Reparaturbedürftigkeit und Serviceniveau orientiert. Auch wenn solche Indizes auf absehbare Zeit noch nicht in allen Märkten vorliegen werden – Outsourcing oder Outtasking von Kennzahlendefinitionen und -messungen werden allmählich zu einer Normierung und damit Commoditisierung führen. Es erscheint nur eine Frage der Zeit, bis externe

Dienstleister zumindest für bestimmte Märkte oder Unternehmensgruppen einen „happy customer index" oder einen „employee satisfaction index" bereitstellen.

5. Fokussierung
Die Beschränkung auf wenige aussagekräftige Kennzahlen ist für alle Unternehmen ein wesentliches Erfolgsrezept: Zwei bis drei Kenngrößen je BSC-Kategorie (finanzielle Lage, Kunden/Markt, Geschäftssystem und institutionelle Fähigkeiten), d.h. acht bis zwölf in Summe, lassen sich schneller konzipieren, kommunizieren, akzeptieren, umsetzen und anwenden als mehrere Dutzend Steuerungsgrößen, die den Überblick eher wieder „versperren".

6. Top-Management-Aufmerksamkeit und angemessene Ausstattung
Wie jede Veränderung in einem Unternehmen steht und fällt auch die Einführung von BSC mit der ausreichenden Unterstützung durch das Top-Management. Nur bei uneingeschränkter Aufmerksamkeit des obersten Führungskreises kann die Einführung des neuen Systems mit dem notwendigen Momentum vorangetrieben werden. Professionelles Projektmanagement, angefangen mit der adäquaten Ressourcenausstattung des BSC-Umsetzungsprojektes, ist eigentlich eine Selbstverständlichkeit – leider aber immer noch häufigste Ursache, wenn der Erfolg ausbleibt.

Fazit: Bei der Einführung eines Balanced Scorecard-Systems muss jedes Unternehmen den für sich richtigen Weg abhängig von Ausgangslage (A) und Zielanspruch (Z) finden. Dieser Weg wird immer im Spannungsfeld zwischen Perfektionismus und Pragmatismus liegen. Orientierung geben die oben genannten Erfolgsfaktoren. Während Extrempfade schnell an kritische Grenzen stoßen, erlaubt der „Mittelweg" eine starke Geschäftsnutzenorientierung, ohne dabei die unabdingbare IS-Integrität aus den Augen zu verlieren.

1.6.4. Jenseits der Implementierungswelle: BSC als Integrationsinstrument

Hört man genau hin, finden sich auch im deutschsprachigen Raum zumindest in Großunternehmen kaum noch Führungskräfte, denen der Begriff Balanced

Björn Radtke, Dr.
Rainer Vinkemeier,
Projektleiter
CTcon GmbH

Scorecard (BSC) unbekannt wäre. Viele haben eine BSC-Nutzung erwogen oder befinden sich bereits im Implementierungsprozess. Mag auch die Intensität der Auseinandersetzung mit dem Instru-

ment noch immer sehr unterschiedlich sein, hat sich doch in den letzten 2 bis 3 Jahren Erstaunliches getan: Über den Kreis der Controller und vereinzelter Unternehmensentwickler hinaus ist die BSC bei vielen Linien- und Funktionsmanagern aller Disziplinen hoffähig und beliebt geworden.

Auf die Frage nach dem Grund der Beliebtheit lauten die Antworten, das Grundschema der BSC sei intuitiv nachvollziehbar (vielfach wird auf die Nähe zum gesunden Menschenverstand hingewiesen) und im Gegensatz zu anderen Managementtools erfrischend einfach. Viele ergänzen, schon länger das Gefühl gehabt zu haben, besser werdende Einzelinformationen über Märkte und Kunden, (Produktions-)Prozesse und die HR- und Innovationslage ihrer Organisation nur unzureichend miteinander in Beziehung bringen zu können. Die Wirkung dieser häufig qualitativen Faktoren auf das Finanzergebnis (oder gar den Unternehmenswert) sei häufig nur zu erahnen. Andere berichten zwar von einer vorhandenen Transparenz über die Stellhebel des Geschäfts, beklagen aber die fehlende Verknüpfung dieser Einsichten mit den Schwerpunktmaßnahmen, die in der Organisation verfolgt werden. Sie alle setzen auf die BSC und erwarten Besserung.

Manager mit BSC-Anwendungserfahrung sehen den Kernnutzen meist in der gelungenen Überbrückung der Lücke zwischen Strategie und operativem Geschäft. Außerdem heben sie den fruchtbaren funktionsbereichs- und hierachieübergreifenden Dialog im Zuge der gemeinsamen BSC-Formulierung hervor. Abseits der rein finanziellen Betrachtung werden Personal-, Marketing- Produktions- und Qualitätsexperten zu gleichgewichtigen Diskussionspartnern der Controller und Finanzexperten, denen traditionell eine besondere Rolle in Themen der Unternehmenssteuerung zukommt.

Das Spektrum der BSC-Verbreitung erweitert sich ständig. Setzten es anfangs als innovativ bekannte Dax-Werte ein, haben Mittelständler und öffentliche Organisationen längst keinen Ausnahmecharakter mehr in den Listen der BSC-best-practice. Selbst der Inspekteur der Marine vertraut der BSC bei der betriebswirtschaftlichen Steuerung. Analysiert man die BSC-Unternehmenspraxis genauer, fällt auf, dass die Meldung „Wir haben die BSC eingeführt!" Unterschiedliches bedeuten kann: Von der durchgängigen Unternehmenssteuerung über alle Ebenen, Funktionen und Gesellschaften hinweg (dahinter stehen z.T. Systeme mit weit über 1000 individuellen Scorecards), über den isolierten Einsatz in einzelnen Organisationen oder Funktionsbereichen bis hin zur Umbenennung des „bewährten" finanzorientierten Kennzahlensystems in „BSC" wird alles geboten. Vielfach wird auch de facto ein BSC-Prozess praktiziert, aber nicht als solcher bezeichnet.

In Organisationen, die die BSC-Implementierung bereits erfolgreich angestoßen haben, vollzieht sich derzeit ein Wechsel im Fokus. Aus der Implementierungsphase gilt es in die Regelanwendung überzuleiten. Diese zweite Bewährungsprobe ist meist gekennzeichnet durch eine im Vergleich zur Implementierung geringere Aufmerksamkeit des Top-Managements. Die Herausforderung besteht darin, einen lebendigen und anpassungsfähigen BSC-Prozess zu verstetigen. Die Erfahrungen in dieser Phase zeigen, dass die Grundsteine für den Erfolg bereits in der Implementierung gelegt werden. Bedeutend sind in diesem Zusammenhang zwei Aspekte:

a) Das BSC-Verständnis und die BSC-Aufgaben, die sie übernehmen soll (und die sie nicht übernehmen soll).
b) Die Frage, ob die BSC mit anderen Steuerungsinstrumenten integriert bzw. zur Integration anderer Instrumente und Prozesse genutzt wird.

Auf Basis unserer Projekterfahrungen werden beide Fragestellungen in den folgenden Abschnitten näher betrachtet.

BSC-Verständnis und Aufgaben: Was kann die BSC und was nicht?

Die Breite des BSC-Verständnisses kann sowohl Garant für ein hohes Maß an Akzeptanz bei allen Beteiligten im Einführungs- und Anwendungsprozess sein, als auch Quelle möglicher methodischer Umsetzungsfehler. In der Praxis überwiegt die erste (positive) Wahrneh-mung des Instruments deutlich. Durch die grundsätzliche Betrachtung des Ge-schäfts aus unterschiedlichen Perspekti-ven und die Aufnahme bisheriger Steu-erungsergebnisse, können Führungs-kräfte meist ohne Probleme die Bedeu-tung ihres Beitrags zur BSC-Entwicklung erkennen. In BSC-Workshops steigt die Akzeptanz des Instruments rapide, wenn Personalbereiche die Vereinfa-chung und Objektivierung von Zielver-einbarungen wahrnehmen. Produkti-ons- und Qualitätsmanagementexper-ten finden ihre bewährten Kennzahlen in der BSC im strategischen Kontext wieder und Marketing-/Vertriebsverant-wortliche sehen die schon immer geäußerte Notwendigkeit zusätzlicher Analysen über Treiber der Kundenzu-friedenheit und Kundenbindung vom gesamten Managementteam bestätigt. Die hohe Flexibilität des Instruments be-wirkt, dass ein grundsätzliches „richtig oder falsch" zum BSC-Verständnis nur bei Betrachtung der spezifischen Unter-nehmenssituation möglich ist. Dennoch:

a) Es gibt Ausprägungen, bei denen die BSC grundsätzlich ein hohes positi-ves Potential entfaltet.

b) Das in der Implementierung gewähl-te und (implizit) kommunizierte BSC-Verständnis ist nachträglich in der Regelanwendung nur schwer verän-derbar.

Vor diesem Hintergrund haben wir fünf praktische Ausprägungen zum BSC-Ver-ständnis ausgewählt:

1) Managementansatz oder Kennzah-lensystem

Sicher, BSC ist sowohl Management- als auch Kennzahlensystem. Wer aber den Managementansatz will, kommt nicht umhin,

→ Geschäftsverständnis und strategi-sche Ziele auf den Punkt zu bringen,

→ Ursache-Wirkungs-Hypothesen zwi-schen den Zielen aufzustellen,

→ Wert(Leistungs-)treiber zu identifi-zieren,

→ die Verzahnung mit Strategieent-wicklung, Planung, Berichtswesen, Zielvereinbarungen und Anreizsyste-men voranzutreiben,

→ Führungskräfte aller Funktionen über Workshops intensiv in den BSC-Prozess einzubinden

→ und einen nachhaltigen Kommuni-kationsprozess anzustoßen.

Derart eingeführt, bestehen gute Chan-cen, die BSC als strategischen Lernpro-zess zu verankern, der auch zur dynami-schen Anpassung von Zielen und Steue-rungsgrößen führen wird.

Die Tendenz, den Prozess angesichts vorhandener Kennzahlensysteme ab-zukürzen und direkt auf die Kennzah-lenebene zu lenken, besteht in vielen Projekten. Zudem bestimmen die Kenn-zahlen als „greifbares" Element schnell die Wahrnehmung. Dabei geht der Bezug zu den dahinterliegenden Zielen leicht verloren. Als Folge bleiben diese Kennzahlensysteme vielfach statisch und BSC-Diskussionen beschränken sich auf die Kennzahlen, nicht aber auf Aspekte der Strategieumsetzung. Der von Anwendern gelobte funktionsübergreifende Diskussionsprozess kommt so nicht in Gang. Bei den „Nicht-Controllern" verliert die BSC zudem schnell an Aufmerksamkeit.

Ist die BSC erst als Kennzahlensystem eingeführt oder als solches verstanden worden, ist es – wie aktuelle Projekterfahrungen zeigen – kaum möglich, dem Managementansatz BSC nachträglich noch den Weg zu ebnen.

Paralleles top-down- und bottom-up- Workshop-Konzept

2) BSC und Maßnahmenorientierung

Folgt man Kaplan/Norton, so ist die Bestimmung von strategischen Maßnahmenprogrammen unverzichtbarer Bestandteil des Balanced Scorecard-Prozesses. Nicht immer folgt die Unternehmenspraxis diesem Vorschlag. Entweder werden Maßnahmen auf einen späteren Zeitpunkt vertagt, um ausreichend Erfahrungen mit dem Instrument zu sammeln, oder Maßnahmenentscheidungen werden explizit außerhalb des BSC-Prozesses getroffen.

Ohne das Commitment zu Maßnahmen und die Festlegung entsprechender Verantwortungen bleibt die BSC ein zahnloser Tiger. In vielen Fällen entzündet sich die von Beginn an gewollte Diskussion um die Strategieumsetzung erst in der Phase der Maßnahmenfestlegung. Auch die Frage „Was bedeutet die BSC für mich?" wird in Verbindung mit Maßnahmen erst richtig konkret. Eine besondere Bedeutung kommt den Maßnahmen auch in der BSC-Kommunikation zu. Für alle einbezogenen Mitarbeiter wird der zunächst abstrakt erscheinende BSC-Ansatz durch die Verbindung mit Maßnahmen „handfest". Entspechend bestehen BSC-Einführungsverantwortliche beharrlich darauf, den bereichsweiten Kommunikationsprozess erst nach der Festlegung des Maßnahmenprogrammes zu starten. Zu groß sind die Befürchtungen, dass die BSC in der Fläche sonst als „Denksportaufgabe der Zentrale" fehlinterpretiert werden könnte.

Auch für die Maßnahmenorientierung gilt: Je länger die BSC als „Messsystem" gelebt wird, desto größer werden die Barrieren beim Übergang zur „action" mit der BSC.

3) BSC als Mittel zur kurzfristigen Sanierung oder Veränderungsprozess?

Wir erleben Unternehmen, in denen die BSC zum Kern des Sanierungsprogramms erklärt wird und innerhalb eines Jahres 20% Produktivitätssteigerung herbeiführen soll. „Wieviel Prozent bringt sie denn?", lautet denn auch meistens eine der ersten Fragen von interessierten Managern. Sie meinen meist realisierbare Kostensenkungs- oder Umsatzsteigerungspotentiale bzw. allgemeine Rentabilitätseffekte. Die Antwort auf die Prozentfrage ist nicht immer eindeutig: Ja, die BSC ist grundsätzlich dazu geeignet auch kurzfristig ergebniswirksame Effekte zu realisieren. Dazu tragen drei Faktoren bei:

a) Die Ist-Aufnahme aktueller Projekte und Maßnahmen führt dazu, nicht zielkonforme Aktivitäten oder „Projektleichen" zu identifizieren und direkt einzustellen.

b) Die funktionenübergreifende Diskussion der Stellhebel des eigenen Geschäfts führt stärker als im Tagesgeschäft zu den „Knackpunkten" der internen Zusammenarbeit. (Ursache: häufig Kommunikationsdefizite). In vielen Fällen lassen sich Verbesserungen noch im Workshop vereinbaren.

c) BSC-Entwicklung bedeutet intensive Mitarbeit des Top-Managements. Verbesserungspotentiale treffen insofern auf ein entscheidungs- und durchsetzungsfähiges Gremium, was die Umsetzungschancen drastisch erhöht.

Aber: die meisten der beschriebenen kurzfristigen Effekte können den (zugeben auch wichtigen) „quick wins" zugeordnet werden. Sie sind auch mit weniger Managementkapazität aufzudecken. Nachhaltige Effekte, die sich in den wesentlichen Performance Indikatoren niederschlagen oder gar den Börsenwert beeinflussen, zeigen sich häufig erst nach ein bis zwei Jahren. Langer Atem lohnt sich also. Diese mittelfristig realisierbaren BSC-Effekte bauen auf dem soliden Fundament einer breiten Strategieorientierung auf und resultie-

ren nicht selten aus einer erstmals wahrgenommenen unternehmerischen Verantwortung, also auch einer kulturellen Veränderung, insbesondere in den operativen Einheiten.

4) BSC als IT-System

Balanced Scorecard und ihre Unterstützung durch IT-Systeme ist ein bücherfüllendes Thema. Wichtig erscheint es an dieser Stelle darauf hinzuweisen, dass es um die IT-Unterstützung des BSC-Prozesses, nicht um den Ersatz der BSC durch die IT gehen kann. So banal diese Einsicht erscheinen mag, so ernst ist sie gemeint. Angesichts optisch verlockender BSC-Frontends (bis hin zum „management cockpit" oder"war room") mit über Data Warehouse-Lösungen anscheinend unbegrenzten Zugriffsmöglichkeiten, fällt es nicht immer leicht im Auge zu behalten, dass die Überleitung der Strategie in Maßnahmen ureigenste Managementaufgabe ist und bleibt. Immer häufiger erleben wir unter dem Label „BSC" Anfragen, deren Inhalt Lösungen zur Verknüpfung einzelner Informationssysteme sind. Die Beziehung zur BSC besteht lediglich darin, dass es sich um bisher unverbundene Marketing-, PPS-, Personal- und Rechnungswesensysteme handelt, was in etwa den BSC-Perspektiven entspricht. Welche Zielerreichungsgrade bezogen auf strategische Ziele mit den Systemen eigentlich gemessen werden sollen, spielt bei derartigen BSC-Missverständnissen meist keine Rolle.

Kurz: Natürlich ist die IT-Unterstützung im BSC-Prozess wichtig, und klar ist, dass eine über längere Zeit „händisch" erhobene BSC schnell an Akzeptanz verliert. Die IT darf aber nicht im Vordergrund stehen: Einmal als IT-Projekt eingeführt, wird die BSC im Regelbetrieb nie Managementpotential entwickeln.

5) BSC als Insellösung

Verständlich ist die Skepsis vieler Entscheidungsträger gegenüber einem schnellen Übergang in einen neuen Steuerungsansatz wie BSC. Dies führt häufig dazu, dass die BSC zunächst isoliert vorangetrieben wird, solange bis ihr Nutzen nachweisbar ist.

Problematisch ist dieser Ansatz aus drei Gründen:

1. Ein wesentlicher Nutzen der BSC liegt in der Konzentration auf das Wesentliche. Wird aber die BSC über längere Zeit parallel zur traditionellen Steuerung geführt, kann sich diese Vereinfachung kaum durchsetzen und führt zu Unmut bei den Betroffenen. Zudem provoziert ein längerer Parallelbetrieb von BSC und bisheriger Steuerung Spekulationen über das BSC-Commitment des Top-Managements. Die Reaktion der Führungskräfte ist entsprechend abwartend.
2. Eine Stärke der BSC liegt in der Integration anderer Steuerungsprozesse und Projekte. Ist diese Integration gerade nicht Projektbestandteil, werden wesentliche Potentiale der BSC nicht genutzt.
3. Gerade aufgrund des umfassenden Integrationsanspruchs der BSC führt eine Implementierung häufig zu Irritationen bei den Verantwortlichen anderer Projekte und Prozesse. So sind z.B. QM-Verantwortliche oder die Kozeptionäre ausgefeilter Zielvereinbarungssysteme verunsichert über den Fortbestand der von ihnen geschaffenen Systeme. Gründe liegen neben unzureichender Information vor allem in den ungeklärten Schnittstellen zwischen der BSC und den übrigen Projekten. Ein deutliches Commitment, Bewährtes in den BSC-Prozess aufzunehmen, beseitigt viele Spannungen bereits im Vorfeld.

Deshalb sei wiederholt: Bei obiger Betrachtung von Ausprägungen des BSC-Verständnisses geht es nicht um richtig oder falsch. Es geht um die Nutzung von Potentialen und um die Weichenstellung für den „Regelprozess BSC", die sich nur mit hohem Aufwand revidieren lassen.

Integration der BSC an ausgewählten Beispielen

Wie verschiedentlich aufgezeigt, ist die Integrationsfunktion der BSC von besonderer Bedeutung in der Praxis. Dabei ist die BSC grundsätzlich in zwei unterschiedlichen Arten einsetzbar.

a) *Als eigenständiges Veränderungsprojekt*:

In dieser Funktion wird der klassische BSC-Prozess von der Strategiefindung bis zu Maßnahmenprogrammen, der Verzahnung mit dem gesamten Managementsystem und intensiver begleitender BSC-Kommunikation durchlaufen. Oft steht die Balanced Scorecard unter einem Motto, wie z.B. „Dezentralisierung unternehmerischer Verantwortung" oder dem „Aufbruch zur strategieorientierten Organisation". Weitere Projekte ordnen sich in die BSC ein.

b) *Als Bündelungsinstrument*:

In einigen Unternehmen führt der Weg zur BSC über eine andere, meist ebenfalls strategie-orientierte Initiative (Instrument/Projekt). Das große Thema heißt dann z.B. Customer Focus, TQM, Value Based Management, Business Reengineering oder Management by Objectives. Der BSC kommt in diesen Fällen die Aufgabe zu, Strukturrahmen für die Zieldefinition zu sein, das ganzheitliche Kennzahlensystem zur Messung der Zielerreichung bereitzustellen oder mit der Berücksichtigung qualitativer Faktoren zur Akzeptanzsteigerung finanzorientierter Steuerungsansätze beizutragen. Im Unterschied zu a) sind bei dieser Variante häufig bereits Voraussetzungen geschaffen (z.B. Zielformulierung, Verzahnung mit Managementprozessen). Dies ändert zwar wenig an der Logik der BSC-Ablaufschritte, beein-

flusst aber deren Intensität und die Art der Kommunikation.

Das Zusammenspiel mit anderen strategieorientierten Instrumenten wird nach unserer Beobachtung die Zukunft des BSC-Instrumentariums prägen. Exemplarisch werden hier zwei ausgewählte Integrationsbeispiele beleuchtet.

Integrationsbeispiel: BSC und Wertorientierung

Selten hat ein Thema betriebswirtschaftlicher Steuerung die Gemüter so polarisiert wie die Shareholder Value-Diskussion der 90er Jahre. Fachlich ist das Thema allerdings in den Reihen der Controller, Finanzabteilungen und Unternehmensentwickler geblieben. Der Kreis derjenigen, die sich mit Cashflow-orientierten Philosophien, Value Based Management, value drivers oder key performance-Indikatoren beschäftigt haben, blieb also übersichtlich. In einigen Konzernen im deutschsprachigen Raum ergibt sich folgendes Schema: Im Zuge der Shareholder Value-Welle wurde eine (oder wenige) wertorientierte Top-Kennzahl(en) eingeführt. Eine Verknüpfung mit der Steuerung operativer Einheiten wurde selten vollzogen, so dass Wertorientierung und traditionelle Steuerung nebeneinander liefen. Im nächsten Schritt wurde eine BSC eingeführt. Die Ausrichtung an den Werttreibern blieb dabei meist auf der Strecke. Aktuell gibt es Anstrengungen, beide Konzepte miteinander zu verbinden. Auslöser ist nach unseren Beobachtungen neben dem Druck der Analysten die Einsicht, dass ohne eine durchgängige unternehmensweite Ausrichtung der Management- und Anreizsysteme auf den Unternehmenswert eine derartige Steuerung dieser Größe kaum gelingen kann.

Mag für die Steuerung auf der Top-Ebene von Konzernen eine wertorientierte Kennzahl ausreichend sein, so empfindet bereits die Geschäftsbereichsebene diese eine Kennzahl vielfach als zu abstrakt für ihr spezifisches Geschäft. Die Unterlegung der Top-Kennzahl mit Werttreibermodellen schafft meistens Abhilfe, jedoch ist nach unseren Erfahrungen die Akzeptanz dieser i.d.R. mathematisch verknüpften Modelle eher gering. Spätestens auf der Ebene der Steuerung operativer Einheiten erweisen sich Top-Kennzahl und Werttreiberhierachie als ungeeignet weil schwierig kommunizierbar und nicht kongruent mit der Steuerungserfahrung der operativen Führungskräfte. Gerade an dieser Stelle kann die BSC wertvolle Hilfestellung leisten.

Durch die Einbeziehung bewährter Steuerungskennzahlen und eine ganzheitliche Sicht auf die eigene Einheit kann für die BSC schnell Akzeptanz geschaffen werden. Zur Ausrichtung der BSC operativer Einheiten auf eine Steuerung des Unternehmenswertes finden sich in der Praxis zwei Ausgangssituationen:

a) Die wertorientierte Top-Kennzahl ist für die betrachtete Organisationseinheit darstellbar. In diesem Fall wird sie als Top-Kennzahl in die Finanzperspektive der BSC übernommen. Mit Hilfe der Formulierung von Ursache-Wirkungs-Hypothesen erstellt das Managementteam einer solchen Einheit eine Scorecard, mit der das Oberziel unterstützt werden kann. Ein deduktiv ermittelter Werttreiberbaum kann unterstützend in einen solchen Workshop eingesteuert werden.

b) Die wertorientierte Top-Kennzahl ist für die betrachtete Organisationseinheit nicht darstellbar: In diesem Fall kann die BSC auf die Unterstützung der Zielsetzung der übergeordneten Einheit (mit Steuerungsmöglichkeit der Top-Kennzahl) ausgerichtet werden. Hierzu arbeitet die Leitung der übergeordneten Einheit als „Botschafter" direkt an der BSC-Erstellung der nachgeordneten Einheit mit. Alternativ zu dieser eher indirekten Beziehung kann auch ein deduktiv ermittelter Werttreiberbaum als Input für das Managementteam dienen. Die (finanzorientierten) Top-Ziele für die Einheit werden entsprechend aus einer Aufsplittung der Top-Kennzahl generiert.

Deduktiv ermittelte Werttreiberhierarchien und vor Ort entwickelte Scorecards bilden also in der Praxis keinen Widerspruch. Nach unseren Erfahrungen sollte dabei allerdings die Akzeptanz der Scorecard und die Berücksichtigung der Steuerungserfahrung vor Ort im Vordergrund stehen, da ihr Nutzen für die eigene Steuerung leichter eingängig ist. Erfahrungsgemäß wird die fertige BSC nach einem kombinierten Vorgehen je Perspektive mindestens einen der auch beim deduktiven Vorgehen ermittelten Treiber enthalten. Das Strukturierungsmodell der Werttreiberhierachien wird – behutsam angewendet – von BSC-Workshopteilnehmern als wertvolle Orientierung angenommen.

Über diese operativen Betrachtungen hinaus weisen die Implementierungsmethoden der BSC und eines Value Based Management starke Verwandtschaften auf. Davon betroffen sind sowohl die Einführungsschritte bis hin zur Verzahnung mit den Managementprozessen, die Koppelung mit dem Anreizsystem und die prozessbegleitenden Kommunikations- und Trainingsmaßnahmen. Es empfiehlt sich also ein kombinierter Einführungsprozess, bei dem die BSC insbesondere ihre hohe Akzeptanzwirkung in operativen Unternehmenseinheiten und ihre Funktion als Rahmen eines gemeinsamen Lernprozesses als Stärke einbringen können sollte.

Integrationsbeispiel: BSC und Roadmaps

Bisher stand im Zentrum dieses Beitrags die Frage, inwieweit sich die BSC mit anderen strategieorientierten Prozessen, z.B. dem Value Based Management verbinden lässt. Dabei wurde unterstellt, dass eine Strategie des Unternehmens bzw. des betrachteten Geschäftsfeldes existiert. Diese Annahme erscheint selbstverständlich, ist jedoch dennoch oft falsch. Nicht selten setzt der BSC-Prozess lediglich auf Strategiefragmenten auf, die noch dazu zwischen Bereichsverantwortlichen oder Vorstandsressorts unabgestimmt sind. Letztere sollen dennoch in einen gemeinsamen BSC-Prozess eintreten; ein Sachverhalt, der sich oft als Wurzel für ein späteres Scheitern des BSC-Prozesses entpuppt. Vor diesem Hintergrund wird der Blick auf die Frage gerichtet, ob es Instrumente der Strategiefindung gibt, mit denen die BSC methodisch besonders gut harmoniert.

Die Antwort lautet ja. Nachfolgend wird mit Roadmapping ein Instrument vorgestellt, das sich in der Vorbereitung erfolgreicher BSC-Einführungen in der Praxis bewährt hat.

Roadmapping greift sehr systematisch Markt- und Technologie-Signale am Horizont auf und beschreibt deren potentielle Auswirkung für das eigene Unternehmen/Geschäftsfeld. Unternehmensspezifisch werden so die relevanten Megatrends und ihre Auswirkungen auf das eigene Geschäft so konkret wie möglich unter Einbeziehung aller verfügbaren internen und externen Expertise beschrieben. Je nach Branche können es z.B. die Rückwirkungen von B2B-Entwicklungen (Logistik), des Zusammenwachsens von PC, Handy und Fernseher (Telekommunikation, Handel) oder aber die Entschlüsselung des menschlichen Genoms (Pharma) sein, die in Form sogenannter Entwicklungspfade topic für topic konkretisiert werden. Die formulierten Entwicklungspfade sind dabei auf das Unternehmen/ Geschäftsfeld zugeschnitten.

BSC in Maßnahmen für das operative Geschäft umsetzbar ist. Sehr klar wird die Rolle der drei Einzelelemente durch das Aufzeigen ihrer unterschiedlichen zeitlichen Reichweiten. Roadmaps geben einen systematischen Langfristausblick auf bereits heute erkennbare Entwicklungen in der Zukunft. Der Zeithorizont beträgt je nach Branche 3 bis 10 Jahre, z.B. wäre vor etwa 5 Jahren das Internet für viele Unternehmen der old

Roadmaps als integraler Bestandteil des BSC-Prozesses

1.	BSC-Konzeption und -Rahmen schaffen	
2.	Entwicklungspfade (Roadmaps) bestimmen	
3.	Strategien und Ziele entwickeln	
4.	Leistungstreiber und Kennzahlen formulieren	Training/Coaching/Kommunikation
5.	Maßnahmen und Verantwortlichkeiten festlegen	
6.	BSC-Steuerung mit den Regelprozessen verzahnen	

Auf diese Weise schafft Roadmapping enorm viel Transparenz über zukünftig erfolgsrelevante Entwicklungen. Diese Transparenz an sich stiftet bereits hohen Nutzen. Auf ihr aufbauend lässt sich jedoch ein wichtiger Schritt im Vorfeld einer wirkungsvollen BSC gehen: Die Formulierung einer aussagekräftigen Strategie des Unternehmens/Geschäftsfeldes, die dann mittels einer

economy ein interessantes topic gewesen. Die Strategie und ihr Umsetzungsinstrument BSC beschreibt die kommenden 0 bis 5 Jahre bis hin zur Formulierung unmittelbarer Maßnahmen „für den kommenden Tag".

Auf diese Weise bilden Roadmaps, Strategie und BSC einen schlüssigen methodischen Dreiklang, dessen logischer Abschluss die BSC mit ihren konkreten zielorientierten Maßnahmen ist.

BSC im Jahr 2005?

Wie wird sich die BSC in der Unternehmenspraxis im Jahre 2005 präsentieren? Als veraltete Managementmode oder noch heller strahlender Steuerungsansatz? Auch ohne den Blick in die Glaskugel legt die beobachtbare Halbwertszeit von Bezeichnungen für Managementmethoden die Vermutung nahe, dass bis dahin weitere Buzzwords in die Unternehmenssteuerung Einzug gehalten haben werden.

An dem grundsätzlichen Schema der Verknüpfung von quantitativen und qualitativen Steuerungsgrößen, der Betrachtung des Geschäfts aus unterschiedlichen Perspektiven und vor allem der Schaffung eines durchgängigen Managementprozesses von der Strategieformulierung bis zur Maßnahmenumsetzung wird sich absehbar nichts ändern. Für diese BSC-Stabilität sprechen vor allem

→ der im Vergleich zu anderen Managementinnovationen kurze Zeitraum ihrer Durchsetzung in Top-Unternehmen,

→ die funktionsbereichsübergreifende Akzeptanz des Instruments und

→ die Fähigkeit, neue Konzepte und Instrumente zu integrieren.

Insbesondere an der Schnittstelle zwischen den wachsenden Informations-

anforderungen der Kapitalmärkte und der nach wie vor eher an traditionellen qualitativen Kriterien orientierten Mitarbeiterschaft kann die Balanced Scorecard für Entscheidungsträger auch zukünftig nachhaltig zur Komplexitätsbewältigung beitragen. Dafür steht insbesondere ihr Credo, sich auf wenige, aber wesentliche Größen zu beschränken.

1.6.5. Dynamic Scorecards

Eine Balanced Scorecard ist stets unternehmensspezifisch. In ihr reflektieren sich individuelle Visionen und Strategien, aber auch individuelle Kennzahlen. In dieser spezifischen Ausrichtung liegt die Stärke und Schwäche des BSC-Konzeptes. Sind nämlich Kennzahlen und die zugrunde liegenden Strategien ein in sich geschlossenes, realistisches und realisierbares Konstrukt, so stellt die BSC in der Tat die Plattform für Wettbewerbsvorteile dar: Ausrichtung und operatives Controlling werden optimiert und damit die Wahrscheinlichkeit der Zielerreichung erhöht. Zudem dient das kontinuierliche Monitoring der Kennwerte einem effizienten Frühwarnsystem. Schon frühzeitig können Abweichungen festgestellt und korrigierende Maßnahmen definiert und eingeleitet werden.

Sind hingegen die Kennwerte quasi willkürlich gewählt und nicht ursächlich mit den Strategien verkoppelt, so ergeben sich weder sinnvolle operative Ziele, noch beinhaltet die Optimierung der Kennzahlenvorgaben ein Erreichen der strategischen Ziele.

Die Herausforderung – die Lösung

Eine der schwierigsten, aber zugleich auch herausfordernsten Aufgaben eines BSC-Architekten ist somit die Identifikation der „richtigen" Messwerte. Ebenso muss die kontinuierliche Interpretation der Messwerte anhand von Ursachenanalyse und Maßnahmengenerierung bei auftretenden Abweichungen gemeistert werden.

Rainer Michaeli, geschäftsführender Gesellschafter „Die Denkfabrik" GmbH

Bei BSC-Projekten verwenden die Berater der DENKFABRIK einen „Elchtest" für BSC-Modelle, der die Einsatzfähigkeit und Aussagekraft eines BSC-Modells sicherstellt:

In Workshops wird gemeinsam mit den BSC-Architekten ein dynamisches Simulationsmodell, welches explizit Ursache-Wirkungsbeziehungen zwischen Messwerten, kritischen Erfolgsfaktoren und zu erreichenden Zielen beinhaltet, entwickelt. Nicht alle Beziehungen müssen dabei mathematische Funktionen besitzen. Teils werden lediglich empirische Abhängigkeiten gewählt. Zumindest für

den Ausgangszustand der Scorecard sollten in einer Plausibilitätsbetrachtung die gewünschten Ziele erreichbar sein.

Mit diesem Modell lassen sich zukünftige Entwicklungen simulieren und dabei die durch die Messwerte beschriebenen Zustände auswerten. Typische Analysen umfassen

→ eine Frühwarnfunktion (ab wann ist eine Fehlentwicklung sichtbar?),

→ eine Ursachenanalyse (welche Messwerte sind „echte" Indikatoren einer Strategieumsetzung?) sowie

→ eine Betrachtung der Robustheit (welche Messwerte liefern auch bei unvorhergesehenen extremen Marktentwicklungen noch brauchbare Aussagen?).

Ein Beispiel

Diese Vorgehensweise sei anhand eines vereinfachten Beispiels erläutert: Eine Vertriebsgesellschaft plant eine Produkteinführung in einem schnellwachsenden Markt (z.B. der Internetvertrieb von Büchern). Die Vision des Unternehmens ist, innerhalb der ersten 5 Jahre einen beherrschenden Marktanteil (> 30% des Gesamtmarktes) zu erreichen. Das Unternehmen könnte die in der nebenstehenden Tabelle ausgewiesenen Strategien wählen, die sich, vereinfachend angenommen, in 3 Handlungsparametern abbilden lassen.

Folgende „Regeln" gelten für das Unternehmen:

Strategie	Handlungsoptionen		
	Vertriebsmitarbeiter-(VB)-Qualifikation	Vertriebsbudget (in % vom Umsatz)	VB Personalmanagement
1. Schnelles, aggressives Wachstum	niedrig	hoch	aggressiv
2. Mäßiges Wachstum	mittel	mittel	mittel
3. Konservatives Wachstum	hoch	niedrig	langsam

Strategien und Handlungsoptionen des Beispiels

1) Es ist stets möglich, so viele Vertriebsbeauftragte (VBs) zu beschäftigen, wie das Vertriebsbudget (definiert als wählbaren Prozentsatz des aktuellen Umsatzes) zulässt. Je nachdem, wie „aggressiv" die VB-Personalbeschaffung durchgeführt wird, können Ein- und Ausstellungen vorgenommen werden.

2) Kommt es zu einem Lieferverzug, reagieren Interessenten verärgert, wodurch die Vertriebseffizienz der VBs sinkt. Zudem muss das Unternehmen erhöhte Kosten für die Lagerung und Distribution seiner Produkte tragen.

3) Die Qualifikation der VBs wirkt sich wiederum positiv auf die Vertriebseffizienz bei Lieferverzug aus, verringert aber die absolute Anzahl an einstellbaren VBs.

4) Ändert sich die Anzahl der VBs häufig (hohe Fluktuation durch Ein- oder Ausstellung) reduziert sich wiederum die für Vertriebstätigkeit zur Verfügung stehende Anzahl der „produktiven" VBs, da Einarbeitung und Unruhe die Vertriebstätigkeit vorübergehend negativ beeinflussen. So führt z.B. wachsender Lieferverzug zu geringeren Umsätzen. Damit steht ein geringeres Vertriebsbudget zur Verfügung und somit müssen (je nach Personalmanagement-Vorgaben) ggf. VBs entlassen werden. Reduziert sich der Lieferverzug, so steigt die Effizienz der VBs wieder an. Höhere Umsätze werden generiert und somit das verfügbare Vertriebsbudget erhöht, was wiederum in Neueinstellungen von VBs resultiert.

Zur Ermittlung einer optimalen Strategie wird eine BSC mit den folgenden Messwerten definiert:

→ Vertriebseffizienz eines VBs (Euro Umsatz pro VB)

→ Lieferverzug (Stück)

→ Rohdeckungsbeitrag (in Euro; definiert als Umsatz reduziert um Vertriebsbudget und Lagerkosten)

In folgenden beiden Abbildungen sind die Verläufe der Zielgrößen für die Strategiealternativen aufgezeigt. Während eine Strategie des „schnellen Wachstums" zu einem stark schwankenden Umsatz führt, ist eine Strategie des mäßigen Wachstums relativ stabil. Beide

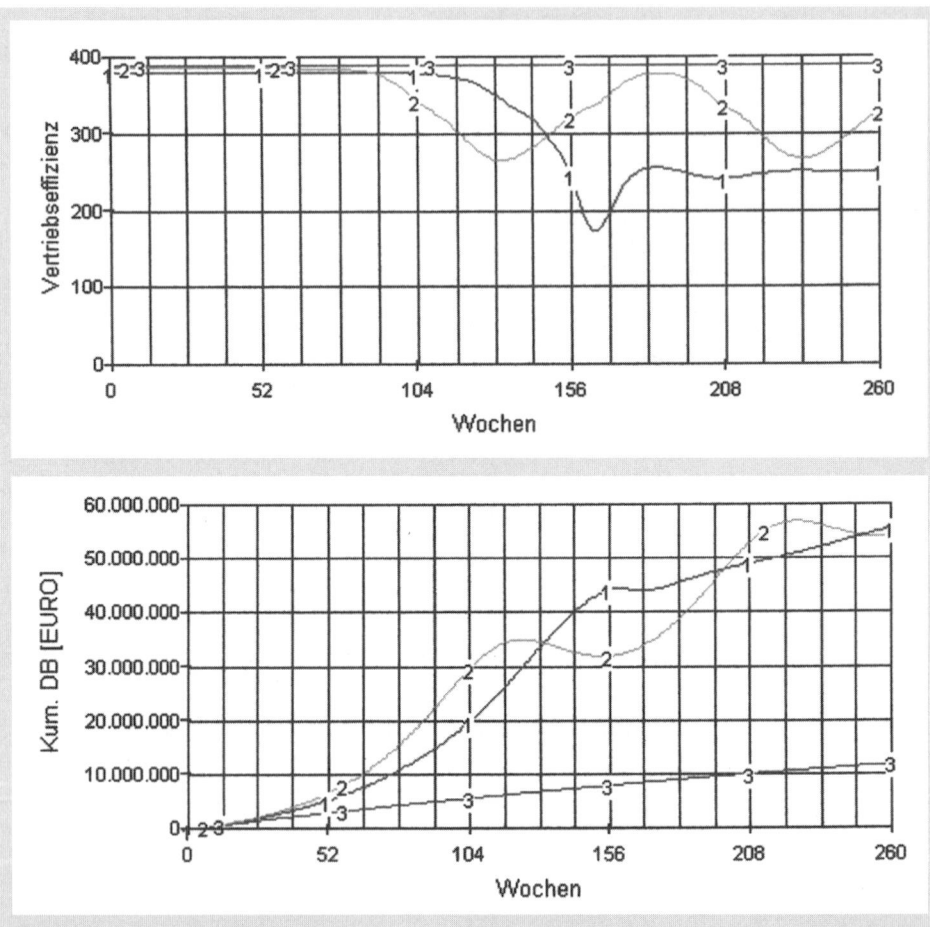

Unternehmensstrategien erreichen die Unternehmensziele bei vergleichbar hohen Umsätzen und Marktanteile nach 5 Jahren.

Wächst das Unternehmen zu schnell, entwickeln sich Umsatz und DB stark schwankend. Eine Unternehmensperformance, die sicherlich von Investoren genauso ungern gesehen wird, wie von Stammkunden (zumindest in einem etablierten Markt).

Wie kann die BSC helfen, die Strategieumsetzung zu unterstützen?

Bei der Verfolgung einer schnellen Wachstumsstrategie müsste spätestens bei dem drastischen Abfall der Vertriebseffizienz (KW 104) ein Strategieumdenken einsetzen, da die Grenzen des Wachstums erreicht wurden. Der Markt scheint mit etwa 80% Marktanteil eingenommen.

Auch bei der Strategie eines „mäßigen" Wachstums erfolgt ein Rückgang der Vertriebseffizienz, allerdings deutlich schwächer in der Ausprägung und zu einem späteren Zeitpunkt (KW 130). Deutlich früher (etwa KW 78 bzw. KW104) ist diese Entwicklung anhand des sich aufbauenden Lieferverzuges zu sehen. Mag dies für sich genommen zuerst keine Auswirkung auf Deckungsbeiträge und Umsätze haben, mit einer Verzögerung von etwa 6 Wochen, wenn sich die langen Lieferzeiten bei den Interessenten herumgesprochen haben, folgt prompt die, dann nicht mehr aufhaltbare, Reaktion unzufriedener Kunden.

Zudem ist der Messwert „Lieferverzug" in den ersten Jahren weniger bedeutend: alle Anbieter haben die gleichen Lieferprobleme, die Kunden erwarten noch keinen perfekten Service. Dies wird sich erst in späteren Jahren ändern.

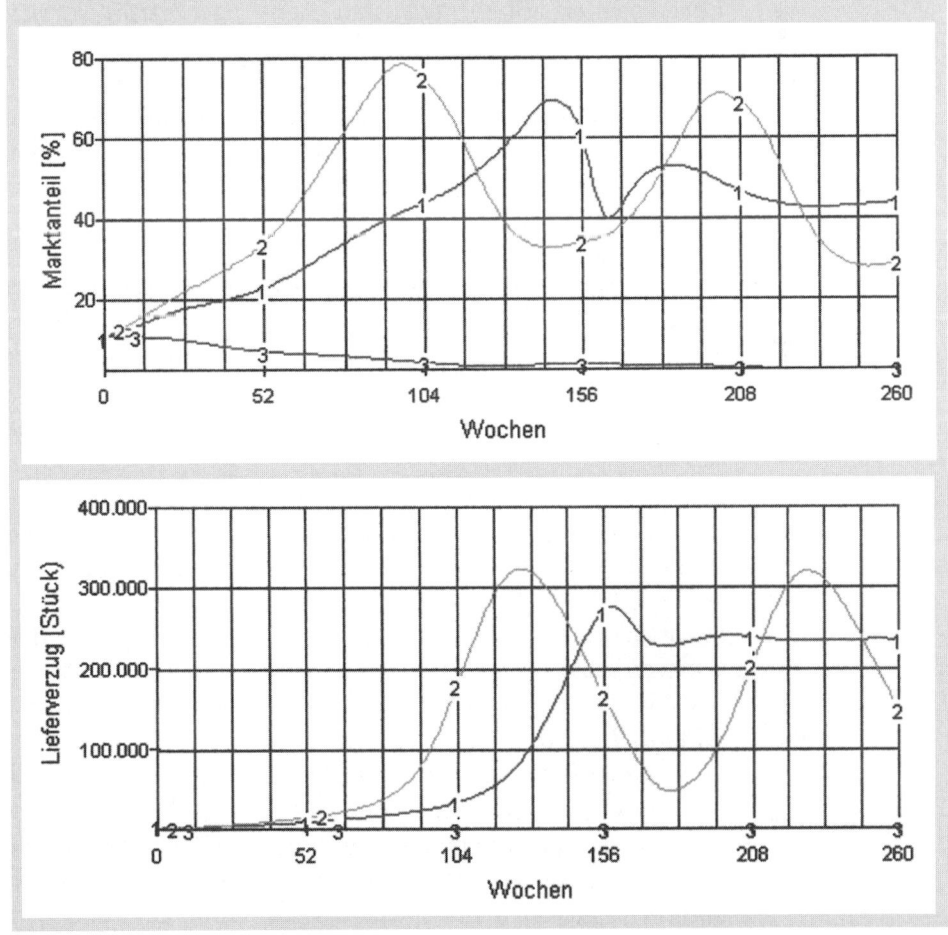

Hierfür müsste die Gewichtung der BSC-Indikatoren entsprechend angepasst werden.

Nach dem ersten starken Abfall der Vertriebseffizienz kommt es zu einem Auf und Ab der BSC-Messwerte „Effizienz und Lieferfähigkeit". Ohne Kenntnis der Kausalität würde ein Manager u.U. überreagieren oder falsche Maßnahmen einleiten, z.B. bei rückläufiger Vertriebseffizienz die Anzahl der VBs erhöhen oder die Mitarbeiter austauschen - Maßnahmen, die sich kontraproduktiv auf die Zielerreichung auswirken würden. Für die konservative Wachstumsstrategie sind hingegen die BSC-Messwerte „Vertriebseffizienz" und „Lieferverzug" stets im gewünschten „optimalen" Bereich. Die Unternehmensziele werden jedoch keineswegs erfüllt, da das Unternehmen in der Anfangsphase nicht aggressiv genug Kunden gewinnt, und somit die Chancen des Marktes schlichtweg „verschläft".

Eine „optimale" Unternehmensstrategie würde sicherlich in der Anfangsphase aus einer „schnellen" Wachstumsstrategie bestehen, sich in der zweiten Phase jedoch mehr an einer konservativen Vertriebsstrategie orientieren. Die BSC-Messwerte haben hierbei eine Frühwarnfunktion: Rechtzeitig ist eine notwendige Strategieänderung abzuleiten. Voraussetzung hierfür ist ein Verständnis für das Unternehmensumfeld, das über eine historische Sichtweise hinaus zukünftige Entwicklungen, basierend auf Ursache-Wirkungsbeziehungen, berücksichtigt.

„Lessons learned" und Ausblick „Dynamische Balanced Scorecards"

Auch wenn das vorliegende Beispiel nur stark vereinfacht eine Unternehmensstrategie aufzeigt, sollte deutlich geworden sein, dass allein durch „willkürliche" Definition von Messwerten kaum eine Zielerreichung gewährleistet wird. In realem Umfeld (gekennzeichnet durch Komplexität, Verflechtungen und instationäre Abhängigkeiten der Erfolgsfaktoren und BSC-Messwerte) wäre eine vergleichbare Betrachtung natürlich aufwendiger aber auch erheblich aussagekräftiger.

Wesentlich ist es, die Kausalität zwischen Messwerten und eigenen Handlungsoptionen zu verstehen und auf zukünftige Entwicklungen anwenden zu können. Ein stures Festhalten an einer einmal gefundenen Strategie und Navigieren mit Blick auf BSC-Messwerte ist ebenso wenig geeignet. Je nach Marktlebenszyklus und historischer Entwicklung ist die Interpretation z.B. einer Messwertabweichung unterschiedlich zu gestalten und entsprechend sind andere Maßnahmen zur Zielerreichung notwendig. Für die Strategie „schnelles Wachstum" sind die Maßnahmen, die in KW 108 getroffen werden müssen (Aufbau Lieferverzug), unterschiedlich von den in KW 148 (Abbau Lieferverzug) zu treffenden Maßnahmen, obwohl die BSC-Messwerte „Lieferverzug" mit jeweils 200.000 Stück quasi „identische" Situationen anzeigen. Vorteilhaft ist es hingegen, dynamische Strategien zu entwickeln, die wiederum auf sich ändernde Messwerte (Bedeutung und Typ) aufbauen. Dies setzt eine „dynamische" Betrachtungsweise des eigenen Unternehmens und seines Marktes voraus. Der Ansatz der „System Dynamik" (vernetztes, ganzheitliches Denken) liefert hierzu das theoretische Rüstzeug, Business Simulatoren können eine geeignete Plattform für die Entwicklung und Pflege dynamischer BSCs darstellen.

Für den BSC-Architekten ergibt sich damit die eindringlich aufgezeigte Notwendigkeit, ein gutes Verständnis von seinem „System" Unternehmen und Umfeld zu entwickeln, bevor Messwerte definiert und implementiert werden („Elchtest"). Auch während der operativen Nutzung ist eine dynamische Sichtweise für Interpretation und Maßnahmenauswirkungsanalyse immer wieder notwendig.

Anmerkung:

Kaplan und Norton verweisen zur Validierung der BSC auf drei Verfahren: Unterscheidung zwischen Leistungstreibern und Erfolgswerten, sowie dem Verfahren der dynamischen Korrelation. Eine Kausalität zweier Parameter wird durch eine dynamische Korrelation als gegeben angesehen. Gerade dies muss jedoch keineswegs der Fall sein, wie man sich einfach anhand des Beispiels des Auftretens von Klapperstörchen und der Bevölkerungsdichte verdeutlichen kann. In ländlichen Regionen treten sowohl vermehrt Nistplätze von Klapperstörchen auf, als auch eine höhere Kinderzahl. Sicherlich könnte damit nicht gefolgert werden, dass die Klapperstörche für die vermehrten Babys verantwortlich sind, d.h. es besteht keine Ursächlichkeit zwischen den Parametern „Anzahl von Kindern pro Familie" und „Anzahl von Klapperstörchen in einer Region".

Ebenso verweisen Kaplan/Norton auf die Berücksichtigung eines Unternehmenslebenszyklus. Je nachdem, in welcher Zyklusphase sich ein Unternehmen befindet, sollten die Messwerte angepasst werden. Hinweise zur Identifikation einer neuen Zyklusphase oder Möglichkeiten der Prognose anstehender Auswirkungen werden jedoch nicht gegeben.

1.6.6. Puzzle Workshop zur Entwicklung einer BSC

Die unternehmensspezifische Entwicklung, Spezifikation und dauerhafte Anwendung einer BSC stellt hohe Anforderungen an alle Akteure auf der Sach- und Verhaltensebene. Einerseits soll ein umfassendes und widerspruchsfreies Managementsystem zur Strategieumsetzung entstehen. Andererseits ist in allen Phasen ein hohes Maß an Begeisterung und Commitment aller Beteiligten und Betroffenen für das BSC-System zu erzielen. Deshalb bietet sich bei der BSC-Entwicklung und -Umsetzung der Workshop-Ansatz an, der „aus Betroffenen Beteiligte machen will".

Die Anfang der 90er Jahre entwickelte Workshop-Methodik „PUZZLE" ist ein sehr ausgereiftes Verfahren, um Change Management in Teams praktisch umzusetzen. Das Akronym PUZZLE steht dabei für die sechs Hauptphasen dieser Methodik:

P hänomene,
U ntersuchungen,
Z iele,
Z entralprojekte,
L ösungen,
E ntscheidungen.

Hauptphase	Teilphase	Ziel	Workshopaktivitäten/-instrumente
Phänomene	Information zum BSC-Konzept	Soll-Ist-Abgleich bestehendes Steuerungssystem mit BSC-Konzept	• Expertenvortrag • Brainwriting oder Mind Mapping zu Ziel-Ist-Abweichungen
Untersuchungen	Auswahl einer geeigneten Geschäftseinheit	Priorisierung der SGE mit hoher Erfolgswahrscheinlichkeit	• Moderierte Diskussion • Strategie-Mind Map • Wertschöpfungskettenanalyse
Ziele	Strategieüberprüfung der SGE	Konsistente strategiebezogene Zielhierarchie	• Dialektische Diskussion der bestehenden Ziele • Value-basierte Diskussion bzw. Überprüfung der gegenwärtigen Strategic Road Map
Zentralprojekte	Ableitung zentraler Steuerungs-/Beobachtungsbereiche	Übernahme der generischen BSC-Dimensionen vs. Eigenentwicklung	• Brainstorming und Diskussion zu Marktanforderungen, Kernkompetenzen und Werttreibern pro Wertschöpfungsstufe
Lösungen	Entwicklung eines Kennzahlengerüsts	Ableitung einer konsistenten und flächendeckenden Scorecard	• Bildung von Subteams • Wertschöpfungskettenbezogene Ableitung von erfolgsrelevanten Kennzahlen • Visuelle Aufbereitung für Gesamtgruppe
Entscheidungen	Schlüssiges Gesamtkonzept verabschieden	Konsens über Ziel- und Kennzahlengefüge, erste robuste Schritte zur weiteren Implementierung gemeinsam verabschieden	• Dialektische Debatte • Vernetzung der einzelnen Kennzahlen • Vollständigkeits- und Konsistenzprüfung

Anwendung von PUZZLE auf BSC-Entwicklung

Die wichtigsten Elemente von PUZZLE sind (vgl. Eggers, 1994):

→ Ganzheitliches bzw. vernetztes Denken,

→ Phasenschema mit situationsspezifischen Unterphasen,

→ Teamorientierung mit Unterstützung eines erfahrenen Moderators,

→ Toolbox aus Problemstrukturierungs-, Kreativitäts-, Visualisierungs- und Konferenztechniken.

PUZZLE ist in einer Vielzahl von Unternehmen verschiedener Branchen erfolgreich eingesetzt worden. Obwohl der Methodik ein idealtypisches Workshop-Konzept zugrunde liegt, bestimmt in der Praxis der gewünschte Pragmatismus bzw. Perfektionismus den Vorbereitungs- und Durchführungsaufwand.

Nach unseren Erfahrungen kann ein komplexes Thema wie die BSC-Entwicklung in einem ca. 2,5-tägigen Workshop mit 10-12 Managern durchgeführt werden. Grundvoraussetzung hierfür ist, dass wichtige Vorbereitungen wie eine Wertschöpfungskettenbetrachtung, Schwachstellenanalyse des bestehenden Steuerungssystems sowie eine Teilnehmeranalyse bereits durchgeführt wurden. Die Entwicklung einer BSC mit PUZZLE lässt sich wie nachfolgend gezeigt umsetzen (vgl. die Abbildung auf der Vorseite):

Nach Durchschreiten der ersten beiden Teilphasen ist der Grundstein für die zu entwickelnde BSC in einem konkreten Unternehmensbereich gelegt. Die Bestimmung der strategischen Ziele, BSC-

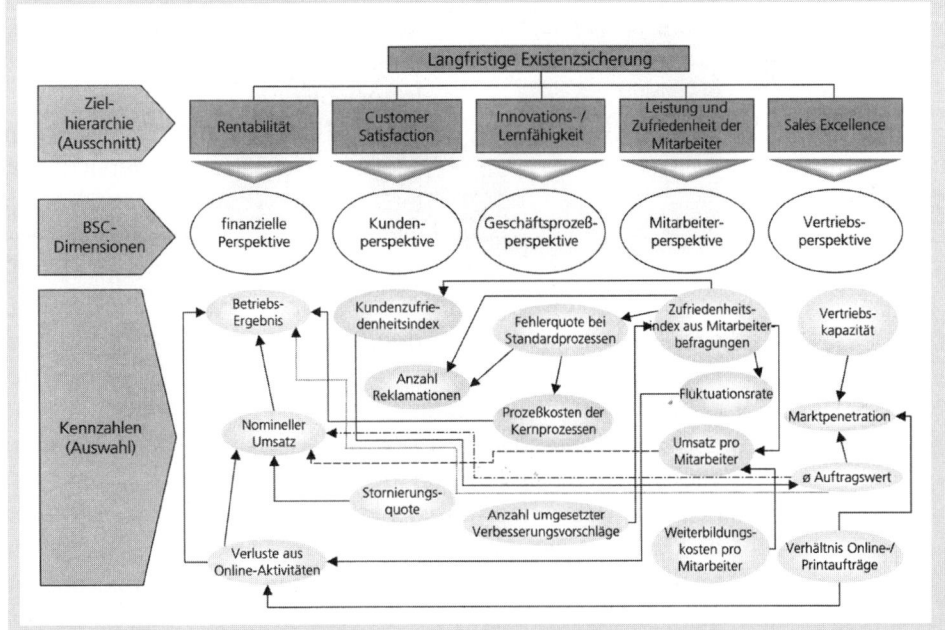

Beispiel einer auf Basis der PUZZLE-Methodik entwickelten Scorecard für die Medienindustrie

Dimensionen und Kennzahlen bildet das Herzstück des PUZZLE-Workshops, dessen Ergebnis ein Top-down abgeleitetes vernetztes Gebilde ist. Das nachfolgende Schaubild illustriert dies anhand eines Beispiels aus der Medienindustrie (vgl. die Abbildung auf der Vorseite).

Die handwerkliche Umsetzung insbesondere der Ziel- und Kennzahlenbestimmung erfolgt unter Einsatz der Metaplan-Moderationsmethode, die neben anderen Techniken wie Mind Mapping oder der hierarchischen Problemstrukturierung ein wichtiges Instrument von PUZZLE ist. Nachdem das gesamte Workshop-Team zunächst eine (strategische) Zielhierarchie und die daraus resultierenden BSC-Dimensionen festgelegt hat (Phase „Ziele"), bietet sich die Bildung von Subteams (Phase „Lösungen") zur Bestimmung einzelner Messgrößen und operativen Ziele (Kennzahlen) an. In der Phase „Entscheidungen" erfolgt eine bereichsübergreifende Diskussion der entwickelten Kennzahlen und deren Vernetzung. Dabei sind alle wichtigen Abhängigkeiten der BSC-Dimensionen untereinander herauszuarbeiten. Dabei kommt insbesondere dem Moderator

Dr. Bernd Eggers,
Strategieberatung
EGGERS & Partner

die Aufgabe zu, das Team zu einem gemeinsam getragenen Ergebnis zu führen. Das Teamergebnis dieses zentralen Workshops sollte in ähnlich partizipativer Weise auf Abteilungs-, Gruppen und Mitarbeiterebene heruntergebrochen werden.

Ein (extern) moderierter PUZZLE-Workshop kann somit ein richtungsweisender Implementierungsschritt sein, der unterstützt durch teambildende Maßnahmen Enthusiasmus und nachhaltige Akzeptanz für ein BSC-Konzept schafft.

1.6.7. IT-Implementierung der Balanced Scorecard – Anforderungen und Tools

Bei der Einführung der Balanced Scorecard (BSC) stellt sich auch die Frage, wie diese softwaretechnisch umgesetzt werden kann.

Anforderungen an die BSC-Lösung: Anwendersicht und Entwicklersicht

Im Internet-Zeitalter müssen alle Zielgruppen online mit der BSC-Lösung arbeiten. In der Praxis jedoch arbeiten viele Manager noch immer nicht mit dem PC, wollen Papierberichte statt Online-Information und nehmen sich keine Zeit, die Bedienung einer Software zu erlernen. Damit also das Management die BSC online nutzt, muss die Lösung zum einen einfach und ohne Schulungsaufwand zu bedienen sein. Zum anderen müssen zusätzliche Informationen wie Börsenkurse, Firmeninformationen oder Internetinhalte die Lösung interessant machen.

Die BSC dient als Kommunikationsplattform im Unternehmen. Daher ist es wichtig, dass in der Software neben den quantitativen auch die qualitativen Komponenten der BSC abgebildet werden. Der Anwender braucht die Möglichkeit, Kommentare zu erfassen und diese bei Bedarf via E-Mail versenden zu können.

Thomas Bauer ist Mitglied der Geschäftsleitung bei der MCG Management Consulting

Für den Entwickler ist entscheidend, dass er mit der Software die Anforderungen der Anwender zielgruppenorientiert realisieren kann. Die zur Verwendung des Tools erforderlichen Kenntnisse beeinflussen, ob die Implementierung, die Pflege und die Weiterentwicklung in der Fachabteilung oder im IT-Bereich erfolgen.

Software-Tools für die Implementierung einer BSC

Die BSC-Kennzahlen müssen für den Multiuser-Zugriff in einer Datenbank abgelegt werden. Ende der 80er Jahre hat Codd für analytische Aufgabenstellungen im Controlling den Begriff OLAP (Online Analytical Processing) geprägt. Aus diesem Ansatz hat sich die multidimensionale (OLAP-)Datenbank-Technologie entwickelt. Diese OLAP-Datenbanken haben spezielle Eigenschaften, die sowohl für den Anwender als auch für den Entwickler vorteilhaft sind:

→ Sie sind auch bei Anwendungen mit großen Datenmengen sehr performant.

→ Die Modellierung ist einfach und leicht zu erlernen und daher auch im Fachbereich möglich.

→ Einige OLAP-Datenbanken verfügen über eingebaute betriebswirtschaftliche Intelligenz, beispielsweise Zeitreihenlogik und Währungsumrechnung.

→ Sie sind auch für den Einsatz auf dem Notebook geeignet.

→ Für die betriebswirtschaftlichen Größen können umfangreiche Rechenlogiken abgebildet werden.

Vier Kategorien von Auswertetools

Nach den Kriterien Flexibilität, Funktionalität, Erstellungs- und Einarbeitungsaufwand lassen sich vier Kategorien von Auswertetools unterscheiden, die eine benutzergerechte Umsetzung einer BSC erlauben:

Kategorie 1: Flexible Auswertetools
Diese Auswertetools verfügen über keine spezielle BSC-Funktionalität, sind aber so flexibel, dass hinsichtlich der optischen und funktionalen Gestaltungsmöglichkeiten fast keine Grenzen ge-

setzt sind (siehe die untenstehende Abbildung). Zudem ist ein Zugriff auf alle gängigen OLAP-Datenbanken und relationalen Datenbanken möglich. Der Aufwand für die Erstellung einer BSC-Lösung hängt stark von den Anforderungen des Unternehmens ab. Er kann von wenigen Manntagen bis hin zu deutlich mehr als 50 Manntagen betragen.

Kategorie 2: Spreadsheets
Alle OLAP-Datenbanken haben ein Addin für Spreadsheets, so dass via MS Excel dynamisch auf die OLAP-Datenbank zugegriffen werden kann. Bei Management-Informationssystemen (MIS) wird so die Aufgabe Berichtswesen realisiert. Die Erfahrung aus vielen MIS-Projekten zeigt, dass bestimmte Funktionalitäten nur durch den Einsatz der Spreadsheet-eigenen Programmiersprache (Visual Basic for Applications bei MS Excel) zu erreichen sind. Im Vergleich zu einer Berichtswesen-Lösung ist der Entwicklungsaufwand für eine BSC höher, da hier höhere Anforderungen an Optik und einfache Bedienbarkeit gestellt werden. Damit ist die Entwicklung und Pflege Aufgabe eines Spezialisten mit Programmierkenntnissen. Aus diesen Gründen ist ein Spreadsheet keine optimale Plattform für eine BSC-Lösung.

Kategorie 3: Auswertetools mit eingebauter Controlling-Funktionalität
Diese Tools verfügen über eingebaute, für den Controller gängige Analysefunktionen wie Vorjahres-Vergleich, Plan-Ist-Vergleich, Abweichungsanalyse, Rankings, usw. in Verbindung mit umfangreichen Grafikoptionen. Diese Funktionen können sofort und ohne Erstellungsaufwand für die Auswertung der BSC-Kennzahlen verwendet werden. Allerdings sind die Auswertemöglichkeiten und die Möglichkeiten der optischen Gestaltung durch die verfügbare Funktionalität der Software definiert. Daher ist der Einsatz solcher Tools eher für Poweruser im Controlling geeignet.

Kategorie 4: Spezielle BSC-Tools
Für die Umsetzung einer BSC gibt es auch spezielle Werkzeuge. Vorteilhaft bei diesen Werkzeugen ist, dass der gesamte Erstellungsprozess der BSC abgebildet wird, indem sowohl die qualitativen als auch die quantitativen Komponenten in einer einheitlichen Umgebung zusammengeführt werden. Beim Einsatz eines speziellen BSC-Tools ist zu beachten, dass sämtliche Bestandteile der BSC unternehmensindividuell definiert werden können und für die jeweilige Zielgruppe geeignete Auswertemöglichkeiten vorhanden sind.

Erfahrungen aus Projekten

Bei der Implementierung einer BSC sind einige Phänomene unabhängig von der Branche und dem gewählten Software-Tool immer wieder zu beobachten:
→ Häufig können nicht alle Daten der BSC zum gewünschten Produktivtermin konsistent und abgestimmt be-

reitgestellt werden. Dieser Aspekt ist bei der zeitlichen Planung des Projektes zu berücksichtigen.

→ Der Ansatz des Management-Cockpits ist in der praktischen Umsetzung diskussionswürdig. Idee ist es, dass der Benutzer sämtliche BSC-Kennzahlen auf einem Blick idealerweise in grafischer Form vor sich hat. Umfasst eine BSC 15 bis 20 Kennzahlen, sind dies bis zu 20 Grafiken, die auf einem Bildschirm nur suboptimal dargestellt werden können. Besser ist es, nur jene Kennzahlen auf einem Bildschirm darzustellen, die über ein Ursache-Wirkungsgefüge miteinander verknüpft sind und daher zusammen analysiert werden

sollen.

→ Das Thema Ampelfunktionalität führt in Projekten ebenfalls regelmäßig zu Diskussionen: dem Anwender soll durch grüne, gelbe und rote Ampeln eine positive oder negative Abweichung vom Ziel signalisiert werden. Damit die Ampeln schalten, müssen für die Abweichungen Toleranzen definiert werden. Es stellt sich die Frage, wie betriebswirtschaftlich sinnvoll es ist, die Ampeln für sämtliche BSC-Kennzahlen mit den gleichen Toleranzgrenzen zu schalten. Die Ampelfunktionalität ist mit den genannten Auswertetools leicht zu realisieren. Das Unternehmen sollte sich aber über

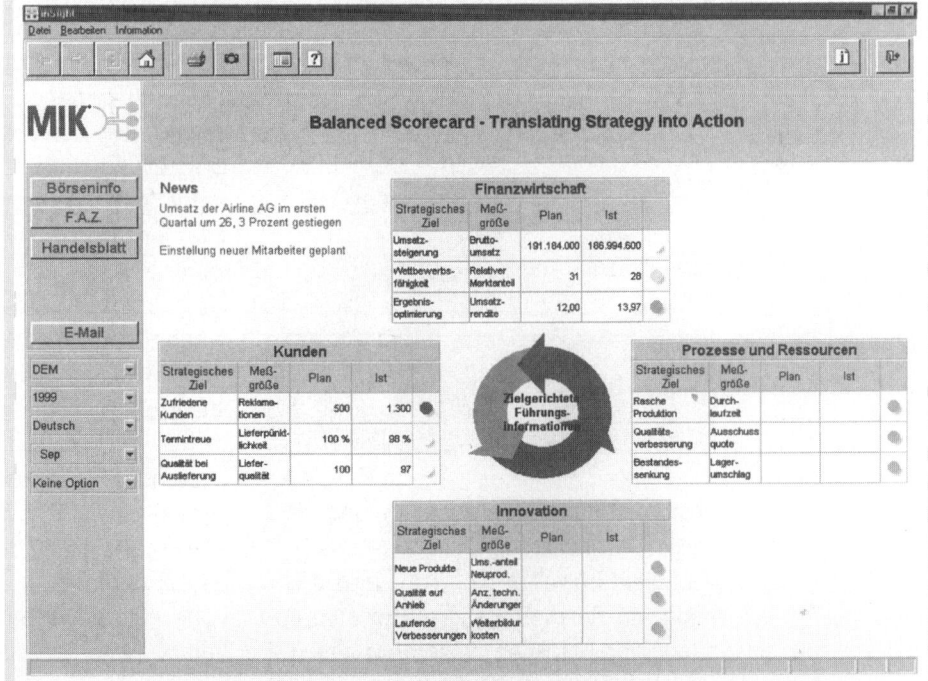

Einstiegsbildschirm einer BSC-Lösung (inSight und MIK-OLAP)

die Auswirkungen und Grenzen im Klaren sein. Insbesondere muss für die Anwender transparent sein, welche Größen miteinander verglichen werden, mit welchen Toleranzen die Ampeln geschaltet werden, warum die Toleranzen so gewählt wurden und welche Maßnahmen bei den jeweiligen Ampelfarben zu ergreifen sind.

Fazit

Zusammenfassend ist festzustellen, dass es bei der Umsetzung einer BSC sowohl für das Unternehmen als auch für einen Beratungspartner hilfreich ist, wenn die gewählte Software so flexibel ist, dass die Lösung kurzfristig und ohne großen Aufwand während des Realisierungsprozesses verändert werden kann. Es hat sich bewährt, die Lösung über ein

Monika Fliegel ist Beraterin im Competence Center Controlling und Riskmanagement der CSC Ploenzke AG, Klaus Schulte Managementberater im selben Competence Center

Prototyping-Vorgehen zu erarbeiten. Flexible Software-Werkzeuge erlauben es, Ideen schnell in eine vorzeigbare Lösung umzusetzen. Diese Prototyp-Lösung kann sofort am Bildschirm getestet und anschließend für Pilotanwender zu

Testzwecken freigegeben werden. Über das Feedback der Pilotanwender lässt sich schnell feststellen, ob die Lösung für die anvisierte Zielgruppe geeignet ist und akzeptiert wird.

1.6.8. Die systemtechnische Einführung einer Balanced Scorecard in einem Unternehmen der Telekommunikation

Das strategische Projekt mit dem treffenden Namen „Cockpit" hatte die Realisierung der Balanced Scorecard zur ganzheitlichen betriebswirtschaftlichen Führung und Steuerung einer Business Unit (BU) eines schweizerischen Unternehmens in der Branche Telekommunikation zum Ziel. Aufgrund des konzernweiten Einsatzes von SAP R/3 war die Balanced Scorecard in dem Modul Executive Information System (EIS) umzusetzen. Zur besseren Aufbereitung und Darstellung der Daten für das Management kam das Front-End Tool InSight zum Einsatz.

Das Projekt wurde durchgeführt von einem Team, das aus einem kundenseitigen und einem von CSC Ploenzke gestellten Projektleiter sowie mehreren internen und externen Teammitgliedern bestand. Auf der Beraterseite waren insgesamt vier Mitarbeiter während der gesamten Projektdauer von insgesamt elf Monaten tätig, wobei zwei Berater vom Beratungshaus CSC Ploenzke kamen.

Fachliche Gestaltung der Balanced Scorecard

Grundlage für die technische Umsetzung der Balanced Scorecard war ein im Vorfeld erarbeitetes Fachkonzept. Das Balanced Scorecard-Konzept umfasste die Umsetzung der Strategie topdown mittels der vom Projektteam definierten und mit den Betroffenen abgestimmten Scores des Levels 2 (=BU) und 3 (=Hierarchieebene) sowie in Teilen die des Levels 4 (regionale Aufteilung nach den Niederlassungen). Die Finanzscores wurden dabei um die nichtfinanziellen Scores der anderen Perspektiven Kunden, Prozesse und Personal ergänzt (vgl. die rechts stehende Abbildung).

Beispielhafte Übersicht der realisierten Scores

Perspektive	Scores
Finanzen	Eigenkapitalquote Free Cash Flow ROIC Deckungsbeitrag
Kunden	Realisierung Kundenaufträge Netzverfügbarkeit Störungen
Prozesse	Netzauslastung Anzahl Taxminuten je Mitarbeiter Anzahl gewichteter Anschlüsse je Mitarbeiter
Personal	Fluktuationsrate Personalbestand Anzahl Weiterbildungstage je Mitarbeiter

Technische Umsetzung der Balanced Scorecard in SAP R/3 EC-EIS

Das SAP R/3 Executive Information System (EIS) ist in SAP R/3 dem Bereich Unternehmenscontrolling (Enterprise Controlling – EC) zugeordnet. Ziel des EC-EIS ist es, die Daten, welche sowohl aus den operativen SAP R/3-Modulen (z.B. aus dem Controlling, Vertrieb, etc.), als auch aus anderen Systemen (z.B. aus SAP R/2, Fremdsysteme) kommen, zu konsolidieren und in einem Report auswertbar darzustellen.

Die Grundstruktur des EC-EIS besteht aus sogenannten Aspekten. Ein Aspekt bildet eine selbstdefinierte Tabelle, die aus Merkmalen und Kennzahlen besteht. Ein Merkmal ist ein Kriterium, nach dem die Auswertung erfolgen kann. Eine Kennzahl ist ein Wert, der einen bestimmten Betrag oder eine Menge ausweist. Die für eine Balanced Scorecard definierten Scores bilden in EC-EIS die Kennzahlen ab. Das SAP R/3 EC-EIS bietet aufgrund der höchst flexiblen Gestaltung der Aspekttabellen die Möglichkeit, bis zu 40 selbst definierte Merkmale und 80 definierte Kennzahlen auszuwählen (Release 3.1). Darüber hinaus kann durch die Verwendung mehrerer Aspekte ein großes Spektrum an Berichten beliebig ausgewertet werden. Die Auswertung kann über sämtliche Einzelwerte und kumulierte Werte, die aus dem operativen R/3 System bzw. aus Vorsystemen übertra-

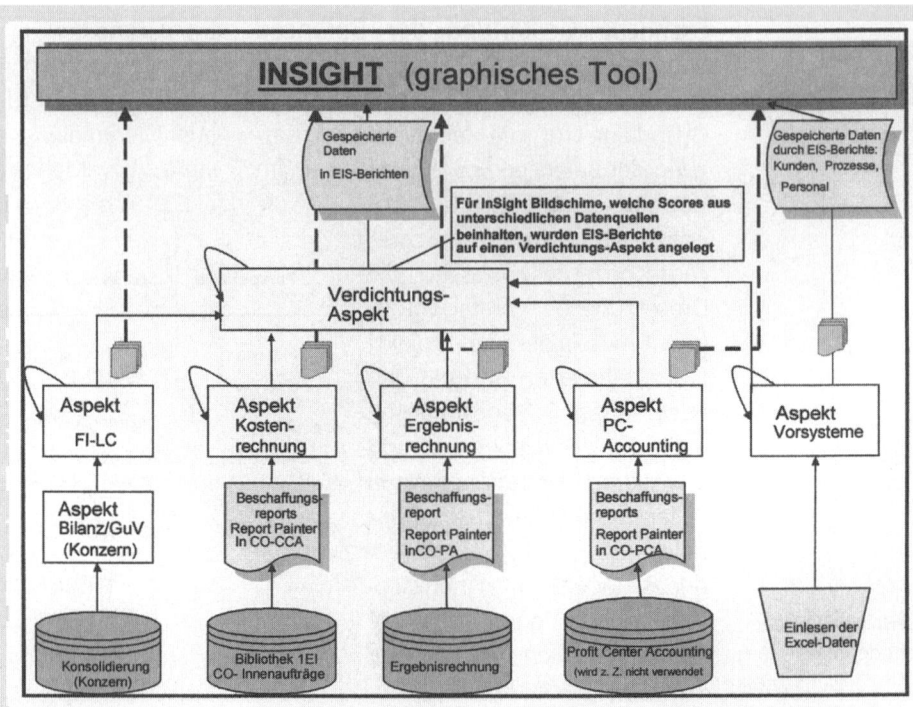

Systemlandschaft im
SAP R/3 EC-EIS

gen werden, sowie aus neu errechneten Werten aus Basisdaten erfolgen. Daher ist das EC-EIS das SAP-Tool für die Unternehmensführung.

Für die Auswertung der Daten je Score muss die Datenquelle bekannt sein, müssen die Daten entsprechend den Anforderungen des SAP R/3 EC-EIS aufbereitet und in das System eingespielt werden. Sämtliche Daten aus dem SAP R/3 und aus dem Excel (für Daten aus den Fremdsystemen) werden in die SAP R/3 EC-EIS-Systemlandschaft transferiert (vgl. die oben stehende Abbildung).

Sämtliche Berichte dienen als Grundlage für die Darstellung der Scores in InSight.

Zur Berechnung der Scores ist eine einheitliche Organisationsstruktur zwingende Voraussetzung, um einerseits richtige Berechnungen durchführen zu können und andererseits die Qualität der Scores zu gewährleisten. Die Lösung dieser Problematik war mit eine der entscheidenden Herausforderungen im Projekt. Aus diesem Grund hat das Projektteam eine sog. Hilfsorganisationseinheit als Merkmal definiert.

Aus Performancegründen bietet SAP R/3 EC-EIS die Möglichkeit, Berichte mit bestimmten Selektionskriterien abzuspeichern. Die Daten können dadurch wesentlich schneller für Auswertungen aufgerufen werden als die Online-Abfrage der entsprechenden Aspekttabelle. Der Nachteil beim Abspeichern der Berichtsdaten besteht aber darin, dass zukünftige Daten nicht berücksichtigt werden.

Graphische Aufbereitung der Balanced Scorecard mit dem Front-End-Tool InSight

Die Übertragung der erstellten Berichte nach InSight ist integrierter Bestandteil des Anwendungsmenüs in SAP R/3 EC-EIS aufgrund der unzureichenden Datenaufbereitung innerhalb der SAP-Berichte. Der Einstieg in die Balanced Scorecard erfolgt durch eine Einstiegsmaske, auf der der Benutzer die Möglichkeit besitzt, in die vier Perspektiven zu verzweigen.

Die Ausgestaltung der Balanced Scorecard in InSight beruht auf vier Berichtsebenen, wobei jeder Ebene eine Perspektive der Balanced Scorecard zugeordnet ist. Die Berichte enthalten sowohl die Ist- und Plan-Werte der selektierten Periode sowie deren prozentuale Abweichung, die Ist-Werte der Vorperiode und die des Vorjahreswertes als auch die kumulierten bzw. durchschnittlichen Werte und den Forecast.

Während die Berechnung der kumulierten und durchschnittlichen Werte in SAP R/3 EC-EIS erfolgt, berechnet InSight die prozentuale Abweichung. Hierdurch reduziert sich der Transport von Daten aus dem SAP R/3 EC-EIS nach InSight, wodurch die Performance verbessert wird.

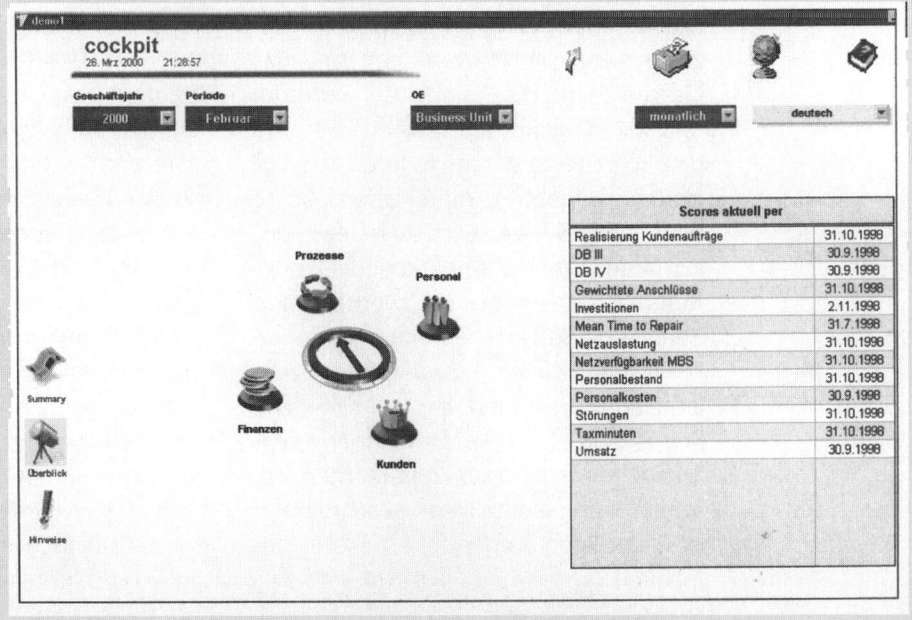

Einstiegsmaske

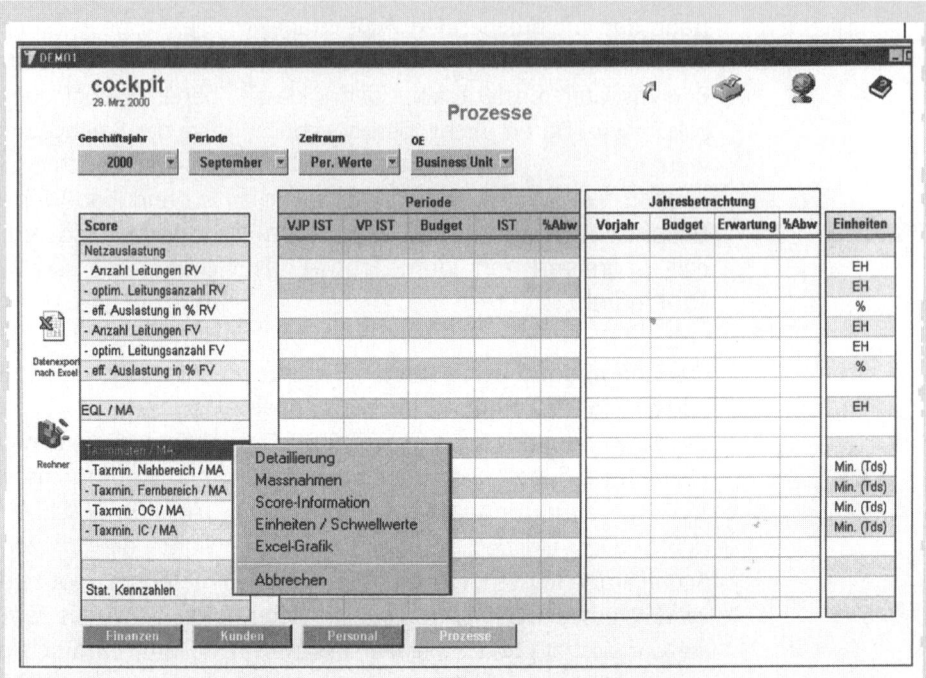

Beispielhafte Darstellung mit der Perspektive Prozesse

Die Abbildung zeigt die Perspektive Prozesse. Die Selektionsvarianten sind das Geschäftsjahr, die Periode, der Zeitraum und die Organisationseinheit. Es sind drei Scores und deren weitere Differenzierung aufgelistet. Hinter jedem Score bzw. jeder Differenzierung ist ein Popup hinterlegt. Bei Anklicken der Funktionalität „Detaillierung" werden dem Benutzer zusätzliche Funktionalitäten in Form von weiteren relevanten Kennzahlen zum Score angeboten. Für sämtliche Scores sind „Score-Informationen" hinterlegt, die auf Word-Dokumenten basieren, die eine detaillierte Beschreibung des jeweiligen aufgerufenen Scores beinhalten.

Pro Score sind ebenfalls Schwellwerte hinterlegt, über die die Ampelfunktion gesteuert wird. Diese Ampelfunktion befindet sich zwischen den Spalten Score und Periode und kann in der Abbildung 4 wegen fehlender Werte nicht dargestellt werden. Eine weitere Funktionalität ist die Darstellung der Werte in Form von „Grafiken im Excel" zur weiteren individuellen Verarbeitung. Des Weiteren ist ein auf den jeweiligen Score ausgerichteter „Maßnahmenkatalog" hinterlegt. Dieser ermöglicht dem Management der BU die Anwendung des Management by Objectives-Prozesses (MbO), der mittels der Balanced Scorecard relevante, klar messbare und transparente Ziele aufnimmt und periodisch Ergebnisse bzw. Zwischenergebnisse zur Verfügung stellt.

InSight steuert darüber hinaus den Zugriff auf die Daten. Als Grundlage des im Projekt entwickelten Berechtigungskonzeptes fungiert eine in InSight vorhandene Datenbank, in der jeweils ein Usertyp einem Score zugeordnet ist. Den einzelnen Usertypen können individuell neue Scores hinzugefügt und alte Scores gelöscht werden. Damit ist eine sehr feine Berechtigungssteuerung gewährleistet.

InSight bietet zudem die Möglichkeit, die Daten im Internet und Intranet zur Verfügung zu stellen. Hierfür bedarf es eines Internet-Servers und der Installation bestimmter Komponenten. Die BU hat die Intranet-Anbindung realisiert, so dass jedem berechtigten User, unabhängig von seinem Arbeitsplatz, die Balanced Scorecard zur Verfügung gestellt werden kann.

Risiken bei der Implementierung

Bevor auf die Risiken eingegangen wird, werden die sich durch die Einführung einer Balanced Scorecard ergebenden Nutzenpotenziale kurz dargestellt:
→ Steuerung des strategischen Führungsprozesses und Überprüfung der Erfolge in periodischen Abständen.
→ Aktuelle Informationen stehen dem Management zur Verfügung.
→ Darstellung und Auswertung der In-

formationen sind in kürzester Zeit möglich.
→ Hohe Benutzerakzeptanz durch grafische Aufbereitung der Informationen.
→ Benutzerfreundlichkeit der Anwendung.
→ Datenhaltung sämtlicher strategisch wichtiger Daten in einem Datenpool.

Allerdings hatte das Projektteam auch auftretende Risiken zu bewältigen:
→ Die Realisierung einer wesentlichen Komponente der Balanced Scorecard, die Ursachen-Wirkungs-Kette, konnte in dem Projekt Cockpit systemtechnisch nicht umgesetzt werden. Der Grund lag darin, dass zu den einzelnen Scores keine direkte prozentuale Zu- und Abnahme-Beziehung getroffen werden konnte. Um dennoch eine Darstellung der herausstechenden Scores zu erhalten, wurde in der letzten Phase des Projektes in InSight eine Maske realisiert, die aus den vier Perspektiven die wesentlichen Scores auf einem Blick zeigt.
→ Während die harten Faktoren - insbesondere die Finanzscores - einfach abbildbar waren, stellte sich die Datenbeschaffung der soften Faktoren als problematisch dar. So wurde beispielsweise der Score „Kundenzufriedenheit" gewünscht, allerdings gab es zur Zeit des Projektes keinen Ansatz, wie diese Informationen erbracht werden können.
→ Demzufolge konnten Frühwarnindi-

katoren auch nur in geringem Umfang dargestellt werden.

→ Aus den oben genannten Punkten besteht die Gefahr der Unausgewogenheit der Balanced Scorecard.

→ Eine große Herausforderung in der konsolidierten Darstellung von Informationen ist die gemeinsame Grundlage der Stammdaten. So können falsche Größen auftreten, wenn die verschiedenen operativen Systeme mit unterschiedlichen Organisationsstrukturen operieren. Diese Fehlerquelle musste während der Einführung berücksichtigt werden.

→ Durch die flexible Gestaltung des SAP R/3 EC-EIS sowie die einfache Handhabung des InSight besteht die Gefahr, dass mehr als die im Fachkonzept der Balanced Scorecard vorgesehenen Scores dargestellt werden sollen und somit das strategische Führungsinstrument zu einem Reportingtool wird.

→ Alle Änderungen, die sich nach der Produktivsetzung ergeben, sei es das Hinzufügen oder Löschen eines Scores oder eine Änderung der Zuordnung der Organisationsstruktur, müssen ständig sowohl in SAP R/3 EC-EIS als auch in InSight gepflegt werden. Hierzu bedarf es einerseits der Bestimmung von Verantwortlichen im Unternehmen, die sich mit der technischen Seite der Tools auskennen. Eine frühzeitige Einbindung der späteren Betreuer ist deshalb ein unbedingtes Muss. Andererseits bedingt die Pflege einen nicht zu unterschätzenden Zeitaufwand.

→ Um die durchgehende Akzeptanz eines technisch umzusetzenden strategischen Führungstools zu gewährleisten, ist von besonderer Wichtigkeit, das Management permanent durch Informationen zum aktuellen Stand des Projektes einzubinden.

Resümee und Ausblick

Abschließend kann gesagt werden, dass die mit der Implementierung vorgesehene Zielsetzung, nämlich die Realisierung der Balanced Scorecard zur ganzheitlichen betriebswirtschaftlichen Führung und Steuerung einer BU, weitestgehend erreicht wurde. Einige Bestandteile der Balanced Scorecard, namentlich die Messbarkeit von Frühwarnindikatoren (Beispiel Messbarkeit der Kundenzufriedenheit in Form eines Kundenzufriedenheitsindexes, der auf der Basis von Kundenbefragungen noch zu entwickeln ist) und die systemtechnische Abbildung der Ursache-Wirkungs-Kette sollten in weiteren Ausbaustufen verwirklicht werden. Bei letztgenannter Komponente ist insbesondere die prozentuale Zu- und Abnahme-Beziehung festzulegen.

Neben dem eingesetzten SAP R/3 EC-EIS kann auch das Business Information Warehouse von SAP (BW) als Alternative genutzt werden. Bei der damaligen Einführung der Balanced Scorecard war das BW jedoch noch nicht auf dem Markt. Zwischenzeitlich ist das Modul SAP SEM Balanced Scorecard (Strategic

Enterprise Management) von SAP für das BW durch Kaplan und Norton zertifiziert worden. SAP SEM ist die erste Software-Anwendung, die die Bezeichnung Balanced Scorecard Collaborative Certified der Organisation Balanced Scorecard Collaborative tragen darf. Es soll hierdurch weltweit eine einheitliche Anwendung und Weiterentwicklung des Balanced Scorecard-Konzeptes sichergestellt werden.

1.6.9. Einführung von Balanced Scorecard-Software zur betrieblichen Unterstützung

Wozu überhaupt?

Die Einführung eines Softwaresystems wird grundsätzlich nicht zum Selbstzweck betrieben oder weil der Einsatz von Informationstechnologien besonders modern und fortschrittlich ist. Diese Erkenntnis darf gleichermaßen auf die Einführung von Balanced Scorecard-Software in Unternehmen übertragen werden.

Im Vordergrund stehen vielmehr Rationalisierungseffekte im Sinne der Entlastung der mit dem operativen Umgang betrauten Mitarbeiter von Routinetätigkeiten. Routine findet sich insbesondere bei der Erfassung von Daten und ihrer Aufbereitung für das Berichtswesen. Das Sammeln, Aufbereiten und Verteilen von Informationen erledigen Maschinen um ein Vielfaches schneller und mit weniger Fehlern behaftet als Menschen. Rationalisierungseffekte im Umgang mit der Balanced Scorecard sind ganz besonders dann zu erwarten, wenn die Scorecards in Beziehungen zueinander stehen und ihre Kennzahlen durch Aggregation oder Ableitung ermittelt werden. Eine große Vielfalt Daten liefernder Systeme und Datenabnehmer spricht ebenfalls für eine Automatisierung.

Ein weiterer Grund für den Softwareeinsatz mag in der Vereinheitlichung des Berichtswesens im Unternehmen - also in der Forderung nach Corporate Identity - liegen. Mithilfe von einmal erstellten Vorlagen kann ihr Layout einfach an neue Berichte „vererbt" werden.

Wann ja, wann nicht?

Bisweilen heftig diskutiert wird die Frage, ob der Einsatz von Software tatsächlich dem Anspruch der persönlichen Identifikation mit dem Managementsystem Balanced Scorecard genügt oder ob nicht eine allzu ausgeprägte Technikgläubigkeit die Diskussionsfreude und Änderungsbereitschaft für das Konzept behindere. Wie dem auch sei, im Folgenden geht es ausschließlich darum, Hinweise für mögliches Rationalisierungspotential für die Softwareunterstützung der Balanced Scorecard zu geben.

Allgemeine und zugleich notwendige Voraussetzungen für den Einsatz von Softwarelösungen sind Problemadäquanz und Managementakzeptanz. In einem technophob geprägten Umfeld ein Softwaresystem einzuführen, gleicht einem Kampf gegen Windmühlen. Es ist nicht zu erwarten, dass Balanced Scorecard hier eine Ausnahme bildet. Zum anderen sollen Softwarelösungen der Problemqualität und auch der -quantität angemessen sein. So wird sich ein kleines Unternehmen mit wenigen Mitarbeitern zur Erstellung einer einzigen Scorecard je Quartal nicht mit dem Aufwand einer Produktsichtung am Markt oder gar der Selbstentwicklung eines Softwaresystems beschäftigen, wenngleich die Problemqualität grundsätzlich eine Softwarelösung rechtfertigt.

Frank Fechtner, Leiter IT, CTcon GmbH

Für die folgenden Richtlinien sei nun angenommen, dass die genannten notwendigen Voraussetzungen erfüllt sind. Die meisten Fragestellungen gestatten keine einfache Ja/Nein-Beantwortung, dennoch wird im Anschluss eine Sammlung von Fragen angegeben, die tendenziell mit Ja oder Nein beantwortet werden sollen.

Anzahl Scorecards

Die Grundlage jeder Strukturierung einer Unternehmung stellt die Aufgabenteilung beziehungsweise die Spezialisierung dar. Da die Implementierung der Balanced Scorecard hinsichtlich der Unternehmensstruktur angemessen verlaufen soll, nimmt mit zunehmender Spezialisierung auch die Anzahl der Scorecards und insgesamt deren Heterogenität zu. Somit steigt insbesondere der Aufwand für die Erstellung und die Verteilung an die zuständigen Empfänger. Die Verwaltung der einzelnen Scorecards, ihrer Beziehungen untereinander und ihrer Empfänger wird somit schnell zu einer für den Menschen kaum noch zu bewältigenden Aufgabe.

Die Anzahl der Scorecards ist eines der gewichtigsten Argumente für die Einführung einer unterstützenden IT-Lösung. Spätestens, wenn die Personalkosten für den operativen Umgang die Betriebskosten notwendiger zusätzlicher Technik erreichen, ist Handlungsbedarf geboten.

Verschiedene Sichten

Die Zeiten, in denen sich Manager mit der tabellarischen Darstellung des Zahlenmaterials zufrieden gaben, sind vergangen. Das Berichtswesen bestand aus einer Reihe vorgefertigter und maschinell erzeugter Reports in Papierform, die Periode für Periode gedruckt und abgelegt wurden. Neue Berichtsinhalte oder andere Darstellungen mussten stets in den IT-Abteilungen angefertigt und in das Berichtswesen integriert werden, was nicht selten Wochen dauerte.

Modernes Berichtswesen gestattet dem Analysten, neben vorgefertigten Reports auch individuelle Auswertungen hinsichtlich Inhalt und Layout vorzunehmen. Selektive Einzeldaten, Zeitreihen, Trendberechnungen, Plan-Ist-Vergleiche u.v.m. zusammen mit verschiedenen Präsentationsformen wie Tabellen, Business-Graphiken, Portfoliodarstellungen oder graphischen Metaphern, zum Beispiel Ampel oder Tachometer, sorgen für eine immense Vielfalt möglicher Berichte, die ein vorgefertigtes Berichtswesen nicht mehr bewältigen kann. Daraus resultiert schließlich die Forderung, Analysten zur Berichterstellung zu befähigen.

Prädestiniert für derlei Problemstellungen sind Data Warehouse-Produkte in Verbindung mit OLAP-Analyseinstrumenten und geeigneten Visualisierungskomponenten. Das Data Warehouse macht dem Analysten die Unternehmensinformationen – ähnlich den Waren in einem Supermarkt – für die Selbstbedienung zugänglich. Mithilfe des OLAP-Analyseinstruments kann er die relevanten Informationen in einem mehrdimensionalen Würfel strukturieren, eingrenzen und auswerten. Die Visualisierungskomponente bietet ihm dann Unterstützung bei der Präsentation der Auswertung.

Der Controller wird somit mehr und mehr zum Redakteur. Je größer der Wunsch nach Flexibilität im Berichtswesen der Balanced Scorecard ist, desto wichtiger wird der Einsatz nicht statischer Softwarelösungen.

Vorhandene Infrastruktur

Die Einführung eines Softwaresystems zur Unterstützung der Balanced Scorecard setzt eine vorhandene IT-Infrastruktur voraus. Diese eigens zum Betrieb der Software erst einzuführen, bedeutet, mit Kanonen auf Spatzen zu schießen.

Grundvoraussetzung für den Betrieb ist sicherlich geeignete Hardware zur Speicherung von Informationen und zur Bereitstellung von Auswertungsfunktionalitäten. Ob dies über viele Lokationen, Abteilungen und Arbeitsplätze verteilte Personal Computer oder ein eher zentralistischer Unternehmensrechner sind, ist hier unerheblich, beide Varianten haben ihre Vor- und Nachteile.

Des Weiteren muss die Möglichkeit zur synchronen oder asynchronen elektronischen Kommunikation vorausgesetzt werden. Denn was nutzt die beste Softwarelösung, wenn Ergebnisse nicht zeitnah und flächendeckend kommuniziert werden können? Insbesondere bei hierarchischer und räumlich verteilter Unternehmensorganisation stellt der Versand von Kennzahlen per Post zur Übernahme in die Balanced Scorecard der nächst höheren Organisationseinheit eine etwa eintägige Bremse im Informationsfluss dar.

Als in hohem Maße akzeptanzförderlich, aber nicht unbedingt notwendig, erweist sich das Vorhandensein eines bereits genutzten und anerkannten Führungsinformationssystems. Die Integration der Balanced Scorecard in ein solches Informationssystem ist gegenüber einer Neuschaffung zu bevorzugen.

Heterogenität der Zielgruppe

Die Größe der Zielgruppe und ihre Heterogenität bezüglich der Zugriffsrechte stellen einen erheblichen Einflussfaktor auf die Beantwortung der Frage dar, ob ein Softwaresystem eingeführt werden soll. Als Zielgruppe seien hier die Anwender der Balanced Scorecard verstanden, unerheblich, ob sie Daten lediglich erfassen, auswerten, Ergebnisse ansehen, Scorecards entwerfen oder Zielvereinbarungen treffen. Aus der Existenz der verschiedenen Rollen resultiert eine Differenzierung der Anwender hinsichtlich funktionaler Rechte, beispielsweise darf nicht jeder Mitarbeiter Ergebnisse ansehen oder gar Scorecards entwerfen. Diese zunächst triviale Einsicht spricht weniger gegen eine herkömmliche, nicht automatisierte Lösung, sondern vielmehr für eine vollkommenere IT-Lösung. Die individuelle Bevorzugung bestimmter Sichten (s.o.) auf den gleichen Inhalt kann die Verwaltung dieser Kombinationen leicht zu einer für den Menschen nicht mehr handhabbaren Aufgabe werden lassen.

Aus Datensicht kann es ebenfalls notwendig sein, Anwender nach ihren Rechten zu differenzieren. Nicht jede finanzielle Kennzahl wird automatisch auch jedem von dieser Scorecard adressierten Mitarbeiter zugänglich sein. Scorecards benachbarter oder übergeordneter Organisationseinheiten in einer Hierarchie sind oftmals völlig vom Zugriff ausgeschlossen. Diesen organisatorischen Regelungen muss ein Balanced Scorecard-Softwaresystem Rechnung tragen können.

Insgesamt liegt in diesem Punkt ein mitunter enormer Aufwandstreiber vor, der als Overhead angesehen werden muss. Unternehmen, die intern eine verantwortungsvollere und offenere Kommunikation fördern, tun sich deutlich leichter, auf eine Rechtedifferenzierung zu verzichten.

Balanced Scorecard als Erklärungsmodell

Für eine Balanced Scorecard-Software als reines Beschreibungsmodell wäre es ausreichend, den Anwendern geeignete Auswertungen zur Verfügung zu stellen. Dies entspräche jedoch der Reduktion auf ein Kennzahlensystem und hätte somit das Konzept ad absurdum geführt. Im Folgenden seien einige Fragestellungen aufgeführt, die innerhalb weniger Sekunden – oder gar Bruchteilen davon – durch eine Balanced Scorecard-Software beantwortet werden können. Der geneigte Leser mache sich Vorstellungen vom manuellen Aufwand in einem papiergestützten Umfeld.

→ *Roll-up und Drill-down*:
Roll-up meint die Verdichtung von Kennzahlen aufwärts in einer Hierarchie durch Aggregation mehrerer gleichartiger Kennzahlen oder durch Ableitung aus verschiedenen Kennzahlen oder originären Daten mittels einer Berechnungsformel. Die Berechnungsformel ist in die Software integriert, so dass nach Änderung der Basisdaten sämtliche verdichteten Daten umgehend zur Verfügung stehen können. Im Gegensatz dazu bezeichnet Drill-down das Herunterbrechen verdichteter Informationen in ihre Bestandteile. Damit können beispielsweise die auslösenden Faktoren einer Zielverfehlung unmittelbar identifiziert werden.

→ *Simulation auf Basis der Ursache-Wirkungs-Beziehungen*:
Sind Ursache-Wirkungs-Beziehungen quantifizert im Softwaressytem hinterlegt, kann durch einfache Änderung bestimmter Kennzahlen die Reaktion aller anderen sofort beobachtet werden. Analysten können durch „Spielen" mit den Werten Hebel schnell erkennen. Simulationen finden stets auf Kopien der Informationen statt, so dass der Inhalt der Scorecards dadurch nicht verändert wird. Ihre Akzeptanz ist allerdings eher gering, nicht weil die Simulation als solche anzuzweifeln ist, sondern weil das Beziehungsgeflecht nur selten korrekt, vollständig und quantifiziert angelegt werden kann.

→ *Maßnahmen*:
Einen Missstand zu erkennen und Hebel zu dessen Beseitigung zu finden, reicht allein nicht aus. Ein gutes Softwaresystem bietet auch gleich die notwendigen Maßnahmen an. Entweder sind Maßnahmen direkt in die Datenhaltung integriert, oder es werden zumindest Verweise auf entsprechende Dokumente gespeichert, auf die dann direkt zugegriffen werden kann.

Mehrbenutzerfähigkeit

Einen Bericht oder eine Akte zu einem bestimmten Zeitpunkt an zwei verschiedenen Orten aufzubewahren, ist unmöglich. Sie müssten dazu vorher kopiert und verteilt werden. Elektronische Informationen sind hingegen – sofern nicht Lizenzbestimmungen oder Urheberrechte dies verbieten – potenziell an jedem Ort zur gleichen Zeit verfügbar. Demnach kann dem gleichzeitigen Informationswunsch zweier Anwender Rechnung getragen werden.

Fragenkatalog

Nachstehend findet sich ein Katalog, der die oben genannten Themen als geschlossene Fragen kurz wiederholt. Weitere Fragestellungen sollen die Checkliste abrunden, ohne jedoch den Anspruch auf Vollständigkeit erheben zu wollen. Dennoch kann die Beantwortung eine eindeutige Tendenz für die Entscheidung bieten.

Je mehr Fragen mit Ja beantwortet werden, desto wichtiger ist ein technisches Instrumentarium als Unterstützung. Es wäre unseriös, an dieser Stelle einen Schwellenwert für die Anzahl der mit Ja beantworteten Fragen anzugeben, ab der man sich für den Einsatz eines Softwaresystems entscheiden sollte. In unterschiedlichen Kontexten wird man die einzelnen Fragen unterschiedlich gewichten und somit bei gleichen Antwor-

ten eventuell zu unterschiedlichen Entscheidungen gelangen. Es obliegt daher dem Entscheider, anstelle der beiden Antwortmöglichkeiten jeweils eine Skala von 0 bis X_i für jede Frage einzuführen. Mithilfe der X_i können die Antworten dann unterschiedlich gewichtet werden. Die Summe der Mittelwerte bzw. die Hälfte der Ja/Nein-Fragen ist mit Sicherheit keine geeignete Entscheidungsgrenze, diese liegt deutlich unterhalb. Beispielsweise reichte bei einem großen Logistikkonzern die Bejahung der Fragen 3. und 8. sowie die teilweise Bejahung von 4., 5. und 7. aus, eine Eigenentwicklung in Angriff zu nehmen.

	ja	nein
Ist die Integration in ein bestehendes Führungsinformationssystem möglich?	☐	☐
Wird im Unternehmen bereits ein Data Warehouse betrieben?	☐	☐
Ist eine räumliche Verteilung der Balanced Scorecard-Stellen gegeben?	☐	☐
Existieren mehrere Aggregations- oder Ableitungsbeziehungen zwischen Kennzahlen bzw. originären Daten?	☐	☐
Kann auf die die Kennzahlen konstituierenden Informationen automatisiert zugegriffen werden?	☐	☐
Sind unterschiedliche Sichten und Präsentationsformen zu realisieren?	☐	☐
Existieren verschiedene Benutzergruppen mit unterschiedlichen Berechtigungen?	☐	☐
Ist auch das Management im interaktiven Umgang mit Informationssystemen geübt oder bereit, diesen zu erlernen?	☐	☐
Sollen nicht nur Phänomene, sondern auch deren Zusammenhang, Zustandekommen und Abhilfe aufgezeigt werden?	☐	☐
Sind Budgetrestriktionen von der Einschätzung her mit großer Sicherheit realistische Vorgaben?	☐	☐
Sollen mehrere Anwender gleichzeitig auf die gleichen Informationen zugreifen können?	☐	☐
Existiert im Unternehmen die Möglichkeit der elektronischen Kommunikation?	☐	☐

12 Fragen für die technische Unterstützung der BSC

Welcher ist der optimale Zeitpunkt?

„Später!" sagt die Fachseite beziehungsweise das Management, wohl wissend, dass das Gesamtvorhaben umso teurer wird, je später Fehlentwicklungen erkannt werden und je früher die Phase im Projekt lag, in der diese Fehlentwicklungen begannen. In der Folge müssen vom aktuellen Stand aus Teile der vorangehenden Projektphasen zurückgenommen, korrigiert und erneut angegangen werden. Allzu verständlich ist daher die Forderung, getreu dem Wasserfallmodell mit den technischen Konzeptions- und Realisierungsphasen erst zu beginnen, wenn die Fachseite sämtliche Aktivitäten abgeschlossen hat und zur Übergabe bereit ist.

„Früher!" sagen die IT-Verantwortlichen. Dies mag einerseits ein Emanzipationswunsch sein, andererseits liegt aber auch berechtigtes Interesse vor, denn die besseren technischen Konzepte erstellt zweifelsohne der fachlich Kundigere. Außerdem werden die üblichen Missverständnisse an der Schnittstelle zwischen Fachseite und DV-Seite reduziert. Modernere Softwareengineering-Konzepte - wie beispielsweise das Rapid Application Development - beschleunigen die Verfügbarkeit von abgeschlossenen Teilen des Softwaresystems erheblich, weil mit ihrer technischen Umsetzung bereits begonnen werden kann, während sich andere Teile noch in ihrer fachlichen Spezifika-

tion befinden. In sich abgeschlossene Module zu identifizieren, ist in der Regel eine nicht triviale Aufgabe.

Eine allgemeingültige Aussage für den optimalen Zeitpunkt kann sicherlich nicht formuliert werden, in jedem Fall aber sollten die IT-Verantwortlichen frühzeitig informiert und in die Planung einbezogen werden, damit sie ihrerseits Aufwand und Ressourcen-Einsatz planen können, ansonsten besteht Verzugsgefahr.

Sobald die Entscheidung im Management pro Softwaresystem gefallen ist, kann bereits mit der technischen Konzeption eines weitgehend generischen Systems auf Basis der fachlichen Anforderungen begonnen werden. Ein generisches System abstrahiert von der vorliegenden Probleminstanz – d.h. von den Unternehmensspezifika der Balanced Scorecard – und versucht, die Aufgabe grundsätzlich im Sinne eines standardisierten Produkts zu lösen. Es werden Variablen anstelle von benannten Informationsbegriffen – z.B. für Organisationseinheiten, Perspektiven und Messgrößen – verwendet, die später je nach Ausgestaltung der einzelnen Scorecards mit benannten Informationsbegriffen instanziert werden können. Diese Vorgehensweise hat den großen Vorteil, dass die Anwender ihre Scorecards selbständig anlegen und verwalten können, ohne dazu den Beistand der IT-Abteilungen zu benötigen. Sie garantiert eine frühestmögliche betriebliche Unterstützung durch das Softwaresystem, stellt allerdings erhöhte Ansprüche an die Beteiligten in Konzeption und Implementierung. Das Verfahren ist wenig geeignet für einzelne Scorecards oder kleine Hierarchien, weil es einer Produktentwicklung fast schon gleichkommt. Ein passendes, ableitbares Datenmodell bietet Wiese, 1999.

Unternehmen, die zunächst mehr Wert darauf legen, den Umgang mit dem Managementinstrument Balanced Scorecard zu erlernen oder zu optimieren, sollten mit der technischen Implementierung erst beginnen, wenn die fachlichen Phasen beendet sind und ein abgeschlossenes Fachkonzept zur Verfügung steht. Neue Erkenntnisse und geänderte Anforderungen lassen sich deutlich leichter einbringen, wenn damit nicht gleichzeitig der recht behäbige Umbau eines Informationssystems verbunden ist. So, wie ein Haus auf dem Reißbrett relativ schnell und günstig angepasst ist, verhält es sich auch mit dem Umbau eines Softwaresystems: Ist es bereits bezogen, werden Änderungen verhältnismäßig teuer und langwierig.

Eine geeignete, wenngleich heuristische Hilfsregel ist die retrograde Planung, ausgehend vom Beginn der Rollout-Phase. Mit der flächendeckenden Einführung der Balanced Scorecard im Unternehmen sollten die Anwender auch mit ihren künftig einzusetzenden Werkzeugen versorgt werden, da das Erlernen von fachlichem und technischem Umgang in einer Phase vereint wird. Ausgehend von diesem Zeitpunkt wird der maximale zeitliche Aufwand zurückgerechnet. Das Ergebnis ist der späteste Zeitpunkt für den Beginn der technischen Phasen.

Make or Buy?

Eine der Fragestellungen, die nahezu jede Einführung eines Softwaresystems begleitet, ist die Entscheidung für den Kauf oder die Erstellung der Anwendung. Diese Unterscheidung ist jedoch nicht ganz so trennscharf, wie sie zunächst erscheinen mag, da die Erstellung auch auf Basis gekaufter Grundfunktionalität – z.B. auf der Basis von Data Warehouse und OLAP-Werkzeugen – möglich ist, andererseits aber auch bei gekaufter Balanced Scorecard-Software oftmals individuelle Anpassung notwendig ist.

Grundsätzlich steht zuerst die Suche nach geeigneten Produkten im Raum. In jüngster Vergangenheit ist die Vielfalt verfügbarer Balanced Scorecard-Software schnell gestiegen, hier eine Übersicht zu bieten, würde ebenso schnell an Aktualität mangeln. Daher sei an dieser Stelle auf die leicht aktualisierbaren Produktübersichten im Internet verwiesen. Beispiele dafür finden sich unter www.balanced-scorecard.de sowie den Seiten der Balanced Scorecard Collaborative von Kaplan und Norton, www.bscol.com.

Der Kauf eines Softwaresystems ist tendenziell die kostengünstigere und schneller zu realisierende Alternative. Diese Aussage gilt allerdings unter folgenden Prämissen:

→ Das Softwareprodukt erfüllt die fachlichen Anforderungen des Pflichtenhefts. Diese Voraussetzung muss trivialerweise erfüllt werden.

→ Im Unternehmen steht die notwendige IT-Infrastruktur zur Verfügung, das heißt, für den Betrieb des Produkts sind der Zukauf von Hardware, Software und Know-how bezüglich der Administration nicht oder nur in geringem Maße notwendig.

→ Das Gros der gekauften Funktionalitäten wird auch genutzt, möglichst wenige liegen brach.

→ Das Produkt bietet eine hinreichend hohe Möglichkeit der Integration in die eigene Systemlandschaft, was allerdings selten genug der Fall ist.

→ Es besteht die Möglichkeit, das Produkt flexibel an sich ändernde Anforderungen anzupassen. Dies muss zumindest für die Übernahme von Daten aus anderen Informationssystemen, die Aggregation und Ableitung von Messgrößen sowie die Erstellung von Auswertungen gelten.

Der Kauf eines Softwareprodukts vollzieht sich in mehreren Phasen. Eine denkbare Vorgehensweise ist die Folgende:

1. *Erstellung einer „long list"*:
Durch Marktrecherche wird eine Liste aller potentiellen Produkte erstellt. Übersichten finden sich unter den oben genannten Internetseiten.

2. *Reduktion der Liste*:
Durch sukzessive Anwendung von K.o.-Kriterien fachlicher, technischer oder preislicher Art werden nacheinander Produkte von der Liste gestrichen.

3. *Erstellung einer „short list"*:
Die Liste sollte so lange reduziert werden, bis sie nur noch aus den zwei oder drei Produkten mit dem größten Nutzwert besteht.

4. *Anbieterpräsentationen*:
In Präsentationen durch die Anbieter wird die beispielhafte Verwendung der Produkte mit geeigneten Daten und Interaktionen – im Sinne von eigenen Daten und Geschäftsvorfällen – gezeigt.

5. *Entscheidung*:
Die Auswahl des besten Produkts führt zur Kaufempfehlung, die im letzten Schritt an das Management adressiert wird.

Kommt ein Kauf nicht in Frage oder verlief die Produktevaluation ergebnislos, müssen sich die Verantwortlichen mit der Eigenentwicklung befassen. Eigenentwicklung meint sowohl die Erstellung durch Mitarbeiter des Unternehmens als auch die beauftragte Erstellung durch Berater und Programmierer professioneller Softwarehäuser oder ähnlicher Dienstleistungsunternehmen. Vor- und Nachteile der Eigenentwicklung liegen auf der Hand:

→ Es wird ein Softwaresystem erstellt,

das frei vom Ballast ungenutzter Funktionalitäten ist.

→ Die Integration in die bestehende Systemlandschaft lässt sich bestmöglich bewerkstelligen.

→ Wegen der Verfügbarkeit der Programmtexte besteht stets die Möglichkeit, die Software an veränderte Anforderungen anzupassen.

→ Die Eigenentwicklung ist in aller Regel teurer und braucht länger bis zum Rollout als ein gekauftes Produkt.

Der Entwicklung von Softwaresystemen wird im Allgemeinen ebenfalls eine phasenweise Vorgehensweise unterstellt. Sind die fachlichen Phasen der Analyse, Planung und Konzeption abgeschlossen, treten die technischen Phasen in den Vordergrund:

1. *Konzeption:*
   Die fachlichen Anforderungen werden in ein DV-Konzept übersetzt. Die Übersetzung ist notwendig, weil die in der Regel natürlichsprachlich verfassten Fachkonzepte keine direkte Umsetzung in Datenmodelle und Algorithmen erlauben, welche Grundlage für die ausführenden Maschinen sind. In größeren Projekten wird oftmals noch zwischen Grob- und Feinkonzeption differenziert, beide unterscheiden sich lediglich im gewählten Sprachniveau und der Detaillierung.

2. *Konstruktion:*
   Die Implementierung des Softwaresystems erfolgt mit speziellen Entwicklungswerkzeugen durch die Programmierer auf der Grundlage des abgenommenen DV-Konzepts. Diese Phase ist in der Regel die längste im Erstellungszyklus.

3. *Test und Abnahme:*
   Das erstellte Softwaresystem wird von ausgesuchten Testanwendern auf seine Funktionsfähigkeit und Konzeptkonformität hin überprüft. Beteiligt sind sinnvollerweise Mitglieder der früheren Projektphasen sowie spätere Anwender. Im Falle eines positiven Testergebnisses erklärt der für den Test verantwortliche die Abnahme, andernfalls werden die Mängel an die Konstrukteure zur Beseitigung weitergegeben. Die Abnahme ist ein sehr wichtiger Meilenstein im Projekt, durch sie werden letztlich auch Zahlungen ausgelöst und Vertragsbestandteile wirksam.

4. *Rollout:*
   Rollout meint die Ausbreitung der Anwendung in die Fläche. Die Anwender werden mit den notwendigen Installationen versorgt und in der Bedienung geschult.

5. *Betrieb und Wartung:*
   Das Softwaresystem geht in den Wirkeinsatz durch die Anwender. Dazu wird ihnen gerade zu Beginn ein Helpdesk zur Verfügung gestellt, an den sie Probleme melden und Fragen stellen können. Im Zuge der Wartung werden Änderungen und Ergänzungen vorgenommen, Sicherungskopien erstellt u.v.m.

In der Regel ist die Erstellung von Softwaresystemen in obigen Phasen nicht in einer einzigen Iteration erledigt, daher auch der Begriff Softwarelebenszyklus. Änderungen und Ergänzungen gehen in Folgeversionen ein, die ebenfalls wieder diese Phasen durchlaufen.

Werden sämtliche Phasen einer Iteration, also auch die fachlichen, nacheinander und ohne Rückkehr abgewickelt, so spricht man vom Wasserfallmodell: Jede Schale (jede Phase) ergießt ihr Wasser vollständig in die nächste, ohne dass jemals Wasser zurücklaufen könnte. Dieses Vorgehensmodell setzt voraus, dass die Ergebnisse jeder Phase perfekt sind, was der Existenz einer Testphase eigentlich widerspricht. Konstruktion und Test bilden daher einen Zyklus, der durch die Abnahme beendet wird.

Mit diesem Vorgehensmodell wird das gesamte Softwaresystem erst nach erklärter Abnahme und dem Rollout für die Anwender verfügbar. Modernere Ansätze, wie zum Beispiel das erwähnte Rapid Application Developement, beschleunigen die teilweise Verfügbarkeit erheblich, indem einzelne, in sich eigenständige Module des gesamten Softwaresystems die einzelnen Phasen durchlaufen, während andere noch nicht fachlich spezifiziert oder schon bei den Anwendern im Betrieb sind. Durch diese Parallelisierung in mehrere kleinere Softwarelebenszyklen wird zwar der Gesamtaufwand nicht sinken (wegen des Abstimmungsbedarfs zwischen einzelnen Modulentwicklungen eher ein wenig steigen), jedoch ist der Vorteil der früheren Verfügbarkeit unverkennbar.

1.7. ABSCHLIEßENDE BEURTEILUNG DES INSTRUMENTS BALANCED SCORECARD

Am Ende der Argumentation im ersten Teil unseres Buches angekommen, macht es Sinn, nochmals zurückzuschauen und einen Gesamtüberblick zu geben – dies schon deshalb, um Ihnen zwischen Skylla („Die Balanced Scorecard ist die Lösung aller unserer Management-Probleme") und Charybdis („Wenn wir lange genug warten, wird die Modewelle über uns hinweggeschwappt sein") die richtigen Navigationshilfsmittel an die Hand zu geben. Kritikloses, staunendes Übernehmen des neuen Instruments ist ebenso wenig angebracht wie das Überbetonen von Kritik angesichts der ohne Zweifel bestehenden Anwendungsgrenzen der Balanced Scorecard.

Besonnenheit ist angebracht: Kaum ein betriebswirtschaftliches Instrument hat in den letzten Jahren des 20. Jahrhunderts einen derartigen Siegeszug vollzogen, wie dies für die Balanced Scorecard gilt. Die zweite überaus praktische „Erfindung" des Harvard-Professors Robert Kaplan fand deutlich schneller als einige Jahre vorher das ABC bzw. die Prozesskostenrechnung breiten Eingang in die

Unternehmenspraxis, und dies rund um den Globus. Diese Entwicklung – so der Grundtenor dieses zusammenfassenden Abschnitts – ist keinesfalls zufällig. Vielmehr versteht es das Instrument meisterhaft, viele betriebswirtschaftliche Entwicklungen der letzten Jahre in einfacher Weise miteinander zu verbinden und damit ihre Umsetzung gegenseitig zu stützen. Dazu baut sie auf dem Fundament einer grundsätzlichen Frage auf, die schon so lange diskutiert wird, wie es die Betriebswirtschaftslehre gibt.

1.7.1. Der Steuerungshintergrund der Balanced Scorecard

Eine oder mehrere Steuerungsgrößen? – Diese Frage wird schon lange diskutiert

Die Betriebswirtschaftslehre ist – so lässt sich etwas vereinfachend festhalten – rund um die Rechnungslegung entstanden. Diese beschäftigt seit jeher die Frage, was denn ein geeignetes Maß für den Erfolg eines Unternehmens – und damit dessen bestimmendes Ziel – sei. Anfänglich ging es exponiert um die „richtige" Bestimmung des handelsrechtlichen Gewinns, später parallel auch um die Ermittlung des Betriebsergebnisses als einer kalkulatorischen, von (z.B. steuerrechtlich motivierten) „Verzerrungen" der externen Rechnungslegung freien Erfolgsgröße. In der Investitionstheorie wurden die periodischen Erfolgsgrößen schnell durch die modelltheoretisch besseren Kapitalwerte (als überperiodische Zahlungsgrößen) ersetzt. Die Einbeziehung dieser Überlegungen in die Unternehmensbewertung zeigte neben der theoretischen Brillanz

schnell erhebliche Erfassungs- und Bewertungsprobleme, so dass die „klassische" Bilanz ihre Bedeutung für die Wertermittlung nicht verlor.

Der vorerst letzte Schritt der methodischen Entwicklung verbindet sich mit der „Shareholder Value-Bewegung", die die Erfolgsermittlung auf den für die Anteilseigner geschaffenen Wert fokussiert. Das Spektrum der hierfür herangezogenen Verfahren reicht von dem stark auf bilanziellen Größen aufbauenden Economic Value Added bis zur strikt zahlungsorientierten Discounted Cashflow-Methode – wir werden im zweiten Teil des Buches noch ausführlich darauf zu sprechen kommen.

All diesen skizzierten Verfahren ist zweierlei gemein:
→ Sie fokussieren die Erfolgsermittlung auf eine einzige Größe.
→ Diese Größe ist monetär. „Am Ende des Tages" zählt damit nur das Geld: Ziel eines Unternehmens ist es, aus Geld mehr Geld zu machen.

Dass diese – abseits methodischer Detailprobleme – einfache Sichtweise „am Ende des Tages" zählt, ist in der Betriebswirtschaftslehre unumstritten. Allerdings heißt dies nicht, dass „während des Tages" Geldgrößen zur Steuerung des Unternehmens ausreichen. Schon frühzeitig ist deshalb ein ganzes Spektrum anderer Steuerungsgrößen entwickelt worden, die sich zusammengefasst als (nicht monetäre) Kennzahlen bezeichnen lassen. Derartige Kennzahlen treffen die Denk- und Erfahrungswelt dezentraler Führungskräfte häufig unmittelbarer als monetäre Größen. So kann ein Produktionsleiter aus Veränderungen der Durchlaufzeiten und der Auslastungsgrade leichter und schneller Steuerungsmaßnahmen ableiten als aus der Veränderung der Lagerkosten und der Beschäftigungsabweichung. Der hierfür zu zahlende Preis ist Komplexität und die fehlende Möglichkeit, die einzelnen Steuerungsgrößen in ihrer Bedeutung gegeneinander aufwiegen zu können. Es bleibt – anders als bei wertbezogenen Kennzahlen – bei einem ungewichteten Nebeneinander.

Kennzahlen dieser Art werden in den Unternehmen sehr vielfältig und intensiv eingesetzt. Dies gilt nicht nur für den Bereich der operativen Führung. Innerhalb der strategischen Ausrichtung finden sie ihre Entsprechung in strategischen Erfolgsfaktoren, die die „Vorsteuergrößen des Gewinns" abbilden und damit steuerbar machen sollen.

Eine oder mehrere Steuerungsgrößen? – Diese Frage wird schon lange diskutiert

Stellt man beide Philosophien von Steuerungsgrößen einander gegenüber, stellt man sehr unterschiedliche Eignungen fest:

→ Die Beschränkung auf Gewinngrößen liefert ein eindeutiges, einfaches Ziel. Vom Management erfordert es allerdings, alle Handlungen in ihren kurz- und langfristigen Wirkungen auf den Gewinn abschätzen zu können.

→ Komplexe, auf nicht-monetären Steuerungsgrößen aufbauende Kennzahlensysteme ermöglichen auf den jeweiligen Steuerungskontext bezogene, unmittelbar verständliche und umsetzbare Steuerungsgrößen. Allerdings bergen sie die Gefahr, über das Detail den Gesamtzusammenhang aus den Augen und damit an Bedeutung zu verlieren. Wer kennt nicht die Klage von „Kennzahlengräbern"?

In der Unternehmenspraxis versucht man in den letzten Jahren zunehmend, einen Kompromiss zwischen beiden Extremen zu erreichen: Man trifft immer häufiger auf Zielvereinbarungen, die ein Kosten- oder Ergebnisziel mit einer kleinen Zahl (drei bis fünf) von nicht-monetären Zielgrößen verbinden.

Halten wir fest: Die Frage, wie viele und welche Steuerungsgrößen für das Management wichtig und richtig sind, wird nicht erst durch die Balanced Scorecard gestellt, sondern seit den Anfängen der Betriebswirtschaftslehre diskutiert. Auch die Erweiterung der monetären Perspektive kann auf eine sehr lange Tradition zurückblicken. Zudem finden sich empirische Belege für die Vorteilhaftigkeit einer solchen Vorgehensweise (vgl. jüngst Weber/Frank/Reitmeyer, 2000). Die Frage, wie viele Größen optimal sind, ist allerdings ebenso ungeklärt wie das Problem, welche dies sein sollen. Hierfür liefert die Balanced Scorecard einen speziellen Vorschlag. Warum dieser in der praktischen Anwendung so intuitiv verständlich und deshalb implementierungsfreundlich ist, sei im Folgenden beleuchtet.

1.7.2. Der Methodenhintergrund der Balanced Scorecard

Verknüpfen Sie wichtige Management-Innovationen mit der Balanced Scorecard!

Die Betriebswirtschaftslehre – und die Managementberater – sind in den vergangenen Jahren nicht untätig gewesen. Die Unternehmen wurden mit einer Vielzahl von neuen Entwicklungen beglückt. Diese seien im Folgenden skizziert. Basis hierfür ist ein Strukturierungsansatz, den die obenstehende Abbildung zeigt: Beginnen wir bei den Faktormärkten.

Faktormärkte

Die wesentliche kapitalmarktbezogene Innovation wurde bereits kurz gestreift: Die Shareholder Value-Bewegung hebt den Anteilseigner (wieder) exponiert unter allen Stakeholdern der Unternehmung heraus und fokussiert das Management auf dessen Bedürfnisse und Ziele. Die Neujustierung des Gewinnbegriffs (d.h. die Berücksichtigung der Dotierung des Eigenkapitals als Kosten und die Berücksichtigung des Risikos in der Kostenhöhe) führt zu deutlich gestiegenen Ergebnisanforderungen an das Management und ungewohnten Handlungsalternativen (z.B. Rückgabe von Eigenkapital an die Aktionäre, wenn die Renditeanforderungen nicht mehr erfüllt werden). Wertorientierung konse-

quent umgesetzt, verändert Aufbau und Inhalt der Planungen ebenso wie Anreiz und Verhalten des Managements (vgl. umfassend Knorren, 1998).

Betrachtet man die material- und warenbezogenen Faktormärkte, so lässt sich auch dort ein tiefgreifender Wandel feststellen, den man mit Begriffen wie Netzwerkmanagement oder Wertschöpfungspartnerschaften ausschnitthaft beschreiben kann. Unternehmen nutzen ihre Lieferanten nicht mehr allein als eine Art verlängerte Werkbank, die fest definierte Anforderungen zu erfüllen haben. Vielmehr wird zunehmend die Entwicklungskompetenz und das Know-how der Lieferanten gefordert, um durch deren Integration zu den besseren Lösungen zu kommen. Vorreiter dieser Entwicklung ist die Automobilwirtschaft (vgl. Wertz, 2000).

Obwohl ganz unterschiedlichen Inhalts und durch andere Promotoren vorangebracht (Finanzabteilung/Investor Relations versus Produktion/Beschaffung) beinhalten beide Entwicklungen eine wichtige Gemeinsamkeit: *Der zentrale Grund und Anlass der Veränderung liegt in der Integration von Wissen aus den Märkten*, sei es über die Bewertung von Analysten bzw. Börsen oder über die enge Zusammenarbeit im Produktentstehungsprozess. In diesem Kontext lässt sich dann auch das Benchmarking nennen, das versucht, Informationen aus allen möglichen bzw. für einen Vergleich nützlichen Märkten zu gewinnen

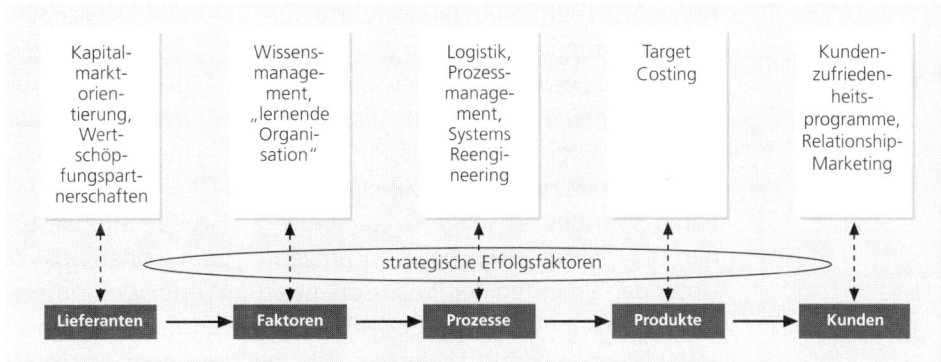

und dem Management zugänglich zu machen (vgl. im Überblick Weber/ Wertz, 1999). Das interne Wissen des Managements wird systematisch durch Wissen von außen ergänzt. Aus dem Zusammenspiel beider Wissensquellen werden bessere Entscheidungen möglich bzw. erwartet.

Faktoren

Wissen ist auch Gegenstand der zentralen faktorbezogenen Managementinnovation der letzten Jahre, des Wissensmanagements (vgl. Probst/Raub/Romhardt, 1997). Der Mitarbeiter wird zunehmend nicht als reine Arbeitskraft, sondern als Quelle von Wissen und Entwicklungsfähigkeit des Unternehmens betrachtet. Die Gegenüberstellung der beiden Begriffe „Personalaufwand" und „intellectual capital" (vgl. Edvinsson, 1997) zeigt das Ausmaß der Veränderung der Sichtweise. Knowledge-Management bezieht über das Wissen des einzelnen Mitarbeiters hinaus auch das explizite, DV-„maschinell" speicherbare

und abfragbare Wissen sowie das in Routinen und Verhaltensweisen niedergelegte implizite Wissen einer Organisation mit ein. Allerdings muss eingestanden werden, dass Wissensmanagement in den meisten Unternehmen bislang nicht nennenswert über das Schlagwortstadium oder erste Erfahrungen („gelbe Seiten") hinausgekommen ist – auch dieser Ansatz wird uns im zweiten Teil des Buches noch intensiv beschäftigen (S. 277ff.).

Prozesse

Im Bereich der Leistungserstellung besteht schon seit Mitte der siebziger Jahre der Versuch, dem Aspekt des Prozessablaufs eine höhere Priorität zukommen zu lassen. Die zeitlich gesehen erste Innovationswelle verbindet sich mit dem Begriff der Logistik: Transporte, Lagerungen und Umschlagsprozesse wurden für Managementfragestellungen „hoffähig", Durchlaufzeiten und Servicegrade zu auch strategisch bedeutsamen Zielgrößen (vgl. z.B. Weber/

Kummer, 1998). Allerdings führte die starke Bindung an die material- und warenflussbezogenen Dienstleistungen in vielen Unternehmen auch dazu, das hinter der Logistik stehende Prinzip der Flussorientierung und die damit erreichbaren Wettbewerbsvorteile zu übersehen bzw. nicht ausreichend zu nutzen. Unter den Begriffen der Prozessorientierung, der Lean Production oder des Systems Reengineering schlossen sich in kurzer Zeit mehrere „Re-Launches" derselben Grundidee an. Ganz aktuell ist auch das Konzept des Supply Chain Managements in diese Bemühungen einzureihen.

Produkte und Kunden

In der anfangs gewählten Gliederungsstruktur verbleiben am Ende der Wertschöpfungskette die Produkte und die Kunden. Auch hier sind Management-Innovationen zu konstatieren.

→ Produktbezogen geht es um die Einbeziehung des Wissens der Kunden. Als wesentliches hierfür entwickeltes Instrument ist das Target Costing zu nennen. Allerdings lässt sich auch Total Quality Management hierunter subsumieren, da die kundenanforderungsbezogene Qualitätsdefinition das systematische „Durchgeben" der Wünsche der Kunden bis hin in die Beschaffung nach sich zieht.

→ Kundenbezogen stehen die Erfassung und Beeinflussung der Kundenbedürfnisse im Mittelpunkt. Begriffe wie Relationship-Marketing

Bedeutet die Integration von Management-Innovationen eine weitere?

und Konzepte wie Kundenzufriedenheits- und Kundenbindungsprogramme kennzeichnen die vielfältigen Anstrengungen der Unternehmen auf diesem Feld.

Gründe für diese Veränderungen sind zum einen die deutlich gestiegene Wettbewerbsintensität und zum anderen die Erkenntnis, dass sich die Anforderungen an die Schnelligkeit im Marktprozess nicht mehr durch traditionelle Muster der Produktentwicklung und der Kundenbedienung bewältigen lassen.

Management-Innovationen oder Management-Moden?

Hiermit sind die wichtigsten Management-Innovationen der letzten Jahre aufgelistet. Nicht jedes Unternehmen hat jede davon versucht umzusetzen, aber es gibt umgekehrt wohl kaum ein nennenswertes Beispiel dafür, dass die Entwicklungen gänzlich unbeachtet blieben. Allerdings gilt es anzumerken, dass nicht alle Implementierungsversuche erfolgreich verlaufen sind. Es gibt zahlreiche empirische Belege dafür, dass die Unternehmen zwar viele der neuen Konzepte aufnahmen und begannen zu implementieren, dann aber auf halbem Weg stehen geblieben sind. Schnell werden dann aus Management-Innovationen Management-Modewellen, die über ein Unternehmen hinwegrauschen und nichts nennenswert verändern. Manche Unternehmer mögen auf die Versprechungen von Beratern hereingefallen sein, andere schlichtweg den Aufwand zur erfolgreichen Verankerung im Unternehmen unterschätzt haben. Außerdem haben nur wenige Unternehmen den Zusammenhang zwischen den Innovationen erkannt; dort liegen viele „Innovations-Fäden" unverknüpft da. Wissensinseln warten darauf, miteinander verbunden zu werden – und genau an dieser Stelle setzt die Balanced Scorecard an!

1.7.3. Der Strategiehintergrund der Balanced Scorecard

Auf die Probleme der strategischen Planung sind wir weiter vorne schon ausführlich eingegangen. Fassen wir sie wiederholend kurz zusammen:

In Deutschland ist die Annahme gegebener Strategien sehr blauäugig

→ „Akademische" und/oder beratergeprägte Entstehung und Formulierung von Leitbild und Mission Statement als Basis der strategischen Ausrichtung.

→ Dominanz von Form („schöne Portfolios") gegenüber Inhalt der strategischen Planung.

→ Zu starke Formalisierung des Planungsprozesses.

→ Versuch der Vollständigkeit der strategischen Pläne in Analogie zur operativen Planung statt Konzentration auf zentrale strategische Stoßrichtungen.

→ Mangelnde Einbindung dezentraler Führungskräfte in den Prozess der strategischen Planung (Strategien als „Herrschaftswissen" der obersten Führungskräfte).

→ Unverbindlichkeit der strategischen Pläne im operativen Geschäft.

Diese empirischen Beobachtungen stammen aus deutschen Unternehmen, aber auch im anglo-amerikanischen Raum ist die Situation kaum anders (vgl. Kaplan/Norton 1997, S. 184) – und sie bilden – wie der Untertitel des Buches der beiden Autoren zeigt („Strategien erfolgreich umsetzen") – sogar den zentralen Ansatzpunkt zur Entwicklung der Balanced Scorecard. Allerdings gilt es nochmals, auf einen wesentlichen Unterschied hinzuweisen: Kaplan und Norton sehen das Hauptproblem im Mangel, gefundene Strategien durch- und umzusetzen. Das Vorhandensein vernünftiger Strategien wird von ihnen im Wesentlichen unterstellt – ganz dem alten Strategie-Ideal von Harvard folgend (Strategie als Verantwortung des CEO). Unserer Erfahrung nach geht es im deutschen Kontext eher darum, Strategien zu entwickeln („Strategienlernen"); Strategieentwicklung und Strategiedurchsetzung gehen zumindest Hand in Hand.

1.7.4. Fazit

Der Siegeszug der Balanced Scorecard sollte an dieser Stelle der Argumentation keine Überraschung mehr darstellen:

→ Die Frage der Steuerung von Unternehmen mit Hilfe von Kennzahlen ist in der Praxis altbekannt. Hinsichtlich Zahl und Auswahl besteht eher Unzufriedenheit („Kennzahlengräber").

Die Entwicklung eines auf wenige Größen konzentrierten Normvorschlags verspricht deshalb hohe Durchsetzungschancen.

→ Die unterschiedlichen Perspektiven der Balanced Scorecard sind aus zwei Gründen intuitiv plausibel: Zum einen lassen sie die altbekannte Produktionsfunktion oder aber die aus der Strategiediskussion bekannte Wertschöpfungskette erkennen und zum anderen decken sie einen Großteil der Management-Innovationen der letzten Jahre ab.

→ Die Balanced Scorecard verspricht eine Lösung für das in den meisten Unternehmen nur unzureichend gelöste Problem der strategischen Planung und Steuerung.

Ergänzend kommt hinzu, dass das Konzept aus den USA stammt, dort schon eine breite Umsetzungserfahrung postuliert wird und schließlich einer der beiden Konzeptautoren, Robert S. Kaplan, mit der Prozesskostenrechnung sehr viel praxisrelevante Reputation aufgebaut hat. Und vielleicht mag auch der Anschein leichter Umsetzbarkeit („wir haben schon viele der Kennzahlen") und damit geringer Einführungskosten das Seinige getan haben.

Die Balanced Scorecard ist insgesamt also ein äußerst gelungener Versuch, eine Vielzahl von Erkenntnissen zu Strategieentwicklung, Kopplung von Strategie und operativer Umsetzung, Kennzahlenbildung und -abbildung sowie Unternehmenssteuerung zu einem schlüssigen Gesamtkonzept zu verbinden. Das Konzept besteht hierzu aus zwei Bausteinen:

→ Das Kennzahlensystem:
„Traditionelle" finanzielle Kennzahlen werden durch eine Kunden-, eine interne Prozess- sowie eine Lern- und Entwicklungsperspektive ergänzt. Alle Kennzahlen werden über Ursache-Wirkungs-Beziehungen mit den finanziellen Zielen des Unternehmens verknüpft.

→ Das Managementsystem:
Das Kennzahlensystem wird zum Bindeglied zwischen der Entwicklung einer Strategie und ihrer Umsetzung. Der strategische Führungsprozess wird so unterstützt.

Beide Komponenten der Balanced Scorecard sind nicht grundsätzlich neu („alter Wein in neuen Schläuchen?"). Angesichts zahlreicher undifferenziert normativer Gestaltungsempfehlungen („one size fits all") und einer – für Management-Bestseller nicht untypischen – unverbindlichen Offenheit von Kaplan/Norton steht der Anwender vor grundlegenden Gestaltungsfragen, deren unternehmensspezifische Beantwortung ihm weder Kaplan/Norton noch wir abnehmen können. Allerdings haben wir Ihnen eine Reihe von ergänzenden Hinweisen zum Konzept und zur Implementierung gegeben, die Ihnen hoffentlich bei der „Konfektionierung" Ihrer Balanced Scorecard helfen.

...der Prophet im eigenen Land zählt nichts...

An dieser Stelle schließt sich der Kreis unserer Argumentation und wir kommen zurück zu der grundlegenden Hypothese, dass die Balanced Scorecard ein typisches Modeprodukt ist. Die Balanced Scorecard hat in der Tat „das Zeug" zu einem Managementbestseller:

→ Sie trifft offensichtlich den Nerv der Zeit: Defizite in der Kommunikation der Strategie und die mangelnde Verknüpfung von strategischer und operativer Planung machen vielen Managern zu schaffen.

→ Sie bietet eine scheinbar einfache Lösung: „Das Buch ermöglicht durch seine klare Anwendungsorientierung – unterstützt durch die vielen nachvollziehbaren Beispiele – eine rasche Implementierung auch in der deutschen Praxis." (Horváth, 1997, S. V). – Allerdings bindet der Prozess der Entwicklung und Einführung häufig mehr Manager- und Beraterkapazität, als zunächst erwartet.

→ Die Anwendung der Scorecard erscheint angesichts der Herausforderungen des neuen „Informationszeitalters" unausweichlich. Entsprechend muss sich auch kein Manager „schuldig fühlen, dass er selbst noch nicht auf die neuen Prinzipien gekommen ist: Alles hat sich eben radikal geändert." (Kieser, 1996, S. 24).

Eccles/Noriah sehen die Mode-Rhetorik solcher „Konzepte" positiv, erblicken in ihr sogar das Wesentliche des Managements:

„Much of the current hysteria over labels ... can be seen as an attempt to lend new energy to the collective enterprises ... individual managers use such labels and concepts as they see fit as a part of their ongoing use of language to coax, inspire, demand, or otherwise produce action in their organizations ... At every level, language has a rhetorical function ... it constantly ‚frames' the way we understand the world". (Eccles/ Noriah, 1992, S. 29).

Wenn die Balanced Scorecard so dazu beitragen kann, zielorientiertes und strategisches Handeln auf allen Ebenen im Unternehmen zu befördern, hat ihr Einsatz viel erreicht. Die Herausforderung für Controller und Manager liegt darin, die positive Wirkung von Idee und Rhetorik der Scorecard mit einer sorgfältigen unternehmensspezifischen Gestaltung und Implementierung zu verbinden. Dann ist die Balanced Scorecard für Sie auch mehr als eine Modewelle!

(2) BSC-PERSPEKTIVEN: DIE BASIS ZUR NEUAUSRICHTUNG DES CONTROLLING

Für den Controller ist die Einführung einer Balanced Scorecard von erheblicher Tragweite: Es stellt sich für ihn die Frage, ob er sich mit seiner angestammten Rolle der Beschaffung und Interpretation von Daten begnügt oder ob er auch eine aktive Rolle in der Gestaltung und laufenden Koordination von Strategieentwicklung, -durchsetzung und -kontrolle übernehmen will (und kann). Mit beiden Rollen sind spezifische Aufgabenmuster verbunden. Dabei wird ihm die Entscheidung nicht allein überlassen. Auch (externe und interne) Berater sowie die Unternehmungsentwicklung bzw. Planungsabteilung sind auf dem Feld Balanced Scorecard aktiv (vgl. nochmals die Abbildung auf der S. 108 dieses Buches)!

Für Controller ist die BSC eine Herausforderung!

Controller, die sich aktiv darum bemühen, als interner Berater des Managements Wert zu schaffen, können durch ihre Methodenkompetenz und unabhängige Stellung auf den unterschiedlichen Ebenen im Unternehmen dazu beitragen, eine für das Unternehmen optimale Balanced Scorecard zu entwickeln. Mit der erfolgreichen Implementierung der BSC ist es dabei aber nicht getan, Controller sollten ständig, auch im laufenden Geschäft in den Dimensionen „ihrer" Balanced Scorecard denken. So (und nur so) wird die Balanced Scorecard zum lebenden Produkt. Abweichend vom traditionellen Kennzahlenfokus des Controlling (vgl. etwa Reichmann, 1997) könnte die Balanced Scorecard so zum Kristallisationspunkt und Rückgrat einer Controllertätigkeit werden, die neue Herausforderungen aufnimmt und das Management engpass- und kundenorientiert unterstützt. Die Balanced Scorecard wird so auch zum Treiber der Veränderung im Controllerbereich selbst!

Die Controllertätigkeit mit den Perspektiven der Kunden-, Prozess, Finanz- und Wissensorientierung in ihrer ganzen Breite zu beschreiben, ist im Rahmen des vorliegenden Buches nicht leistbar. Worum es uns geht, ist engpassorientiert Schlaglichter zu setzen. Doch zunächst wollen wir uns mit dem Selbstverständnis des Controllers näher auseinandersetzen!

2.1. ZUR (NEU-) POSITIONIERUNG DES CONTROLLERS

2.1.1. Was machen Controller eigentlich?

Das Image von Controllern in der Unternehmenspraxis („Erbsenzähler", „Zahlenknecht", „Bremser") entspricht vielfach nicht ihrer Bedeutung, und auch Controller selbst sind häufig nicht mit ihrer Aufgabe zufrieden; sie beklagen, zu viel mit der Entwicklung von Zahlen, zu wenig mit deren Verwendung für Steuerungszwecke zu tun zu haben. Die Welle der Einführung von Standardsoftware verstärkt dies noch.

Der Controller braucht ein klares Selbstverständnis

Das wahre Ausmaß des Problems wird sichtbar, wenn man es vor dem Hintergrund aktueller Entwicklungen betrachtet. Controller laufen Gefahr, ihre angestammte, stets reklamierte Rolle als betriebswirtschaftliches Gewissen des Managements zu verlieren. Der Manager hat zunehmend andere Probleme als die, für die der Controller bisher Unterstützung leistet. Für den Controller tun somit ein klares Selbstverständnis und noch stärker als bislang eine nachfragegetriebene Positionierung im Unternehmen not. Von der umfangreichen Controllingliteratur erhält der Controller in solchen Fragen bislang wenig praktische Hilfe. Für die Literatur stand im Vordergrund, ganz unterschiedliche Sichten des Controlling aufzunehmen und sie theoretisch zu fundieren. Je nach vertretener Sicht soll sich der Controller als Experte für Daten und Methoden im Rechnungswesen tummeln oder eine (bei verschiedenen Autoren unterschiedlich große) Anzahl von Systemen koordinieren. Die Rolle des Controllers als Begleiter und Berater des Managements, Fragen der Kunden- und Engpassorientierung kommen dabei zu kurz. Angesichts aktueller Herausforderungen an Controller erscheint aber eine proaktive Auseinandersetzung mit Selbstverständnis, Rolle und maßgeschneidertem Aufgabenbündel erforderlich.

Doch werfen wir zunächst einen Blick auf den Status quo.

Status quo

Das erste, was dabei auffällt, ist die Vielschichtigkeit der Aufgaben von Controllern. Dies bestätigt eine Vielzahl von empirischen Studien immer wieder aufs Neue. Blickt man tiefer, lassen sich drei Erkenntnisse gewinnen:

→ Controller sind dort zu finden, wo die Koordination durch Pläne dominiert, wo Planung die zentrale Funktion im Führungssystem der Unternehmung darstellt. Anschauungsobjekt hierfür sind insbesondere Großunternehmen.

→ Existiert ein institutionalisiertes Controlling, teilen sich Controller und Manager die Führungsarbeit. Controller unterstützen durch ihre spezifische Dienstleistung das Management.

→ Ein dritter Aspekt der Controlleraufgaben ist ihre Tätigkeit als „Contre Rôle". Sie trägt dazu bei, die Folgen von Opportunismus und anderer Begrenzungen der Rationalität der Manager einzudämmen.

Wir wollen diese Einsichten in die Controllerpraxis im Folgenden ausführlicher erläutern; den Aspekt der Planungsorientierung werden wir dabei mit der Betrachtung des Aufgabenspektrums von Controllern in der Unternehmenspraxis verbinden.

Controllertätigkeit ist eng mit Planung verbunden

Controller sind insbesondere dort anzutreffen, wo Pläne als Koordinationsinstrument dominieren. Ein Unternehmen auf der Grundlage von Plänen zu führen, bedeutet, Entscheidungskompetenz zu delegieren und dezentralen Entscheidungsträgern unternehmerische Freiräume zu eröffnen. Hierzu werden mit ihnen Ergebnisziele vereinbart, deren Erfüllung insgesamt die Ziele des Unternehmens sicherstellt. Kernaufgaben wie Planung, Budgetierung, Plankontrolle, Navigationshilfe zur Erreichung der gesetzten Ziele und Abbildung der Zielerreichung sind explizit mit Plänen verbunden.

Controllerstellen wurden erstmals in amerikanischen Unternehmen Ende des letzten Jahrhunderts eingerichtet: Gestiegene Komplexität und Dynamik machten den Übergang von einer personenzentrierten und eher informellen Führung durch den Unternehmer zu einer Koordination der unterschiedlichen Führungskräfte mittels Plänen notwendig. Im klassischen unternehmergeführten mittelständischen Unternehmen sucht man Controllerstellen vergeblich; zu unterschiedlich sind die Führungsbedingungen. Eine ausdifferenzierte Pla-

nung würde sich mit der situativen Führungskompetenz des Unternehmers ebenso stoßen wie formalisierte Informationssysteme. Für den Unternehmer gilt im Mittelstand immer noch „Besichtigen geht vor berichten". Auch in der öffentlichen Verwaltung tut sich das Controlling außerordentlich schwer. Ansätze erweisen sich nur dann als erfolgreich, wenn die Möglichkeit besteht, formale Regeln (Gesetze, Verordnungen, Verfügungen, Ausführungsbestimmungen) außer Kraft zu setzen und an ihrer Stelle zielorientiert zu planen – und hierfür sind in Deutschland noch viele gesetzliche und mentale Hürden zu beseitigen!

Wenn auch die Kernaufgaben der Controller weitgehend festliegen, lassen sich dennoch von Unternehmen zu Unternehmen zum Teil große Abweichungen im Gewicht dieser Aufgaben untereinander feststellen. Die folgenden empirischen Befunde (siehe die beiden Abbildungen der Folgeseiten) stammen aus dem Arbeitskreis „Benchmarking Controlling", der an der WHU über drei Jahre hinweg neun Großunternehmen zusammenführte und viele Einblicke in die Details der praktischen Controllerarbeit geliefert hat (nähere Informationen finden Sie bei Weber/Weißenberger/Aust, 1997). Die erste der beiden Abbildungen visualisiert die jeweilige Bedeutung des Aufgabenfeldes durch den Umfang der einzelnen Kreise. Nur die starke Betonung des Berichtswesens und die geringe Bedeutung der Kosten-

Dezentrale Führung braucht Controlling – und umgekehrt!

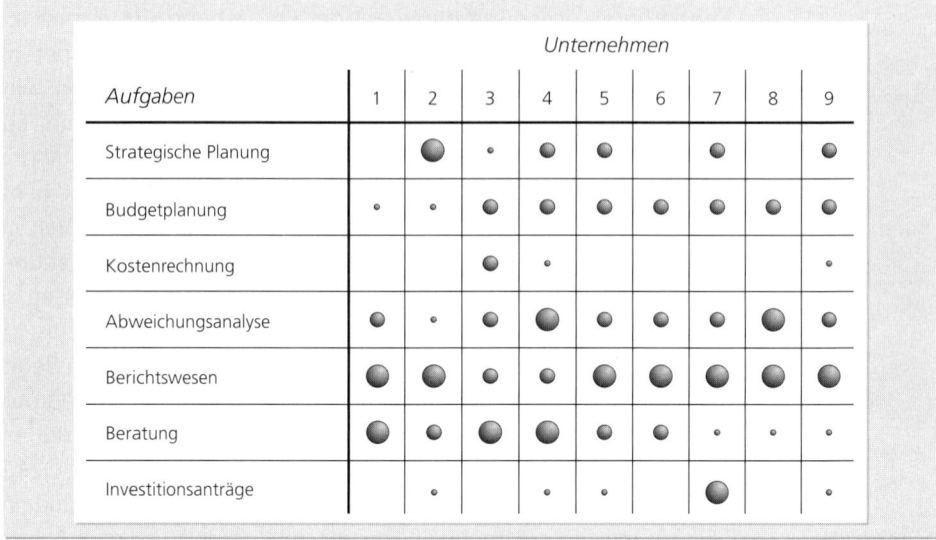

Aufgaben	Unternehmen								
	1	2	3	4	5	6	7	8	9
Strategische Planung		●	·	●	●		●		●
Budgetplanung	·	·	●	●	●	●	●	●	●
Kostenrechnung			●	·					·
Abweichungsanalyse	●	·	●	●	●	●	●	●	●
Berichtswesen	●	●	●	●	●	●	●	●	●
Beratung	●	●	●	●	●	●	·	·	·
Investitionsanträge		·		·	·		●		·

Controller-Aufgaben in den Unternehmen des WHU-Arbeitskreises „Benchmarking Controlling"

rechnung (als Lieferant von Kontroll- und Planungsinformationen) sind einigermaßen übereinstimmend.

Das Aufgabenspektrum der Controller in seinen unterschiedlichen Schwerpunkten wird auch in der zweiten, rechts stehenden Abbildung deutlich. Hier haben wir als Basisstruktur eine Unterteilung in Planungs-, Kontroll- und Informationsaufgaben gewählt. Hiermit konnten die meisten Aufgaben erfasst werden. Eine genaue Analyse trennte dabei z.B. das Berichtswesen in seine Planungs-, Unterstützungs-, Kontroll- und Informationsfunktion auf. Als spezielle Gruppe weiterer Aufgaben sind die controllinginternen Funktionen vermerkt. Zu diesen zählen beispielsweise die eigene Ressourcenplanung, Controller-Meetings, interne Fortbildung und die Leitung des Zentralcontrolling.

Trotz gleicher grundsätzlicher Sicht wählen die Unternehmen somit doch im Detail sehr unterschiedliche Ausprägungen der Controlleraufgaben, um ihren spezifischen, individuellen Anforderungen gerecht zu werden!

Controller unterstützen Manager

Ein weiteres Charakteristikum des „Controllerphänomens" in der Praxis besteht in der spezifischen Arbeitsteilung zwischen Manager und Controller. Wir wollen dies im Folgenden anhand der originären Planungsaufgaben beispielhaft darstellen. Controller übernehmen in der Planung vor allem Aufgaben in der Planungsunterstützung, dem Planungsmanagement, der Kontrolle der Planentstehung und der Bereitstellung führungsrelevanter Daten.

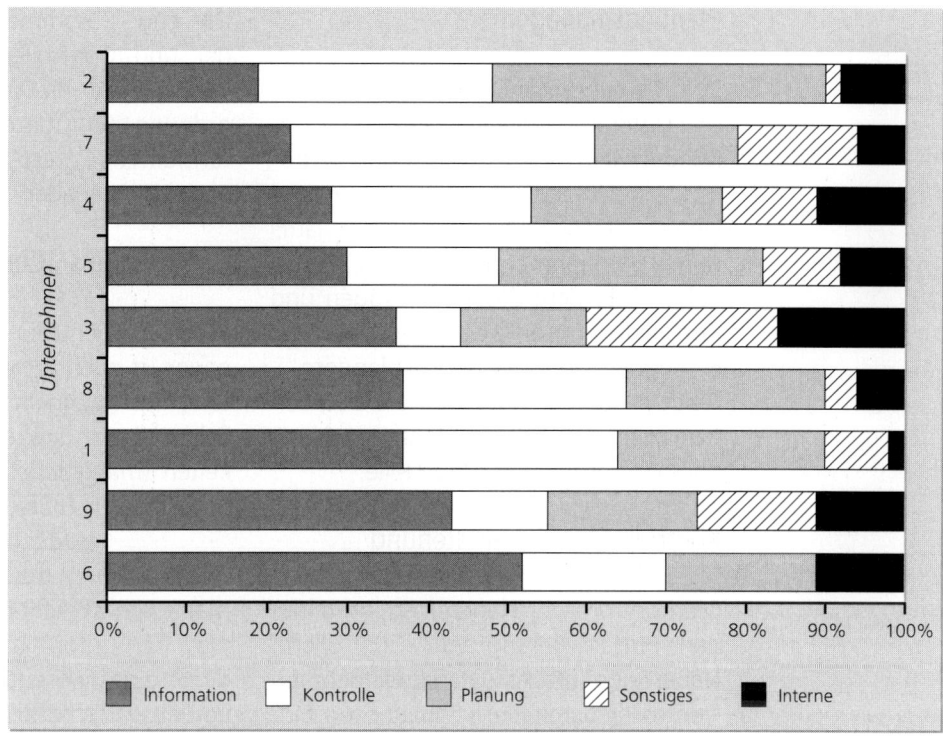

Verteilung der Controlleraufgaben nach unterschiedlichen funktionalen Aufgabengruppen in den Unternehmen des WHU-Arbeitskreises „Benchmarking Controlling"

Planungsunterstützung

In der Funktion der Planungsunterstützung geht es dem Controller darum, dem Management delegierbare Aufgaben im Entscheidungsprozess abzunehmen. Hierunter fallen

→ die Suche nach und die Aufbereitung von entscheidungsrelevanten Informationen (insbesondere Kosten und Erlöse),

→ die Analyse und Bewertung der Erfolgswirkungen konkreter anstehender Handlungsmöglichkeiten sowie

→ die Vorabstimmung von Lösungen (z.B. im Rahmen der Budgetierung).

Betrachtet man diese unterschiedlichen Teilaufgaben, so erweist sich ihre Übertragung auf Controller aus unterschiedlichen Gründen als sinnvoll: Controller besitzen Spezialisierungsvorteile bezüglich der monetären Bewertung. Sie sind nicht in dem Maße wie Manager in Linienbeziehungen und -abhängigkeiten involviert. Schließlich besitzen Controller erhebliche Erfahrung in Planungsprozessen und können somit das Management effektiv entlasten. Die Effizienz dieser Entlastung resultiert aus der Differenz des Entgeltniveaus des Managements einerseits und der Controller andererseits („Controller sind billiger").

Planungsmanagement

Das Planungsmanagement zerfällt in drei Unteraufgaben: Gestaltung des Planungssystems, methodische und instrumentelle Unterstützung der Planer und Unterstützung des Planungsablaufs durch Übernahme prozessualer Teilaufgaben (z.B. dem Zusammentragen und Konsolidieren von Teilplänen oder der Festlegung von „Planungskalendern"). Auch in diesem Aufgabenfeld besitzen Controller gegenüber Managern komparative Spezialisierungsvorteile.

Kontrolle der Planentstehung

Die Kontrolle der Planentstehung bildet den dritten Beitrag von Controllern. Neben einer prozessualen Rolle nehmen Controller damit auch inhaltlichen Einfluss auf die Planung, um so die Entscheidungsqualität zu erhöhen.

Informationsversorgung

Ein weiteres Aufgabenfeld der Controller betrifft schließlich die Unterstützung des Managements durch Lieferung führungsrelevanter Daten. Controller müssen dabei einen Abgleich des Informationsangebots (fremder oder eigener Systeme) mit der Informationsnachfrage und dem Informationsbedarf des Managements vornehmen. Die Informationsaufgabe des Controllers kann man auch prägnant und schlagwortartig mit „Übernahme von Transparenzverantwortung" beschreiben.

Opportunismus – eine ungewohnte, wohl aber relevante Verhaltensannahme

Das enge Zusammenwirken von Manager und Controller hat seine Konsequenzen für die organisatorische Einordnung der Controllerstellen. Plakativ formuliert: Controller sitzen dort, wo auch die Manager sitzen.

Controller als „Contre Rôle"

Die Aufgabenteilung Controller – Manager ist auch erforderlich, um Opportunismus (mangelndes Wollen) und die Folgen beschränkter kognitiver Fähigkeiten (mangelndes Können) von Führungskräften zu begrenzen.

Das Phänomen des Opportunismus von Managern ist nicht nur eine Basisannahme der Informationsökonomie und damit eines wesentlichen Zweigs neuer betriebswirtschaftlicher Theorie, sondern auch ein empirisch nachweisbarer Fakt. Führungskräfte besitzen Ziele, die mit denen des Unternehmens nicht immer und nicht gänzlich übereinstimmen (müssen). Die Möglichkeit zu opportunistischem Handeln ist um so höher, je größer der Freiraum eines dezentralen Managers ist und je weniger der ihn führende Vorgesetzte sein Handeln beurteilen kann. Möglichkeiten, diese Opportunismusgefahr zu begrenzen, bestehen zum einen in der Gestaltung des sog. „Kooperationsdesigns" zwischen den beiden, z.B. im Abschluss entsprechender Arbeitsverträge. Zum anderen kann das Handeln durch unmittelbare Kommunikation beobachtet und beurteilt werden. Dies muss nicht durch den Vorgesetzten selbst erfolgen; er kann dieses Recht delegieren – und exakt hier ist eine Kernfunktion von Controllern zu sehen. Wir sind bereits darauf eingegangen, dass Controller in der Planung eine Art „Planentstehungskontrolle" wahrnehmen. Sie haben das Recht, Planansätze kritisch zu hinterfragen, sie müssen von den Managern von der Validität der Pläne überzeugt werden. Allein die Tatsache, vor seinem Controller in der Plandurchsprache „bestehen" zu müssen, wird viele Manager abhalten, opportunistisch zu handeln.

Ein Controller muss gut fragen können!

Dabei ist der Controller mit dem Problem konfrontiert, nicht über das Fach- und Detailwissen des Managers zu verfügen. Er kann jedoch durch die Überprüfung und Hinterfragung des Entscheidungsprozesses (welche Prämissen liegen der Planung zugrunde, woher stammen die wesentlichen Zukunftseinschätzungen, sind in die Pläne genügend unterschiedliche Sichtweisen eingeflossen, u.a.m.) wesentliche Hinweise auf die Beurteilung des Entscheidungsergebnisses erhalten. Wenn der Manager seine Planung in ihren Annahmen und Bewertungen schlüssig und überzeugend gegen kritische Fragen des Controllers „verteidigen" kann, so besteht eine hohe Wahrscheinlichkeit dafür, dass Manager ihre eigenen Ziele nicht vor die des Unternehmens gestellt haben.

Grenzen des Managerkönnens

Manager sind nicht nur (potentiell) opportunistisch, sondern müssen – wie sollte es anders sein – mit Einschränkungen ihrer kognitiven Fähigkeiten (u.a. Fakten- und Methodenwissen) leben. Diese Begrenzungen betreffen einzelne ebenso wie Gruppen von Managern. Auf beiden Feldern kann der Einsatz von Controllern die Probleme reduzieren helfen.

→ Als individuelle Begrenzung ist zunächst die begrenzte Verarbeitungskapazität des Gehirns zu nennen, die bei komplexen Problemen leicht zu einem „information overload" und daraus folgenden Aktionismen führt, z.B. zum Ersatz des tatsächlichen durch ein subjektiv gewolltes bzw. gewähltes Problem. Controller müssen diese Aktionismen kennen und die jeweilige Entscheidungssituation darauf hin analysieren.

→ Weiterhin neigen Menschen dazu, stark zu vereinfachen. An die Stelle von Optimierung und Maximierung tritt die Suche nach zufriedenstellenden Lösungen. Alternativen und Konsequenzen werden in einem einfach strukturierten, sequentiellen und subjektiven Prozess verglichen. Entscheider tendieren dabei dazu, zunächst Variablen zu berücksichtigen, die sie selbst kontrollieren können. Der Entscheidungsprozess verläuft in Schritten und nicht ganzheitlich, was bedeutet, dass zunächst die Anzahl der Alternativen und der zu berücksichtigenden Faktoren intuitiv reduziert wird. Wieder gilt es für Controller, sich auf diese Begrenzungen einzustellen. Mittel hierfür sind u.a. die Strukturierung und Objektivierung des Entscheidungsprozesses, die Einbeziehung unterschiedlicher Entscheidungsträger und ein sukzessives, revolvierendes Vorgehen der Entscheidungsfindung.

Schließlich unterliegen Menschen noch einer Reihe von unbewussten kognitiven Verzerrungen:

→ Sie messen denjenigen Größen eine höhere Bedeutung zu, die sich in ihrer Wahrnehmung als variabel zeigen.

→ Sie nehmen diejenigen Zusammenhänge bevorzugt wahr, die sich mit ihrem vorhandenen Wissen vereinbaren bzw. verknüpfen lassen.

Kognitive Begrenzungen des Menschen – Pflichtwissen von Controllern!

→ Menschen versuchen im allgemeinen, ihr bestehendes Wissen zu bestätigen, nicht es zu falsifizieren. Neue, innovative Erklärungsmuster haben es damit schwer, sich durchzusetzen.

→ Schließlich ist für Menschen dasjenige Wissen am leichtesten verfügbar, das in unterschiedlichen Kontexten aufgenommen wurde. Es wird folglich bei der Entscheidungsfindung bevorzugt. Gegenmittel des Controllers ist wiederum die systematische Hinterfragung der präsentierten Planvorschläge. Hierzu findet man in der einschlägigen Literatur mehrfach den zusätzlichen Hinweis, der Con-

troller solle die Rolle eines „Advocatus Diaboli", eines bewusst kritischen, bewusst risikoscheuen Gesprächspartners einnehmen. Die damit gewonnene Einschätzungsbreite verspricht bessere Lösungen, ist jedoch mit (erheblichen) Verhaltensproblemen verbunden.

Gruppeneffekte

Beim Zusammenwirken mehrerer Manager kommen zusätzliche Einschränkungen hinzu. Insgesamt wirken sie in Richtung Nivellierung der Einzelmeinungen. Im schlimmsten Fall entsteht etwas, was Organisationspsychologen als *„groupthink"* bezeichnen, eine Illusion der Einmütigkeit, die sich im Zeitablauf weiter verstärkt. Aus einem derartigen „Entscheidungsautismus" können fundamentale Fehlentscheidungen resultieren.

Für den Controller bedeutet dies, systematisch und sensibel nach Anzeichen für Entscheidungsautismus zu suchen. Als Gegenmaßnahmen kommen letztlich dieselben in Frage, die wir schon vorab diskutiert haben: sauberes Strukturieren des Entscheidungsprozesses, frühes Beteiligen am Zustandekommen der Entscheidung und kritisches Hinterfragen der gefundenen Lösung. Für die Verhinderung von Entscheidungsautismus ist zum einen eine unabhängige Stellung, zum anderen ein nicht vorbelasteter „Außenblick" erforderlich.

Sonstige Controllertätigkeiten

Die Aufgaben der Controller sind zwar auf Planung, Kontrolle und Informationsversorgung konzentriert, jedoch in der Unternehmenspraxis nicht auf diese beschränkt. Die Gründe hierfür sind vielfältig und überlagern sich häufig:

→ *Quanteneffekte*: Im Rahmen eines Organisationsprozesses werden Aufgabenträger für bestimmte Aufgaben gesucht; umgekehrt sind gefundene Aufgabenträger mit genügend Aufgaben auszulasten. Reichen dafür die Kernaufgaben von Controllern nicht aus, werden andere arrondiert.

→ *Erfahrungseffekte*: Controller gewinnen in ihren Kernaufgaben einen intimen Einblick in das Führungsgeschäft. Dieses Wissen kann auch für andere Führungsprobleme genutzt werden, so etwa für einen anstehenden Reorganisationsprozess.

→ *Spezialisierungseffekte* im engeren Sinne: Controller besitzen für ihre Hauptaufgaben spezielle Fähigkeiten (z.B. Moderationskenntnisse oder Kenntnisse des Rechnungswesens). Diese sind auch für andere Aufgaben hilfreich (z.B. Anstoßen von Veränderungsprozessen).

→ *Unabhängigkeit*: Controller sind nicht unmittelbar von den „betreuten" Führungskräften abhängig. Für alle Prozesse, in denen eine Neutralenposition gebraucht wird, bietet sich ihr Einsatz an.

Der Erbsenzähler als „klassisches" Controllerbild

2.1.2. Der Controller im Spiegel von Schlagworten

Der von uns nun ausführlich umrissene Stand des Aufgabenspektrums von Controllern ist auch Nährboden für die traditionell für Controller „gehandelten" Bilder des Erbsenzählers, Zahlenknechts, Bremsers, Kontrolleurs, Spürhunds und Lotsen bzw. auch Steuermanns.

Der Erbsenzähler und der Zahlenknecht

Dieses Bild findet man über den ganzen Erdball verbreitet (amerikanisch: beancounter). Der Controller als zahlenversessener, penibler und auf Genauigkeit fokussierter Buchhalter: wer kennt ihn nicht? Dass sich ein solches Bild entwickeln und derart verfestigen konnte, lässt sich auf die hohe Bedeutung und den erheblichen Umfang folgender Teilaufgaben der Controller zurückführen:

→ Die (monetäre) Bewertungsaufgabe im Plan-Entstehungsprozess,

→ das Handling der Zahlen in der Budgetierung und

→ die Berichterstattung der Abweichungsanalyse im Kontrollprozess.

Diese Zahlenlastigkeit wird leicht zu einer übertriebenen Zahlenorientierung, ja zu Zahlengläubigkeit der Controller selbst. Viele von ihnen sind nicht mehr in der Lage, den Unterschied zwischen Genauigkeit und Adäquatheit von Zahlen nachzuvollziehen. Nicht anders ist es zu erklären, dass man auch in Langfristplänen Ergebniswerte findet, die auf die Mark, teilweise sogar auf den Pfennig gerechnet sind. Zahlenlastigkeit macht viele Controller zudem blind dafür,

zu kultivieren, das eine zu fördern, ohne das andere zu behindern. Manager, die nur auf unternehmerisches Gespür bauen, sind für das Unternehmen ebenso gefährlich, wie Controller, die nichts gelten lassen, was sich nicht in Mark und Pfennig rechnen lässt. Zahlenorientierung der Controller ist unverzichtbar. Die liebevolle Titulierung als Erbsenzähler und Zahlenknecht zeugt davon, dass man des Guten aber auch zu viel tun kann!

Der Bremser

Was hiermit gemeint ist, lässt sich anschaulich dem folgenden (authentischen) Zitat entnehmen: „Als wir wieder einmal ein Investitionsprojekt durch das Controlling gebracht hatten, knallten bei uns die Sektkorken." Diese Einschätzung mancher Linienmanager stützt sich auf zwei Erfahrungsbereiche.

Der Bürokrat – ein Bild von Dittrich, das ursprünglich für Controller in öffentlichen Verwaltungen gezeichnet wurde

DER BÜROKRAT   Dittrich 88

einen wie großen Anteil zur Beschreibung eines ökonomischen Problems Zahlen wirklich einnehmen. Beschränkt man Entscheiden auf Rechnen, so hat man dem Management (und den Anteilseignern) einen Bärendienst erwiesen. Es muss – wie später noch ausführlich zu diskutieren – die hohe Kunst eines Controllers sein, die fragile Beziehung zwischen Intuition und Reflexion

➜ Zum einen kommt es im Rahmen der Budgetierung stets zur Situation, dass die dezentral geplanten Mittel von der Unternehmensspitze nicht akzeptiert werden, dass Kürzungen erforderlich sind. Wer ist Überbringer der schlechten Nachricht: der Controller!

➜ Zum anderen übernehmen die Controller – wie skizziert – im Planungs-

und Planentstehungsprozess eine Korrektur bzw. Filterrolle gegenüber dem Management. Wer immer den Advocatus Diaboli spielt, wird von anderen leicht in die Rolle des Bremsers eingeordnet. Dass diese Planentstehungskontrolle als Qualitätssicherung zu begreifen ist, die spätere Probleme im Prozess der Planentstehung verhindert oder reduziert, wird leicht übersehen. Allerdings kommunizieren Controller diese Funktion gegenüber dem Linienmanagement oft auch viel zu wenig, so dass sie ein gehöriges Stück Mitverantwortung für das Bremserbild tragen.

Der Kontrolleur

Die Reihe der so charmanten Bilder sei mit dem des Kontrolleurs fortgesetzt. Mit diesem Bild ist die Selbsterkenntnis der Controller vergleichsweise weit vorangeschritten. In einer 1989 durchgeführten empirischen Erhebung gaben die befragten Controller selbst zu, in ihren Reihen mehr Kontrolleure als Controller zu haben. Auch wenn das Wort Kontrolle in den Unternehmen hinter den kreativsten Bezeichnungen versteckt wird, zählt Kontrolle zu den Kernaufgaben von Controllern. Kontrolle ist jedoch sehr verhaltenssensibel. Die Suche nach Schuldigen, das Bohren in offenen Wunden, das Transparentmachen und Zurschaustellen von Fehlern, all das sind Quellen für dysfunktionale Wirkungen von Kontrollen.

Kontrolle ist eine sehr verhaltenssensible Führungsfunktion

Funktionierende Kontrolle setzt Sensibilität voraus. Diese ist bei vielen Controllern anscheinend unterentwickelt. Allerdings soll diese Festlegung nicht als Schuldzuweisung verstanden werden. Menschen neigen zu einem derartigen Verhalten generell. Es bedeutet eine bewusste Anstrengung, vom gewohnten Muster abzuweichen. Es muss Controllern gelingen, Kontrolle als das zu verkaufen, was es unter rationalen Wesen stets sein sollte: als Lernen aus Abweichungen.

Der Spürhund

Als letztes problembeladenes Bild sei das des Spürhunds genannt. Kolportiert wird mit ihm die Suche der Controller nach Abweichungsgründen oder Rationalisierungspotentialen. Der stark negative Beigeschmack des Bildes resultiert daraus, dass Controller oftmals ein wenig einfühlsames, detektivisches Verhalten an den Tag legen und als notorisch misstrauisch und skeptisch gelten.

Ähnlich wie das auch dem Tierreich entnommene Bild des Wadenbeißers, trägt der Spürhund allerdings auch positive Züge: Jäger bringen ihrem Spürhund durchaus Respekt entgegen – sie werden ihn trotzdem nicht als ihresgleichen akzeptieren. Unabhängig davon verbirgt sich auch im Bild des Spürhunds eine wesentliche, für das Unternehmen wichtige Aufgabe der Controller: Wer als Manager weiß, dass er zu irgendeiner unpassenden Gelegenheit aufgespürt werden könnte, gibt keinen Anlass, dass es dazu kommt. Ein sonst mögliches opportunistisches Verhalten wird wirksam begrenzt.

Lotse und Steuermann

Betrachten wir nun Bilder, die Controller gern für sich werbend selbst anpreisen. Lotse und Steuermann sind wohl die am stärksten verbreiteten. Sie betonen den Anspruch der Controller, dafür zu sorgen, dass ein ständiger Bezug des unternehmerischen Handelns auf gesetzte Ziele bzw. verabschiedete Pläne erfolgt, dass bei Abweichungen vom Zielkorridor Anpassungsmaßnahmen beschlossen und durchgesetzt werden und so das Unternehmen „auf Kurs" bleibt. Ziele setzt der Kapitän; sein Steuermann führt den Kompass und steuert gegen. Ganz diesem Bild entsprechend wird dann to control als „steuern" übersetzt. Auch die Veranschaulichung des Controlling als ein aus Planung, Realisation, Kontrolle und Rückkopplung bestehender Regelkreis passt zu diesem Bild.

Es gibt genauso viele Bilder wie Rollen von Controllern

Sucht man nach möglichen Missdeutungen des Lotsen oder Steuermanns, findet man diese in einer berühmten Karikatur: Bismarck verlässt als Lotse das von Kaiser Wilhelm geführte Schiff. Jedem sind die Folgen klar. Der Lotse hat das Schiff sicherer geführt als der Kapitän. Der Controller als besserer Manager bzw. als graue Eminenz – hier findet das Bild seine Grenzen.

Wir haben gesehen: Das, was ein Controller tun soll, und das, weshalb dies so ist, erschließt sich nicht auf den ersten Blick. Auch traditionelle Controllerbilder helfen hier nur bedingt. Der größere Teil davon persifliert negative Eigenschaften dieses ehrenwerten Berufsstandes. Alle Pointierungen decken bestimmte Facetten des Aufgabenspektrums der Controller ab. Die Vielzahl der Bilder entspricht der Heterogenität der Funktionen. Damit lässt sich aber auch die Sinnhaftigkeit von solchen Bildern zur Kommunikation der Controllerrolle im Unternehmen ernsthaft in Frage stellen.

2.1.3. Der Controller im Spiegel eines Leitbilds

Wie kann dem Controller nun bei der Frage nach seinem Selbstverständnis und bei seiner unter Umständen erforderlichen Repositionierung im Unternehmen geholfen werden? Einem eigenen Leitbild kommt dabei potentiell eine große Bedeutung zu. Nutzen ist in zweierlei Richtung zu erwarten:

→ Zum einen benötigen die Controller selbst ein gewisses Maß an Einheitlichkeit in Denkmuster und Sprachverständnis. Es muss jedem Controller klar sein, warum er welche Aufgabe wahrnimmt und unter welchen Kriterien er ständig die Sinnhaftigkeit der Aufgabe sowie der Aufgabenlösung zu überprüfen hat.

→ Zum anderen bildet ein Controller-Leitbild die Grundlage für eine aktive Kommunikationspolitik in die von den Controllern zu „betreuenden" Unternehmensbereiche hinein. Das oftmals in praxi vorzufindende und bereits angesprochene Unverständnis bzw. die bewusste Fehlsicht der Funktion von Controllern kann mit einem Leitbild als Diskussionsgrundlage aktiv angegangen werden.

Entsprechende Leitbilder sind mittlerweile weit verbreitet. Sie finden sich – mehr oder weniger originell und unternehmensindividuell – in vielen Controllerabteilungen. Besonders prominent und nicht spezifisch auf die Bedürfnisse eines bestimmten Unternehmens abgestimmt ist das 1996 beschlossene Leitbild der *IGC International Group of Controlling* (eines Zusammenschlusses von Institutionen, die Controllerausbildung betreiben). Es sei daher exemplarisch kurz vorgestellt.

Controller-Leitbild der IGC

„Controller leisten begleitenden betriebswirtschaftlichen Service für das Management zur zielorientierten Planung und Steuerung. Das heißt:
→ Controller sorgen für Ergebnis-, Finanz-, Prozess- und Strategietransparenz und tragen somit zu höherer Wirtschaftlichkeit bei.
→ Controller koordinieren Teilziele und Teilpläne ganzheitlich und organisieren unternehmensübergreifend zukunftsorientiertes Berichtswesen.
→ Controller moderieren den Controlling-Prozess so, dass jeder Entscheidungsträger zielorientiert handeln kann.

→ Controller sichern die dazu erforderliche Daten- und Informationsversorgung.
→ Controller gestalten und pflegen die Controllingsysteme.
Controller sind die internen betriebswirtschaftlichen Berater aller Entscheidungsträger und wirken als Navigator zur Zielerreichung."

Das Leitbild orientiert sich an „typischen" Aufgaben von Controllern; ganz bewusst wird darauf verzichtet, eine Grundidee des Controlling zu postulieren. Eine Begründung findet sich in der „Traditions-Formulierung" des Leitbilds von Controller Akademie und Verein:

„Sucht man nach dem roten Faden für den Controllingstoff, so wird man ihn als Reihenfolge nicht finden. Erst ein „roter Teppich" hilft, die Füße auf den Boden zu kriegen. Controlling ist vernetzt. Der Stoff ist wie ein textiles Gebilde zu verstehen ... Die Kettfäden, die das Gewebe tragen, sind die Werkzeugsysteme der Unternehmensplanung, des Rechnungswesens und der Führung durch Ziele...".

Wir meinen, dass ein solcher Faden vielfältige Vorteile für das Controlling mit sich bringen würde:
→ Die Controllingidee kann nach außen und nach innen besser kommuniziert werden. Der nach seiner Daseinsberechtigung gefragte Controller muss nicht lang ausholen, er kann kurz und knapp, ohne lang

nachdenken zu müssen, die Grundidee seiner Tätigkeit „rüberbringen". Er hat das, was Berater die „Elevator Story" nennen: Er kann seine Botschaft auch dann pointiert kommunizieren, wenn er bei einem zufälligen Treffen im Aufzug „mal auf dem linken Fuß" erwischt wird.

Bislang gibt es keine Generally Accepted Controlling Principles

→ Sie vermittelt Sinn und motiviert so. Als Controller's „Strategic Intent" ordnet sie die einzelnen Tätigkeiten als Mittel zum Zweck in einen größeren Zusammenhang ein.

→ Der rote Faden kann als Bezugspunkt bei Änderungen des Umfelds dazu dienen, das konkrete Aufgabenmuster kritisch zu hinterfragen und ggf. weiterzuentwickeln.

Die Werkzeuge und Aufgaben von Controllern brauchen einen roten Faden, der sie zusammenhält. Eine Controllingidee, die das Selbstverständnis kurz und knapp charakterisiert und dabei hilft, aktuellen Herausforderungen proaktiv zu begegnen. Abstrakte Muster aus der Praxis herauszufiltern, ist von jeher die Aufgabe der Theorie. Werfen wir also einen – kurzen – Blick auf die betriebswirtschaftliche Literatur.

2.1.4. Controlling – „State of the Art" in der Theorie

Die Literatur hat sich mit dem Phänomen des Controlling erst zögernd und mit zeitlichem Verzug auseinandergesetzt. Ihr Beitrag beschränkte sich anfangs – ähnlich wie in den eben disku-

tierten Leitbildern – auf Beschreibungen des praktischen Phänomens. Der Erklärungsgehalt war gering. In den letzten zwanzig Jahren hat sich die Situation jedoch grundlegend geändert. Diverse Lehrbücher, Dissertationen und Zeitschriftenbeiträge erschienen. Controlling ist zu einem Modethema geworden. Allerdings gilt auch in der Theorie: Unterschiedlichkeit ist Trumpf. Von „Generally Accepted Controlling Principles" (Küpper/ Weber/Zünd, 1990, S. 282) kann keine Rede sein.

Drei Hauptgruppen von Auffassungen lassen sich unterscheiden:

→ Eher traditionell geprägte Definitionsversuche verstehen Controlling im Kern als Informationsversorgungsfunktion. Den Bezugspunkt bildet in der Regel das Rechnungswesen (Heigl, Müller).

→ Andere Autoren definieren Controlling als einen Teilbereich der Unternehmensführung, der für die konsequente Ergebnisorientierung des Unternehmens Sorge zu tragen hat (Dellmann, Hahn, Siegwart).

→ Eine letzte Gruppe von Definitionen sieht die zentrale Aufgabe des Controlling in der Koordination unterschiedlicher Teilsysteme der Unternehmensführung (Horváth, Küpper).

Dahinter stehen jeweils spezifische Aufgabenbündel und Controllertypen.

→ Der *Buchhalter* bzw. Accountant klassischer Prägung steht hinter dem Aufgabenbündel der Informations-

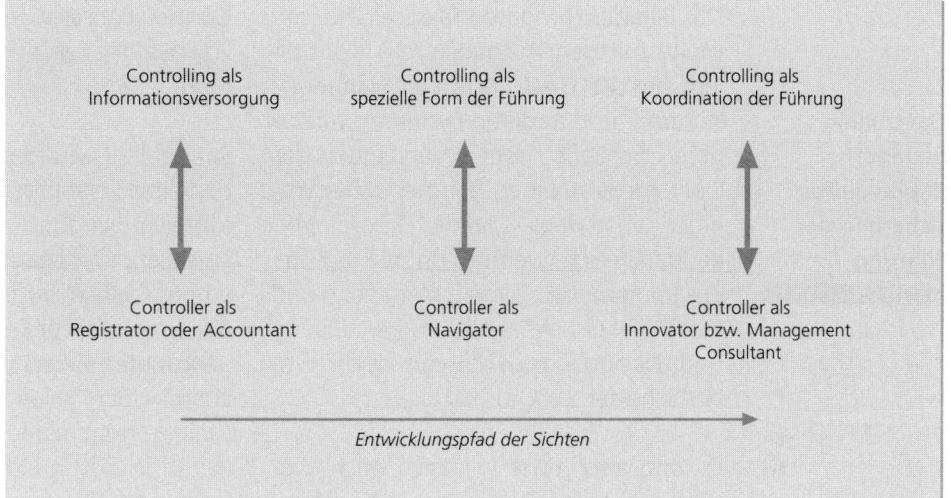

Controlling als Informationsversorgung	Controlling als spezielle Form der Führung	Controlling als Koordination der Führung
Controller als Registrator oder Accountant	Controller als Navigator	Controller als Innovator bzw. Management Consultant

Entwicklungspfad der Sichten

Unterschiedliche Sichten von Controlling und Controller in ihrer zeitlichen Entwicklung

versorgungsfunktion. Als Leiter des (internen) Rechnungswesens stellt er dem Management Zahlen zur Verfügung – entsprechend ist er schnell als „Rechenknecht" abgestempelt.

→ Hinter dem zweiten Definitionstyp steht der aktionsorientierte *Navigator.* Dieser führt insbesondere (Schwachstellen-)Analysen im Fertigungs- und Vertriebsbereich durch, ermittelt vergleichende Kosteninformationen und beurteilt eingereichte Pläne auf ihre Realisierbarkeit. Die Informationsbereitstellung erfolgt serviceorientiert und häufig ad hoc, er entwickelt kritische Analysen über Abweichungen in der Vergangenheit und unterbreitet proaktiv Vorschläge für die Zukunftsgestaltung.

→ Hinter der Koordinationssicht steht schließlich ein Controller, der sich als *„managementsystemorientiert"* charakterisieren lässt. Ihm obliegen

in erster Linie die Aufgaben der Entwicklung, des Betriebs und der Pflege eines integrierten Planungs-, Kontroll- und Informationssystems. Er unterstützt die Führungsarbeit durch Bereitstellung entsprechend aufbereiteter Informationen, die über den Einzelfall hinausgehen und sich auch auf die „weichen" Führungsdimensionen Personalführung, Organisation und Werte beziehen.

Information, Navigation und Koordination sind also im Wesentlichen die Vorschläge für einen roten Faden, den wir aus der Literatur entnehmen. Je nach vertretener Sicht ergeben sich ganz unterschiedliche Aufgabenprofile. Wichtige, unterschiedliche Facetten der Controllertätigkeit in der Praxis werden dabei ausgeblendet. So wird sich heute kaum noch ein Controller (nur) als Zahlen- und Rechenknecht sehen wollen.

Controlling bedeutet Rationalitätssicherung der Führung

Das Bild des Navigators lässt sich nur mit Mühe mit den Aufgaben von Controllern bei der Gestaltung von Planungs-, Kontroll- und anderen Systemen vereinbaren. Schließlich ist ein Verständnis des Controllers als einer, der mehr oder weniger abstrakte Systeme koordiniert, kaum hilfreich, wenn es um die tägliche Zusammenarbeit von Manager und Controller in Analyse, Problemlösung und Navigation geht (vgl. auch Weber/Schäffer 2000b).

Es wird also – wie wir auch noch ausführlicher zeigen werden – in der theoretisch motivierten Literatur (implizit!) jeweils ein Engpass in der Arbeit der Unternehmensführung unterstellt und entsprechend die Controllertätigkeit darauf fokussiert. Die reale Komplexität des Controllerphänomens kann – so scheint es uns – keiner der drei Ansätze erklären.

2.1.5. Die neue Sicht: Rationalitätssicherung als Aufgabe des Controlling

Im Folgenden wollen wir nun versuchen, den roten Faden der Theorie zu spannen, also eine gemeinsame Klammer für die Unterschiedlichkeit der Auffassungen in den Unternehmen wie auch in der Theorie zu suchen. Die so sehr „schillernden" Sichten und Aufgabenfelder des Controlling lassen sich dabei überraschend einfach auf einen – kurzen – Nenner bringen (vgl. ausführlich Weber/Schäffer, 1999d):

Controlling steht für die Sicherstellung von Rationalität der Unternehmensführung.

Rationalität wird dabei hier als Zweckrationalität verstanden, d.h. als effiziente Mittelverwendung bei gegebenen Zwecken. Der Zweck ist im ökonomischen Kontext in aller Regel wiederum nur ein Mittel zur Erreichung eines übergeordneten Zwecks, z.B. Gewinn- oder Shareholder Value-Maximierung. Controlling steht so für die Sicherstellung von Effizienz und Effektivität der Unternehmensführung. Irrational handeln heißt dann also (wie bereits bei Gutenberg nachzulesen ist) unzweckmäßig handeln, heißt die Mittel nicht richtig auf den Zweck abgestimmt haben.

Es gibt keinen „One-Best-Way" des Controlling

Controlling die Funktion der Rationalitätssicherung zuzuweisen, macht seine konkrete Ausprägung kontextabhängig. Wurde z.B. ein mittelständisches Unternehmen bislang dominant intuitiv geführt, so kann die Sicherstellung der Rationalität von Führung von der Einrichtung eines Beirats als kritischer Counterpart des Unternehmers bis zur Einführung einer festen Unternehmensplanung und der Schaffung einer Controllerstelle reichen. Je stärker das Management die Rationalität allein gewährleistet, desto weniger muss ein Controller wirksam werden. Gerade durch die Erkenntnis der Kontextabhängigkeit ist die von uns vorgeschlagene Sicht des Controlling in der Lage, eine Klammer für die bisherige Begriffsvielfalt zu bilden. So lassen sich die drei unterschiedlichen Erklärungsansätze der Theorie für das Controlling mit unterschiedlichen Engpässen rationaler Führung herleiten:

→ Rationale Führung setzt ausreichendes Wissen voraus. Neben Methoden- zählt hierzu Faktenwissen. Liegt letzteres nicht vor, ist keine auf Analysen, Zahlen und Modellen basierende Lösungsfindung möglich. Somit kommt der Bereitstellung führungsrelevanter Informationen wesentliche Bedeutung für die Sicherstellung rationaler Führung zu. Hierauf konzentriert sich die Sicht des Controlling als Informationsversorgungsfunktion.

→ Ansätze, die Controlling als spezielle Form der Führung betrachten, betonen zum einen die Notwendigkeit systematischer Zielplanung. Dies ist im Kontext von Führung mittels Plänen gleichbedeutend mit rationaler Willensbildung. Zum anderen wird die Geschlossenheit von Planung und Kontrolle hervorgehoben. Auch hierdurch wird die Rationalität der Führung gestärkt. Das Vorhandensein entsprechender Informationen wird innerhalb dieser Auffassung entweder implizit unterstellt oder explizit als Teil des Konzepts angesprochen.

→ Die koordinationsbezogenen Ansätze betonen schließlich, dass in der

Die Funktion der Rationalitätssicherung bildet eine Klammer um die bekannten Controllingsichten

Verbindung von Planung, Informationsversorgung und Kontrolle der zentrale Engpass rationaler Unternehmensführung liegt. Die Ausweitungen dieser Koordinationssicht auf Organisations- und Anreizaspekte (z.B. auf die variable Managervergütung) lassen sich durch dynamikbedingten Veränderungsdruck erklären: Je stärker das Unternehmen Veränderungen ausgesetzt wird, desto stärker muss sich die Sicherstellungsfunktion auch auf die Beziehungen von Planung, Informationsversorgung und Kontrolle zur Organisation und Personalführung erstrecken.

Controlling ist in diesem Verständnis keine reine Ansammlung von Tätigkeiten, die man mit Fug und Recht auch mit althergebrachten Bezeichnungen belegen könnte (Kostenrechnung, Planung und Kontrolle etc.), sondern eine spezifische Funktion der *Managementergänzung*. Manager und Controller streben ein rationales Management in enger Zusammenarbeit, im Team an. Der Fokus darf dann nicht auf Systemen liegen, sondern auf der *Interaktion von Menschen*.

Spezifische Ausprägungen

Im Folgenden wollen wir nun die spezifischen Ausprägungen der Sicherstellungsfunktion in den einzelnen Phasen der Führung näher betrachten. Als solche unterscheiden wir – wie viele in der einschlägigen Literatur vor uns – idealtypisch:

→ *Willensbildung* (was soll gemacht werden?),
→ *Willensdurchsetzung* (wie wird das, was gemacht werden soll, dem vermittelt, der es machen soll?) und
→ *Kontrolle* (was das ist, muss keinem Controller erläutert werden!).

Unterscheidung von Reflexion und Intuition

Für die Willensbildung wollen wir weiterhin – wiederum idealtypisch – zwei grundsätzlich mögliche Wege unterscheiden: Wir sprechen von *Reflexion*, wenn der Prozess der Entscheidungsfindung in Form irgendwelcher klar bestimmbarer Analytik erfolgt – z.B. durch eine Kostenvergleichsrechnung oder durch ein Operations Research-Modell. *Intuition* spricht dagegen „unternehmerisches Gespür", das „Bauchgefühl" an. Wie Intuition im Kern funktioniert, weiß man noch nicht; allerdings hat jeder von uns die Erfahrung gemacht, dass sich intuitiv gefundene Lösungen vielfach im nachhinein als ausgesprochen glücklich (richtig!) erwiesen haben.

Willensbildung

Rationalität in der Willensbildung sicherzustellen heißt, das richtige „Willensbildungsverfahren" zu gewährleisten. Dabei kommt dem Zusammenspiel von reflexiver und intuitiver Willensbildung, von Intuition des Managers und „harter Analyse" zentrale Bedeutung zu. Das dahinter stehende Bild hat der „Altmeister" der Controller-Szene, Dr. Albrecht Deyhle, anschaulich formuliert: „Zahlen, die betriebswirtschaftlichen Zusammenhänge und die ökonomische Logik bilden ... ein Metier für sich ... Wie soll jetzt der Non-Accountant als Manager damit umgehen können? Antwort: ‚Zusammen mit seinem Controller'. Jemand, den man Controller nennt ..., hat die Aufgabe des betriebswirtschaftlichen Begleiters, Ratgebers, Lotsen und eines ökonomischen Gewissens. Auch deswegen, weil ein Manager eine ziemliche Portion Euphorie braucht und deshalb, um den Schwung nicht zu verlieren, manches vielleicht gar nicht so exakt analysieren soll. Solches wäre dem Controller anzuvertrauen." (Deyhle, 1997, S. 37f.).

Das Zusammenwirken von Manager und Controller kommt – ebenfalls sehr anschaulich – im Schnittmengenbild von Deyhle zum Ausdruck, das die nebenstehende Abbildung zeigt.

Die Controllingaufgabe besteht zumeist im „Gegenhalten" des reflexiven, von Controllern besetzten Faktors gegenüber der intuitiven Seite der Führung; in manchen Situationen ist es allerdings auch erforderlich, mehr Intuition und schöpferische Freiheit des Managements zu fördern. Gerade in Unternehmen mit traditionell stabiler Umwelt, die in zunehmend dynamische und neue Fahrwasser kommen – wie etwa ehemals öffentliche Betriebe, die privatisiert werden –, nehmen die Wissensdefizite des Managements zu: der relevante

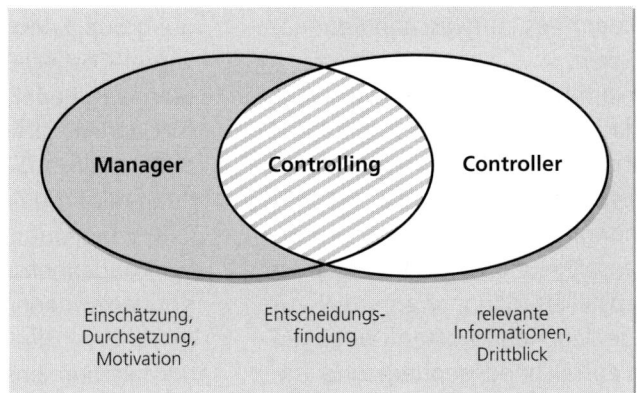

Einschätzung,   Entscheidungs-   relevante
Durchsetzung,   findung   Informationen,
Motivation   Drittblick

Zusammenwirken von Manager und Controller nach Deyhle, 1997, S. 154

welches Lösungsverfahren besser?") als auch bezogen auf die Entscheidungsträger auszugestalten (z.B.: „Wie lässt sich die intuitive Lösungskraft eines Linienmanagers genügend reflexiv begleiten?") – doch davon später mehr.

Engpass liegt dann häufig im Ausbau der intuitiven Seite der Führung. In der Regel werden Controller aufgrund ihrer Ausbildung und Erfahrung allerdings nicht in der Lage sein, den intuitiven Part selber zu spielen. Ihre Aufgabe ist es dann, das Management bzw. geeignete Akteure zu ermutigen, ihrer Intuition größeren Freiraum zu geben, oder – falls dies nicht ausreicht – externe Spezialisten als Coach einzubringen. Auf jeden Fall wäre es in einer solchen Situation eher gefährlich, wenn sich die Controller allein auf eine zahlenliefernde Funktion reduzieren ließen oder sie selbst anstrebten!

Die Informationsversorgungsfunktion der Controller stärkt die reflexive Seite der Entscheidungsfindung

Rationalität der Willensbildung heißt zumeist, wenn auch nicht immer, durch reflexive Führungselemente ein Gegengewicht zu intuitiven, mit unternehmerischem Fingerspitzengefühl getroffenen Entscheidungen und Maßnahmen zu bilden und umgekehrt. Das Verhältnis von „harter" Analyse (Reflexion) und Intuition ist sowohl funktional (z.B.: „Für welches Entscheidungsproblem ist

Rationale Führung setzt ausreichendes Wissen voraus. Neben Methoden- zählt hierzu Faktenwissen. Liegt letzteres nicht vor, ist keine reflexive Lösungsfindung möglich. Somit kommt der Bereitstellung der nach Art und Ausprägung richtigen führungsrelevanten Informationen wesentliche Bedeutung für die Sicherstellung rationaler Willensbildung zu. Bezugspunkt ist stets der Datenbedarf des jeweils verwendeten Willensbildungsverfahrens. Für eine Kostenvergleichsrechnung sind die benötigten relevanten Kosten bereitzustellen, eine Kundenerfolgsrechnung bedarf kundenspezifischer Kosten- und Erlöswerte, eine Kapitalwertrechnung zur Beurteilung der Vorteilhaftigkeit eines Investitionsvorhabens erfordert Kenntnis der investitionsbedingten Ein- und Auszahlungsströme.

Die Sicherstellungsfunktion bedeutet zum einen, bei gegebenen Willensbildungsverfahren Art, Umfang und Qualität der zur Verfügung stehenden bzw. zu verwendenden Daten zu beurteilen.

Hierbei kommt es zu *typischen Rationalitätsdefiziten*:

→ Eine vorhandene Datenquelle weist für das gegebene Willensbildungsverfahren Qualitätsprobleme auf. Ein Beispiel hierfür liefert die Kostenrechnung für Zwecke der Wirtschaftlichkeitserzielung und -kontrolle in Kostenstellen dann, wenn die zugrunde liegenden Kostenfunktionen nicht ausreichend gepflegt und damit Veränderungen angepasst werden.

Wo können überall Rationalitätsdefizite liegen?

→ Eine vorhandene Datenquelle wird für einen Willensbildungsprozess verwendet, für den sie nicht konzipiert wurde. Auch hier liefert uns die Kostenrechnung einige Anschauung: Wer kennt nicht die immer wieder geäußerte Warnung, Vollkosteninformationen unreflektiert zur Fundierung und Kontrolle von Entscheidungen zu verwenden?!

→ Eine vorhandene Datenquelle wird unzureichend genutzt. Ein Grund hierfür kann in einer zu hohen Komplexität der Datenquelle und/oder im mangelnden Wissen der Führungskraft liegen. Ein weiterer potentieller Grund ist im Opportunismus des Managers zu suchen, der sich aus dem breiten Spektrum vorliegender Daten nur diejenigen auswählt, die seinen Zielen entsprechen.

→ Die auf eine konkrete Willensbildung bezogene, fallweise Datenbereitstellung erweist sich als nicht ausreichend geeignet. Ursachen hierfür mögen in der Art (z.B. Vernachlässi-

gung von Erlösverbundenheiten bei Target-Costing-Prozessen), dem Umfang (z.B. Reduktion von Kundenzufriedenheit auslösenden Leistungsmerkmalen auf die funktionale Eignung des Produkts) oder der Qualität (z.B. Verwendung nicht repräsentativer Kundenbefragungen als Basis für Kundenzufriedenheitswerte) der Daten liegen. Dies wiederum kann an der falschen Einschätzung des Informationsbedarfs durch den Controller liegen und/oder aus hohen Datenbereitstellungskosten resultieren und/oder auf Opportunismus zurückzuführen sein.

Die Bedeutung des Rationalitätssicherungsbedarfs bei der Datenbereitstellung wird bereits anhand der wenigen Beispiele deutlich. Eine zweite Dimension der Rationalitätssicherung wird sichtbar, wenn die Prämisse aufgehoben wird, das zu verwendende Verfahren der Willensbildung liege fest. Begrenzungen der Datenbereitstellung wirken auf das Modell zurück, das die Daten verwendet. Der Einsatz des (später noch genauer vorzustellenden – vgl. S. 334ff.) Discounted Cashflow-Verfahrens zur Ermittlung des Shareholder Values als Beispiel kann in einem konkreten Unternehmenskontext nicht nur an mangelndem Verfahrenswissen, sondern auch daran scheitern, dass die sehr hohen Anforderungen an die bereitzustellenden Daten (Zahlungsstromprognosen) nicht erfüllt werden können. Eine Einführung dieses Verfahrens trotz mangelnder Daten führt dann zu Scheinrationalität, die wiederum Opportunismus Tür und Tor öffnet (vgl. dazu ausführlich Knorren/Weber, 1997). Rationalitätssicherung heißt somit auch, einen optimalen Ausgleich zwischen Erfüllung der datenbezogenen Anwendungsbedingungen und der grundsätzlichen Verfahrensgüte des Entscheidungsmodells herzustellen.

Durchsetzung und Kontrolle

Das Schließen des Regelkreises von Planung, Ausführung und Kontrolle ist ein Musterbeispiel für Rationalitätssicherung

Rationalitätssicherung in der Willensdurchsetzung und Kontrolle heißt insbesondere, den regelkreisförmigen Zusammenhang zwischen Planwerten, Istwerten und Kontrollwerten zu gewährleisten, also genau das Zusammenspiel zu ermöglichen, das jeder Controller „aus dem ff" kennt. Sicherstellung der Rationalität bedeutet in dieser Aufgabe, Wissen, Lernen und Wollen möglichst optimal miteinander zu verbinden.

Wissen betrifft die Phase der Willensbildung. Sie ist – wie gezeigt – oftmals Wissensbegrenzungen ausgesetzt. Wissensbegrenzungen bedeuten Unsicherheit über die Optimalität des gebildeten Willens. Wird dieser über Pläne – etwa in der jährlichen Budgetierung – durchgesetzt, heißt dies u.a., dass die Ausprägung der zu erreichenden Ziele (z.B. die Höhe des zu erzielenden Gewinns) Unsicherheit unterliegt. Entspricht das Ist dann nicht dem Plan, so ist unklar, ob der Grund für diese Differenz eher in der Ausführung („zu wenig engagiert") oder aber in der Willensbildung zu suchen ist („unrealistische Ziele"). Abweichungsanalysen müssen helfen, entsprechendes Wissen zu gewinnen.

Controllern wird diese Aufgabe zumeist für den Bereich der Ergebnisziele übertragen. Rationalitätssicherung heißt hier, Vorgehensschemata und -vorurteile zu vermeiden. So kann es – was auf den ersten Blick kontraintuitiv erscheint – gerade dann notwendig sein, andere Ziele zu setzen, wenn Abweichungen nicht entstehen: Planungsunsicherheit macht Plan-Ist-Abweichungen wahrscheinlich; unterbleiben diese, könnte der Grund auch in „slack" liegen: Die Manager haben so „großzügig" und für sie komfortabel geplant, dass sie keine Mühe hatten, die Ziele auch tatsächlich zu erreichen. Unterbleiben Abweichungsanalysen ganz, wird ein Lernen unmöglich und damit nicht-rationales Verhalten wahrscheinlich.

Verbindung mit anderen Führungshandlungen

Zur Aufgabe der Sicherstellungsfunktion des Controlling zählt schließlich auch die Verbindung von Willensbildung, -durchsetzung und Kontrolle mit anderen Führungstätigkeiten. Je stärker das Unternehmen Veränderungen ausgesetzt wird, desto stärker muss sich die Sicherstellungsfunktion auch auf die Beziehungen von Planung, Informationsversorgung und Kontrolle zur Organisation und Personalführung erstrecken.

Ein Beispiel liefert das bereits angesprochene Konzept der Wertorientierung. Selbst dann, wenn es gelungen ist, einen Discounted Cash Flow-Ansatz als Teil der strategischen Planung zu verankern, die dafür erforderlichen Daten in ausreichender Zahl und Qualität bereitzustellen, die Einhaltung entsprechender Wertsteigerungsvorgaben systematisch zu kontrollieren und schließlich entstehende Abweichungen zu analysieren, können erhebliche Anwendungsprobleme vorliegen, die es rationalitätssichernd zu beseitigen gilt.

Rationalitäts-engpässe können auch die Organisation und die Personalführung betreffen

Ein – derzeit sehr pointiert diskutierter (der Würzburger Professor Wenger lässt grüßen) – Grund kann in einer fehlenden Einbindung von Shareholder Value-Größen in die Anreizgestaltung der Manager liegen. Werden letztere im variablen Teil ihrer Vergütung weiterhin nach periodischen Erfolgsgrößen honoriert, besteht die Gefahr, dass im Konfliktfall diese und nicht der Shareholder Value maximiert wird (fehlende Verknüpfung zum Personalführungssystem). Die Notwendigkeit der Verbindung mit dem Organisationssystem wird z.B. dann sichtbar, wenn für ein Geschäftsfeld ein Shareholder Value geplant, berichtet und kontrolliert wird, der Geschäftsfeldverantwortliche diesen – z.B. aufgrund übergeordneter Entscheidungen – jedoch nicht ausreichend beeinflussen kann. Wir werden auf diese Aspekte im Rahmen der Finanzperspektive weiter unten noch ausführlich zu sprechen kommen (S. 338f.).

2.1.6. Aktuelle Herausforderungen an Controller und Controlling

Die Aussagen des vorangegangenen Abschnitts lassen sich in vier Statements zusammenfassen:

→ Controlling bedeutet Rationalitätssicherung der Führung.

→ Controller übernehmen im Zusammenspiel mit dem Manager einen erheblichen Teil dieser Aufgabe.

→ Die Aufgabe besitzt in unterschiedlichen Kontexten unterschiedliche Ausprägungen und Schwerpunkte.

→ Unterschiedliche Rollen sind ebenso wie unterschiedliche Controllerbilder (Buchhalter, Navigator, Innovator etc.) Ausdruck gerade dieser Kontextabhängigkeit.

Die schillernde Controllerwelt ist damit in unseren Augen ein erhebliches Stück einfacher und verständlicher geworden. Die neue Sicht des Controlling hilft aber nicht nur, sich im bisherigen Controllingdschungel besser zurechtzufinden. Sie ermöglicht es auch, neue Perspektiven für die zukünftige Controllerarbeit zu entwickeln. Solche Perspektiven sind bitter nötig, da die Unternehmensführung derzeit ganz erheblichen Herausforderungen gegenübersteht. Deren zentraler Treiber ist die sich immer schneller vollziehende Globalisierung der Wirtschaft. Sie löst unterschiedliche Veränderungsbedarfe aus, die eng miteinander verbunden sind:

→ Globalisierung führt zu höherem Wettbewerbsdruck und dieser zum

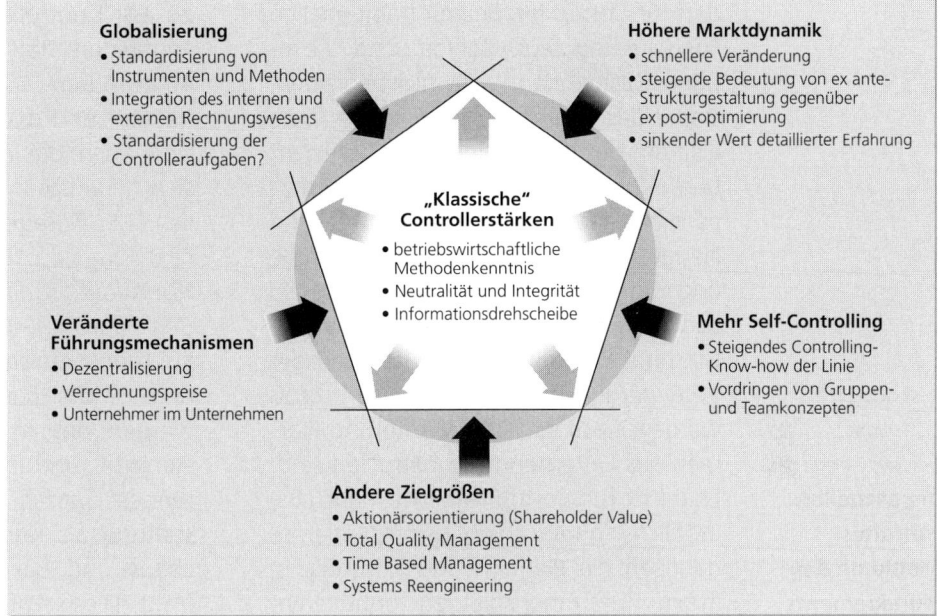

Auf die Controller wirkender Veränderungsdruck (modifiziert entnommen aus Weber 1999, S. 394)

immer schnelleren Abschmelzen von Wettbewerbsvorteilen. Die Dynamik steigt weiter, ebenso die Anforderungen an die Reaktionsfähigkeit und Veränderungsfähigkeit der Unternehmen.

→ Erhöhte Anforderungen an die Reaktionsfähigkeit schränken die Leistungsfähigkeit klassischer funktionaler Organisation und Spezialisierung (stark) ein. Erforderlich ist ein Denken und Handeln in Prozessen und Prozessketten.

→ Erhöhte Anforderungen an die Veränderungsfähigkeit der Unternehmung führen zur Auflösung tiefgegliederter Hierarchien. Derartige Burgen sind veränderungsträge bzw. -feindlich. Wer Zelte statt Burgen will, muss dezentralisieren.

→ Globalisierung und erhöhter Wettbewerbsdruck führen beide schließlich zu einer stärkeren Aktionärsorientierung. Globalisierung heißt auch Übernahme internationaler Standards. Die Aktionärsorientierung ist im anglo-amerikanischen Bereich deutlich weiter ausgeprägt als in Deutschland. Erhöhter Wettbewerbsdruck macht sich nicht nur auf Gütermärkten bemerkbar, sondern auch auf dem Kapitalmarkt. Knappes Eigenkapital ist nur dann zu gewinnen, wenn Rendite und Unternehmensentwicklung stimmen.

Sicherlich sind hiermit noch nicht alle Herausforderungen angesprochen, aber schon diese kurzen Ausführungen bedeuten einen erheblichen Handlungsbe-

Die aktuellen Führungsprobleme des Managements werden nur zum Teil von dem traditionellen Aufgabenverständnis der Controller abgedeckt

darf für Controller. Bei der traditionellen Fokussierung auf Zahlen und Rechnungswesen kann es nicht bleiben. Damit das gewohnte Führen über Ziele als Kern des Controlling weiter effizient und effektiv funktionieren kann, bedarf es einer laufenden Überprüfung und Neugestaltung der Planung, Kontrolle und Informationsversorgung ebenso wie der Organisation und Personalführung. Schließlich kann der Grad der Veränderungsbedürftigkeit so groß werden, dass auch die Werte und Normen des Unternehmens betroffen sind. Es reicht für Controller nicht mehr aus, möglichst gute Zahlen zu präsentieren, daneben die Planung und Kontrolle in ihrem Zusammenspiel zu optimieren, wenn nicht zugleich der richtige organisatorische Rahmen vorliegt und richtige Anreize für die Mitarbeiter gesetzt werden. Kurz: Wer die Führung unterstützen will, muss dies für die gesamte Führungsaufgabe in Angriff nehmen; er darf sich nicht auf – wenn auch wichtige – Ausschnitte davon beschränken.

Wie wichtig eine solche erweiterte Sicht ist, zeigt ein kurzer Blick auf die derzeitigen Führungsprobleme des Managements:

→ *Veränderung gewohnter Führungssysteme*: Keiner der etablierten Teilbereiche der Führung bleibt ungeschoren. Planung und Steuerung müssen – wollen sie der geforderten Dynamik gerecht werden – schlanker werden; gleiches trifft für die Kostenrechnung als Informationsbasis

zu. Für Kontrollen gilt: Besser Fehler vermeiden, statt sie durch Kontrollen aufzuspüren. Die Organisation wird flacher und weniger bürokratisch, und auch die Personalführung hat sich neue Lösungen einfallen zu lassen (z.B. Anreize in Gruppenstrukturen).

→ *Koordination der Veränderungen in der Führung*: Wenn sich all diese Führungsbereiche deutlich verändern, muss Sorge dafür getragen werden, dass sich nicht ein unabgestimmtes und ineffizient funktionierendes Ganzes ergibt. Führungsgestaltung als Kunst des Stimmigmachens und der Integration ist gefragt. Diese Anforderung zählt aber nicht zum Standardkatalog heutiger Manager.

→ *Management neuer Zielgrößen*: Kosten, Erlöse, Deckungsbeiträge und Gewinne – dies sind die gebräuchlichen Größen, nach denen ein Management ein Unternehmen steuert; zumindest dachten stets die Controller so. Die Balanced Scorecard und andere Managementtrends weisen Mengen-, Zeit- und Qualitätsdaten eine hohe Bedeutung zu. Gerade unter Nutzung dieser Daten die monetären Ergebnisse zu optimieren, stellt eine neue Herausforderung an Controller wie Manager dar.

→ *Management in neuen Führungskonzepten*: Profit Center-Lösungen mit frei aushandelbaren Verrechnungspreisen werden postuliert, „Unternehmer im Unternehmen" ebenso gefordert wie Teamorientierung. All diese Entwicklungen machen Pläne zu einem Teil obsolet. Allerdings stellt sich die Frage nach Integration weitgehend selbständig geführter Einheiten neu und nicht weniger drängend.

→ *Management neuer Unternehmensformen*: Unternehmensgrenzen werden zunehmend fließend („virtuelle Unternehmen"). Die Sicht von Wertschöpfungsketten, Entwicklungspartnerschaften, Produktionsnetzwerken, von informellen Kooperationsformen zwischen Hierarchie und Markt kennzeichnen den neuen Ansatz. In der betriebswirtschaftlichen Theorie bildet sich hier ein ganz neues Arbeitsfeld heraus; entsprechend fehlen bislang bewährte Instrumente oder abgesicherte Erkenntnisse. Auch die Controller sind gefordert, derart neue Formen unternehmerischer Tätigkeit führbar zu machen bzw. zu halten.

Controller müssen sich auf managementrelevante Themen konzentrieren!

Betrachtet man diese Veränderungen in der Gesamtschau, so wird schnell deutlich, dass es zu grundlegenden Umwälzungen in der Führung kommt, die sich nicht mit kleinen Anpassungsschritten bewältigen lassen. Das Management muss in hohem Maße neue Rollen übernehmen – und dies gilt auch für die Controller! Gefordert ist damit der Controller als Management Consultant (vgl. Schäffer/Weber, 1999).

2.1.7. Der Controller als Management Consultant

Controller sind angesichts der beschriebenen Herausforderungen zunehmend und vielfach der Gefahr ausgesetzt, die Aufmerksamkeit des Managements zu verlieren. Es ist abzusehen, dass sich die Nähe zum Management – als unabdingbare Voraussetzung zur effektiven Wahrnehmung ihrer Rationalitätssicherungsfunktion – bei dem traditionellen Aufgabenspektrum auf Dauer nicht halten lässt. Der schleichende Niedergang des Gestaltungsspielraums von Controllern im Unternehmen scheint dann vorprogrammiert. Controller müssen deshalb ihre eigene Arbeit kritisch überdenken und sich bewusst auf Aufgabenfelder konzentrieren, die einen wichtigen Rationalitätsengpass darstellen und die Aufmerksamkeit des Managements haben – oder haben sollten (vgl. Weber, 1997 und Homburg et al., 1998). Controller sollten daher möglichst engpassbezogen dort tätig werden, wo der Schuh drückt. Dieser Grundsatz bedeutet auch, dass Controller ihre Kunden beim Aufbau von eigenem Controlling-Know how unterstützen sollen. Die Voraussetzung für das vielfach geforderte Self-Controlling der Manager liegt darin, dass die Führungskräfte über alle zur kritischen Reflexion benötigten Informationen über Kosten, Leistungen und ihre Zusammenhänge unmittelbar verfügen. Keine eifersüchtig gehüteten Zahlen, sondern Transparenz der ökonomischen Zusammenhänge ist gefragt.

Individuallösungen statt Standardangebote

Self-Controlling wäre falsch verstanden, würde man darin eine Alternative zur Tätigkeit von Controllern sehen. Self-Controlling drückt aus, dass Controlleraufgaben im Zuge der Veränderung nicht nur gänzlich entfallen, sondern auch den Träger wechseln können. Controller sollten diesen Prozess nicht aufzuhalten versuchen, sondern aktiv fördern. Neue Herausforderungen gibt es genug.

In der *maßgeschneiderten Anpassung* von Problemlösung und Implementierung liegt eine weitere zentrale Herausforderung. Für Controller heißt dies insbesondere, statt monatlicher Standardauswertungen und -berichte im Hinterzimmer vor Ort problem- (und engpass!)spezifische Lösungen zu erarbeiten. So machen Controller, die Abweichungsanalyse nur als analytisches Zahlenspiel verstehen, auf Probleme aufmerksam, liefern aber keinen Beitrag dafür, ihren Problemgehalt zu klären. Die Hilfestellung für das Management ist folglich (sehr) beschränkt – und zudem weitgehend durch intelligente Software-Lösungen substituierbar.

Der inhaltliche Teil der Abweichungsanalyse bedeutet eine Rekonstruktion tatsächlicher Geschäftsvorfälle aus den aufgezeichneten Zahlen. Dies lässt sich nur in Interaktion mit den Betroffenen erreichen. Bildlich gesprochen muss der Controller seinen Schreibtisch verlassen und „zum Ort des Geschehens", in die Leistungsbereiche gehen. Ein erhöhter Personaleinsatz kann z.B. auf den urlaubsbedingten Einsatz von Aushilfskräften oder auf führungsbedingt zurückgehende Einsatzbereitschaft des Stammpersonals zurückzuführen sein. Aus den reinen Abweichungszahlen lassen sich diese Ursachen nicht ablesen.

Hinzu kommt das Problem, die entstandene Abweichung in einen ausführungs- und einen zielsetzungsbezogenen Teil zu differenzieren: Zielwerte sind ex ante nie so sicher zu erreichen, dass eine angefallene Abweichung allein auf Probleme der Realisation zurückzuführen ist. Umgekehrt können auch im Falle strategischer Ziele diese nie so unsicher sein, dass nicht auch ein abweichender Input im Versuch, sie operativ umzusetzen, Einfluss auf die Abweichungshöhe nimmt. Abweichungsanalyse bedeutet damit stets das Problem, den jeweiligen Ursachenschwerpunkt zu bestimmen – und hierfür gibt es keinen Algorithmus; vielmehr ist (auch!) intuitives Einschätzungsvermögen gefragt.

Voraussetzung für eine Übernahme der inhaltlichen Abweichungsanalyse durch Controller ist deren Fähigkeit und Bereitschaft, „vor Ort" in der Funktion eines Beraters zu arbeiten. Dies setzt zunächst fachliche und persönliche Akzeptanz voraus, die nicht per se gegeben sein muss. Entsprechendes gilt für

Wollen Controller den Managern helfen, müssen sie sich auf das tägliche Führungsgeschäft „vor Ort" einlassen

das Vertrauen, dass von den gewonnenen Erkenntnissen keine dysfunktionalen Wirkungen ausgehen („petzen"). Weiterhin besteht ein gewisser „Erfolgszwang": Wie normale Berater werden sie an dem Wert der gewonnenen Erkenntnisse gemessen. Mangelt es an diesem, erweckt die Analyse vor Ort nur den Eindruck eines Überwachungsstrebens.

Controller gehen damit bei inhaltlicher Abweichungsanalyse ein Risiko ein, das sie bei Beschränkung auf eine standardisierte und formale Betrachtung nicht besitzen. Zugleich werden erheblich höhere Anforderungen an sie gestellt. Beides macht verständlich, dass Controller in der Unternehmenspraxis nicht selten „den Platz am Schreibtisch nicht verlassen." Wer als Controller so handelt, macht sich zwar das Leben leichter, lebt aber in der Gefahr, in der Sphäre der Zahlen nicht die tatsächlichen Probleme vor Ort zu erkennen und damit auch nicht zu einer maßgeschneiderten Lösung beitragen zu können.

Verpflichtung zum Widerspruch

Für Controller, die im Team zusammen mit ihrem Manager im Unternehmen die Rationalität der Führung sicherstellen sollen, ist eine Verpflichtung zur ungefragten Beratung und zum Widerspruch zentral. Es ist ihre oberste Aufgabe, unangenehme Wahrheiten zu äußern und ökonomischen Sachverstand nötigenfalls „erbittert" zu vertei-

Der Controller als Hofnarr – ein passendes Bild !?

digen. Von Deyhle wurde hier das Bild des Hofnarren geprägt.

Hofnarren waren am Königshaus die einzigen, die – gewollt – ungestraft die Schwächen ihrer Herren ansprechen konnten – kleideten sie sie denn in genügend schöne und lustige Verse. Controller haben ebenfalls oftmals unangenehme Wahrheiten zu vermitteln, Schwächen transparent zu machen, ohne den Counterpart damit an den Pranger zu stellen. Auch sie sind letztlich der Gefahr ausgesetzt, den Kopf zu verlieren, wenn sie es etwas zu toll getrieben haben oder einfach nur einer üblen momentanen Laune „ihres Herren" zum Opfer fallen. Hofnarren sind in ihrem Job selten alt geworden. Er war spannend, aber begrenzt.

Bei diesem Bild sind Probleme unschwer in der mangelnden Akzeptanz bei den Controllern selbst, aber auch bei ihren Managern zu erkennen. Viele tun sich schwer damit, sich den Controller mit Glöckchen am Hut versehen vorzustellen. Dem Bild fehlt es am nötigen Ernst. Schließlich kommt dem Controller doch eine zentrale Rolle in der Sicherstellung der Rationalität der Führung zu. Zudem wird sich (fast) jeder Manager mit dem Brustton der Überzeugung vom Bild des Potentaten distanzieren, das die Hofnarrenrolle vom Counterpart des Controllers fordert. Im nächsten Abschnitt werden wir noch zwei weitere Bilder einführen, um die neuen Herausforderungen an die Controller zu veranschaulichen. Beide sind inhaltlich mit dem des Hofnarren verwandt: der konstruktive Opponent und der Promotor.

2.1.8. Der Controller als konstruktiver Opponent und Promotor

Weiter oben sind wir ausführlich auf die Aufgabe des Controlling eingegangen, die optimale Kombination von „harter" Analyse (Reflexion) und der subjektiven Einschätzung (dem „Judgement" bzw. der Intuition) der Beteiligten sicherzustellen. Um das Zusammenspiel der beiden Wege, zu Entscheidungen zu kommen, präzise zu beschreiben und konkrete Handlungsempfehlungen ableiten zu können, wollen wir im Folgenden einen konzeptionellen Rahmen vorstellen, der Reflexion und Intuition zueinander in Beziehung setzt.

Reflexion und Intuition im Wechselspiel – die RIC-Matrix als Strukturierungsansatz

Beide Verfahren liefern dem Manager getrennt eine positive oder negative Vorteilhaftigkeitseinschätzung bezüglich der zu treffenden Entscheidung, z.B. für eine anstehende Investition. Der Abgleich der Ergebnisse dient der Kontrolle und somit der Sicherstellung der Rationalität der getroffenen Entscheidung. Weiter unterstellen wir, dass Manager, die die gleichen Ziele verfolgen wie das Unternehmen, genau dann eine starke Bindung an die getroffene Entscheidung und die Bereitschaft entwickeln, sich für ihre Verwirklichung aktiv einzusetzen, wenn die Vorteilhaftigkeitseinschätzungen reflexiv und in-

tuitiv übereinstimmen. Commitment zu Problemlösungen und Plänen setzt also nicht nur die Abwesenheit von Opportunismus sondern – so unsere zentrale Hypothese – den „Fit" von Reflexion und Intuition voraus.

Die Intuition des Managers sollte durch „harte" Analysen des Controllers hinterfragt werden, Intuition allein kann leicht in die Irre führen. Ebenso sollten immer dann, wenn harte Analysen möglich und sinnvoll sind, diese nicht allein stehen. Sie bedürfen der Bestätigung oder Kritik durch die Intuition des Managers, um im fruchtbaren Zusammenspiel zu optimalen Lösungen zu kommen. Die Gegenüberstellung von reflexiver und intuitiver Einschätzung der Vorteilhaftigkeit kann – wie in der nebenstehenden Abbildung visualisiert – zu Übereinstimmung auf unterschiedlichen Vorteilhaftigkeitsniveaus oder zu Divergenzen führen. Die durch numerierte Kreise (I-IV) markierten Fälle werden im Folgenden von uns ebenso diskutiert wie für diese sinnvolle Verhaltensweisen (1-8).

Strategien angesichts sich widersprechender Reflexion und Intuition

Die Felder I und III der Matrix sind dadurch gekennzeichnet, dass sich die Vorteilhaftigkeitseinschätzungen von Reflexion und Intuition widersprechen. Im Feld I ist die reflexive Vorteilhaftigkeitseinschätzung hoch, die intuitive dagegen gering. Die Situation lässt sich

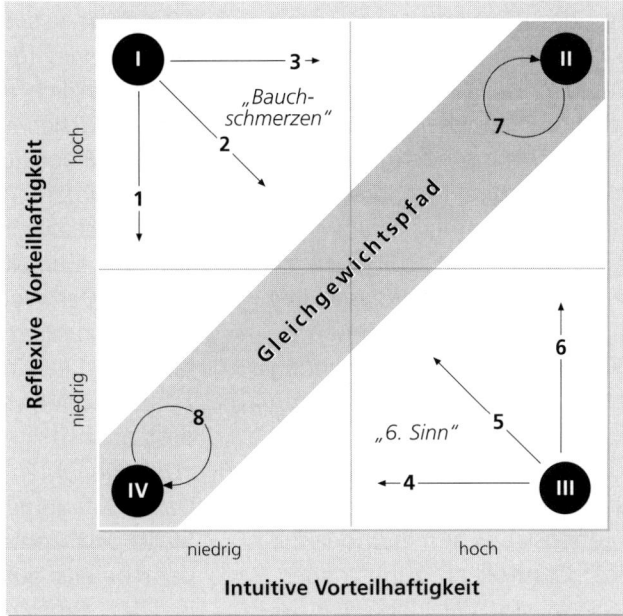

Die Reflexion-Intuition-Commitment-Matrix zur optimalen Verknüpfung von Reflexion und Intuition (entnommen aus Weber/ Schäffer 1999a)

Seiten zugrunde liegenden Annahmen und Prägungen.

Im Feld III ist die reflexive Vorteilhaftigkeitseinschätzung niedrig, die intuitive dagegen hoch. Plakativ stößt hier der sechste Sinn des Entrepreneurs auf die Fakten und Analysen seines Controllers. Die Analyse des Controllers sagt aus, dass sich die Investition nicht rechnet. Der Entrepreneur wischt die Zahlen vom Tisch (oder würde dies gerne tun). Sein Gefühl sagt ihm, dass es sich doch lohnt. Wiederum besteht Handlungsbedarf in Richtung auf eine kritische Überprüfung von zugrunde liegender Analyse und Judgement.

Um die Spannung zu lösen, werden im Folgenden konkret (jeweils) drei Pfade diskutiert, um Analyse und Intuition zur Übereinstimmung zu bringen. Bei sämtlichen Pfaden wird eine positive, zur Rationalität führende, und eine negative, Irrationalität bedeutende Variante unterschieden.

Fall 1: Reflexion folgt Intuition

In den Pfaden 1 und 6 folgt die Analyse der Intuition, die Analyse dem „Bauchgefühl". Das aus Intuition gespeiste

plakativ charakterisieren: Die Analyse des Controllers sagt aus, dass sich eine betrachtete Investition rechnet. Der Manager glaubt der Analyse aber nicht – ohne dies jedoch richtig begründen zu können; sein „Bauchgefühl" spricht dagegen. Die Gefahr besteht, dass der Controller nun wie der „Held" im gleichnamigen Buch von Max Frisch als homo faber agiert, als die vollkommene Verkörperung der technischen Existenz, die sich vor ihrer eigenen Intuition sicher glaubt. Als solcher ist er schlecht auf den Zusammenstoß mit der außertechnischen Welt, dem Nicht-Reflexiven, vorbereitet. Es besteht daher Handlungsbedarf in Richtung auf eine Verknüpfung der beiden Methoden, auf eine kritische Überprüfung und einen entsprechenden Diskurs der auf beiden

Störgefühl des Entrepreneurs führt dazu, die Rechnung nochmals zu überprüfen. Für den Fall rationalen Vorgehens werden die Prämissen kritisch hinterfragt, die Rechnung nochmals nachvollzogen und falsche Methoden, Daten, Prämissen etc. korrigiert, um eigene Analysen auf Schwachstellen zu überprüfen und Verbesserungen zu erreichen. In einer funktionierenden internen Kunden-Lieferanten-Beziehung zwischen Manager und Controller kann letzterer hier hohe Flexibilität zulassen: Abweichungen werden zumeist auf unterschiedlich gesetzte Annahmen, selten auf offensichtliche methodische Fehler des Controllers zurückgehen. Allerdings muss sich der Controller bei aller internen Kundennähe davor hüten, sich vor den „Karren" jedes gewünschten Ergebnisses spannen zu lassen. Gerade bei unterschiedlich möglichen Ausgangsannahmen (z.B. über Steigerungsraten des Marktes, Konkurrenzverhalten der wichtigsten Nachfrager, Skaleneffekte im Zeitablauf) lässt sich das reflexive Urteil weitgehend an das intuitive des Managers anpassen („wir rechnen jede Zahl") – und damit scheinrational werden.

Weicht die Intuition von der Reflexion ab, neigt sie dazu, scheinrationale Argumente zu präsentieren

Eine weitere Form nicht produktiver Versuche, das reflexive dem intuitiven Urteil anzupassen, setzen – glaubt man Controllern – häufig Manager bewusst in Szene, indem sie die reflexiv gewonnene Einschätzung anzweifeln. Dabei scheint es ein typisches, gestuftes Vorgehensmuster zu geben:

1. *„Die Zahlen stimmen nicht!"*
   Auch kleine, für das grundsätzliche Urteil gänzlich unbedeutende Differenzen reichen aus, um das reflexive Urteil in Frage zu stellen.

2. *„Das benutzte Modell ist falsch".*
   Beliebt scheint in der Praxis z.B. das Thema Gemeinkostenverrechnung zu sein. Der Weg in eine grundsätzliche Diskussion erspart die Akzeptanz des Rechenergebnisses im Einzelfall – oder verschiebt sie zumindest zeitlich.

3. *„Die Annahmen sind falsch".*
   Das Management kann an dieser Stelle den Controller z.B. leicht mit dem bereits ausführlich erläuterten Bild des „Bremsers" oder „Verhinderers" belegen und damit die reflexive Einschätzung in ihrer Bedeutung abwerten.

4. *„Die strategische Bedeutung der Maßnahme wurde in der Rechnung nicht berücksichtigt".*
   Sind alle drei zuvor aufgeführten „Argumente" widerlegt, führt der Verweis auf die Strategie häufig doch noch zum Erfolg. Strategien lassen sich eben nur zum Teil rechnen – und sind per se mit so hoher Unsicherheit behaftet, dass ihre laufende Überprüfung nur (sehr) eingeschränkt möglich ist. Die empirisch feststellbare Unzufriedenheit mit der strategischen Planung in den Unternehmen mag hier seinen Grund finden.

Rationalitätssicherung durch Controller heißt in diesem Kontext, das Argumentationsmuster zu kennen und darauf eingerichtet zu sein. Muss der Manager damit rechnen, dass der Controller seine Strategie – z.B. aus vorangegangenen Konflikten – kennt, besteht wenig Anreiz, es erneut zu versuchen.

Fall 2: Intuition folgt Reflexion

Die Pfade 3 und 4 (vgl. nochmals die Abbildung auf der S. 203) stehen für den Weg, die Intuition der Analyse anzupassen. Die Modelle und Methoden des Controllers führen hier dazu, dass herrschende Meinungen, Überzeugungen und Glaubenssätze des Managements kritisch hinterfragt werden. Dieser Diskurs zeigt mögliche Ursachen für eine abweichende Intuition auf und ist so die Basis dazu, das reflexive Urteil auch ohne kognitive Dissonanzen mitzutragen. Der „Umstimmprozess" lässt sich aber nur teilweise bewusst gestalten. Insbesondere ist die Zeitdauer, bis die Intuition das Ergebnis der Analyse anerkennt, Unsicherheit ausgesetzt – und von Person zu Person sehr verschieden! Hier liegt ein signifikanter Unterschied im Vergleich zum zuvor skizzierten Fall 1 vor: Das Bewusstsein akzeptiert eine angepasste Rechnung sofort.

Anpassungen der Intuition an die Analyse müssen aber nicht in jedem Fall zu höherer Rationalität führen. Der Begriff der „Zahlengläubigkeit" kennzeichnet Anpassungsdefekte ebenso, wie diese durch die Tatsache begründet werden, dass sich intuitive Einschätzungen schlechter kommunizieren lassen: Es ist leichter, einen positiven Kapitalwert vor dem zentralen Investitionsausschuss zu präsentieren, als das unbestimmte Störgefühl, das Vorhaben würde aus irgendwelchen Gründen doch nicht zum Erfolg führen. Leicht wird hier vorschnell der Pfad 4 gewählt, obwohl der Pfad 6 zutreffend wäre!

Fall 3: Gegenseitige Anpassung von Intuition und Reflexion

In den Pfaden 2 und 5 erfolgt schließlich eine gegenseitige Anpassung von „harter" Analyse und Intuition. Im kritischen Diskurs von Analyse und Intuition ergeben sich „auf beiden Seiten" Einschätzungsänderungen. Das Bild von (expliziter) These, (unklarer) Antithese und Synthese erscheint hier treffend. Das Verfahren kann sehr geeignet sein, um im Zusammenspiel („in einem Kopf", aber auch zwischen Manager und Controller) zu rationalen Ergebnissen zu kommen.

Für die irrationale Variante findet sich wiederum ein sehr anschaulicher Begriff, der des „faulen Kompromisses" von Analyse und Intuition. Konflikten wird aus dem Wege gegangen. Controller und Manager verzichten beide darauf, gänzlich Recht zu haben. Bei negativer Analyse und positiver Einschätzung wird die Maßnahme z.B. unter der Bedingung von Verbesserungsmaßnahmen (z.B. zusätzliche Kostensenkung)

Die Intuition kann nur sehr langsam umgestimmt werden

verabschiedet, bei positiver Analyse und intuitivem Störgefühl statt der großen eben nur die kleine Lösungsvariante realisiert.

Bewusstes Herbeiführen von Widersprüchen

Die Felder II und IV sind durch eine Übereinstimmung von reflexiver und intuitiver Einschätzung gekennzeichnet. In Feld II sind reflexive und intuitive Vorteilhaftigkeitseinschätzung hoch, in Feld IV beide niedrig. Es besteht kein Störgefühl im kreativen Spannungsverhältnis von Intuition und Analyse, die Position ist auf dem Gleichgewichtspfad. Nun gilt es zu unterscheiden: Bei Routineentscheidungen bzw. Entscheidungen von geringer Tragweite ist die Situation zufriedenstellend und stabil. Bei Entscheidungen von großer Tragweite erscheint es sinnvoll, die Einschätzung abzusichern: In den Pfaden 7 und 8 erfolgt ein solches kritisches Hinterfragen des Gleichgewichts. „Der Friede" von Intuition und Analyse ist zwar anzustreben, aber auch mit stetigem Misstrauen zu betrachten. Es kann – wie wir zum Teil schon ausgeführt haben – durchaus der Fall sein, dass das Gleichgewicht „faul" ist. Analysen können auch als (bewusste oder unbewusste) Scheinrationalisierung der eigenen Intuition missbraucht sein. Sie wird damit auf eine Legitimationsfunktion reduziert (interne Durchsetzung), die Entscheidung ist de facto über die eigene Intuition erfolgt.

Bei wichtigen Entscheidungen darf nicht zu früh der Friede zwischen Reflexion und Intuition gesucht werden!

Erfahrungsschatz und internes Wissen als Basis für die Intuition sind nicht ausreichend bzw. nicht passend; die Intuition des Akteurs kann somit kein adäquates Gegengewicht zur eigenen Analyse bilden und so die Funktion des „Wachhunds" bzw. Warnsystems nicht wahrnehmen. Analyse und Intuition sind beide überfordert bzw. nicht adäquat und kommen so übereinstimmend zum falschen Ergebnis, ohne dass der Gleichgewichtspfad verlassen wird. So werden Manager vielfach Opfer ihrer begrenzten kognitiven Fähigkeiten, die bei komplexen Problemen leicht zu einem „information overload" und daraus folgenden Aktionismen führen.

Die bisherigen Ausführungen können – wie auch die nebenstehende Abbildung veranschaulicht – in drei Stufen zusammengefasst werden:

→ Die erste Stufe bildet Transparenz; Ziel ist ein (bewusstes) Verständnis von Intuition und Analyse sowie deren Zusammenspiel und eine intime Kenntnis möglicher Strategien, Managerkonstellationen und Techniken.

→ Die zweite Stufe besteht im Anstreben und Erreichen des Gleichgewichtspfads. So wird die Angemessenheit der Entscheidung sichergestellt und eine zentrale Voraussetzung für das Vorhandensein von Commitment der Führungskräfte (und damit für eine hohe Erfolgswahrscheinlichkeit der Realisierung der Entscheidung) erfüllt.

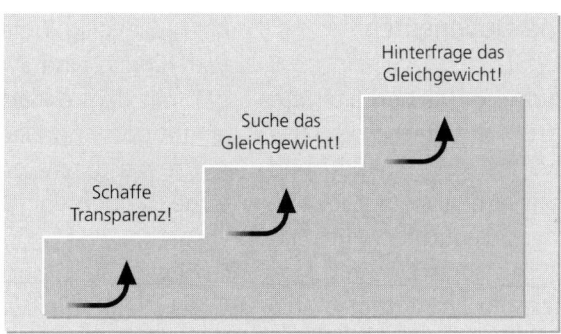

Stufen des Zusammenwirkens von Intuition und Reflexion

→ Ist die Fragestellung hinreichend bedeutsam, sollte auf der dritten Stufe – als Qualitätscheck – die Deckung von Intuition und Analyse kritisch hinterfragt werden.

Wege, das Zusammenspiel zwischen Reflexion und Intuition zu sichern

Die Sicherung des Ausgleichs bei sich widersprechender Intuition und Analyse sowie das kritische Hinterfragen von Gleichgewichten erfordert eine angemessen herausgehobene Gegenposition („Contre Rôle"). Hier bestehen grundsätzlich mehrere Optionen:

→ ein spezialisierter Controller oder Berater,

→ die (ggf. wechselnde) Rollenverteilung im Management (z.B. Übertragung der Rolle eines „Advocatus Diaboli" an jeweils ein Mitglied eines Entscheidungsgremiums) oder

→ die Bewusstseinsschärfung der Manager, selbst das Wechselspiel von Intuition und Reflexion in der eigenen Kognition, im „eigenen Kopf", zu gewährleisten.

Letztere Variante ist zwar ein wichtiger Baustein der Rationalitätssicherung und hat unseres Erachtens noch erhebliches Potential, sie kann aber nicht allein stehen. Das partnerschaftliche Zusammenspiel von Manager und Controller bringt zusätzlichen Nutzen.

Mit dem Begriff „partnerschaftlich" ist dabei „partnerschaftliche Professionalität" gemeint, bei der Controller und Manager gemeinsam auf die Erreichung der Unternehmensziele hinarbeiten, nicht jedoch eine Kooperation, um opportunistisch jeweils das Beste für sich selbst zu erreichen. Controller dürfen unwillkommene Tatsachen nicht zurückhalten und ihre Empfehlungen nicht von persönlichen Beziehungen abhängig machen. Unabhängigkeit und Objektivität des Controllers werden als zentraler Teil seines Wertschöpfungsversprechens geschätzt.

Voraussetzung für eine solche partnerschaftliche Professionalität ist zum einen, dass Controller und Manager sich gegenseitig einen Vertrauensvorschuss geben. Dabei spielt die „persönliche Chemie" eine wichtige Rolle. Zum anderen sollte sich der Vertrauensvorschuss für beide Parteien „auszahlen", indem beide Parteien einen Nutzen aus der Zusammenarbeit ziehen. Die Controller-Manager-Beziehung sollte daher immer auf eine „Win-Win-Situation" ausgerichtet sein.

Promotoren und Opponenten

In der betriebswirtschaftlichen Literatur wurde schon früh auf das produktive Spannungsverhältnis von Treiber und Bremser hingewiesen. Witte unterscheidet ganz ähnlich Promotoren und Opponenten im Entscheidungsprozess. Letztere zwingen die Promotoren, „die vorliegende Entscheidung mit Sorgfalt und Umsicht zu bearbeiten, Prognosen rechnerisch zu fundieren und die Unsicherheit der Erwartung zu reduzieren … Wenn man … die positive Funktion der Opponenten ernst nimmt, dann ist der innovative Entschluss eben nicht nur ein Ergebnis der vorantreibenden Kraft des Promotorengespanns, sondern auch des risikovermeidenden Beitrags des Opponentengespanns" (Witte, 1976, S. 326). Entscheidungsprozesse mit Promotoren und Opponenten sind effizienter als einseitig getriebene Prozesse. Manager und Controller können durch die Rollenverteilung gewinnen. Das Bild des Controllers als Bremser gewinnt so an Charme: als notwendige Ergänzung des vorandrängenden Managers. Wenn die Kritik und die Warnung denn konstruktiv ist!

Für diese Aufgabe des Controllers ist zum einen eine unabhängige Stellung, zum anderen ein nicht vorbelasteter „Außenblick" erforderlich. Bei einem großen Mineralölunternehmen ist exakt aus diesem Grund die „Management Challenge" institutionalisiert worden. Alle drei Jahre besucht ein Top-Manager aus völlig unterschiedlichem Kontext für ca. eine Woche eine Fertigung o.ä. mit dem erklärten Ziel, seine Beobachtungen und Eindrücke zu präsentieren sowie durch „naive" Fragen das interne Modell vor Ort herauszufordern.

Es gilt somit: „Je weniger Erfahrung der Controller vom entsprechenden Geschäft hat, desto besser." Da eher kontraintuitiv, muss diese Erkenntnis dem Linienmanagement aktiv vermittelt werden.

Hilfreich ist insbesondere ein abweichendes internes Modell des Controllers („Zahlendenke"). Bei gemeinsamen internen Modellen existiert zwangsläufig eine gewisse Konvergenz der relevanten Wahrnehmungs- und Denkprozesse. Die Streubreite der möglichen, zur Verfügung stehenden Handlungsalternativen bleibt so auf diejenigen beschränkt, die mit den gemeinsamen internen Modellen vereinbart werden können. Je vielfältiger die vertretenen Ansichten und Perspektiven sind, desto geringer ist die Gefahr, dass sich ein – falscher – Glaube an eine allein seligmachende Wahrheit ausbildet. Heterogenität fördert divergentes Denken und ermöglicht bessere, produktivere Lösungen. Auf der anderen Seite haben homogene interne Modelle der Manager einen positiven Einfluss auf die Kooperation und ihre Kommunikationsfähigkeit. Mit anderen Worten: Zu viel Unterschiedlichkeit ohne den starken Willen, zu gemeinsamen Lösungen zu kommen,

Ein systematisches Zusammenspiel von Promotoren und Opponenten kann die Entscheidungsqualität erheblich steigern!

schadet auch! Wenn sich Manager und Controller nicht verstehen, hat das Unternehmen nichts von den unterschiedlichen Denkansätzen!

Nochmals festzuhalten bleibt an dieser Stelle, dass Rationalitätssicherung nichts damit zu tun hat, dass einer der Beteiligten die Weisheit (oder Rationalität) „mit dem Löffel gefressen" hat – ermöglicht wird sie vielmehr durch das intelligente Zusammenspiel von Manager, Controller und weiteren Akteuren (z.B. externen Beratern, Analysten, Aufsichtsräten etc.).

Weiterbildungsbedarf

Die geschilderten Herausforderungen stellen Controller vor massive fachliche und persönliche Anforderungen. Seine bisherige Qualifikation und die starke Ausrichtung auf Informationen und Informationssysteme reichen in vielen Fällen kaum aus, diesen Anforderungen gerecht zu werden. Aussagen von Controllingchefs großer Unternehmen sprechen ein deutliches Wort („Höchstens die Hälfte meiner Controller passt in das von Ihnen gezeichnete Bild"). Für die Unternehmensführung stellt sich die Alternative, intensiv in die fachliche und persönliche Weiterentwicklung der Controller zu investieren oder aber nur einen kleinen Teil der Rationalitätssicherungsaufgabe bei Controllern zu belassen, z.B. das Zurverfügungstellen von Kosten- und Erlösdaten und die Durchführung von Abweichungsanalysen,

Nur ein (kleiner) Teil der Controller schafft die neue Rolle „aus dem Stand"

also den Part des Accountants. Controller finden sich dann schnell in einer gemeinsamen Rechnungswesenabteilung wieder, in der sie – unter welcher Bezeichnung auch immer – mit den ehemals eher gering geschätzten Finanzbuchhaltern zusammenarbeiten. Unternehmen dagegen, für die (insbesondere das Zentral-)Controlling schon seit langem (auch) die Funktion einer Ausbildungsstätte für hoch qualifizierten Führungsnachwuchs („Goldfischteich") spielt, müssen sich keine Gedanken machen, ob die neuen Anforderungen von den Controllern tatsächlich erfüllt werden können: Sie haben genau die Mitarbeiter, die sie für die Rationalitätssicherungsaufgabe brauchen!

2.1.9. Neue empirische Erkenntnisse

An dieser Stelle der Argumentation möchten wir Sie nun noch mit neuen empirischen Erkenntnissen zum Zusammenwirken von Controller und Manager bekannt machen: Wie sehen Manager ihre Controller und wie sehen die Controller ihre Manager? Wissen Manager einen kritischen Counterpart wirklich zu schätzen oder wollen sie lieber einen braven Erbsenzähler? Wie beurteilen Manager die Qualität der Controllerleistung? Trägt die Arbeit des Controllers zum Erfolg des Unternehmens bei und kann man dies messen?

In einer von Juli bis November 1999 durchgeführten WHU-Studie haben wir gemeinsam mit Michael Bauer Controller und ergebnisverantwortliche Manager parallel befragt. In die Untersuchung wurden aus insgesamt 14 ausgewählten Wirtschaftszweigen alle in Deutschland ansässigen Unternehmen einbezogen, die laut der Erfassung der Industrie- und Handelskammern zum Zeitpunkt Mai 1999 mehr als 200 Mitarbeiter beschäftigten. Insgesamt waren 251 Paarantworten (Dyaden) von Managern und Controllern für die Auswertung geeignet und liegen den folgenden Analysen zugrunde.

Die umfassende empirische Studie war dyadisch angelegt: Wir haben Manager und Controller gleichzeitig gefragt

Profile von Controllern und Managern

Bei der Darstellung von Controllern in Schlagworten und Leitbildern (vgl. nochmals S. 186ff.) werden meist bestimmte Eigenschaften „des" Controllers explizit oder implizit unterstellt. Danach ist der Controller nüchtern, objektiv, eher bremsend und orientiert sich streng an Zahlen. Der Manager hingegen wird als emotional, vorwärts drängend und mit einer Vorliebe zur intuitiven Bewertung von Zusammenhängen dargestellt. Näher untersucht hat dies aber unseres Wissens noch niemand.

Wir wollten es genau wissen und haben Controller und Manager direkt dazu befragt. Dabei haben wir den Weg der gegenseitigen Fremdwahrnehmung gewählt, d.h. wir befragten Controller und Manager des gleichen Unternehmens über die Einschätzung des jeweils anderen. Als Mess-verfahren nutzten wir das in Psychologie, Soziologie und Marketingwissenschaft oft verwendete „Semantische Differential". Im Marketing wird es insbesondere eingesetzt, um die Einschätzungen potentieller Kunden gegenüber Produkten zu erfassen. Auf einer Skala von Gegensatzpaaren ordnen die Befragten die betroffenen Gegenstände entsprechend ihrer Wahrnehmung ein. Die „Beurteilung" von Personen, in diesem Fall der eigenen Arbeitskollegen, ist natürlich wesentlich problematischer zu sehen als die Beurteilung von Gegenständen. Denn negativ assoziierte Merkmalsausprägungen werden verständlicherweise nur mit großer Zurückhaltung angegeben. Es waren also keine sehr stark polarisierenden Antworten zu erwarten. Wir konnten dennoch eindeutige und statistisch signifikante Profilunterschiede zwischen Manager und Controller aufdecken.

Im Ergebnis sind von den 12 Gegensatzpaaren, bezüglich derer die Partner sich gegenseitig einzuordnen hatten, sieben Eigenschaften in der gegenseitigen Wahrnehmung von Controller und Manager hoch signifikant unterschiedlich (1% Signifikanzniveau). Eine weitere Eigenschaft ist auf einem niedrigeren, aber immer noch ausreichenden Niveau (5% Signifikanzniveau) signifikant unterschiedlich. Die restlichen fünf Eigenschaften müssen weiterhin als für Controller und Manager nicht grundsätzlich unterscheidend angenommen werden (Nullhypothese dementsprechend nicht

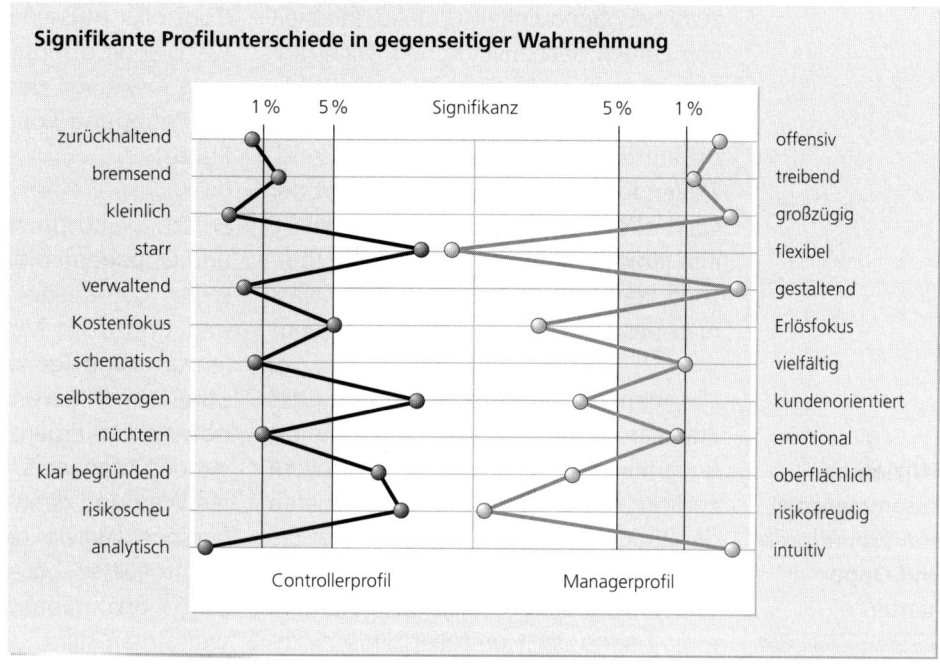

Signifikante Profilunterschiede in gegenseitiger Wahrnehmung

Eigenschaften von Controllern und Managern im Vergleich (entnommen aus Weber/Schäffer/Bauer 2000, S. 23)

verworfen), auch wenn hier Tendenzaussagen möglich sind. Dabei ist wichtig, dass die erhobenen Werte keinen absoluten Charakter haben, sondern sich die Unterschiedlichkeit immer in Relation zur Bewertung der anderen Seite, also aus dem Fremdbild heraus ergibt.

Manager schätzen in unserer Erhebung ihre Controller als „bremsend" und „kleinlich" ein. Dies ist wohl kaum zu vermeiden, soll der Controller doch – als Kern seiner Aufgabe – auf "saubere" Zahlen und präzise analytische Untermauerung beharren und die Initiativen des Managements kritisch durchleuchten. Die Bilder des Controllers als Erbsenzähler und Bremser werden so durch

die Ergebnisse der empirischen Erhebung bestätigt. Die Einschätzung des Controllers als kleinlich lässt sich auf die Bedeutung und den erheblichen Umfang folgender (Teil)Aufgaben der Controller zurückführen: Die (monetäre) Bewertungsaufgabe im Planentstehungsprozess, das Handling der Zahlen in der Budgetierung und die Berichterstattung der Abweichungsanalyse im Kontrollprozess.

Diese Zahlenlastigkeit und die damit verbundene Notwendigkeit zur Genauigkeit, die auch vom Management regelmäßig eingefordert wird („Präsentiere nie eine falsche Zahl!"), wird leicht zum Selbstzweck. Viele Controller sind nicht mehr in der Lage, den Unterschied zwischen Genauigkeit und Adäquatheit von Zahlen nachzuvollziehen. Nicht anders ist es zu erklären, dass man auch in Langfristplänen Ergebniswerte findet, die auf den Euro genau gerechnet sind. Zahlenorientierung und Genauigkeit der Controller sind unverzichtbar, wollen sie ihre Rolle gut ausfüllen. Die Einschätzung der Manager zeigt jedoch, dass man des Guten auch zu viel tun kann!

Effizientes Zusammenspiel von Promotoren und Opponenten

Die ebenfalls hohe Trennschärfe für das Prädikat bremsend lässt sich auf die oft undankbare Rolle von Controllern zurückführen: Kommt es im Rahmen der Budgetierung zur Situation, dass die dezentral geplanten Mittel von der Unternehmensspitze gekürzt werden, muss häufig der Controller die schlechte Nachricht überbringen! Zum anderen übernehmen Controller im Planungs- und Planentstehungsprozess eine Korrektur- bzw. Filterrolle gegenüber dem Management. Wer immer den Advocatus Diaboli spielt, wird aber von anderen leicht als Bremser eingeordnet. Dass diese Planentstehungskontrolle als Qualitätssicherung zu begreifen ist, die spätere Probleme im Prozess der Planentstehung verhindert oder reduziert („vorne rühren, damit es hinten nicht anbrennt" – um mit Altmeister Deyhle zu sprechen), wird leicht übersehen.

Allerdings kommunizieren Controller diese Funktion gegenüber dem Linienmanagement oft auch viel zu wenig, so dass sie ein gehöriges Stück Mitverantwortung für das Bremserbild tragen.

Controller müssen die Rolle als Advocatus Diaboli offensiv spielen. Zurückhaltung – wie von den Managern in unserer Befragung konstatiert – ist fehl am Platze!

Entscheidungsprozesse mit Promotoren und Opponenten sind effizienter als einseitig getriebene Prozesse. Manager und Controller können durch die Rollenverteilung gewinnen. Das Attribut „bremsend" gewinnt so an Charme: als notwendige Ergänzung des voran drängenden Managers. Wenn die Kritik und die Warnung denn konstruktiv sind! Allerdings verliert die Einschätzung der Controller als „bremsend" und „kleinlich" an negativem Beigeschmack, wenn man sieht, dass die Einschätzung der Flexibilität von Controller und Manager praktisch identisch ist. Offensichtlich ist der Manager hinlänglich damit zufrieden, wie sich sein Controller auf sich verändernde Anforderungen einstellt. Später werden wir zudem sehen, dass über die generelle Zusammenarbeit bei den Managern eine hohe Zufriedenheit besteht.

Die Controller erscheinen in der WHU-Studie – pointiert formuliert – als selbstbezogene, einseitig kostenorientierte und als „nach Schema F" vorgehende Verwalter, die sie nicht mehr sein möchten – ja, nicht mehr sein dürfen, wollen sie den Anforderungen von stärkerer Globalisierung und erweiterten DV-technischen Möglichkeiten gerecht werden.

Dabei sind in Bezug auf die Kundenorientierung nur überraschend geringe Unterschiede festzustellen. Wie wir noch sehen werden, leisten Controller die Art von Unterstützung, die von Ihnen erwartet wird, in der Einschätzung des Managements recht gut. Allerdings sollte daraus keine Legitimation dafür abgeleitet werden, sich zufrieden zurückzulehnen.

Angesichts der eher mittelmäßigen absoluten Werte für die wahrgenommene Kundenorientierung (die wir hier nicht graphisch aufbereitet haben) gilt: Noch mehr Kundenorientierung ist gefragt, d.h. Controller sollten noch stärker als bislang möglichst dort engpassbezogen tätig werden, wo der Schuh drückt. Vor allem aber sollten sie sich proaktiv um maßgeschneiderte Problemlösungen bemühen. Das heißt auch, statt schematischer Standardauswertungen und -berichte im Elfenbeinturm der Controllerabteilung vor Ort problem- und engpassspezifische Lösungen zu erarbeiten.

Wollen sich die Controller bezogen auf ihre wertmäßige Transparenzfunktion von einem einseitigen Kostenfokus lösen und auch die „zweite Seite der Medaille" einer Entscheidung, die Erlöse, angemessen in ihrer Arbeit berücksichtigen, bedarf es in der Regel noch einiger Vorarbeiten. Die Erlösrechnung spielt im Vergleich zur Kostenrechnung derzeit nur eine untergeordnete Rolle in den meisten Unternehmen. Verbesserungsbedürftig sind insbesondere die

Controller haben in der Vergangenheit die Erlösrechnung sträflich vernachlässigt!

Differenzierung der Erlöserfassung (z.B. nach Marktsegmenten oder Kunden), die Abbildung der Erlösschmälerungen und die Genauigkeit der Berücksichtigung von Erlösverbunden (siehe ausführlich Weber, 1999, S. 202ff.). Ob sich der Aufwand lohnt, können die Controller nicht allein entscheiden. Vielmehr sollten sie die Frage mit ihrem Manager gemeinsam beantworten.

Bei der Sicherstellung eines rationalen Managements als gemeinsame Aufgabe von Manager und Controller kommt dem Zusammenspiel von Intuition und Analyse eine zentrale Bedeutung zu (vgl. S. 202ff.). In unserer Erhebung konnten wir nun zeigen, dass diese Forderung mit entsprechenden Einschätzungen von Controller und Manager einhergeht. Controller erscheinen als nüchtern, klar begründend und analytisch, wohingegen Manager emotional, oberflächlich und intuitiv wahrgenommen werden. Ob diese unterschiedlichen Eigenschaften Managern und Controllern in die Wiege gelegt werden oder ob beide ihre Rollen „nur" überzeugend spielen, sei an dieser Stelle dahingestellt.

Überraschend ist schließlich das Ergebnis zur Risikoeinstellung von Manager und Controller, das nahezu keine Unterschiede aufweist. Vielleicht sind ja deutsche Manager nicht ausreichend risikofreudig, um auch noch einen risikoaversen Counterpart zu vertragen?

Die WHU-Studie konnte zeigen, dass die von uns befragten Controller und Manager – wie vielfach in der Literatur postuliert – signifikant unterschiedliche Eigenschaften haben. Dies ist die Basis für eine (potentiell) produktive Zusammenarbeit auf der Grundlage von komplementären Eigenschaften und Fähigkeiten. Was können nun Sie als Controller tun, wenn Sie die Zusammenarbeit mit Ihrem Manager optimieren wollen?

Lernen Sie Ihren Partner besser kennen!

Erster Schritt und notwendige Voraussetzung ist das Wissen um die Andersartigkeit des Partners und ein professioneller Respekt für dessen spezifische Arbeitsweise. Entscheidend sind die Manager-Einschätzung Ihrer Eigenschaften und Ihr Bild vom Profil des Managers – statistische Durchschnittswerte können nur einen Anhaltspunkt geben. Lernen Sie also Ihren Partner besser kennen! Eine weitere Bedingung ist, dass Sie sich gegenseitig einen Vertrauensvorschuss geben. Dieser sollte sich dann auch für beide Parteien „auszahlen" – beide Partner müssen einen Nutzen aus der Zusammenarbeit ziehen. Die Controller-Manager-Beziehung sollte daher immer auf eine „Win-Win-Situation" ausgerichtet sein, wenn die Zufriedenheit beider Partner das Ziel ist.

Zufriedenheit der Manager mit ihren Controllern

Wie bereits angedeutet, haben wir (auch) eine frohe Botschaft für Controller: Die Zufriedenheit der Manager mit ihren Leistungen ist, bis auf Ausnahmen bei den sehr großen Unternehmen, ins-

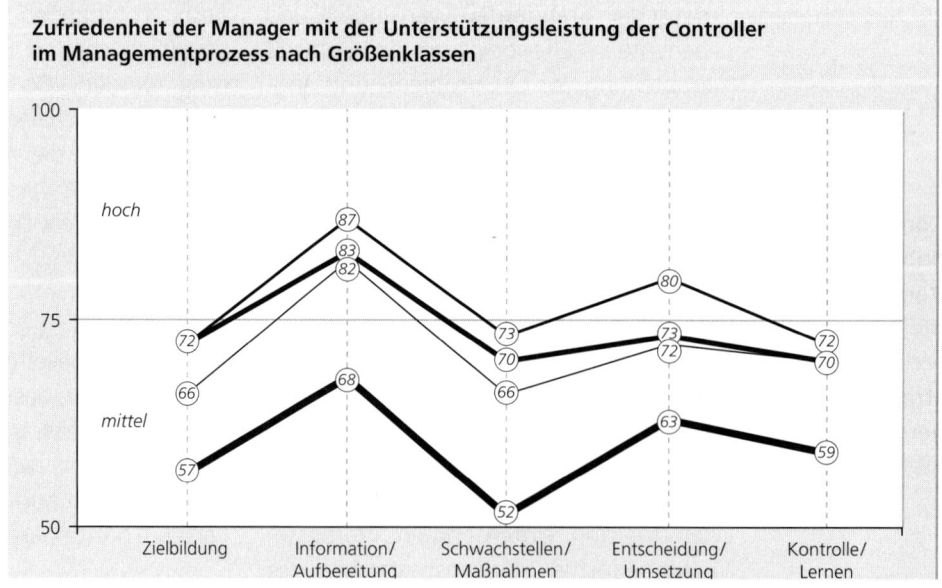

Zufriedenheit der Manager mit der Unterstützungsleistung der Controller im Managementprozess nach Größenklassen

Deutliche Abnahme der Zufriedenheit bei den sehr großen Unternehmen (entnommen aus Weber/Schäffer/Bauer 2000, S. 26)

gesamt recht hoch! Dabei deckt sich die Einschätzung des Controllers, wie zufrieden der Manager denn mit seinen Leistungen ist, in hohem Maße mit der tatsächlichen Zufriedenheit. Interessant erscheint weiter, dass die Zufriedenheit bezüglich der Bereitstellung und Aufbereitung von Informationen am höchsten ist. Das – zunehmend von Automatisie-

tung im Auge behalten. Intelligente Informationssysteme stellen eine Gefahr dar. Die Antwort der Controller kann nur sein, andere Kompetenzfelder stärker zu betonen und auszubauen.

Neben der Zufriedenheit mit der Leistung des Controllers in den einzelnen Phasen des Führungsprozesses haben

Zufriedenheit der Manager mit der Unterstützungsleistung der Controller im Managementprozess nach Größenklassen

Fremdbild (Managereinschätzung)
Eigenbild (Controllereinschätzung)

Kunden und Dienstleister sind einer Meinung (entnommen aus Weber/ Schäffer/Bauer 2000, S. 26)

rung bedrohte – Basisgeschäft des Controllers wird also offensichtlich (noch) ein wenig besser beherrscht als die anderen Unterstützungsaufgaben. So schön diese vom Manager geschätzte Kompetenz für den Controller ist, so aufmerksam muss er die Gefahren für einen Relevanzverlust dieser Kernleis-

wir auch nach der Zufriedenheit in der Zusammenarbeit beider Akteure gefragt. Dabei konnten wir einen spannenden Zusammenhang bezüglich der umstrittenen Rolle des Controllers als kritischen Counterpart und der Intensität der Zusammenarbeit aus Managersicht feststellen. Zur Operationalisierung der Rolle haben wir uns von folgenden Überlegungen leiten lassen:

→ Inwieweit führen Controller regelmäßige Überprüfungen von Prämissen und von prognostizierten Ergebnisentwicklungen bei geplanten Maßnahmen des Managements durch?

→ Vertreten Controller aktiv einen eigenen Standpunkt bei wichtigen Vorgängen und haben sie ein Selbstverständnis als "Sparringspartner" des Managements?

→ Streben Manager und Controller gemeinsam nach Commitment bezüglich der Tragfähigkeit wichtiger Entscheidungen?

Hier die Ergebnisse der WHU-Studie: Danach sehen sich Controller in hohem Maße in der Rolle als kritischer Counterpart (im Durchschnitt 74 Punkte auf der Skala bis 100). Die Ausprägungen dieses Selbstverständnisses unterscheiden sich sowohl über die Betriebsgrößen als auch über die einzelnen Branchen hinweg nur geringfügig. Dies lässt uns einen gemeinsamen Controller-Spirit vermuten, der das Selbstverständnis dieses Berufsbildes kennzeichnet.

Controller sehen sich selbst in der Rolle des kritischen Counterparts

Das derart geäußerte Selbstverständnis ist zuerst einmal nur ein Lippenbekenntnis – die Umsetzung in der täglichen Arbeit steht auf einem anderen Blatt. Dabei ist ein weiterer Schritt zu vollziehen, der wegen des Konfliktpotentials, das eine Rolle als kritischer Counterpart in sich birgt, keinesfalls unproblematisch ist. Wir konnten allerdings einen klar positiven Zusammenhang zwischen der Stärke des Selbstverständnisses von Controllern als kritischer Counterpart und der Intensität der Zusammenarbeit mit dem Management feststellen. Dementsprechend sehen wir, dass Controller eine weitgehende Erfüllung ihres Selbstverständnisses auch aktiv anstreben.

Die Intensität der Zusammenarbeit korrelierte wiederum signifikant positiv mit der Zufriedenheit des Managements. Wir interpretieren diese Ergebnisse dahingehend, dass die Intensität bzw. Dichte der Zusammenarbeit die Zufriedenheit des Managements positiv beeinflusst. Eine proaktive Rolle des Controllers als kritischer Counterpart und kommunikatives Engagement sind also mit entscheidend für eine positive Wahrnehmung des Managements! Dieses Ergebnis ist sehr ermutigend, widerlegt es doch die Befürchtung, ein solcher Controller wirke eher unbequem und negativ auf den Manager. Dies ist ganz klar nicht der Fall.

Erfolgsbeitrag des Controllers

Auch wenn Manager die Controller als ganz nützlich und hilfreich für ihre Arbeit betrachten, muss das noch lange nicht heißen, dass sich Controller auch tatsächlich rechnen. Beispielsweise müssen in den wenigsten Unternehmen die Manager für die Leistungen ihrer Controller zahlen, und wer nimmt nicht schon gern kostenlose Dienstleistungen in Anspruch? Kommen wir deshalb nun zu den spannendsten Frage hinsichtlich Sinn und Zweck des Controllerdienstes:

→ Liefern die Controller einen echten Mehrwert für das Management, d.h. haben sie Erfolg mit dem, was sie tun?

→ Worin äußert sich dieser Erfolg der Controller und wie hoch ist er?

→ Was bedeutet dies für den Unternehmenserfolg?

Bevor wir diese Fragen anhand unserer empirischen Ergebnisse beantworten können, erläutern wir im Folgenden, was wir konzeptionell unter dem Erfolg des Controllers verstehen wollen und welche Beziehung es zwischen dem Controllerdienst und dem Unternehmenserfolg gibt.

Bisher fehlte ein empirischer Beleg für den positiven Erfolgsbeitrag des Controllerdienstes

Der Erfolg eines Führungsinstrumentes oder eines unterstützenden Dienstleisters im Management zeigt sich letztlich in der Wirkung auf den Unternehmenserfolg. Dieser lässt sich direkt im Betriebsergebnis oder Shareholder Value sowie einer Vielzahl von anderen objektiven Erfolgsgrößen messen. Allerdings wirken auf diese Erfolgsgrößen sehr unterschiedliche Einflussgrößen ein (Wettbewerb, Innovationen, Glück...), so dass einzelne Wirkungszusammenhänge nur schwer isolier- und messbar sind.

In der deutschen Controlling-Forschung ist unseres Wissens noch kein Versuch gelungen, eine signifikante positive Beziehung zwischen Controller-Erfolg und

Unternehmenserfolg nachzuweisen, also den objektiv messbaren Erfolgsbeitrag der spezifischen Führungsunterstützung zu erfassen. Folgende Befunde liegen vor (diese haben allerdings mehr die Effizienz als den Erfolg des Controllers zum Gegenstand):

→ So konnten Coenenberg und Günther (Coenenberg/Günther, 1991) keinen systematischen oder gar signifikanten Zusammenhang zwischen unterschiedlich starken Ausprägungen eines strategischen Controllingsystems und vier ausgewählten objektiven Erfolgsgrößen (ROI u.a.) des Unternehmens belegen.

→ Die Effizienz des Controllerdienstes betrachteten Amshoff und Niedermayr. Beide wählten unterschiedliche konzeptionelle Ansätze: Amshoff bildet eine Typenzuordnung (Amshoff, 1993) und Niedermayr ordnet ihre Beobachtungen in einen dynamischen Entwicklungsbogen ein (Niedermayr, 1994). Den Erfolg des Controllerdienstes messen beide als Effizienzgröße in einer Art Erreichungsgrad der Vorgaben für die Controller. Daneben erstellte Kurrle mit der seltener angewandten Methode der empirischen Einzelanalyse eine weitere Effizienzuntersuchung (Kurrle, 1995). Diese besitzt zwar große inhaltliche Tiefe, aber zwangsläufig auch eine sehr beschränkte Übertragbarkeit. Eine Überleitung zum Erfolg des Managements und schließlich des Unternehmens findet in den genannten Studien jedoch nicht statt.

Der WHU-Studie ist dieser Link zum Unternehmenserfolg gelungen! Wie der Zusammenhang zwischen Controllererfolg und Unternehmenserfolg belegt werden konnte, stellen wir im Folgenden dar.

Der Erfolg der Controller zeigt sich im Erfolg der Manager

Die Qualität der Controllerleistungen wirkt indirekt auf den Unternehmenserfolg, nämlich über das Management, dessen Leistung durch die Controller-Dienstleistung ja verbessert werden soll. Der Controller selbst entscheidet nicht und ist auch weitgehend formell nicht verantwortlich, der Controller berät in der Regel nur. Der eigentliche Erfolg der Controller liegt deshalb in der Verbesserung der Entscheidungen (Willensbildung) des Managements und in der Unterstützung der zielorientierten Steuerung (Willensdurchsetzung und Kontrolle) des Unternehmens. Wie gut der Controller dies in seiner Rolle als Dienstleister erreicht, ist zunächst einmal der Beurteilung des verantwortlichen Managers, seines Kunden also, zu überlassen. Auf der anderen Seite soll der Controller aktiv in den Bedarf seines Kunden eingreifen, diesen im Sinne der Rationalitätssicherung beeinflussen. Dies könnte prinzipiell vom Manager auch als unzulässiger Eingriff in seine Kompetenz und damit als Qualitätseinbuße interpretiert werden. Letztlich reicht es deshalb nicht aus, nur die Zufriedenheit der Manager zu betrachten. Vielmehr liegt

gerade in der Analyse des Zusammenwirkens von Zufriedenheit und tatsächlicher Wirkung auf den Unternehmenserfolg ein reizvolles Untersuchungsfeld!

Woran ist der Erfolg der Leistung des Managements abzulesen? Diesen Maßstab für den Managererfolg benötigen wir, um das Urteil der Manager über die Dienstleistungsqualität der Controller-Arbeit zu objektivieren und um den Bezug zum Unternehmenserfolg herzustellen. Daran bemisst sich dann der Mehrwert der Controller für das Unternehmen.

Der Manager bewegt sich in einem dynamischen Umfeld verschiedener Einflussgrößen, die auch er nur bedingt steuern kann. So ist beispielsweise der Turnaround eines nahezu bankrotten Unternehmens in einer schwierigen Branche sicher ein sehr guter Managementerfolg; trotzdem kann der zu einem Zeitpunkt messbare Unternehmenserfolg gleichzeitig sehr schlecht sein. Wir verwenden deshalb als Maß für Unternehmenserfolg nicht die objektiv messbaren (finanziellen) Erfolgsgrößen, sondern fragen den Manager selbst nach seiner Einschätzung der Wettbewerbsstellung seines Unternehmens

→ beim *Markterfolg*, ausgedrückt durch Kundenzufriedenheit und -bindung, Marktanteilsentwicklung und schnelle Nutzung von Marktchancen, und

→ bezüglich der *Leistungsfähigkeit* des

Unternehmens, ausgedrückt durch Produktivität der Leistungserstellung, Mitarbeitermotivation bzw. -bindung, Anpassungs- und Reaktionsfähigkeit der Organisation sowie Effizienz der internen Prozesse.

Der Unternehmenserfolg wurde in Markterfolg und Leistungsfähigkeit ...

In einer Betrachtung der Controllertätigkeit als Dienstleistung kann man verschiedene Qualitätsdimensionen unterscheiden. Wir haben eine im Marketing verbreitete Einteilung (Donabedian, 1980; Stauss/Hentschel, 1990) gewählt, die die Dienstleistung in einer sequentiellen Sicht tiefer strukturieren hilft: Danach unterscheidet man

→ die *Potentialqualität,* die die Basis für die Erbringung der Dienstleistung beschreibt,

→ die *Prozessqualität,* die die Interaktion zwischen Kunde und Dienstleister erfasst, und

→ die *Ergebnisqualität,* mit der Eigenschaften des Endprodukts bewertet werden.

... der Controllererfolg in Dienstleistungsqualität gemessen

Gemäß dem dyadischen Konzept der Studie haben wir auch den Controllern Gelegenheit gegeben, für die Bereiche Potential- und Prozessqualität ihre Sichtweise als Eigenbild im Vergleich zum Fremdbild der Manager anzugeben. Die Beurteilung der Ergebnisqualität bleibt alleinig dem Manager als Kunde und dessen individuellen Maßstäben vorenthalten. Alle drei Qualitätsaspekte formen zusammen die Dienstleistungsqualität als übergeordnetes Maß, und im Folgenden stellen wir dar, wie Control-

ler und Manager diese einschätzen und wie erfolgreich Controller im Ergebnis sind.

Potentialqualität der Controllerarbeit als Basis: Die Potentialqualität beinhaltet neben der technischen und personellen Ausstattung der Controller-Bereiche explizit auch die Unterstützung des Managements für die Controller-Tätigkeit. Diese Unterstützung ist für die Erfolgsaussichten der Controllerarbeit besonders wichtig und drückt sich darin aus, dass

→ die Bedeutung der Aufgaben des Controllers für das Unternehmen aktiv vom Manager kommuniziert wird. Der Manager fungiert hierbei als Machtpromotor, um dem Controller Wege zu ebnen.

→ der Controller in den Informationskreis der Führung zeitnah und umfassend eingeschaltet ist.

→ der Controller als ernsthafter Prüfstein in Planungs- und Entscheidungsabläufe integriert ist.

→ eine Akzeptanz für die Controlling-Instrumente und deren Einsatz besteht.

Die Ergebnisse der Studie zeigen, dass die Controller die Potentialqualität ihrer Arbeit als nicht besonders groß ansehen. Die Manager schätzen diese Potentialqualität zwar statistisch signifikant höher ein, vergeben aber ebenfalls keine Spitzennoten. Die Ausgangssituation ist also alles andere als optimal. Fragen wie technische Ausstattung, Personalbedarf und Kompetenz der Controllerabteilung, Unterstützungsbedarf und Einschätzung des Controlling durch das Management, Felder und Spielregeln der Zusammenarbeit sollten offen thematisiert werden.

Prozessqualität der Controllerarbeit: Auf der durch die Potentialqualität charakterisierten Basis findet der eigentliche Dienstleistungsprozess statt. Der Controller kann hier zum einen etwaige Schwächen beim Potential zumindest zum Teil wieder ausgleichen, zum anderen kann er das zu erwartende Qualitätsniveau der Ergebnisse seiner Arbeit beeinflussen. Wir haben deshalb für die Prozessqualität wiederum Eigen- und Fremdbild erfasst. Folgende Indikatoren dienen dabei zur Beschreibung dieser Qualitätsdimension:

→ der Zeitfaktor, d.h. ein geregelter und zügiger zeitlicher Ablauf einschließlich fester Schnittstellen mit dem Management,

→ die Aufmerksamkeit gegenüber und die Umsetzung von Kundenwünschen,

→ die Flexibilität zur Produktanpassung bei Änderung wichtiger Rahmenbedingungen des Umfelds,

→ die Kommunikation der Controller-Produkte, die dem Kunden Leistungsinhalte transparent und verständlich vermittelt.

Controller machen das Beste aus ihrem Potential: Trotz der nur mittleren Werte zur Potentialqualität sehen die Teilnehmer der WHU-Studie die Prozessqualität des Controlling als deutlich höher an. Dabei unterscheiden sich Controller und Manager in ihrem Urteil nur geringfügig. Die selbstbewusste Einschätzung der Controller, dass sie eine gute bis sehr gute Performance im Prozess abliefern, ist also gerechtfertigt. Und dies trotz der nicht optimalen Ausgangsbedingungen. Die hohe, von Managern und Controllern gleichermaßen wahrgenommene Prozessqualität ist ein für beide Seiten erfreuliches Ergebnis – und angesichts der negativen Bilder des Controllers als Erbsenzähler und Bremser mag das Ergebnis ein wenig überraschen.

Ergebnisqualität des Controlling: Am Ende zählt wie immer, was als Ergebnis herauskommt. So auch hier: wie ist die Leistung der Controller zu bewerten? Inwieweit erfüllen ihre Produkte die Anforderungen der Kundschaft? Der Wert der Controller-Produkte besteht in ihrem Informationsnutzen. Um diesen zu operationalisieren, haben wir die folgenden Indikatoren angeführt, die vom Manager in ihrer tatsächlichen Ausprägung zu bewerten waren:

→ Inhaltliche Relevanz und Richtigkeit,

→ Genauigkeit und Objektivität,

→ Neuigkeitswert und Verständlichkeit der Controller-Arbeit

Im Ergebnis bewerten die Manager die Ergebnisqualität der Controller-Leistungen ähnlich hoch wie die Prozessqualität. Zudem besteht eine erstaunliche

Die Prozessqualität der Controller ist erfreulich hoch

Einigkeit bezüglich dieses Urteils unter den Managern, was auch die geringe Bandbreite der Verteilung auf hohem Niveau zeigt. Daraus ziehen wir den Schluss, dass Controller das, was sie leisten, sehr gut machen und dem Kunden eine hohe Qualität abliefern. Manager fühlen sich durch Controller offensichtlich sehr gut oder zumindest ausreichend gut unterstützt! Gehen wir abschließend noch einen letzten Schritt weiter und betrachten den Zusammenhang zwischen Dienstleistungsqualität der Controller-Arbeit und dem Unternehmenserfolg.

Gute Controller machen das Unternehmen wirklich erfolgreicher! Die zu überprüfende Hypothese lautet, ob gute Controller-Arbeit einen positiven Einfluss auf den Unternehmenserfolg hat. Im überraschend klaren Ergebnis zeigt sich, dass die Qualität des Controllerdienstes und der relative Unternehmenserfolg tatsächlich signifikant positiv korrelieren. Das bedeutet – vorsichtig auf den Punkt gebracht –, dass ein Unternehmen, in dem der Controller eine höhere Qualität seiner Dienstleistung erreichen kann, in der Tat eine gute Wahrscheinlichkeit dafür besitzt, einen größeren Unternehmenserfolg zu erreichen. Die Frage, ob die Arbeit des Controllers zum Erfolg des Unternehmens beiträgt, ist damit erfolgreich beantwortet. Angesichts der bereits erwähnten generell vorhandenen Probleme, Erfolgsfaktoren der Unternehmensführung zu identifizieren und der weitgehenden Abwesenheit entsprechender Erkenntnisse für das Controlling in der Literatur ein (für uns) sensationelles Ergebnis! Natürlich sind wir vorsichtig, was die hinter den Korrelationen stehenden Kausalzusammenhänge angeht. Dennoch dürfen wir mit der gebotenen Vorsicht festhalten, dass der Erfolg des Controllerdiensts und der Erfolg des Unternehmens offensichtlich Hand in Hand gehen. Dieses Ergebnis sollte Controllern angesichts operativer Mühsal und zahlreicher Herausforderungen Mut machen – und den Kritikern des Controlling zu denken geben!

Manager fühlen sich durch Controller offensichtlich gut unterstützt – und zudem korrelieren Unternehmenserfolg und Qualität der Controllerarbeit!

2.1.10. Fazit: Re-Inventing Controlling

Selbstverständnis und Aufgaben von Controllern sind äußerst heterogen, Verständnisprobleme („schillernder Begriff") und Fehlsichten („Graue Eminenz" versus „Erbsenzähler") die logische Folge. Das, was Controlling will, und das, was Controller tun (sollten), lässt sich jedoch überraschend einfach auf einen Nenner bringen:

Controlling steht für die Sicherstellung von Rationalität der Unternehmensführung. Manager und Controller arbeiten dabei als Team. Der Fokus dieser Sichtweise liegt folglich nicht auf mehr oder weniger abstrakten Systemen („Abstimmung von Planungs-, Kontroll- und Informationssystem"), sondern auf dem *Zusammenwirken von Menschen*. Weiter ist Controlling in diesem Verständnis keine reine Ansammlung von Tätigkeiten, die man mit Fug und Recht auch mit hergebrachten Bezeichnungen belegen könnte, sondern eine spezifische Funktion der *Managementergänzung.* Der so identifizierte rote Faden der Controllertätigkeit erlaubt es den Controllern, die Idee hinter ihren Tätigkeiten zu sehen, die Aufgaben kritisch zu hinterfragen und so auf aktuelle Herausforderungen besser zu reagieren. Controlling zu realisieren ist (analog dem heutigen Verständnis von Marketing!) nicht ausschließlich Aufgabe von Controllerstäben, sondern ebenso Angelegenheit der Linie. Controller sollten als Berater des Managements subsidiär und engpassbezogen dort tätig werden, wo der Schuh drückt. In partnerschaftlicher Professionalität kommt ihnen zudem die Rolle zu, in Entscheidungsprozessen vorliegende Analysen und Meinungen konstruktiv-kritisch zu hinterfragen, aber auch geeignete Vorschläge analytisch fundiert zu unterstützen.

Controller müssen sich verändern – oder sie werden verändert (und das ist unangenehmer!)

Controlling so zu sehen, weist den Controllern unterschiedliche Rollen und Aufgaben zu. In einem mittelständisch-geführten Unternehmen muss es einem neu eingestellten Controller zunächst darum gehen, erfolgswirtschaftliche Transparenz herzustellen. Dies bedeutet eine „klassische" Rechnungswesenprägung der ersten Schritte auf dem Wege der Controlling-Verankerung. Liegen die benötigten Zahlen vor, kann der Unternehmer sukzessiv zu einer stärkeren

analytischen Fundierung seiner Entscheidung gebracht werden; in gleichem Maße steigt die Rolle des Opponenten, die anfangs für den Controller zumeist geradezu „tödlich" wäre!

Controller in Großunternehmen mit jahrzehntelanger Controlling-Erfahrung laufen dagegen derzeit vielfach Gefahr, ihre traditionelle, stets von ihnen betonte Rolle als betriebswirtschaftlicher Dienstleister des Managements zu verlieren. Der Manager hat zunehmend andere Führungsprobleme als die, die der Controller bisher instrumentell und informatorisch unterstützt. Wollen die Controller hier ihre Beratungsfunktion erhalten (oder wieder erarbeiten!), sind erhebliche Anstrengungen erforderlich, die zudem schnell zum Erfolg führen müssen. Wird die Chance einer Rückbesinnung auf den Kern der Controllingfunktion vertan, fällt die Beraterrolle anderen zu. Wem diese Sicht nicht passt, muss sich erheblich anstrengen – aber das geht mittlerweile allen im Unternehmen so. Wenn die Unternehmen mit einem besseren Controlling die sind, die auch die größeren Erfolge im Wettbewerb erzielen (und die empirischen Befunde der WHU-Studie deuten darauf hin), muss es angesichts dieser Herausforderungen um ein Re-Inventing Ihres Controlling gehen. Eine grundlegende Diskussion ist erforderlich. Wir haben versucht, dieser Diskussion einen – ersten – grobgestrickten roten Faden zu geben. Er sollte Sie in der Strategieformulierung des Controllerbereichs ebenso unterstützen wie in der Analyse der Eignung Ihres Controllerstamms. In den folgenden Kapiteln wollen wir nun den roten Faden mit ausreichend Stoff vernetzen (vgl. nochmals das Leitbild auf S. 186ff.), um Ihnen das konkrete Re-Inventing Ihrer Controllerabteilung zu ermöglichen. Dabei nutzen wir die Balanced Scorecard mit den Perspektiven der Kunden-, Prozess-, Finanz- und Wissensorientierung. Beginnen wir mit der Kunden- bzw. Marktperspektive.

2.2. MARKTORIENTIERTES CONTROLLING

Ein zentraler Defizitbereich in der Arbeit vieler Controllerbereiche fällt schnell ins Auge: Controller richten ihren Blick nur selten aus dem Unternehmen hinaus, berücksichtigen nur unzureichend die Unternehmensumwelt. Ihr Fokus liegt auf internen Prozessen, dort schwerpunktmäßig auf der Produktion. Sollkosten, Verbrauchsabweichungen, Sekundärkostenverrechnung – das ist die Welt vieler Controller. Die Markt- und Kundenseite wird dem Marketing und Vertrieb überlassen. Controller haben dort – wenn sie sich in dieses Terrain vorwagen – häufig einen schweren Stand. Ein anderer Defizitbereich knüpft eng daran an: Die Ferne von Wettbewerbs- und Kundenfragen erstreckt sich auch auf die interne Aufstellung des Controlling: Das Denken in internen Kunden-Lieferanten-Beziehungen, das ständige Überlegen, ob die Leistungen

Markt- und Kundenorientierung ist für viele Controller derzeit (noch) ein Fremdwort!

noch genug „value for money" stiften, das permanente Suchen nach neuen Lösungen und neuen Kunden, das Hinterfragen, ob nicht andere im oder außerhalb des Unternehmens einige Controllerleistungen besser und/oder billiger erstellen können, ist für Controller in den meisten Unternehmen weitgehend fremd. Obwohl sie das Wort des „Altmeisters" Dr. Albrecht Deyhle vom „Zahlenverkäufer" häufig in den Mund nehmen, spricht die Realität zumeist eine andere Sprache.

Ein empirischer Beleg hierzu konnte von der WHU im letzten Jahr geleistet werden. In der bereits im ersten Teil dieses Buches angesprochenen Studie zur Kundenorientierung der Kostenrechnung waren die Manager von der „Verkaufsperformance" ihrer Kostenrechner und Controller alles andere als begeistert – die Abbildung auf der Folgeseite macht dies überdeutlich! Systemverliebtheit schlägt die Orientierung an den Bedürfnissen der internen Kunden – und das gilt nicht nur für die Kostenrechnung! Besonders bemerkenswert erscheint uns dabei, dass die Controller sich des Problems durchaus bewusst sind: Gerade einmal etwas mehr als ein Drittel schätzen sich selbst als sehr kundenorientiert ein – wahrlich kein Ruhmesblatt!

Kunden- und Wettbewerbsorientierung – nach innen wie nach außen – bildet deshalb in mehrfacher Hinsicht eine aktuelle, bedeutsame Herausforderung für

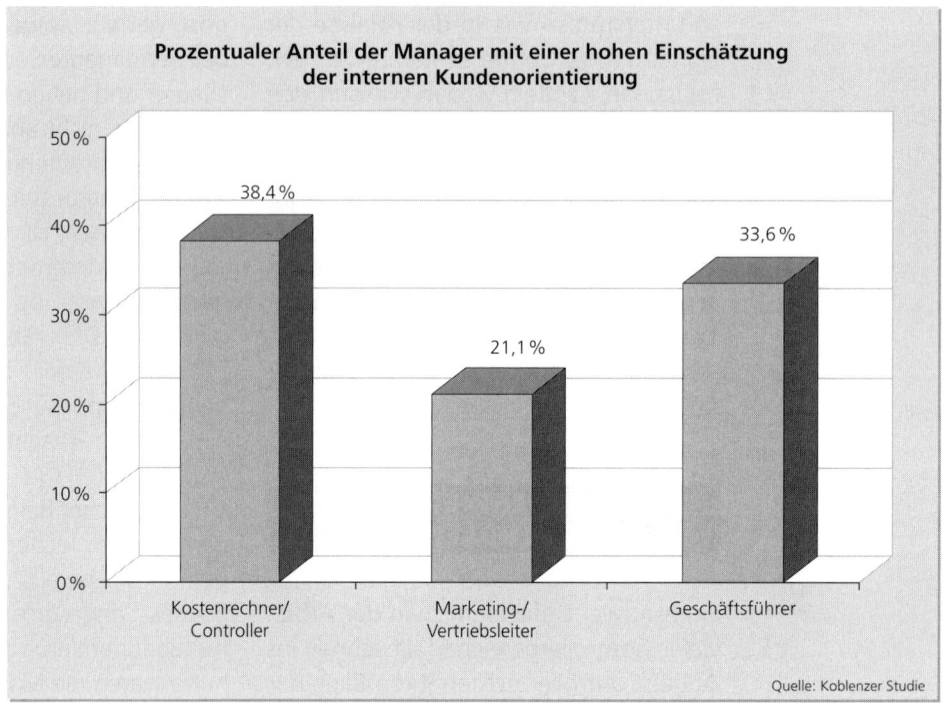

Prozentualer Anteil der Manager mit einer hohen Einschätzung der internen Kundenorientierung

Eine hohe Einschätzung der internen Kundenorientierung der Kostenrechnung ist in der Praxis die Ausnahme (entnommen aus Homburg et al., 1998, S. 26)

das Controlling. Wir wollen uns dem Thema deshalb auch in mehreren Schritten nähern und schlagen ein *Drei-Stufen-Programm* vor. Es beginnt bei einer grundsätzlichen Überprüfung des Leistungsspektrums der Controller.

2.2.1. Interne Märkte der Controller: Den „Zahlenverkäufer" konsequent umgesetzt

Das Problem: „Wie du mir, so ich dir!"

Angenommen, Sie sitzen als Controller mit dem Leiter einer Strategischen Geschäftseinheit zusammen und sprechen über dessen Geschäftserwartungen.

Was die SGE grundsätzlich macht, wissen Sie aus der Vergangenheit. Dies reicht Ihnen aber – natürlich – nicht aus. Ein differenzierterer Einblick ist erforderlich. Sie sprechen über alte und neue Produkte, alte und neue Kunden, über aktuelle und künftige Wettbewerbsvorteile, über Preise und Preisentwicklungen. Sie merken nach einiger Zeit, dass Ihr Counterpart im Detail nicht ganz sattelfest ist. Vieles von dem, was er vorhat, resultiert aus mehr oder weniger undifferenziertem Fortschreiben der Vergangenheit. Ihnen fehlt eine hinreichende analytische Durchdringung, eine genügend sorgfältige Vorbereitung auf das Gespräch. Sie vereinbaren einen neuen Termin und lassen Ihr Gegenüber mit einer Liste von Hausaufgaben zurück. Für welchen Controller ist dies nicht eher Alltagsgeschäft denn Ausnahmefall?

Angenommen, der Leiter der Strategischen Geschäftseinheit ist mit dem Ergebnis des Gesprächs ganz und gar nicht zufrieden. Er erfüllt zwar – notgedrungen – seine To-do-Liste bis zum nächsten Termin, konfrontiert Sie aber

Ihnen dann schlagartig klar, dass Sie ein Problem haben!

Controller schmücken sich gern mit dem Begriff des „Zahlenverkäufers". Jeden, der sich mit Total Quality Management oder anderen Ansätzen zu einer stärkeren Marktorientierung aller Mitarbeiter befasst hat, muss ein solches Wort froh stimmen. Nur: Welcher Controller hält sich schon an diesen An-

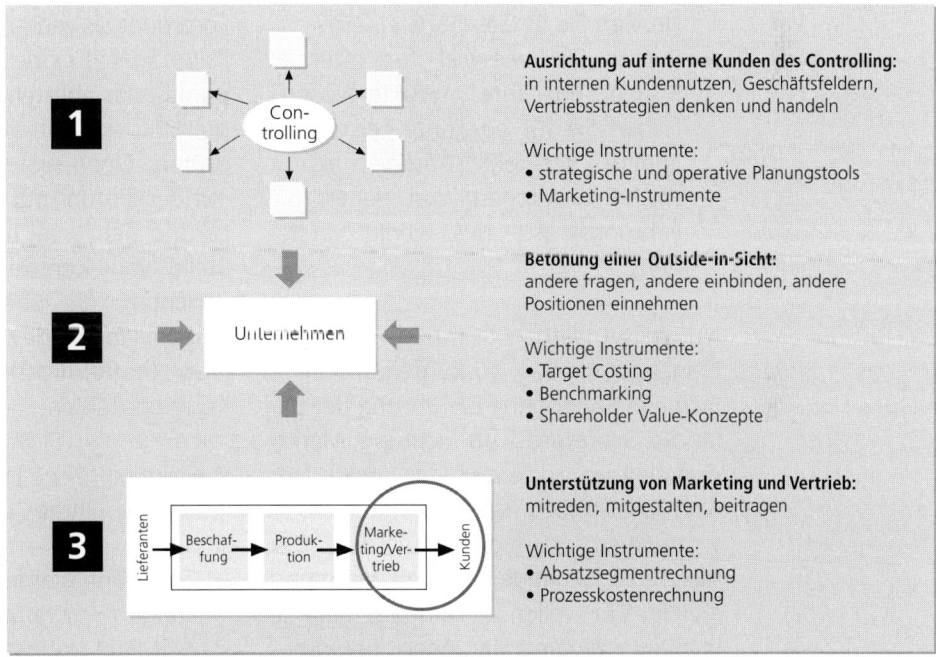

Ausrichtung auf interne Kunden des Controlling:
in internen Kundennutzen, Geschäftsfeldern, Vertriebsstrategien denken und handeln

Wichtige Instrumente:
• strategische und operative Planungstools
• Marketing-Instrumente

Betonung einer Outside-in-Sicht:
andere fragen, andere einbinden, andere Positionen einnehmen

Wichtige Instrumente:
• Target Costing
• Benchmarking
• Shareholder Value-Konzepte

Unterstützung von Marketing und Vertrieb:
mitreden, mitgestalten, beitragen

Wichtige Instrumente:
• Absatzsegmentrechnung
• Prozesskostenrechnung

Das Drei-Stufen-Programm zur Markt- und Kundenorientierung des Controlling

ganz zum Schluss des Gesprächs mit einer völlig unerwarteten Frage: „Wenn ich so alle Controller bei uns zusammenzähle, kommt eine stattliche Zahl zusammen. Rechnen sich die eigentlich alle? Könnte ich einmal Ihren eigenen Business-Plan sehen?". Vermutlich wird

spruch? Jeder von Ihnen, der jetzt protestieren will, beantworte bitte ehrlich die folgenden Fragen:

→ Können Sie Ihren Führungskräften in der Linie „aus dem Stand heraus", ohne weitere Vorbereitung einen Katalog Ihrer wichtigsten Leistungen

("Controller-Produkte") nennen?

→ Kennen Sie die Qualitäten Ihrer Leistungen und deren Preise? Wären Sie in der Lage, beides schnell zu messen und nachzuweisen?

Einige unangenehme Fragen

→ Kennen Sie Ihre internen Märkte, d.h. Ihre derzeitigen und zukünftig gewünschten Controllerleistungen für Ihre derzeitigen und zukünftigen Kundengruppen?

→ Haben Sie eine eigene strategische Planung für Ihre „Geschäftsfelder"? Denken Sie in Geschäftsfeldern?

→ Wissen Sie, wie viel Ihre internen Kunden über Ihre Produkte wissen? Haben Sie für bekannte Leistungen andere „Vertriebs"strategien als für solche Leistungen, von denen die Führungskräfte nur wenig verstehen?

Nur selten werden Controller auf diese Fragen durchweg auskunftsfähig sein. Sich – mit oder ohne Einführung der Balanced Scorecard – in Richtung Marktorientierung zu entwickeln, heißt für Controller, auch selber kunden- und wettbewerbsorientiert zu werden! Der hierzu zu gehende Weg ist lang und steinig. Wir wollen im Folgenden einige wichtige Wegmarkierungen hervorheben. Hierzu nehmen wir zwei unterschiedliche Sichten ein. Zum einen betrachten wir die gesamte anzugehende Aufgabe im Überblick. Zum anderen greifen wir spezieller, mehr ins Detail gehend, auf eine klassische Controlleraufgabe zurück, die Informationsversorgung des Managements.

Der Weg zu einer internen Kunden- und Wettbewerbsorientierung

Das Problem, das uns hier beschäftigt, hat seine Wurzel letztlich darin, dass Controller durch eine Organisationsentscheidung ins Unternehmen gekommen sind, nicht durch die direkte Nachfrage vieler einzelner interner Kunden (Führungskräfte). Die Controllerbereiche sind hierarchie-, nicht marktbestimmt. Aufgaben wurden und werden eher verordnet als verhandelt. In den meisten Fällen macht es deshalb Sinn, als Startpunkt das bestehende Leistungsprogramm des Controlling kritisch zu überprüfen. Einen ersten Schritt haben Sie mit der Einführung der Balanced Scorecard in der Regel bereits getan: an die Stelle von Kennzahlenfriedhöfen und Berichten, die über die Zeit hinweg immer länger geworden sind, treten jetzt (hoffentlich!) maßgeschneiderte Kernkennzahlen.

Weitere hilfreiche Fragen für die Durchleuchtung Ihres Leistungsprogramms sind u.a.:

→ Seit wann werden die einzelnen Leistungen unverändert bereitgestellt (z.B. der monatliche Kostenstellenbericht)? Sie werden feststellen, dass die Erneuerungsrate der Controller-Produkte um Größenordnungen hinter der Erneuerungsrate des Absatzprogramms Ihres Unternehmens zurückbleibt!

→ Wann wurden Inhalt, Umfang und Leistungshäufigkeit (z.B. wöchentlich oder nur monatlich) der Leistungen das letzte Mal von den Controllern selbst überprüft?

→ Wann wurden Inhalt, Umfang und Leistungshäufigkeit zuletzt mit den Empfängern der Leistungen detailliert durchgesprochen? Sie werden feststellen, dass solche Absprachen bei einigen Leistungen gänzlich fehlen!

→ Wie verteilt sich das Zeitbudget der Controller auf die unterschiedlichen Leistungen? Häufig wird bei solchen Überlegungen das Ergebnis herauskommen, dass viel zu viel Zeit für reine Datenerfassung und -aufbereitung verwendet werden muss, dass Kapazitäten für das Arbeiten mit den Zahlen und ebenso für interne Beratung des Managements fehlen.

→ Wann sind zum letzten Mal die „Produktionsverfahren" der einzelnen Controller-Leistungen überprüft worden? Auch hier wird es in vielen Unternehmen einiges zu tun geben. Wir haben in dem bereits mehrfach in diesem Buch erwähnten Arbeitskreis Benchmarking Controlling u.a. die Genehmigung von Investitionen untersucht. In einem Unternehmen konnten diverse Mannmonate dadurch eingespart werden, dass unnötige Schleifen im Bearbeitungsprozess durch entsprechende organisatorische Maßnahmen beseitigt wurden – selbstverständlich ohne Qualitätseinbußen! Wir werden auf diesen Aspekt im Rahmen der Prozessorientierung des Controlling

Wenn Sie diese Checkliste abgearbeitet haben, besitzen Sie erheblich größere Transparenz über Ihren Controllerbereich als derzeit!

nochmals zurückkommen. Auch hier ist viel zu tun.

Fragen dieser Art können die Controller noch aus dem eigenen Bereich heraus beantworten – und sollten es konsequent tun! Im nächsten, anschließenden Schritt müssen dann die Führungskräfte – als Kunden der Controller – direkt befragt werden. Es gilt dabei die (Hypo-)These: Wüssten die Manager, wie teuer einzelne Leistungen der Controller sind, würden sie auf viele lieber heute als morgen verzichten! Natürlich ist nicht jedes Urteil des Kunden gleich und kritiklos in Maßnahmen umzusetzen: Manchem Kostenstellenleiter käme es ohne Zweifel sehr gelegen, bekäme er nicht mehr monatlich den Spiegel des Kostenstellenberichts vorgehalten. Dennoch macht es umgekehrt auch keinen Sinn, den Managern jedes Recht auf Nutzen-Kosten-Betrachtungen der Controllerleistungen abzusprechen!

Die Einbeziehung der Manager in die Bestimmung der Controllingleistungen wird automatisch zu Bereinigungen des „Produktprogramms" führen. Was liegt näher, als sich über neue Produkte und/ oder neue Kunden Gedanken zu machen? Für einen ersten Einstieg eignet sich sehr gut eine matrixförmige Gegenüberstellung, die aus der Strategischen Geschäftsfeldplanung heraus bekannt ist. In der folgenden Abbildung sind einige Angaben beispielhaft aufgeführt.

	Alte Kunden	Neue Kunden
Alte Produkte	• monatlicher Kosten-stellenbericht • Bestandsbewertung	• Kostenplanung in Gemeinkostenbereichen • Einrichtung der Kosten-rechnung einer neuen Beteiligung
Neue Produkte	• Shareholder Value-Ergebnisse • Balanced Scorecards	• Kundenerfolgsrechnung • Kostenschätzmodelle in der Entwicklung

Strukturieren Sie Ihr Controlling-Programm systematisch – die Ansoff-Matrix ist dafür ein geeignetes Hilfsmittel

Allein das durch diese – zugegebenermaßen relativ grobe – Strukturierung erzwungene systematische Vorgehen eröffnet unserer Erfahrung nach erhebliches kreatives Potential, das erforderlich ist, um notwendige Veränderungen im Controlling anzustoßen und voranzutreiben. Auf einige der neuen Produkte werden wir im Folgenden noch näher eingehen. Neue Kunden finden sich auch schnell; der F&E-Bereich zählt hierzu ebenso wie die Logistik oder Marketing und Vertrieb, diejenige interne Kundengruppe, auf die später noch ausführlich eingegangen werden soll.

Begeistern Sie Ihre internen Kunden?

Unterscheidung von Basis-, Leistungs- und Begeisterungs-anforderungen

Wichtig erscheint uns im Zusammenhang mit Produkten und internen Kunden noch auf einen weiteren Aspekt hinzuweisen, der durch das Instrument des Target Costing – auf das wir gleich noch eingehen werden – einige Bekanntheit erlangt hat. Konkret handelt es sich um die Frage, welche Merkmale eines Produkts wie auf Kundenzufriedenheit und Kundenbindung wirken.

Dabei hat sich eine einfache Heuristik – das sog. Kano-Modell (Kano et al., 1984, S. 41f.) – als sehr plausibel und leistungsfähig gezeigt. Das Modell unterteilt die Anforderungen des Kunden an Merkmale des von ihm ins Auge gefassten Produkts in drei Gruppen:

→ *Basisanforderungen:*
Hierunter sind die Anforderungen an das Produkt zu verstehen, die es zur Erfüllung funktionaler (ggf. auch rechtlicher) Mindestanforderungen aufweisen muss (in einem Automobil wäre dies z.B. das Vorhandensein eines Gurtsystems). Der Kunde geht zu Recht davon aus, dass diese Anforderungen vom Produkt erfüllt werden. Seine Zufriedenheit wird damit nicht gesteigert. Vielmehr ist er in hohem Maße unzufrieden, wenn die Anforderungen nicht in allen Punkten erfüllt sind.

→ *Leistungsanforderungen:*
Sie beeinflussen die Kundenzufriedenheit in ihrer Höhe: die Kundenzufriedenheit verändert sich in Abhängigkeit vom Erfüllungsgrad dieser Anforderungen. Für ein Automobil wäre das z.B. der Verbrauch oder die Beschleunigung.

→ *Begeisterungsanforderungen*:
Hierunter fallen solche Anforderungen, an die der Kunde selbst nicht denkt, die er aber (erheblich) positiv

honoriert, wenn sie erfüllt werden. Für das begonnene Beispiel des Automobils fielen z.B. Produktmerkmale wie ein Regensensor oder das automatische Zuziehen der Heckklappe in diese Kategorie.

Überträgt man diese Erkenntnisse auf das Aufgabenportfolio des Controllers, so lassen sich einige wichtige Erkenntnisse ableiten:

→ Wenn Controller Monat für Monat einen in sich stimmigen Kostenstellenbericht vorlegen, sollten sie nicht davon ausgehen, dass die Stimmigkeit auch nur einen Zufriedenheitspunkt bei den Managern erzeugt. Jeder erkannte Kontierungsfehler dagegen führt zu (erheblichem) Missvergnügen!

Konsequenzen der Unterscheidung für Controller

→ Die Zufriedenheit des Managements könnte dagegen mit jedem Tag verkürzter Wartezeit auf einen Monatsbericht oder mit jeder Nachfrage nach Möglichkeiten zur Leistungsverbesserung zunehmen. Ob das wirklich so ist, kann der Controller allerdings nur dann herausfinden, wenn er seine Kunden genau kennt.

→ Eine richtig enge interne Kundenbindung wird aber auf Dauer nur dann erzielt, wenn der Controller seine Manager ab und an richtig begeistern kann: Wann haben Sie zum letzten Mal eine solche Begeisterung erzielt?

Die meisten Controller können unserer Erfahrung nach ihr Leistungsspektrum weder aus dem Stand noch nach einiger Überlegung in diese Struktur einordnen; hier zeigt sich sowohl ein Problem als auch die Chance, auf dem Weg zur internen Kundenorientierung deutlich voranzukommen!

Weiteres Vorgehen

Das weitere Vorgehen lässt sich mit folgenden Schritten kurz beschreiben:

→ *Festlegung der Produktmerkmale:* Liegt das Produktprogramm des Controlling als solches fest, gilt es, jeweils die wesentlichen Produktmerkmale zu bestimmen. Hier geht es z.B. um die Detailliertheit einer Standard-Produktkalkulation oder um die Lieferschnelligkeit eines Monatsberichts (wie viele Tage nach Ultimo soll sie dem Management vorliegen?). Diese – zwischen Controlling und Linie zu treffende bzw. auszuhandelnde – Festlegung führt zu konkreten Leistungsvereinbarungen.

→ *Festlegung von Leistungsmengen:* Hier geht es z.B. um die Einigung über Kapazitäten von Controllern für Sonderauswertungen und interne Beratungsleistungen (z.B. 20 Manntage pro Monat).

→ *Festlegung von Leistungspreisen:* Diesen Aspekt kann man – wenn man dies möchte – so weit treiben, dass aus dem Controlling ein Profit-Center wird, das jede einzelne erbrachte Leistung „nach Preisliste" verkauft, oder sich darauf beschränken, in der operativen Planung jeweils aus dem geplanten Leistungsvolumen abgeleitete Kostenkontingente zu vereinbaren und dann zu verrechnen.

→ *Kontrolle der erbrachten Leistungen:* Controller sind gewohnt, für alles und jeden Soll-Ist-Vergleiche durchzuführen. Dies muss auch für die von ihnen selbst erbrachten Leistungen gelten. Objekt der Überprüfung sind alle zuvor beschriebenen Aspekte. Ein wesentlicher Teil der Überprüfung sollte in unmittelbaren Feedback-Gesprächen mit den internen Kunden erfolgen. Dies überwindet Messprobleme und unnötige Erfassungskosten ebenso, wie es dem (komplexen) Charakter vieler Controllerleistungen entgegenkommt.

Wann wird man vom Kunden als „kundennah" angesehen?

Informationsversorgung als konkretes Anschauungsbeispiel

Wollen die Controller ihre interne Markt- und Kundenorientierung konsequent vorantreiben, so müssen sie auch bereit sein, Marketing-Know-how zu erwerben. In entsprechenden Büchern finden sich viele nützliche Denkweisen und Instrumente, die – mehr oder weniger einfach – direkt auf das Controlling übertragen werden können. Mit der Ansoff-Matrix und dem Kano-Modell haben wir hierfür schon Beispiele geliefert. Wir wollen im Folgenden die in unseren Augen so wichtige Übetragungsmöglichkeit weiter veranschaulichen. Herausgegriffen werden soll ein Konstrukt, das im Marketing aktuell eine

zentrale Bedeutung besitzt (und in das viel Geld investiert wird!), die „Kundennähe". Für ein kundennahes Verhalten haben sich in Produktmärkten drei Kriterien als besonders bedeutsam – und parallel zu beherrschen! – herausgestellt:

→ Genaues Treffen des Bedarfs,
→ Flexibilität bei Bedarfsänderungen des Kunden und
→ enger kommunikativer Kontakt

(vgl. ausführlich Homburg, 1995). Wir wollen diese Kriterien im Folgenden beispielhaft auf die kundengerechte Gestaltung des Informationsinstruments Kostenrechnung anwenden und damit näher verdeutlichen.

Erkennen und Erfüllen des Informationsbedarfs

Hiermit wird ein Aspekt aufgegriffen, den wir vorab schon kurz angesprochen haben: Um die tatsächlichen Informationsbedarfe des Managements zu kennen, darf es nicht bei eigenen Bedarfsvermutungen der Controller bleiben; erforderlich sind vielmehr „Kunden-Lieferanten-Gespräche" zur Vereinbarung von Produkten (z.B. monatlichen Primärkostenaufstellungen) und deren Ausgestaltung (z.B. Anteil von Graphiken, Aktualitätsgrad).

Hierzu ist es für die Controller hilfreich, sich zuvor Gedanken über den Kenntnisstand des Managements bezüglich der Controllerleistungen zu machen.

Die Marketingtheorie (vgl. z.B. Kaas, 1990) bietet hierfür eine tragfähige Denkfigur an, indem sie zwischen Vertrauens-, Erfahrungs- und Sucheigenschaften von Produkten unterscheidet:

→ Hat ein Gut überwiegend *Sucheigenschaften*, so kann es der (potentielle) Kunde vor dem Kauf gänzlich für seine Zwecke beurteilen. Beispiel aus dem täglichen Leben ist eine Banane (zumindest für einen deutschen Kunden). Für die Kostenrechnung kann das ein normaler kostenstellenbezogener Monatsbericht sein.

→ Bei *Erfahrungsgütern* ist ihm eine vollständige Beurteilung eines Gutes erst nach dessen Konsum möglich. Um das Obstbeispiel fortzusetzen: Wiederum für einen „normalen" Deutschen bedeutet eine Wassermelone ein derartiges Erfahrungsgut (für einen Griechen ist sie dagegen ein Suchgut). Bezogen auf die Kostenrechnung lässt sich als Beispiel eine einfache Kostenvergleichsrechnung anführen, deren Entstehung der Manager genau nachvollziehen kann.

→ Güter mit überwiegend *Vertrauenseigenschaften* schließlich sind vom Kunden nie in Gänze, stets nur in Ausschnitten beurteilbar. Im Obstbeispiel wäre hier eine tropische Frucht undefinierbaren Geschmacks zu nennen, die den Laien nach Verzehr kaum in die Lage versetzt, zwischen „deliziös" und „leider verdorben" zu unterscheiden. Als Vertrau-

Unterscheidung von Such-, Erfahrungs- und Vertrauenseigenschaften

ensgut der Kostenrechnung mag man sich beispielhaft eine komplexe Analyse der Kosten eines Geschäftszweigs vorstellen, die nach dessen Aufgabe wegfallen würden.

Die Marketingtheorie zeigt, dass Güter dieser unterschiedlichen Kategorien ganz unterschiedlich verkauft werden müssen. So sind beispielsweise bei Vertrauensgütern Standing und Reputation des Anbieters von ausschlaggebender Bedeutung. Dies gilt analog auch für entsprechende Informationsleistungen aus dem Rechnungswesen (vgl. umfassend Weißenberger, 1997). Die praktische Leitmaxime von Controllern „Präsentiere nie eine Zahl, die falsch ist", findet hier ihren Ursprung. Zur Erreichung von bedarfsentsprechenden Produkten ist es schließlich auch hilfreich, ihre Qualität und Akzeptanz zu messen. Für die Kostenrechnung könnte eine Qualitätsmessung z.B. in der Aufzeichnung von Terminverzögerungen und Datenfehlern bestehen; für die Akzeptanzmessung bieten sich periodische Kundengespräche an (Zufriedenheitsmessungen). Einige Unternehmen verfügen hier bereits über entsprechende Erfahrung. Als positive Nebenwirkung gewinnen Controller durch ein solches Vorgehen generell an Akzeptanz: Wer von anderen Leistungsmessung und -reporting verlangt, sollte selbst nicht hinter diesem Anspruch zurückstehen!

Flexible Anpassung an Bedarfsänderungen

Kennen Controller die Informationsbedarfe und das Nachfrageverhalten der Manager, ist es nur ein kleiner Schritt dahin, das Informationsangebot ständig an Veränderungen von Bedarf und Nachfrage anzupassen. Für das betrachtete Beispiel der Kostenrechnung bedeutet dies dreierlei:

→ Controller müssen laufend die Prämissen überprüfen, die zur Ausgestaltung der betriebenen Kostenrechnung geführt haben. Unsere praktische Erfahrung zeigt, dass diese Aufgabe derzeit nur sehr unzureichend wahrgenommen wird (vgl. Weber, 1996).

→ Controller müssen sich – wie bereits ausgeführt – ständig Gedanken über neue Kostenrechnungs"produkte" machen.

→ Controller müssen dem Phänomen der Systemflexibilität eine deutlich höhere Bedeutung zumessen, als in der Vergangenheit geschehen. Es geht nicht an, dass in Unternehmen notwendige Reorganisationsmaßnahmen nur deshalb verzögert bzw. hinausgeschoben werden, weil das Rechnungswesen aufgrund seiner Mächtigkeit nicht schnell genug an die neuen Verhältnisse angepasst werden kann!

Betrachtet man die geringe Innovationsrate der Kostenrechnung in den vergangenen Jahren, wird deutlich, wie wichtig Flexibilität als Kriterium für Kundennähe geworden ist.

Mit den Managern über die Ergebnisse der Kostenrechnung zu reden, ist häufig wichtiger, als die Genauigkeit der Kostenrechnung noch weiter anzuheben!

Intensive Interaktion mit den Kostenrechnungsadressaten

Kundennahes Verhalten bedeutet schließlich auch, engen Kontakt zum Kunden zu halten. Über die rein fachlichen Aspekte hinaus geht es hier um persönliche Vertrautheit, um das Einschätzbarmachen der Person, um damit dem Management einen Rückschluss auf die Produkte des Controllers zu ermöglichen. Ständige Interaktion baut das Image einer „grauen Eminenz" genauso ab wie das eines „Erbsenzählers" und schafft die Basis für eine nutzenstiftende interne Geschäftsbeziehung.

Wie weit der hierzu noch zu gehende Weg ist, zeigt abschließend ein weiteres Ergebnis der schon mehrfach in diesem Buch zitierten Koblenzer Studie. Hier wurden die Kunden der Kostenrechnung um eine umfassende Einschätzung verschiedener Qualitätsdimensionen gebeten:

→ Zunächst erfolgte eine Beurteilung der Ausstattung und Kompetenz der Kostenrechnung. Die Kostenrechnungskunden äußerten sich zur technischen und personellen Ausstattung der Kostenrechnung sowie zur fachlichen Kompetenz der Kostenrechner.

→ In einem zweiten Schritt erfolgte eine Beurteilung des Bereitstellungsprozesses der Kostenrechnungsin-

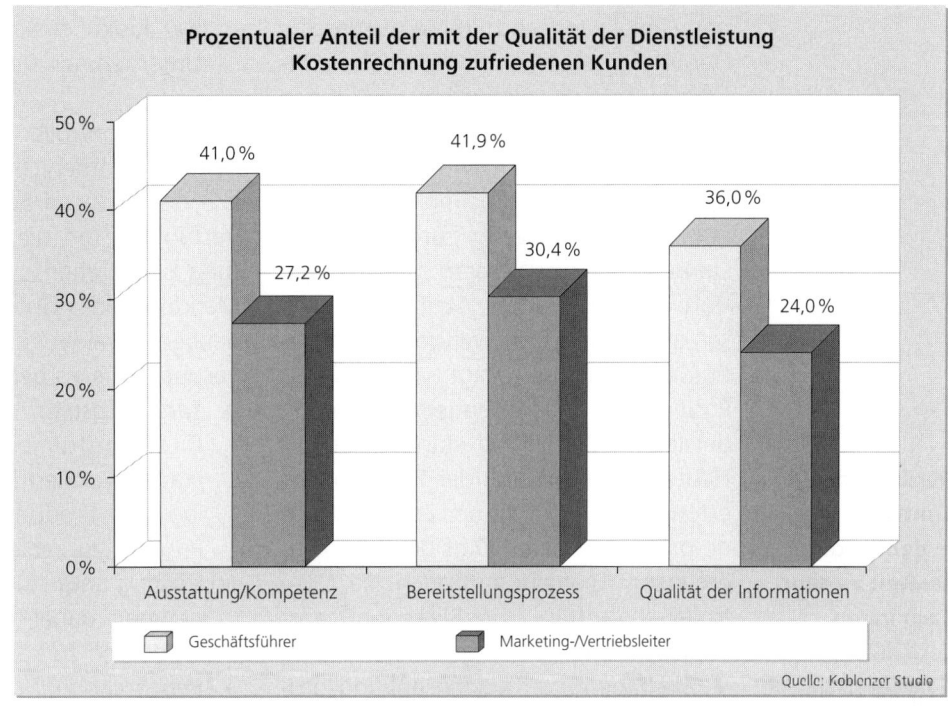

Prozentualer Anteil der mit der Qualität der Dienstleistung Kostenrechnung zufriedenen Kunden

Quelle: Koblenzer Studie

Die Unzufriedenheit der Manager mit der Kostenrechnung betrifft nicht nur die Informationen, sondern auch die Kostenrechner und ihren Service (entnommen aus Homburg et al., 1998, S. 28)

formationen. In diesem Zusammenhang wurden beispielsweise Fragen nach der Schnelligkeit der Informationsbereitstellung, nach der Einhaltung von Terminen, aber auch nach der Qualität der Beratung während der Bereitstellung von Informationen durch die Kostenrechner gestellt.

→ Schließlich wurde auch die Qualität der gelieferten Informationen durch die Kunden der Kostenrechnung bewertet. Diese Bewertung bezog sich auf Aspekte wie die Genauigkeit oder Aktualität der Informationen, den Umfang des Informationsangebots oder die Art der Darstellung der Kostenrechnungsinformationen.

Die in der oben stehenden Abbildung dargestellten Ergebnisse sprechen eine deutliche Sprache. Unabhängig davon, welche der Qualitätsdimensionen und welche interne Kundengruppe man betrachtet – weniger als die Hälfte der befragten Manager ist mit der Kostenrechnung zufrieden! Wenn die Controller Kundennähe erreichen wollen, müssen sie auf allen drei Fronten deutlich besser werden!

2.2.2. Die Outside-In-Sicht: Neue Perspektiven, neue Instrumente

Unternehmen haben sich in Deutschland in den vergangenen Jahren und Jahrzehnten weitgehend auf ihre eigenen Fähigkeiten und Stärken verlassen. Der Erfolg gab ihnen Recht. Weltmarktfähige Produkte konnten von ihnen auch ohne umfassende, explizite Einbeziehung von Kundenwünschen engineert, Prozess- und Technologiestrukturen auch ohne Bezug zum Leistungsstand von Wettbewerbern oder anderen Vorbildern gestaltet, Aktionärsinteressen auch ohne einen weitgehenden Einfluss derselben befriedigt werden. Diese Position der Überlegenheit ist aber in der letzten Zeit immer stärker erodiert. Heute ist ein Wechsel der Blickrichtung erforderlich, es ist an der Zeit, den Inside-out- durch einen Outside-in-Blick zu ergänzen. Hiervon sind auch die Controller betroffen. Ihr Blick war ausschließlich nach innen gerichtet:

Der Blick der Controller war in der Vergangenheit zu sehr nach innen gerichtet!

→ Sie haben zwar Kostensenkungsprogramme initiiert und entsprechende Einsparungspotentiale eröffnet, sich aber nicht in gleicher Weise um die Beeinflussung der Erlöse gekümmert.

→ Sie haben aus mehreren Investitionsalternativen die günstigste herausgefiltert, aber nicht danach gefragt, ob die gewünschte Technologie bei einem anderen Unternehmen erfolgreicher eingesetzt wird; der interne Zinsfuß war die Messlatte, nicht das Erfolgsniveau einer best practice.

→ Controller haben kalkulatorische Zinsen aus den Zinsen für langfristiges Fremdkapital des Unternehmens und – teilweisen obskuren – Opportunitäten hergeleitet, aber keinen Finanzanalysten konsultiert, wie dieser

das Risiko einer Kapitalbindung im Unternehmen sieht.

Auch für Controller ist ein massives Umdenken erforderlich. Neue Instrumente wie die Balanced Scorecard stehen zur Verfügung, um die neue Herausforderung zu bestehen, systematisch von den Märkten in das Unternehmen hineinzudenken. Zwei weitere von diesen sollen gesondert hervorgehoben werden:

→ *Target Costing:*
Dieses Instrument beantwortet die Frage, welchen Preis der Kunde bei welchen Produktmerkmalen für ein Produkt zu zahlen bereit ist. Target Costing unterstützt damit das Unternehmen dabei, zu marktgerechten Produkten zu kommen.

→ *Benchmarking:*
Hier geht es darum, von anderen Unternehmen durch den direkten Vergleich von Prozessen zu lernen. Benchmarking leistet Hilfestellung bei dem Bemühen, zu marktgerechten Prozessstrukturen zu kommen.

Target Costing: Die Denkweise der Kostenrechnung auf den Kopf gestellt!

Die traditionelle, alt bekannte Kostenrechnung beschäftigt sich seit ihren Ursprüngen mit der Preisgestaltung der Produkte; Preisgestaltung steht auch im Fokus des neuen Instruments Target Costing. Dennoch haben beide kaum mehr als den Wortbestandteil „Kosten" gemein. Das Target Costing stellt viel-

Target Costing will die Frage beantworten: „Was darf ein bestimmtes Merkmal eines Produkts kosten"?

mehr, wie das nachstehende Bild zeigt, das Vorgehen der Kostenrechnung quasi „auf den Kopf". Target Costing ist ein Instrument, das hilft, zu wettbewerbsfähigen neuen Produkten zu kommen. Der Weg hierzu führt über die systematische Einbeziehung von Markt- und Kundenanforderungen in die Phase der Produktentstehung (einschließlich der Festlegung der zur Produkterstellung erforderlichen Prozesse).

Target Costing ist die Antwort auf immer stärker gestiegene Wettbewerbsintensität: Reichte es früher Unternehmen, im Zuge der Produktentstehung die zukünftig anfallenden Kosten zu kalkulieren („Was wird ein Produkt kosten?"), mussten sie sich später auf einen mehr oder weniger gegebenen Marktpreis einstellen („Was darf ein Produkt kosten?"). Selbst das reicht heute nicht mehr; im Zuge einer immer stärkeren Kundenorientierung und Dif-

ferenzierung ist es vielmehr erforderlich, von der Produkt- auf die Produktmerkmals- oder -komponentenebene zu gehen („Was darf ein bestimmtes Merkmal eines Produkts kosten?"). Das Target Costing versucht, genau an dieser Stelle anzusetzen.

Ziel des Target Costing ist es, die Zielkosten so festzulegen, „wie dies dem Kundenwunsch entspricht, unabhängig davon, ob die Technik, mit der der Kundenwunsch vom Unternehmen verwirklicht werden könnte, diesem bereits bekannt ist, und unabhängig davon, ob die vom Markt erlaubten Kosten zur Verwirklichung des Kundenwunsches zum Zeitpunkt dessen Definition bereits als erreichbar erscheinen" (Horváth/Seidenschwarz, 1991, S. 4). Grundsätzlich wird die simple Regel postuliert: „Ein idealer Ressourceneinsatz ist ... der, Ressourcen so einzusetzen, wie dies den vom Kunden gewünschten Produkt-

Target Costing: Ableitung von Kosten aus den Wünschen von Kunden

**Target Costing:
Ein Beispiel aus
der Automobil-
industrie**

wertrelationen entspricht" (Horváth/Sei-
denschwarz, 1992, S. 145). Ein solches
Vorgehen lässt sich zum einen techno-
logisch nie in Reinform realisieren; zum
anderen vernachlässigt es die Tatsache,
dass der Kunde beim Kauf eines Produkts bestimmte Grundfunktionen einfach als gegeben voraussetzt, für diese
also keine Nutzenpräferenzen äußert.
Allerdings soll uns hier weniger die Meinung einiger Autoren, sondern vielmehr
das grundsätzliche Vorgehen des Target
Costing interessieren. Hierfür wollen wir
in gebotener Kürze ein Produkt betrachten, das den meisten hinreichend bekannt und damit nachvollziehbar ist: ein
Automobil (vgl. im Detail Rösler, 1996).

Zu gestalten ist der Nachfolger einer im
Markt eingeführten Baureihe. Die Anforderungen der Kunden werden nach
dem uns an dieser Stelle bereits bekannten Kano-Modell in Basisanforderungen, Leistungsanforderungen und

Begeisterungsanforderungen unterteilt.
Die Zielkosten des Fahrzeugs setzen sich
folglich aus den Kosten eines „Basisfahrzeugs", den Kosten gemäß der Priorisierung der Leistungsanforderungen
durch die Kunden und einem Kostenbe-
standteil für die Begeisterungsanforderungen zusammen. Um zu den Kosten
des Basisfahrzeugs zu kommen, kann
man z.B. auf die Kosten einer kleineren
Fahrzeugklasse abstellen oder aber die
Kosten eines – im Ausstattungsumfang
reduzierten – Vorgängerfahrzeugs heranziehen. Kundenpräferenzen haben
hierauf keinen Einfluss. Technisches
Know how ist gefragt. Im Ergebnis liegt
mit den Kosten des Basisfahrzeugs ein
großer Teil der vom Markt her erlaubten
(„allowable costs") Kosten fest.

Die große Stunde des Marketing schlägt
bei den Leistungsanforderungen. (Nur)
Hier gilt auch die vorab zitierte Faustre-
gel „Je höher die Kundenpräferenz,
desto höher das Kostenbudget". Durch geeignete
Marktforschungsinstrumen-
te (z.B. eine *Conjoint-Analy-
se*) sind im ersten Schritt für
die wichtigsten Produkt-
merkmale, für die ein Lei-
stungsanforderungscharak-
ter vermutet werden kann,
Kundenpräferenzen zu erheben. Dies mag zu dem ne-
benstehend dargestellten
Ergebnis führen. Die technische Fahrzeugentwicklung
ist im nächsten Schritt gefor-

Wichtigkeit der Produktmerkmale (Σ 100%)

Sicherheit	16,8%
Energieverbrauch	12,6%
Design exterieur	11,5%
Fahrverhalten	10,5%
Durchzug/Elastizität	10,0%
Fahrkomfort	9,4%
Unterhaltskosten	8,4%
Beschleunigung	8,2%
Design interieur	7,3%
Bedienkomfort/Ergonomie	5,3%

Beispiel der
Einschätzung der
Wichtigkeit von
Leistungs-
anforderungen

Produktmerkmale	Karosserie		Ausstattung				Fahrwerk				Antrieb			Elektrik				Σ über alle Komponenten
	Rohkarosse	Türen/Klappen	Außenausstattung	Innenausstattung	Cockpit	Sitze	Vorderachse	Hinterachse	Lenksäule/Pedalerie	Bremssystem	Motor/Abgas/Kühler	Hinterachsgetriebe	Getriebe	Heizung/Klimatisierung	Elektronik/Instrumentierung	Bordnetze	Elektromechanik	
Sicherheit	30	10			20	10			20						10			100
Energieverbrauch			10				10	10			60		10					100
Design exterieur	40	20	20				10	10										100
Fahrverhalten	10						40	40								10		100
Durchzug/Elastizität											100							100
Fahrkomfort	10			10		20	10	10					20	20				100
Unterhaltskosten				20			10	10			30	10	10			10		100
Beschleunigung										10	90							100
Design interieur		10		10	30	20			10							10	10	100
Bedienkomfort/Ergonomie		10			20	10			20					10	10	10	10	100

Die Übersetzung von Kundenanforderungen in Produktmerkmale – die zentrale Herausforderung im Target Costing-Prozess!

dert, diese kundenbezogenen Produktmerkmale in Bezug zu den einzelnen Komponenten des Fahrzeugs zu bringen. Die oben stehende Tabelle zeigt hierfür das Ergebnis. Für diesen Schritt ist in erheblichem Maße technischer Sachverstand und Kreativität erforderlich. Die Zuordnungsleistung erfordert zudem eine enge Zusammenarbeit zwischen den unterschiedlich spezialisierten Produktentwicklern, so dass der Zuordnungsprozess auch hohe Anforderungen an die Kommunikationsfähigkeit aller an der Aufgabe Beteiligten stellt. Genau hier definiert sich der wesentliche Teil der Rolle der Controller im Target Costing-Prozess: Sie haben als Moderatoren und Kümmerer dafür zu sorgen, dass die Kommunikation zwischen der Markt- und der Entwicklungsseite stets eng bleibt, dass auch in Pha-

Controller sollten Moderatoren und Kümmerer des Target Costing-Prozesses sein

sen zunächst fehlender technischer Ideen die Marktsicht der Techniker erhalten bleibt, sie nicht vorschnell in die alte, erstellungsgetriebene Sichtweise zurückfallen. Verbindet man die Nutzeneinschätzungen der Kunden mit der Zuordnung von Leistungsanforderungen zu Produktkomponenten, so kann man den Beitrag jeder Komponente zur Erzielung von Kundennutzen errechnen und hat damit die benötigten Werte zur Zuordnung von Kostenbudgets ermittelt. Die Begeisterungsanforderungen schließlich lassen sich nicht komponentenbezogen planen. Für sie bietet es sich an, ein bestimmtes Entwicklungsbudget zu vereinbaren.

Betrachtet man die Methodik des Target Costing im Überblick, so lässt sich als ein großer Vorteil die systematische

Einbindung von Kundenwünschen in die Produktgestaltung nennen („market into company"). Man kann empirisch belegen, dass Produktentwickler oftmals mangelnde Kenntnis der Kundenwünsche besitzen und eher nach eigenen Zielvorstellungen vorgehen („Entwicklerstolz").

Target Costing ist kein Recheninstrument, das bestimmte „richtige" Werte ermittelt. Die gefundenen Zielwerte sind stets mit anderen (z.B. bottom-up aus der bestehenden Technologie heraus geplanten oder durch Benchmarking-Studien ermittelten) Werten abzugleichen. Target Costing ist vielmehr als Hilfsmittel zur systematischen Kommunikation zwischen Marketing und Entwicklung, zur Überwindung von Sprach- und Denkbarrieren zwischen diesen beiden Bereichen zu verstehen. Controller wirken mit fachlichem Input und moderierend an diesem Prozess mit – und lernen selbst sehr viel über die Märkte und die Marktfähigkeit des Unternehmens!

Benchmarking ist (weit) mehr als der klassische Betriebsvergleich

Benchmarking: Von anderen lernen – konsequent umsetzen

Das Target Costing ist – wie gezeigt – darauf gerichtet, zu marktfähigen Produkten zu kommen, die Märkte optimal zu bedienen. Das nun betrachtete Instrument fragt primär danach, wie die Strukturen zur Marktbedienung verbessert werden können. Ein Weg, um Wissen über hierzu mögliche Lösungen zu erwerben, ist das Lernen von anderen

Unternehmen. Früher als Betriebsvergleich bezeichnet und nur selten für konkrete Strukturveränderungsmaßnahmen eingesetzt, hat sich für diesen Ansatz heute der Begriff Benchmarking herausgebildet (vgl. auch ausführlich Weber/Wertz, 1999).

Benchmarking hat vor allem zwei Ziele. Zum einen sollen marktorientierte Zielvorgaben identifiziert werden: Leistungsstandards werden sichtbar, die von anderen Unternehmen gesetzt wurden und daher offensichtlich auch erreichbar sind. Sie unterstützen Änderungen auch in solchen Unternehmensbereichen, die bislang in ihrer eigenen Kultur und Denkweise befangen sind. Benchmarking wirkt damit der Neigung zu Selbstzufriedenheit entgegen. Resultat ist ein verstärkt marktorientierter Planungsprozess, der systematisch die Unternehmensumwelt betrachtet. Zum anderen sollen aber auch die Praktiken, die diese Zielausprägung ermöglichen, entdeckt und verstanden werden. Das Aufbrechen ineffizienter und verkrusteter Strukturen wird somit durch das Finden bereits bestehender, besserer Lösungswege wesentlich unterstützt. Auf der Basis einer reinen Leistungsanalyse entwickeln sich im Folgenden *selbständige Lern- und Veränderungsprozesse*.

Das Instrument des Benchmarking lässt sich sehr unterschiedlich anwenden. Ein Differenzierungskriterium bildet das Objekt, also die Frage, was gebenchmarkt werden soll. Dabei kann zwischen Pro-

	Internes Benchmarking	Wettbewerbs-Benchmarking	Funktionales Benchmarking	Generisches Benchmarking
Unmittelbare Vergleichbarkeit	● hoch	● hoch	● mittel	○ niedrig
Aufwand	○ niedrig	● mittel	● mittel	● hoch
Vertraulichkeits-problem	○ niedrig	● hoch	● mittel	● mittel
Lernpotential	○ niedrig	● mittel	● mittel	● hoch

● hoch   ● mittel   ○ niedrig

Bewertung unterschiedlicher Arten des Benchmarking (entnommen aus Weber/Wertz, 1999, S. 13)

dukten, Methoden und Prozessen unterschieden werden. Je mehr man sich dabei von Produkten zu Prozessen als Benchmarking-Objekt bewegt, um so komplexer und abstrakter werden die Benchmarking-Inhalte. Benchmarking-Studien werden darüber hinaus nach der Art des Vergleichspartners unterschieden (vgl. dazu auch die oben stehende Abbildung):

Vier Arten von Benchmarking gilt es zu unterscheiden

→ Das *interne Benchmarking* bezeichnet Vergleichsaktivitäten im eigenen Unternehmen. Dabei messen sich dezentrale Einheiten mit gleicher Funktionserfüllung untereinander. Vergleiche, z.B. zwischen Standorten, Gruppen oder Abteilungen, dienen zur Identifikation einer internen „best practice" und deren Verbreitung in andere Teile des Unternehmens. So könnten beispielsweise die Abläufe im Wareneingang verschiedener Standorte verglichen werden. Während diese Art des Benchmarkings den geringsten Aufwand für Datenerhebung verursacht, bietet es gleichzeitig die geringsten Aussichten auf bahnbrechende Verbesserungen. Bedeutsam ist das interne Benchmarking insbesondere für divisionalisierte, multinationale Konzerne oder für in Profit-Center zerlegte Organisationen.

→ Von einem *wettbewerbsorientierten Benchmarking* wird dann gesprochen, wenn die Produktgestaltung, die administrativen oder physischen Prozesse der direkten Konkurrenz im Mittelpunkt der Untersuchungen stehen. So werden in der Automobilbranche schon seit einigen Jahren umfangreiche Benchmarking-Projekte zwischen Wettbewerbern durchgeführt. Diese Art des Benchmarking wird häufig von Unternehmensexternen getragen, um wettbewerbsrelevante Daten herauszufiltern und gleichzeitig leistungsspezifische Informationen auf ein zuvor festgelegtes Format zu normalisieren („Branchenstandards").

→ Im *funktionalen Benchmarking* werden Prozesse verglichen, die in ihrer Funktion übereinstimmen, allerdings aus verschiedenen Branchen stammen. Ein Beispiel für ein funktionales Benchmarking ist ein Projekt zwischen Xerox und L.L. Bean, die ihre Lagerhaltungs- und Vertriebssysteme verglichen haben.

Phasen des Benchmarking-Prozesses

→ Den umfangreichsten Ansatz zum unternehmensübergreifenden Vergleich stellt schließlich das *generische Benchmarking* dar. Die Grenzen bei der Suche geeigneter Partner werden hierbei nicht durch Wettbewerb, Branche oder Funktion gesetzt. So verglich beispielsweise die South-West Airlines die Bodenzeiten ihrer Flugzeuge (Ausstieg der Passagiere, Auftanken, etc.) mit den Prozessen während eines Boxenstopps bei einem Autorennen, um daraus Verbesserungspotentiale zu identifizieren. Die Fähigkeit, über Branchengrenzen hinweg vergleichbare Abläufe zu identifizieren, zu beschreiben und zu vergleichen, schränkt die Anzahl potentieller Benchmarking-Partner jedoch ein.

Drei Hauptphasen des Benchmarking-Prozesses lassen sich – wie auch die nebenstehende Abbildung zeigt – unterscheiden. In der *Vorbereitungsphase* geht es um die Festlegung des Benchmarking-Objektes, die Bestimmung des Benchmarking-Teams, die Definition von relevanten Größen zur Leistungsbeurteilung und schließlich die Auswahl des Benchmarking-Partners.

In der anschließenden *Analysephase* erfolgt zunächst die Untersuchung relevanter Informationsquellen. Naheliegend ist zunächst die Nutzung interner Informationen. So können sowohl technische Daten über das Produkt (z.B. Reverse Product Engineering oder Wertanalyse) als auch über andere Funktionsbereiche des betrachteten Unternehmens (z.B. Art des Versands) gesammelt werden. Darüber hinaus sind oft weitere externe Informationen bereits im Unternehmen vorhanden (z.B. strategische Planung, Marktforschung). Neben internen Informationen kann darüber hinaus auf frei zugängliche Sekundärinformationen (Fachzeitschriften, Branchenverbände, etc.) zurückgegriffen werden. Schließlich steht noch der Weg offen, Primärinformationen zu erheben (Unternehmensbesuche, Telefoninterviews, Fragebögen). Im zweiten Schritt werden die Kosten- und Leistungslücken ermittelt. Dies geschieht in der Regel auf Basis von Kennzahlen, die den Output eines Prozesses in den Dimensionen Kosten, Qualität und Zeit abbilden. Dem Aufdecken von Leistungs- und Kostenlücken folgt die Analyse der Ursachen für die ermittelten

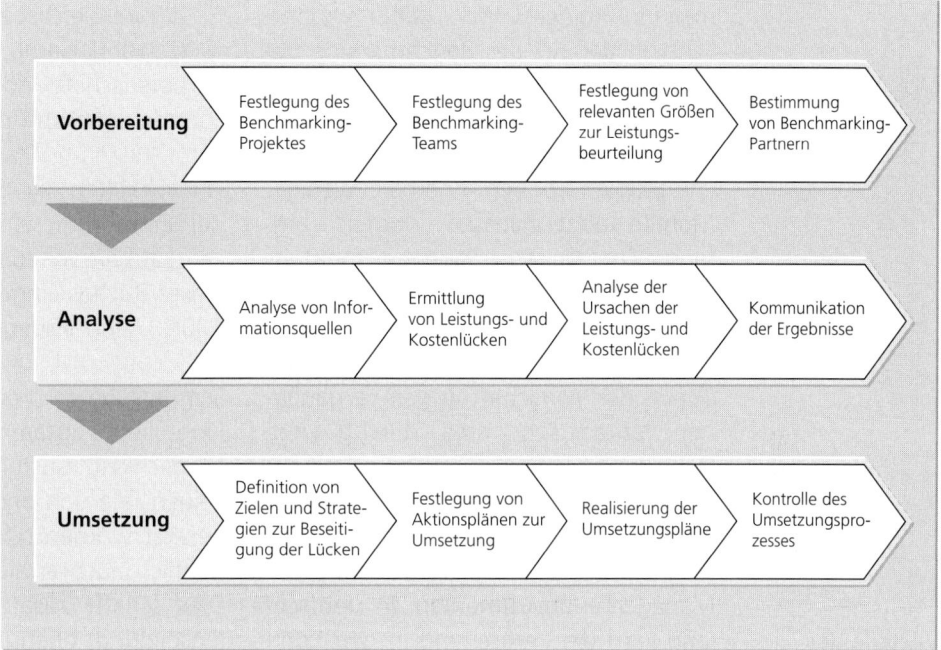

Vorgehen des Benchmarking nach Weber/Wertz, 1999, S. 15

Lücken. Dabei werden zum einen die Inputs in einen Prozess – wie z.B. Personal oder Sachmittel – als auch die Konfiguration der Prozesse betrachtet.

Die qualitative Analyse, d.h. die Analyse der Prozesse vor Ort, gewinnt vor allem dann an Bedeutung, wenn die zur Verfügung stehenden Kennzahlen zu Prozessinput und Prozessorganisation keine eindeutigen Rückschlüsse auf die Ursachen der ermittelten Kosten- und Leistungsunterschiede zulassen. An diesem Punkt sind Unternehmensbesuche erforderlich – um vor Ort ein Verständnis der Unterschiede zu bekommen („besichtigen geht vor berichten"). Anschließend erfolgt die Kommunikation der Ergebnisse. So wird in der Regel ein

Benchmarking-Bericht erstellt, der dem Auftraggeber der Benchmarking-Studie (i.d.R. der Geschäftsführung) zugeht. Gleichzeitig sollten auch die Prozessverantwortlichen über die Ergebnisse des Benchmarking informiert werden.

In der *Umsetzungsphase* werden schließlich Ziele und Strategien zur Beseitigung der identifizierten Lücken definiert, konkrete Aktionspläne zur Umsetzung dieser Ziele und Strategien festgelegt, diese Umsetzungspläne realisiert sowie der Umsetzungsprozess überprüft.

Benchmarking ist für die Unternehmen eine mitunter kostenintensive Informationsquelle. Der Aufwand eines Benchmarking-Projektes wird dabei wesentlich von der Art des Benchmarking bestimmt. Entsprechend unterscheidet sich auch die Dauer von Benchmarking-Projekten erheblich. Relativ oberflächliche Studien können innerhalb weniger Monate abgeschlossen werden, umfangreiche dauern dagegen meistens bis zu einem Jahr.

Das Instrument des Benchmarking hat sich in der Wirtschaft in den vergangenen Jahren sehr breit durchgesetzt. Dabei ist ein Entwicklungsvorsprung der USA deutlich erkennbar (Weber/Wertz, 1999, S. 38-42). Dort gehört Benchmarking längst zum Standardrepertoire von Managementinstrumenten. In Deutschland wird die Verbreitung in den kommenden Jahren dagegen noch deutlich zunehmen. Zur Unterstützung dieses Verbreitungsprozesses ist es hilfreich, auf die internationalen Erfahrungen zurückzugreifen, die u.a. folgende Erfolgsfaktoren des Benchmarking herausgearbeitet haben (vgl. zu diesen und weiteren Weber/Wertz, 1999, S. 19-32):

Vorteile des Benchmarking – wenn man es richtig betreibt!

→ Sorgfältige Vorbereitung des Benchmarking hinsichtlich Umfang und Zielen,

→ hierarchieübergreifende Unterstützung des Projekts durch das Top-Management und die jeweiligen process owners,

→ Aussagefähigkeit und Definitionsgenauigkeit der für den Vergleich verwendeten Kennzahlen,

→ Sicherstellung von Vergleichbarkeit und Lernpotential bei der Auswahl

der Vergleichspartner und

→ Gewährleistung von Veränderungsbereitschaft und Machbarkeit im Implementierungsprozess.

Ähnlichkeiten zu den Erfolgsfaktoren der Einführung einer Balanced Scorecard, auf die wir zu Ende des ersten Teils dieses Buches eingegangen sind (vgl. S. 100ff.), sind evident und nicht zufällig!

Der besondere Vorteil des Benchmarking liegt zusammenfassend in der Möglichkeit, Leistungsstandards aufzuzeigen, die von anderen Unternehmen gesetzt worden sind und daher offensichtlich auch erreicht werden können. Dies schafft zusätzliches Wissen (Willensbildung) ebenso, wie es die Wahrscheinlichkeit erfolgreicher Veränderung steigert (Willensdurchsetzung). Benchmarking schlägt die Brücke von der reinen Leistungsanalyse hin zu selbständigen Lernprozessen und eigenständigen Veränderungsprozessen. Das Aufbrechen bestehender, verkrusteter und ineffizienter Strukturen wird dabei durch die selbständige Entdeckung anderer, besserer und bereits realisierter Lösungswege wesentlich erleichtert.

Für Controller sehen wir im Benchmarking drei zentrale, allerdings sehr unterschiedliche Vorteile bzw. Chancen:

→ Controller können zum einen interner Treiber der „Benchmarking-Bewegung" werden, damit dem Unternehmen an den unterschiedlichsten Stellen zu neuem, wichtigem Know-how verhelfen und zugleich das verstaubte Image des Bewahrers bestehender Strukturen gegen das des Innovationstreibers eintauschen.

→ Controller können weiterhin gezielt Ergebnisse von Benchmarking-Projekten für eigene Zwecke heranziehen. So erleichtert es die Zielformulierung im Rahmen der Budgetierung sehr, wenn man einem Linienmanager nicht nur sein Budget des letzten Jahres vorlegen, sondern auch auf die (niedrigeren!) Kosten eines Benchmarking-Partners verweisen kann!

→ Schließlich hilft Benchmarking den Controllern, die eigenen Strukturen und Prozesse besser beurteilen zu können. Zwei entsprechende Ergebnisse des bereits mehrfach in diesem Buch angesprochenen WHU-Arbeitskreises Benchmarking Controlling mögen zum Beleg dieser Aussage genügen (vgl. die beiden Abbildungen auf der Folgeseite).

3 Schritte zur Verbesserung des Verhältnisses Controller – Markerting-manager

es wolle. Zu viel zahlenbedingte Zögerlichkeit ist dem Markterfolg oft hinderlich – allerdings ein „zahlenloses" Agieren ebenso! Marketing/Vertrieb und Controlling brauchen einander: Wie können sie zusammenkommen? Wir meinen, dass hierzu drei Schritte besonders geeignet sind:

→ Controller sollten versuchen, mit neuen Instrumenten die Arbeit der Marketing- und Vertriebskollegen zu unterstützen. Wir werden hierzu die Ergebnisrechnung als Beispiel herausgreifen.

→ Controller sollten zur Verbesserung bestehender Instrumente beitragen. Als Beispiel hierzu gehen wir kurz auf die Umsetzung von Kundenzufriedenheit ein.

→ Controller sollten schließlich ihre Rolle als kritischer Gesprächspartner stärker konturieren und deren Nutzen für die Marketing- und Vertriebsverantwortlichen besser klarmachen.

Externe Märkte als Aufgabenfeld von Controllern: Halb zog sie ihn, halb sank er hin

Controller haben in der Vergangenheit um Marketing und Vertrieb eher einen großen Bogen gemacht als sich in diesem Bereich sehr wohl gefühlt. Hieran sind nicht allein sie selbst schuld. Ein „richtiger" Verkaufsprofi hält wenig von einem akribischen Zusammenstellen von Zahlen; er wittert Marktchancen und will sie nutzen, koste es, (fast) was

Neue Instrumente: Marktbezogene Ergebnisrechnungen als Beispiel

Ergebnisse zu planen, zu berichten und zu kontrollieren, ist seit jeher eine Kernaufgabe der Controller. Entsprechend lange liegen die hierzu benötigten Instrumente vor. Sie gelten als bewährt und ausgereift: Die Kostenrechnung als Basis liefert Ist- und Plankosten, die Erlöse werden der Fakturierung entnommen und schließlich beide Größen in der Ergebnisrechnung einander gegen-

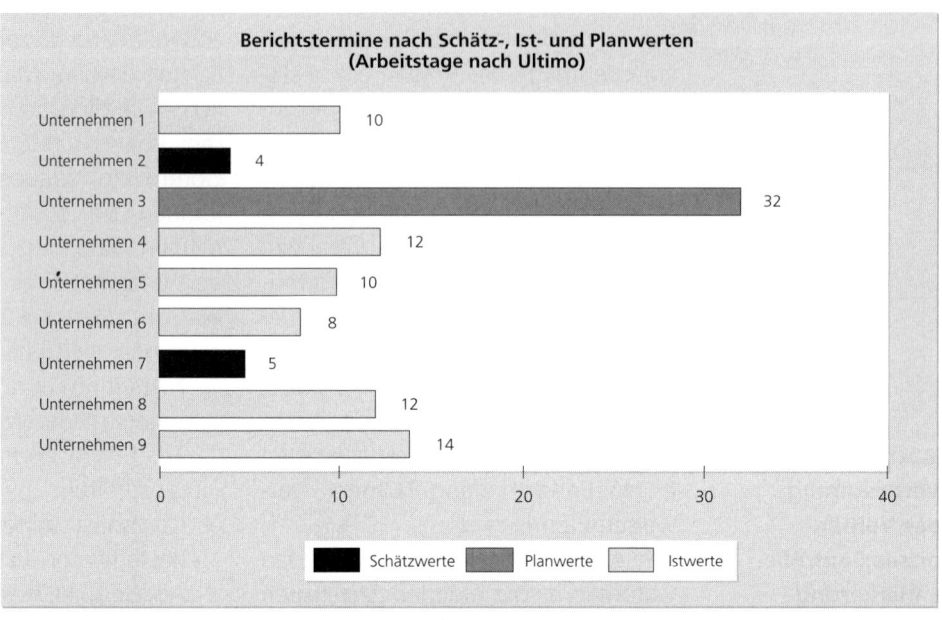

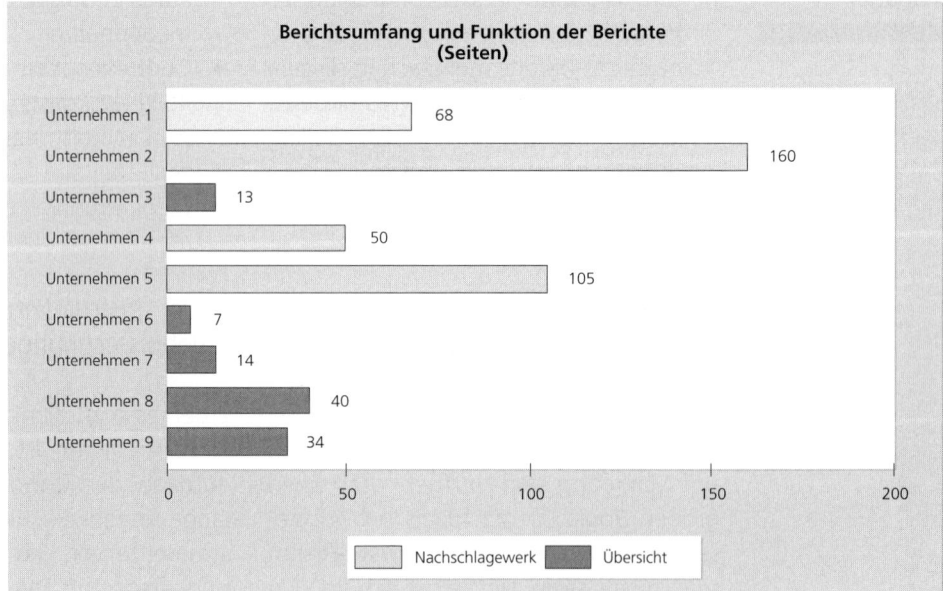

Ergebnisse eines Benchmarking des Berichtswesens von neun Großunternehmen – genügend Anlass, um über Veränderungen eigener Strukturen nachzudenken

übergestellt. Nettoergebnisse gehören ebenso zum Informationsstandard wie – häufig vielstufige – Deckungsbeiträge.

Trotz der erheblichen angesammelten Instrumenten-Erfahrung sind die Kunden der Erfolgsrechnung aber zunehmend unzufrieden: Für wesentliche markt- und kundenbezogene Fragestellungen kann die traditionelle Ergebnisrechnung keine hinreichenden Antworten geben! Ihr Fokus ist auf die Erfolgsermittlung der Produkte gerichtet, kunden- und marktspezifische Kosten und Erlöse sind ihr nicht oder nicht vollständig zu entnehmen. Gerade diese interessieren aber Marketingmanager angesichts der zunehmenden Individualisierung der Nachfrage immer mehr:

Marketing und Vertrieb stellen andere Fragen, als sie die klassische Kostenrechnung beantworten kann

→ Lohnt sich der Gang in einen neuen Markt? Dies hängt von den dort erzielbaren Erlösen ebenso ab wie von den Kosten der Markterschließung und -bedienung (z.B. spezielle Verkaufsorganisation oder marktspezifische Werbung).

→ Rechnet sich ein bestimmter (Groß-)Kunde? Von der Summe der mit ihm netto (nach Abzug aller Erlösschmälerungen) fakturierten Umsätze sind neben den Kosten der verkauften Produkte auch die kundenindividuellen Marketing- und Vertriebskosten abzuziehen. Das Spektrum solcher Kosten ist breit, ihre Höhe zuweilen beträchtlich. Sie gehen bislang zumeist in den Vertriebsgemeinkosten unter. Genauere Zuordnungen sind wünschenswert.

→ Ist ein bestimmter Vertriebsweg lohnend? Auch hier müssen wieder spezifische Erlöse und Kosten zusätzlich zu den üblichen Produkterlösen und -kosten berücksichtigt werden.

All diese Beispiele zeigen, dass der traditionelle Aufbau der Kostenrechnung für heutige Aufgaben der Erfolgsermittlung und -zurechnung nicht mehr ausreicht; die Kostenanalyse und -allokation muss für absatzmarktbezogene Fragestellungen neu vorgenommen werden.

Bildung von Absatzsegmenten

Zusätzliche Kostenanalysen und -zuordnungen sowie zusätzliche Auswertungsmöglichkeiten kosten Geld. Differenzierung um der Differenzierung willen ist nicht angebracht. Die Ergebnisrechnung sollte nur für die wichtigsten absatzwirtschaftlichen Fragestellungen spezifische Ergebnisse liefern. Übersetzt in Marketingterminologie heißt dies, sich auf wesentliche Absatzsegmente zu beschränken. Welche hierzu zählen, kann der Controller in der Marketingabteilung erfragen – gerade vor dem Hintergrund des Erfassungs- und Auswertungsaufwands muss er diese aber nicht kritiklos akzeptieren. Aus seiner Sicht gilt es, zwei grundsätzliche Aspekte zu hinterfragen bzw. zu betonen:

→ Ist das in Absatzsegmente differenzierte Geschäft aktuell und in Zukunft hinreichend unterschiedlich? Unterschiedliches Geschäft muss unterschiedlich gesteuert werden. Hierzu – und nur hierzu – werden spezifische Informationen benötigt.

→ Wie leicht lassen sich die für die unterschiedenen Absatzsegmente benötigten Informationen gewinnen? Nur das sollte getrennt gerechnet werden, was sich auch tatsächlich getrennt erfassen und zuordnen lässt. Für den Erfassungsaspekt sind letztlich Erfassungskosten entscheidend (liegen die benötigten Daten bereits vor, sind aber noch nicht ausgewertet, oder müssen sie neu, zusätzlich erfasst werden?). Für den Aspekt der Zuordenbarkeit ist es ausschlaggebend, in welchem Maße Kosten- und Erlösverbundenheiten bestehen; nicht alles, was getrennt vorliegt, kann auch getrennt zugeordnet werden!

Unterscheidung von Spot- und relationalen Beziehungen

Beide Fragestellungen seien im Folgenden an einem Beispiel miteinander verbunden und dabei näher ausgeführt. In der Marketingtheorie trifft man auf eine Unterscheidung, die für unsere Zwecke erheblich weiterhilft, die in relationales Geschäft bzw. Netzgeschäft einerseits und Spotgeschäft andererseits. Das *Spotgeschäft* ist die typische Marktbeziehung in Massenmärkten. Folgende Merkmale sind kennzeichnend:

→ geringe Bedeutung des einzelnen Kunden und des einzelnen Kaufvorgangs,
→ anonyme Kunden-Lieferanten-Beziehung,
→ statistische Planbarkeit des Geschäftsaufkommens,
→ Standard-Marketing- und -Vertriebsprozesse jeweils geringen Volumens.

Eine *relationale Geschäftsbeziehung* unterscheidet sich vom Spotgeschäft in allen eben angesprochenen Aspekten:

→ hohe Bedeutung des einzelnen Kunden,
→ Kenntnis des Kunden, seines Bedarfes und seiner Eigenschaften,
→ bilaterale Verhandlung des Geschäftsvolumens,
→ kundenspezifische, aufwendige Ansprache und Betreuung des Kunden.

Für eine gesonderte ergebnismäßige Abbildung eines Spotgeschäfts reicht es häufig aus, bei der Fakturierung der Erlöse und bei der Kontierung der Kosten zusätzliche Merkmale vorzusehen und auszufüllen. Das folgende Bild zeigt dies beispielhaft. Moderne Standardsoft-

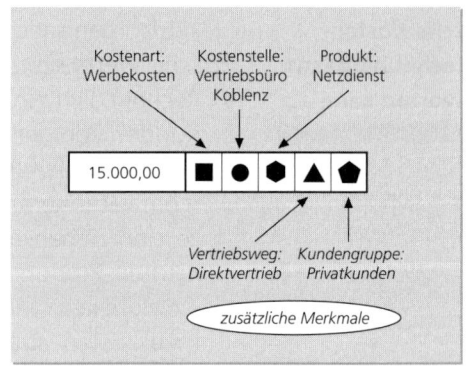

ware – wie etwa SAP R3 – lässt ein solches Vorgehen unproblematisch zu. Relationales Geschäft verlangt dagegen erhebliche zusätzliche Erfassungsanstrengungen. Controllern kommt hier eine wichtige, eigenständige Rolle im Zusammenspiel mit Marketing & Vertrieb zu. Tragfähiges Instrument sind Prozesskostenstudien. Ein für andere Gemeinkostenbereiche bewährtes Instrument wird als neues Controllerprodukt auf den alten Kunden Marketing & Vertrieb übertragen. Das folgende Beispiel zeigt die Ergebnisse eines mittels Befragung der Außendienstmitarbeiter gewonnenen Einblicks in die Vertriebsanstrengungen für einzelne Produkte. Sie macht die Unzulänglichkeit traditioneller Kostenverteilung in der Kostenrechnung deutlich.

Genaue Analysen der für relationale Kunden anfallenden Prozesse führen zu ganz anderen Ergebnissen!

Produkt	Werte gemäß erfasster Zeiten		Werte nach üblicher Zuordnung		Differenz
	absolut	in %	absolut	in %	
10	1.040	13	2.180	27	-1.140
17	960	12	1.386	17	-426
30	480	6	98	1	382
14	720	9	1.309	17	589
50/51/52	2.800	35	2.374	30	-426
49	1.120	14	233	3	887
22	400	5	234	3	166
25/27	480	6	186	2	294
Total	8.000	100	8.000	100	

Obwohl hier auf Produkte bezogen, zeigt die Tabelle zugleich das notwendige Vorgehen für relationale Marktbeziehungen: Hielten die Außendienstmitarbeiter zusätzlich die Gesprächszeiten bei den einzelnen Kunden fest, so lieferte die Befragung auch die Basis für eine aussagekräftige Kundenerfolgsrechnung! Sie müssen dabei nicht nur – wie hier – ex post erfolgen, sondern bilden auch die Basis für entsprechende Planungen, bis hin zu einem Vorgehen, das als Ermittlung eines „Customer Lifetime Value" bezeichnet wird. Hier wird der Kunde explizit – auch vom gewählten Rechenverfahren her – als ein Investitionsobjekt betrachtet, das sich – hoffentlich – lohnt!

Verbesserung: Das Beispiel Messung und Monitoring von Kundenzufriedenheit

Kundenzufriedenheit hat sich zu einem zentralen Erfolgsfaktor von Unternehmen entwickelt. Entsprechend vehement sind die Anstrengungen, Kundenzufriedenheit als zentrales Element der Unternehmensführung zu verankern (vgl. z.B. Homburg, 1995, Simon/Homburg, 1998). Notwendige Bedingung hierfür ist die Operationalisierung des zunächst unscharfen Begriffs, seine Messung und sein ständiges Monitoring. Exakt hier können Controller weiterhelfen. Fragen der Bereitstellung und Weitergabe erfolgsrelevanter Informationen zählen zu ihrem angestammten Kerngeschäft. Ihr Wissen kann auch für die Größe „Kundenzufriedenheit" nutzbringend und hilfreich sein. Um diesen Aspekt deutlich und verständlich machen zu können, müssen wir etwas tiefer in die spezifische Materie einsteigen.

Welche Merkmale Kundenzufriedenheit abbilden und wie man diese Merkmale grundsätzlich erfassen kann, ist kein angestammtes Feld von Controllern. Hier liegen Kompetenz und Gestaltungsverantwortung eindeutig beim Marketing. Die Controllerperspektive wird jedoch bei Erfassungsfragen i.e.S. relevant, die sich teils aus allgemeinen Wirtschaftlichkeitsüberlegungen, teils aus konkreten Informationsbedarfen des Managements ergeben.

→ Erweist sich Kundenzufriedenheit zunehmend als strategischer Erfolgsfaktor in allen Märkten, so ist sie in alle Geschäftsfeldplanungen einzubeziehen. Zwar ist zu erwarten, dass die konkreten Messgrößen von Geschäftsfeld zu Geschäftsfeld unterschiedlich sein werden, nicht jedoch die Messlogik. *Einheitlichkeit* sichert Vergleichbarkeit. Vergleichbarkeit erleichtert die Verdichtung der einzelnen Teilstrategien zu einer Gesamtstrategie.

→ *Konstanz der Erfassung* von Kundenzufriedenheit im Zeitablauf ermöglicht den Aufbau von Erfahrung und bildet die Basis für Ergebniskontrollen: Geplante Zufriedenheitswerte können erzielten gegenübergestellt werden. Hierzu sind an die Qualität der erhobenen Zufriedenheitswerte erhebliche Anforderungen zu stellen. Die Erfassungsgüte muss hoch genug sein, um auch kleine Veränderungen der Zufriedenheit verlässlich abzubilden. Außerdem darf nicht die Situation eintreten, dass nur diejenigen Facetten der Kundenzufriedenheit von den jeweils Verantwortlichen verfolgt werden, die auch gemessen werden. Die Konstanz der Erfassung von Kundenzufriedenheit begünstigt schließlich auch die Formalisierung und Instrumentierung entsprechender Erfassungssysteme, was die Funktions-

fähigkeit der Zufriedenheitsmessung erhöht.

→ *Richtigkeit und Verlässlichkeit* der erfassten Zufriedenheitswerte sind Voraussetzung für die zweckbezogene Verwendbarkeit der Informationen. Während der erste Aspekt durch technische Maßnahmen sichergestellt werden kann und in der praktischen Anwendung unproblematisch sein sollte, erweist sich der zweite Aspekt als bedeutsamer und mehr Aufmerksamkeit erfordernd. Kundenzufriedenheit ist ein multidimensionales Konstrukt. Dies führt zu – etwa im Vergleich zur Erhebung von Umsatzdaten – komplexeren Erfassungsmethoden. Solche bergen stets die Möglichkeit, gewollte Ungenauigkeiten oder gar Verfälschungen zuzulassen bzw. vorzunehmen, die ohne ins Detail gehende Überprüfungen unbemerkt bleiben. Diese Gefahr ist um so größer, je stärker der Anteil derjenigen Personen an der Erfassungsaufgabe ausfällt, die direkt oder indirekt an den Kundenzufriedenheitswerten gemessen werden. Dieses Problem ist in der externen Rechnungslegung unter dem Stichwort „Bilanzpolitik" bekannt. Der Anspruch hoher Verlässlichkeit der erfassten Zufriedenheitswerte legt damit eine Trennung zwischen Erfassenden und davon Betroffenen nahe.

→ Zufriedenheit von Menschen hat komplexe Ursachen, die bislang in ihrer Zahl und in ihrem Zusammenwirken nicht hinreichend bekannt sind. Unstrittig erscheint jedoch u.a., dass Zufriedenheiten stark von temporären Ereignissen beeinflusst werden. Erfasste Kundenzufriedenheitswerte sollten folglich zum einen um die Information möglicher punktueller Einflüsse ergänzt werden (z.B. Verspätung einer Lieferung oder Qualitätsprobleme kurz vor der Messung der Zufriedenheit). Zum anderen bedeutet die starke Situationsprägung neben dem Erfassungsaufwand eine weitere Grenze für die *Zeitnähe* der Zufriedenheitswerte. Immer dann, wenn das Unternehmen wesentlich Stammkundengeschäft betreibt, sollte die Messung der Zufriedenheit nicht laufend, sondern nur in größeren Abständen erfolgen. Kurzfristige Ausschläge haben keinen Erklärungswert, sondern führen u.U. zu Fehlentscheidungen und Demotivation der entsprechenden Vertriebsverantwortlichen.

Besondere Aspekte der Informationsweitergabe

Betrachtet man diese Argumentation in der Gesamtschau, so spricht viel dafür, dass Controller nach erfolgter gemeinsamer Aufbauphase das Instrument der Kundenzufriedenheitsmessung ganz von der Marketing-Abteilung übernehmen. Hierfür spricht die instrumentelle Nähe zu anderen Informationssystemen ebenso wie die per se vorhandene Unabhängigkeit der Controller – sie profitieren von bestimmten Ausprägungen der Zufriedenheitswerte nicht, anders als die Marketing-Manager! Eine solche

Aufgabenträgerschaft eröffnet auch den Weg, Kundenzufriedenheit in die Anreizgestaltung der Marktmanager aufzunehmen. Hiermit läge ein Vergütungsbestandteil vor, der – anders als Umsätze oder Deckungsbeiträge – eine langfristige Perspektive der Anstrengungen betont.

Neben Fragen der Informationserfassung beinhaltet die Wahrnehmung der Informationsversorgungsaufgabe auch die Informationsweitergabe. Hier ist insbesondere das Berichtswesen angesprochen. Dieses zählt zu den „klassischen" Controlling-Funktionen. Auch hier kann das Erfahrungswissen der Controller hilfreich sein:

→ Über die erfassten Werte ist objektiv und für den Berichtsempfänger nachvollziehbar zu berichten. *Objektivität* lässt sich als Verzicht auf gezielte empfängerbezogene Informationsauswahl und -verdichtung interpretieren. Sie kann in direktem Konflikt zur Forderung nach *Benutzeradäquanz* stehen: Das Informationsaufnahme- und -verarbeitungsverhalten von Managern ist individuell unterschiedlich; entsprechend unterschiedlich sollten auch die gelieferten Informationen sein. Eine Lösung des sich hier auftuenden Dilemmas kann durch eine Aufteilung der Berichte in z.B. einen für jeden Kundenmanager identischen und einen jeweils individuell gestalteten Teil gelöst werden. Gegenstand individueller Ausgestaltung sind dabei sowohl die Menge (z.B. alle die Kundenzufriedenheit bestimmenden Merkmale oder nur diejenigen, die sich im Berichtszeitraum in ihrer Ausprägung signifikant verändert haben) als auch die Art der Aufbereitung (z.B. graphisch oder tabellarisch).

→ Gerade bei einem so komplexen Messgegenstand wie Kundenzufriedenheit ist es erforderlich, dass der Berichtsempfänger die im Bericht ausgewiesenen Werte hinreichend nachvollziehen kann. Bereits das Gefühl, den Werten blind vertrauen zu müssen, kann die Akzeptanz der Informationen erheblich beeinträchtigen. Entsprechende Erfahrungen mit Kostenstellenberichten in der Produktion zeigen, wie schnell das Berichtswesen zur ungeliebten Form degenerieren kann. Generell besteht hier für Controller Handlungsbedarf.

Controller und Marketingmanager – in ihrer Zusammenarbeit besteht ein erhebliches Verbesserungspotential!

→ Schließlich ist erhebliche Sorgfalt darauf zu richten, falsche Verwendungen der berichteten Zufriedenheitswerte zu vermeiden. Weist man etwa zur Beurteilung des Vertriebserfolgs eines Kundenmanagers die Zufriedenheit seiner Kunden in ihren vielfältigen Facetten neben den kargen, wenige Zeilen benötigenden Kundendeckungsbeiträgen aus, so muss die jeweilige Wertigkeit der Informationen berücksichtigt werden. Dies lässt sich wiederum durch eine entsprechende Stufung der Berichterstattung erreichen.

Die wenigen Beispiele mögen ausreichen, um klarzumachen, dass Controller sich nicht nur um „klassische" Controller-Tools (wie für den Fall der Ergebnisrechnung ausgeführt) kümmern sollten, sondern sie durchaus – und erheblich – Nutzen stiften können, wenn sie sich auch mit dem Werkzeugkasten der Marketing- und Vertriebsseite beschäftigen. Das Zusammenwirken von inhaltlichem und prozessualem Fachwissen kann die Schlagkräftigkeit vieler dieser Instrumente erheblich steigern.

Mitsprache: Zusammenwirken von Controlling, Marketing und Vertrieb im Entscheidungsprozess

Der letzte hier anzusprechende Punkt betrifft eine allgemeine, alle Unternehmensbereiche durchziehende Aufgabe der Controller. Sie bezieht sich auf das Fällen von Entscheidungen. Angesprochen ist die Funktion der Kontrolle vorbereiteter Pläne der Linie, die zur Begutachtung über den Tisch des Controllers gehen. Diese Aufgabe wird oftmals begrifflich „in Watte gepackt", um ja keine falschen Assoziationen zu wecken („helfende Mitwirkung", „Mitspracherecht" – oder, schon bestimmter, „Vetorecht"). An solchen Formulierungen wird deutlich, dass man es sich zu leicht macht, wenn man sagt: „Controller sind für die Inhalte der Planung überhaupt nicht zuständig; Planungsinhalte liegen in der Verantwortung der Linie. Entscheidungen sind das Geschäft des Managements". Die Aussage ist ohne

Zweifel grundsätzlich richtig, aber: Eine inhaltliche Einbindung der Controller in die Entscheidungsfindung von Marketing und Vertrieb macht aus den Ihnen nun bereits bekannten Gründen Sinn: Controller können dazu beitragen, Begrenzungen des Könnens und Wollens von Managern zu überwinden – also die Rationalität der Führung sicherzustellen!

Fazit

Das Feld des Controlling in Marketing und Vertrieb ist – wie sich gezeigt hat – breit. Controller sollten keine Scheu haben, sich als Führungsdienstleister anzubieten. Anfängliche Abwehrhaltung der Linie sollte nicht als pure Böswilligkeit abgebucht werden. In der Vergangenheit haben auch die Controller wenig dazu beigetragen, den Nutzen enger Interaktion klarzumachen. Konflikte zwischen beiden Bereichen nutzen heute allerdings nur einem: der Konkurrenz!

Für Controller ist das Ausrichten auf interne Kunden längst überfällig

Die intensive Beschäftigung mit Kunden und Wettbewerbern zählte nicht zu den großen Stärken der deutschen Wirtschaft. Böse Formulierungen wie die der „Servicewüste Deutschland" belegen dies ebenso wie der Erfolg des Total Quality Managements und des Zauberworts „Kundennähe". Auch für Controller ist die Marktorientierung, das Ausrichten auf Kunden und Wettbewerber, häufig längst überfällig. Die traditionelle Konzentration auf Kosten und der Ansatz, Bestehendes zu optimieren, führte zu einer gewissen „Blindheit" gegenüber Marktaspekten.

An dieser Stelle ist ein erhebliches Umdenken erforderlich. Kunden und Wettbewerber müssen sowohl auf den Absatzmärkten als auch intern in den Vordergrund des Controller-Interesses treten. Controller sollten den hierzu notwendigen Veränderungsprozess schnell und aktiv angehen; sie sollten nicht warten, von Marktleuten angemahnt zu werden. Je schneller sie voranschreiten, desto eher werden sie das (Zerr-?)Bild des ungeliebten – und nicht mehr gebrauchten – Erbsenzählers los!

Wie auch sonst im Leben, so werden die Controller dann am meisten Erfolg haben, wenn sie für sich selbst mit gutem Beispiel voranschreiten. Der altbekannte „Zahlenverkäufer" muss durch eine umfassende interne Wettbewerbs- und Kundensicht mit Leben erfüllt werden! Das Denken in Produkten, Qualitäten, Preisen, Zahlungsbereitschaft und Kundennutzen hat noch niemandem geschadet!

2.2.3. Markt- und Kundenperspektive einer BSC für den Controllerbereich

Wie anfangs ausgeführt, geht es uns im 2. Teil des Buches darum, die Perspektiven der BSC als Kernstruktur einer (dringend notwendigen) Veränderung und Weiterentwicklung der Controllerberei-

das nebenstehende Beispiel allerdings nicht zu sein!

Auf den Strategien bauen nun die Konkretisierungen innerhalb der vier Perspektiven der Balanced Scorecard auf. Für unsere Kunden- und Marktsicht geht es darum, möglichst präzise messbare, den Kern der jeweiligen Strategien „treffende" Ziele und Kennzahlen zu finden. Wie im Konzept gefordert, muss der Zielkanon dabei überschaubar bleiben. Im Beispiel rekurriert

→ die Budgetverhältnisgröße auf das Ziel, Marktanteile gegenüber externen Consultants zu gewinnen,

→ die Zeitgröße auf die Innovationsstrategie,

→ der zu erreichende Wert der Zufriedenheit der Manager mit ihren Controllern auf eine Strategie der Kundenbindung,

→ die Reduzierung der Durchlaufzeit auf eine Verbesserung der Qualität der Controller-Produkte und

→ die Schulungsgröße schließlich auf die Strategie, Controllingwissen zu verbreiten und damit die Reputation als der „Hort betriebswirtschaftlicher Kompetenz" zu stärken.

Derartige Ziele und die Messung ihrer Erreichung durch Kennzahlen führen zu einer intensiven Auseinandersetzung mit dem künftigen Weg des Controllerdienstes, zu mehr interner Klarheit, aber auch zu besserer Durchschaubarkeit für den Manager als Kunden – und ist damit den Schweiß des Edlen wert!

Controller–Vision

Wir sind die Marktführer im betriebswirtschaftlichen Coaching unserer Manager – auf allen Führungsebenen

Strategien zur Umsetzung der Vision

→ Trennung zwischen Consulting- und Accounting-Funktionen innerhalb des Controllerbereichs

→ Empowernment der Controller-Consultants

→ Controller-produktbezogenes Innovationsprogramm

→ Image- und Aufklärungskampagne

→ ...

Beispiel der Basis für eine BSC für den Controllerdienst eines Unternehmens

---

che zu verwenden. Somit macht es Sinn, zum Schluss der ersten diskutierten Perspektive auch mit einem konkreten Beispiel einer Controller-BSC zu beginnen. Wie wir aus dem 1. Teil des Buches wissen, setzt die BSC auf einer vorhandenen Vision und Strategie auf. Dies gilt auch für den Controllerbereich und somit für unser Beispiel. Jedes Unternehmen wird hier sicher zu anderen Ergebnissen kommen; ganz „hergeholt" oder „elfenbeinturmmäßig" scheint uns

---

Kunden- und Marktperspektive

→ Verhältnis Budget Controller-Consultants/ externe Managementberater: + 10% gegenüber Vorjahr

→ Anteil der Bearbeitungszeit von Controller-Aufgaben, die in den letzten zwei Jahren neu eingeführt wurden, an der Gesamtzeit: > 10%

→ Erreichter Wert des MSI (Manager Satisfaction Index): > 70%

→ Reduzierung der Durchlaufzeit von Investitionsanträgen um 10 Tage

→ Controlling-Schulungen für Nicht-Controller: > 1.250 Teilnehmer-Manntage

Die fünf Kennzahlen der Kunden- und Marktperspektive – ein Beispiel

2.3. PROZESSORIENTIERTES CONTROLLING

2.3.1. Prozesse: Der neue Fokus der Führung

„Alles fließt": Diese alte griechische Weisheit schien vor geraumer Zeit noch den Unternehmen weitgehend fremd zu sein. Die Sicht der Aufbauorganisation dominierte die Perspektive der Ablauforganisation. Sie kultivierte funktionale Spezialisierungen, führte aber in der Praxis nur zu leicht zu flusshemmenden Abteilungsgrenzen (das Wort Abteilung kommt von „ab-teilen").

**Prozessorien-
tierung liegt
vielen
„Modewellen"
zugrunde**

Vielerlei Versuche wurden unternommen, um Abhilfe zu schaffen:

→ Die Marketing-Welle der 60er Jahre betonte den unternehmensübergreifenden Aspekt der Ausrichtung auf den Kunden. Zu leicht endete aber das Bemühen um eine solche ganzheitliche, alle Führungs- und Ausführungsebenen betreffende Sicht in einer Co-Abteilung zum Vertrieb.

→ Ca. 10 Jahre später folgte die Logistik nach. In ihrem Kern versucht sie, das Unternehmen als eine Art Flusssystem zu verstehen, um Aufträge, Produkte und Einsatzstoffe schnell und turbulenzarm durch die Wertschöpfungskette fließen zu lassen. In dieser – weitgehenden – Bedeutung wurde die Logistik allerdings nur in wenigen Unternehmen gesehen. Oftmals verblieb es bei einer „Edel-Lager- und Transportwirtschaft".

Nach der Logistik konkurrierten mehrere beratergetriebene Veränderungsansätze („Modewellen"?) um die Akzeptanz der Unternehmen. Mehr oder weniger parallel entstanden die Forderungen nach Lean Production, Systems Reengineering, Total Quality Management und Time Based Management. Sie sind keinesfalls inhaltlich überschneidungsfrei. Übereinstimmend liegt ein wesentlicher Ansatzpunkt vielmehr in der Betrachtung von Prozessen:

→ *Lean Production* will die Effizienz und Effektivität des Unternehmens erhöhen. Der Weg führt u.a. über eine konsequente Neu- und Umgestaltung von Prozessen und Prozessketten. Exakt an dieser Stelle setzt auch das Systems Reengineering an.

→ *Time Based Management* will das Unternehmen schneller machen (u.a. eine kürzere Time to Market erzielen). Die Lösung liegt weniger in der Beschleunigung von Einzelprozessen als vielmehr in der Neugestaltung des Prozesszusammenhangs (z.B. durch die Parallelisierung von Prozessen).

→ *Total Quality Management* schließlich entpuppt sich bei näherem Hinsehen als Fortsetzung des Marketings mit anderen Mitteln: Im Fokus von TQM steht die Erfüllung von Kundenanforderungen. Zu diesem Zweck wird das gesamte Unternehmen in diverse Kunden-Lieferanten-Beziehungen zerlegt – und wieder sind wir bei Prozessen und Prozessketten gelandet!

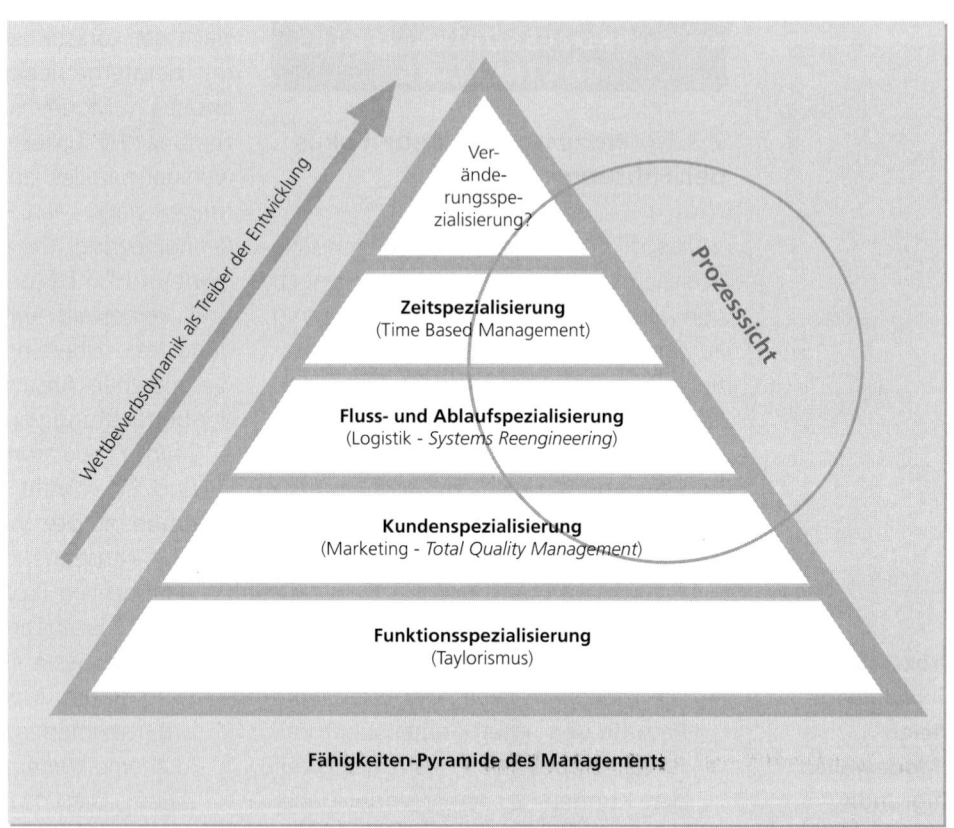

Im Bild:
- Veränderungsspezialisierung?
- **Zeitspezialisierung** (Time Based Management)
- **Fluss- und Ablaufspezialisierung** (Logistik - *Systems Reengineering*)
- **Kundenspezialisierung** (Marketing - *Total Quality Management*)
- **Funktionsspezialisierung** (Taylorismus)
- Wettbewerbsdynamik als Treiber der Entwicklung
- Prozesssicht

Fähigkeiten-Pyramide des Managements

Wie haben sich Unternehmen entwickelt – wo steht Ihr Unternehmen?

Die Prozesssicht soll Unternehmen effizienter, effektiver, schneller – kurz: wettbewerbsfähiger machen. Das Denken und Handeln in Prozessen und Prozessketten bringt ergebnismäßig keine marginale Verbesserung, sondern den Quantensprung: Erfahrungen reden von 20% bis 30% Rationalisierungspotential!

Prozesssicht und Controller: Wie passt das zusammen?

Bislang ist das Aufgabenfeld der Controller eng an das Gewinnziel des Unternehmens geknüpft. Wie schon zuvor die „betriebswirtschaftlichen Abteilungen" sind Controller die fachliche Autorität, wenn es um die Bewertung in Geld geht. Dies beginnt bei einzelnen Investitionsvorhaben, setzt sich fort in der Jahr für Jahr erfolgenden Planung von Kosten und Ergebnissen und deren laufenden Kontrolle und endet bei entsprechenden internen Beratungsaufgaben. Wie wir bereits ausführlich gezeigt haben, ist die Controllership stark durch die Geldsicht geprägt – dieses Bild gerät jedoch zunehmend unter Druck. Das Management spürt, dass mit Kosten allein schlecht zu führen ist. Mengen- und insbesondere Zeit- und Qualitätsdaten gewinnen immer mehr an Bedeutung. In der traditionellen Denkweise der Controller war das Verhältnis der Größen zueinander klar:

→ Höhere Qualität erfordert zusätzliche und aufwendigere Prozesse. Qualität kostet Geld.

→ Gleiches gilt dann, wenn das Unternehmen schneller werden soll (z.B. zur Verkürzung der Lieferzeiten).

→ Wer Effizienzsteigerungen will, muss bei der Analyse der Kosten beginnen („3% Ratio-Vorgabe für die nächste Budgetierungsrunde").

hatten es in der Vergangenheit versäumt, ihre Geschäftssysteme konsequent an die erhöhte Komplexität und Dynamik anzupassen. Ein Produktionssystem, das 100 Varianten effizient ausbringen kann, stößt bei 10.000 Varianten leicht an seine Grenze. Ein Distributionssystem, das auf wochenweise Belieferung ausgerichtet ist, kann nicht ohne weiteres auf 24-Stunden-Service umgestellt werden.

Nicht die Forderung nach 3% Ratio p.a., sondern der Quantensprung durch konsequente Neugestaltung der Prozesse bringt Unternehmen heute voran. Kosten haben ihre zentrale Bedeutung zur Effizienzverbesserung eingebüßt:

→ Kosten sind Folge von Prozessen. Prozesse müssen optimiert werden, nicht Kosten.

→ Kostendaten liegen häufig zu spät vor, um schnell gegensteuern zu können.

→ Kostendaten werden von den Prozessverantwortlichen häufig nicht verstanden. Wer kennt sich als Kostenstellenleiter schon mit Sekundärverrechnungen aus?

→ Kosten sind zumeist zu unspezifisch, um konkrete Handlungen anzustoßen.

→ Kosten sind damit als Steuerungsgrößen durch andere Informationen zu ersetzen. Mengen-, Zeit- und

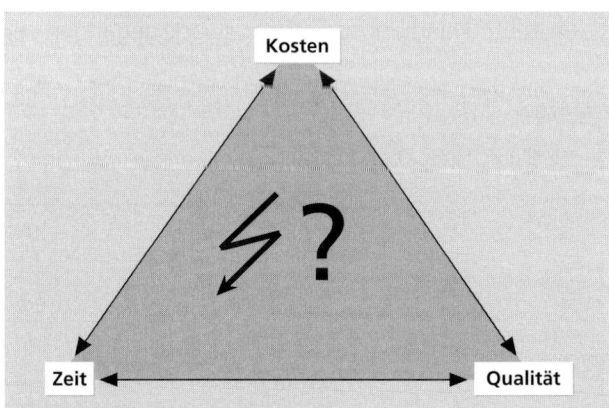

„Teufelsdreieck" oder komplementäre Ziele?

Mittlerweile haben Unternehmen ganz andere Erfahrungen gemacht: Das Bemühen, schneller zu werden, führte zu Qualitätssteigerungen und zu niedrigeren Kosten! Alle drei Ziele ließen sich gleichzeitig verbessern, sie standen nicht – wie von den Controllern suggeriert – in Konkurrenz zueinander. Der Grund ist einfach: Die Unternehmen

Qualitätsdaten im Allgemeinen und Kennzahlen im Speziellen kommen dafür in Frage.

Halten wir als kurzes Fazit fest: Controller und Prozessorientierung passen heute in vielen Unternehmen überhaupt nicht zusammen. Die Prozesssicht ist Controllern häufig fremd, zumindest ungewohnt. Sie denken in Geld, nicht in Prozessgrößen. Mit zunehmender Bedeutung der Prozesssicht für die Effektivität und Effizienz der Unternehmen sinkt komparativ die Bedeutung der Controller. Die traditionelle Controllership kommt – wie wir an dieser Stelle des Buches schon längst wissen – unter Druck. Es besteht Handlungsbedarf.

Prozessorientierung ist vielen Controllern derzeit noch eher fremd

Wie Controller handeln könnten, sei im Folgenden zunächst im Überblick, dann im Detail betrachtet.

2.3.2. Controllership im prozessorientierten Unternehmen – ein Sechs-Punkte-Programm

Die Aufgaben von Controllern im Kontext „Prozessorientierung" lassen sich in einem „Sechs-Punkte-Programm" zusammenfassen, das in der folgenden Abbildung aufgelistet ist und das wir als roten Faden für die folgende Argumentation verwenden wollen. Sollte Ihr Unternehmen auf dem Weg zur Prozessorientierung bereits ein erhebliches Stück gegangen sein, sind die Punkte 1

1	Zerlegen Sie das Unternehmen in Kernprozesse bzw. Kernprozessketten!
2	Definieren Sie für die Kernprozesse die zentralen kundenbezogenen Anforderungen!
3	Setzen Sie die wichtigsten Anforderungen der Kunden in messbare Größen um!
4	Optimieren Sie das Verhältnis aus Kundenanforderungen und Kosten ihrer Erfüllung auf Basis der konkretisierten Messgrößen!
5	Legen Sie die Messgrößen fest, über die permanent berichtet wird!
6	Bauen Sie für diese Größen feste Planungs- und Kontroll-Regelkreise auf!

Das Programm der 6 Schritte zur Prozessorientierung

und 2 nur als Merkposten für Sie bzw. Ihre Controller zu verstehen. Unternehmen, die Erfahrung mit der Balanced Scorecard gewonnen haben, werden die Schritte der Heuristik zumindest als eine Art Checkliste für eine engpassorientierte Weiterentwicklung und „Schärfung" der BSC innerhalb deren Prozessperspektive verwenden können.

Schritt 1: Zerlegung in Kernprozesse und Kernprozessketten

Unternehmen sind traditionell von der Aufbauorganisation dominiert. Auf sie sind die Weisungsstrukturen, die Anreize, aber auch die Planung und Kontrolle ausgerichtet. Die Aufbauorganisation folgte einer funktionalen Spezialisierung. Sie führte zu einem erheblichen Koordinationsbedarf. Die hierfür entwickelten Koordinationsinstrumente und -lösungen stießen an ihre Grenzen, als die Märkte immer höhere Anforderungen an Schnelligkeit und Flexibilität stellten. Die Grenze der Leistungsfähigkeit einer traditionellen abteilungsbezogenen Sicht war erreicht.

Die „klassischen" Controllerinstrumente sind nicht auf Prozesse ausgerichtet

Neue Perspektiven werden sichtbar, wenn man das Unternehmen als ein Netz von Prozessen versteht, das es zu gestalten gilt. Bei einer Prozesssicht liegt der entscheidende Fokus darin, Teilprozesse in ihrem Zusammenhang zu erfassen. Eine prozessgerichtete Analyse wird mehreres aufzeigen:

→ Ein Denken in Prozessen ist ungewohnt und fällt zunächst schwer.

→ Zwischen einzelnen Prozessschritten bestehen z.T. erhebliche zeitliche Brüche. So kommt es z.B. häufig vor, dass Arbeitsaufträge nicht komplett spezifiziert werden, Rückfragen erforderlich sind.

→ Nicht selten trifft man auf Prozessschleifen, die überflüssig sind. Sie treten z.B. immer dann auf, wenn Qualitätsprobleme von vorgelagerten Prozessschritten vorliegen. Diese sind um so wahrscheinlicher, je weniger Mindestqualitäten zwischen Prozessstufen abgesprochen wurden.

→ Für Prozessketten gibt es keinen Verantwortlichen.

Hiermit sind nur einige der wichtigen, neu zu gewinnenden Erkenntnisse angesprochen. Controller werden merken, dass sie von vielen Prozessen und Prozessfolgen bislang so gut wie keine Kenntnis besitzen. Dies veranschaulicht auch das nachstehende Bild auf der Folgeseite. Ihre Informationsinstrumente sind „klassisch" auf die Kostenstellen der Produktion ausgerichtet.

Ihre Informationen über Prozesse stammen aus kostenstellenbezogenen Erfassungssystemen. Einzelprozessübergreifende Daten wurden nur für Kalkulationszwecke benötigt. Kalkulationsobjekt war dabei primär das Produkt, nicht ein spezieller Kunden- oder Lagerauftrag. Insofern reichten bisher Standardzusammenhänge (z.B. Arbeitsgangpläne). Die Prozesssicht stellt nun einzelne Pro-

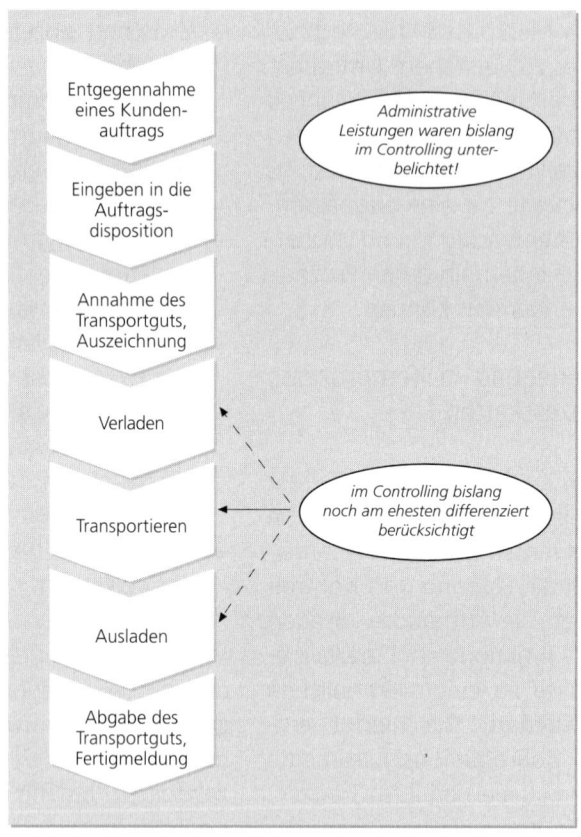

Entgegennahme
eines Kunden-
auftrags

Eingeben in die
Auftrags-
disposition

Annahme des
Transportguts,
Auszeichnung

Verladen

Transportieren

Ausladen

Abgabe des
Transportguts,
Fertigmeldung

*Administrative
Leistungen waren bislang
im Controlling unter-
belichtet!*

*im Controlling bislang
noch am ehesten differenziert
berücksichtigt*

Einzelne Schritte in
der Prozesskette
„Kundenauftrag ab-
wickeln" in der Dis-
tributionslogistik

den neu strukturiert und organisatorisch umgesetzt. Häufig wählt man hierzu das Instrument von Prozessketttenverantwortlichen. Das gesamte Prozesssystem wird so in überschaubare Teilsysteme zerlegt, ohne das durchgängige Fließen von Aufträgen, Material und Informationen zu gefährden.

Kunst der Bildung von Prozessketten ist es dabei, die Vorteile der prozessbezogenen Spezialisierung mit der in bisheriger Organisation vorherrschenden funktionalen Spezialisierung zu verbinden. Die Rolle der Controller in diesem ersten Schritt des Vorgehens ist – wie bereits angedeutet – abhängig davon, wie stark der Prozessgedanke im Unternehmen generell vorangetrieben wird. Bestehen konkrete Reengineering-Projekte, so sollte der Controller mitwirken, um selbst Know-how aufzubauen, kritisch einwirken zu können und den Zusammenhang zu den Schritten 2 - 5 zu wahren. Ist der Prozessgedanke neu, so muss der Controller als Innovator wirken. Praktische Beispiele unter dem Stichwort „Prozesskostenrechnung" zeigen allerdings, wie schwer es fällt, ohne breite Rückendeckung aus dem Controlling heraus eine derart tiefgreifende Veränderung zu betreiben.

zesse und Prozessfolgen in den Vordergrund. Die Frage etwa: „Was kostet die Abwicklung eines Kundenauftrags?" konnten Controller in der Vergangenheit nicht beantworten. Zu ihrem Glück wurde die Frage auch vom Management zumeist nicht gestellt.

Die Prozessanalyse führt zu neuen Erkenntnissen, deckt Inkonsistenzen, Effizienzgräber und Unprofessionalitäten auf. Sie ist die notwendige Basis für die anschließende Prozessgestaltung. Prozessfolgen und -zusammenhänge werden

Schritt 2: Definition der Anforderungen an die Prozesse

Abschluss des ersten Schrittes ist eine hinlänglich konkrete Vorstellung über die im Unternehmen und in Kontakt zu seinen Marktpartnern ablaufenden Prozesse und deren Zusammenhang. Diese Kenntnis ist Ausgangspunkt für den 2. Schritt des Vorgehens. Hier geht es darum, Anforderungen für den Output und den Input der Einzelprozesse und der Prozessketten zu bestimmen. Ansatzpunkt dafür sind die Bedarfe der Kunden. An diesen hat sich das gesamte Prozesssystem auszurichten bzw. diese gilt es entsprechend den Zielen des Unternehmens zu beeinflussen. Vorbild für die einzelnen hierzu zu gehenden Schritte sind TQM-Prozesse. Jeder Prozessabschnitt hat sich als Liefe-

Das Formulieren von Zielgrößen ist eigentlich eine Domäne von Controllern...

rant für den nächsten Teilprozess zu verstehen. Das Unternehmen wird den Prozessschritten folgend in eine Vielzahl von Kunden-Lieferanten-Beziehungen zerlegt.

Für das bereits angesprochene Beispiel der Prozesskette Fahrzeug kann dabei ein Set an Anforderungen resultieren, wie es die nachstehende Abbildung zeigt. Controller können – wenn sie den Olymp der Zahlenwelt verlassen – in diesem Definitionsprozess eine ganz wichtige Rolle spielen. Sie sind es gewohnt, Zielgrößen zu formulieren, deren Messbarkeit zu überprüfen und Linienverantwortliche zur Festlegung der Zielausprägung zu veranlassen. Exakt diese Schritte sind auch bei der Formulierung von Anforderungen an die Prozesse und Prozessketten erforderlich. Ungewohnt

Mögliche Anforderungen an eine Prozesskette (in Anlehnung an Giehl, 1993)

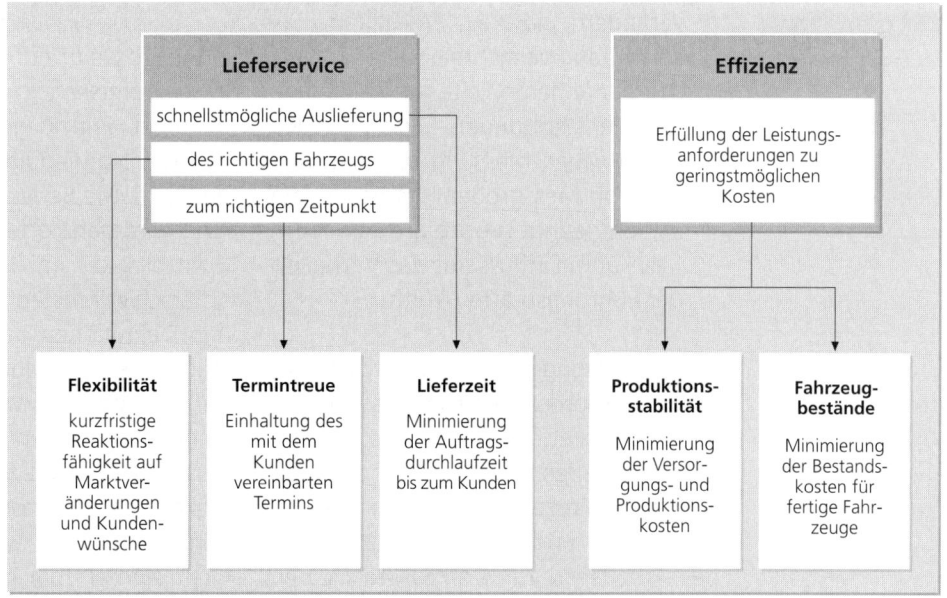

für viele Controller wird nur das Umgehen mit Mengen-, Zeit- und Qualitätsdaten sein. Hier jedoch muss unbedingt Know-how aufgebaut werden – nur so können die Controller ihre Position im internen Wettbewerb behaupten!

Schritt 3: Quantifizierung der wichtigsten Anforderungen

Ging es im Schritt 2 darum, die relevanten Zielgrößen der Prozesse und Prozessketten der Art nach zu bestimmen, steht im Schritt 3 die Detailarbeit der Operationalisierung der Ziele an. Hier eröffnet sich für den Controller ein grundsätzliches Dilemma:

Auf die Verhaltensänderung kommt es an!

➜ Auf der einen Seite gilt die alte Controllerweisheit: „What you can`t measure, you can`t manage". Ziele, die sich nicht messen lassen, haben rein deklaratorischen Wert. Letztlich verändern sie kein Verhalten. Sie sind häufig verzichtbar.

➜ Auf der anderen Seite führt – gerade bei Dienstleistungen – der Versuch der genauen Messung zu einer Vielzahl von Messgrößen. Schnell ist ein Zahlenfriedhof produziert, der ebenfalls kaum Einfluss auf das Verhalten der Führungskräfte nimmt.

Die Umsetzung der grundsätzlich gewollten Anforderungen an die Prozesse und Prozessketten in – wenige – messbare Zielgrößen ist ein entscheidender Schritt zur Prozessorientierung des Unternehmens und ein wahrhaft lohnendes Arbeitsfeld für Controller! Bleiben

wir beim Beispiel der Prozesskette Fahrzeug und betrachten dort ausschnitthaft für den Lieferservice die Aufgaben des Controllers genauer. Er muss sich bei seiner Arbeit von folgenden Fragen leiten lassen:

Aussagefähigkeit und Konsistenz
Bilden die angedachten zu erfassenden Merkmale das Phänomen Lieferservice genügend ab? Lieferservice lässt sich als Grad der Erfüllung zugesagter Liefereigenschaften verstehen. Die Richtigkeit der gelieferten Waren gehört ebenso dazu wie die richtige Liefermenge. Aber auch Termin-, Qualitäts- und Nebenleistungskriterien sind für den Lieferservice bestimmend. Wie viele Merkmale in die Definition des Lieferservices einbezogen werden sollen, ist nicht a priori eindeutig und klar. Festlegungen sind erforderlich.

Einheitlichkeit und Konstanz
Wird Lieferservice nach einem durchgängigen Prinzip gemessen? Eben war von der Notwendigkeit der Festlegung die Rede. Die Bedeutung dieser Feststellung wird ganz offensichtlich, wenn ein Controller die im Unternehmen an den unterschiedlichsten Stellen vorhandenen Definitionen des Lieferservices einmal exakt miteinander vergleicht. Häufig wird beispielsweise im Einkauf mit einer ganz anderen Elle gemessen als im Vertrieb! Wie soll aber eine Durchgängigkeit des Prozesssystems im Unternehmen erreicht werden, wenn noch nicht einmal über derart grundlegende

Zielgrößen Einigkeit besteht? Erforderlich ist definitorische Kleinarbeit.

Das unten stehende Bild zeigt eine mögliche Lösung – und die mögliche Bandbreite. Ist ein „r" nicht ganz erfüllt (wurden z.B. statt 100 Einheiten nur 95 geliefert), kann das in einem Fall genauso eine Fehlmenge bedeuten wie der völlige Ausfall der Lieferung. Im anderen Fall wird man die „Schwere" der Fehlmenge mit in die Bestimmung des Lieferservices einbeziehen, und dann ist es signifikant besser, 95 Einheiten statt gar keiner zu liefern! Erforderlich ist eine einheitliche Festlegung – sonst enden Diskussionen über erreichte Lieferperformance im Chaos!

Richtigkeit
Sind die ausgewiesenen Werte richtig verdichtet? Zum einen spricht dieser Aspekt die soeben differenzierten einzelnen Elemente des Lieferservices an. Zum anderen geht es darum, die Leistung eines Prozesses zu der der übergeordneten Prozesskette und des gesamten Prozesssystems zu verdichten. Diese Aufgabe ist alles andere als trivial. Alle Fehler, die man in vorgelagerten Stufen der Definition von Anforderungen an Prozesse gemacht hat, kommen an die-

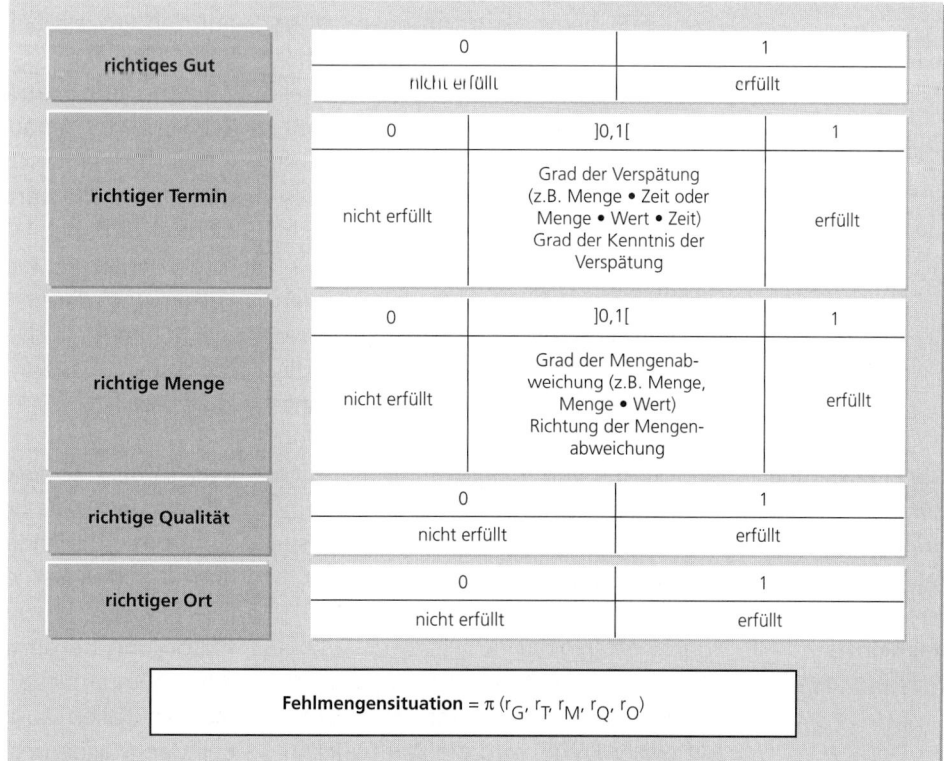

Präzisierung von Fehlmengen – alle Elemente müssen genau festgelegt werden!

ser Stelle wieder zum Vorschein. Ohne die Durchgängigkeit und Kompatibilität der Messgrößen kann aber auch keine Durchgängigkeit und Flussfähigkeit des Prozesssystems erreicht werden.

Verlässlichkeit

Sind die Erhebungsmethoden ausreichend gegen Verfälschungen gesichert? Formulierte Anforderungen an Prozesse und Prozessketten dienen zum einen dazu, die Prozessleistung des Gesamtsystems (z.B. eine bestimmte Durchlaufzeit von der Bestellung bis zur Auslieferung) tatsächlich zu erzielen. Zum anderen sind sie Grundlage von Vereinbarungen für die jeweiligen Verantwortlichen. Für beide Ausrichtungen ist es essentiell wichtig, die Erhebungsmethode der vereinbarten Größen ausreichend gegen Fehlereinflüsse zu schützen, sei es, dass Fehler ungesteuert passieren (z.B. durch Lücken in den Erfassungsquellen), sei es, dass Fehler nicht ganz ungewollt auftreten.

Formuliert man hohe Anforderungen an die Serviceperformance eines Prozesses und lässt man den Prozessverantwortlichen selbst und nicht vollständig transparent messen, so besteht zumindest die Gefahr von Opportunismus, auch wenn man beileibe nicht jeder Führungskraft unterstellen muss, der Versuchung bei Bedarf zu erliegen.

Funktionsfähigkeit

Lässt sich ein stabiles Erfassungssystem für den Lieferservice implementieren? Mit dieser Frage wird die Aufmerksam-

keit auf die nötige instrumentelle Unterstützung der Erfassung gestellt. Die Messung der Prozessgrößen darf die Prozessverantwortlichen zeitlich nicht über Gebühr belasten. Damit ist die Übertragung der Erfassungsaufgabe auf DV-Instrumente naheliegend, wenn nicht unabdingbar. Wenn dies erfolgt, muss der Controller sicherstellen, dass das System die notwendige Stabilität aufweist und genügend schnell an notwendige Änderungen angepasst werden kann.

Zeitnähe

Sind die Servicewerte ausreichend aktuell? Prozesssteuerung heißt, unmittelbar auf den Prozess einzuwirken. Unmittelbares Einwirken ist nur möglich, wenn zeitnahe Informationen vorliegen. Auf Servicewerte genauso wie auf Kostenauswertungen bis 20 Arbeitstage nach Monatsultimo warten zu müssen, ist nicht akzeptabel. Wer sich über die Anforderungen an Prozesse und Prozessketten und deren Messung Gedanken macht, muss sich zugleich auch um möglichst kurze Informationszeiten kümmern.

Insgesamt – so zeigt sich – bietet der Schritt 3 ein ganz breites Arbeitsfeld für Controller. Da ihnen die Fragestellungen – zumindest der Art nach – aus ihrer ergebnisbezogenen Informationsversorgung bekannt vorkommen müssten, müsste diese Kompetenz in den meisten Fällen ausreichen, den „mangelnden Stallgeruch" im Feld nicht mo-

Die Präzisierung der Ziele ist ein breites Arbeitsfeld für Controller – bzw. sollte das sein!

netärer Daten auszugleichen. Allerdings müssen die Controller auch bereit sein, die ihnen Sicherheit verleihende, gewohnte Welt des Geldes und des Ergebnisses zu verlassen. Aber, wie war das: Wer zu spät kommt, den bestraft das Leben!

Schritt 4: Optimierung des Verhältnisses von Prozessoutput und Prozessinput

Nach den Schritten 2 und 3 ist grundsätzlich geklärt, welche Anforderungen die Prozesse und Prozessketten erfüllen sollen und wie man diese zu messen hat. Noch nicht festgelegt ist, in welchem Maße den Kundenanforderungen Genüge getan werden soll. An dieser Stelle schlägt die große Stunde der Controller: Der Art nach handelt es sich bei dieser Frage um ein Investitionsproblem (wenn von der Antwort – wie fast immer – Strukturveränderungen ausgelöst werden) oder ein Problem, das mit der Bestimmung von Deckungsbeiträgen gelöst werden kann (muss). Die Grundstruktur der Fragestellung lässt sich ganz anschaulich anhand der unten stehenden funktionalen Darstellung zeigen: Es geht „lediglich" darum, eine Erlöskurve und eine Kostenkurve einander gegenüberzustellen.

→ Eine höhere Prozessleistung führt zu höheren Erlösen ab dem Punkt, den der Kunde als Mindestleistung erwartet. Nach deutlichem Anstieg im Sinne einer erfolgreichen Differenzierung von Konkurrenten flacht die Kurve wieder ab: Leistung, die vom

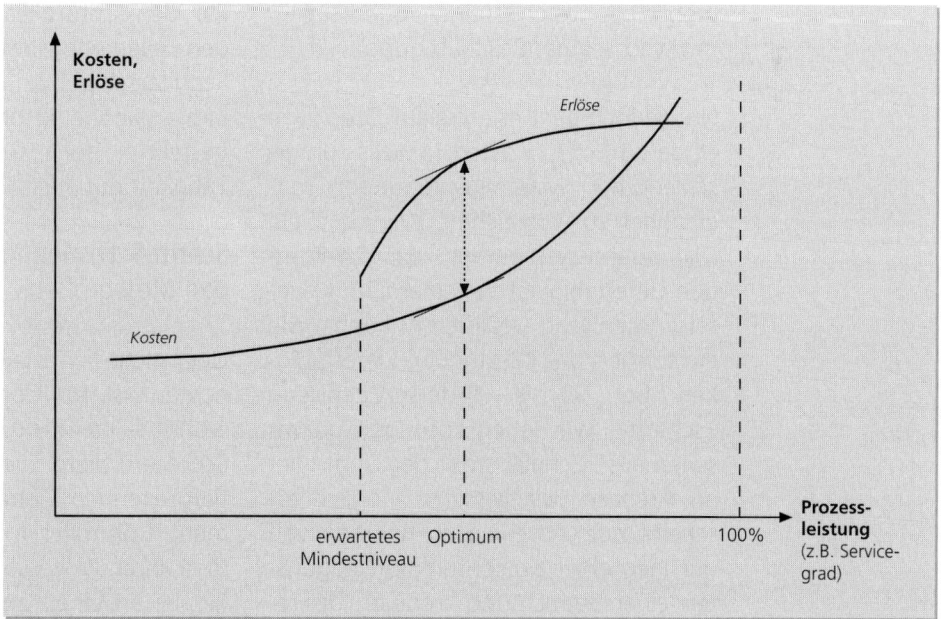

Austarieren von Kundenanforderungen und Kosten – in der Theorie ist alles ganz einfach!

Kunden nicht gebraucht wird, wird von ihm auch nicht bezahlt.

→ Eine höhere Prozessleistung führt zugleich ceteris paribus zu höheren Kosten. Üblicherweise unterstellt man einen progressiven Verlauf: Die Systemleistung auf einem niedrigen Ausgangsniveau zu verbessern, fällt erheblich leichter, als eine hohe Systemleistung noch weiter voranzutreiben.

Auch einfache Theorie ist in der Praxis häufig nur schwer umsetzbar

So weit zur Theorie. In der Praxis sieht alles viel schwieriger aus. Das beginnt schon bei der Bestimmung der Kosten. Zwar haben Unternehmen mit Kostenfunktionen viel Erfahrung (Grenzplankostenrechnung). Diese beziehen sich aber auf eine gegebene Technologie: Eine vorhandene Anlage wird stärker oder weniger stark in Anspruch genommen. Die Kosten steigen oder sinken mit wechselnder Beschäftigung.

Nun jedoch geht es – bis auf Grenzfälle – darum, die Kosten jeweils unterschiedlicher Systemausprägungen miteinander zu vergleichen: Wie sieht ein Distributionssystem aus, das 24-Stunden-Lieferfähigkeit auf einem 98 % Lieferserviceniveau realisieren kann, wie ein solches, das 48-Stunden-Lieferfähigkeit bei 92 % Lieferserviceniveau „schafft", wie sehen Lösungen dazwischen aus? Schnell stößt der Controller an Grenzen des Wissens. Möglich erscheint nur, Abschied zu nehmen von der Idee einer Kostenfunktion zugunsten einer Betrachtung weniger, diskre-

tionärer Kostenpunkte. In aller Regel reicht das allerdings bereits völlig aus.

Noch problematischer ist die Bestimmung der Erlöswirkungen. Die Frage, wie viel zusätzlichen Erlös die Verbesserung des Lieferservices von 95 % auf 97 % bringt, kann derzeit kein Marketing-Fachmann exakt beantworten. Spezielle Kundenbefragungen sind ebenso wenig verlässlich wie allgemeine Marktforschung oder konkrete Erfahrungen auf Testmärkten. Trotzdem spielen solche Leistungsveränderungen im Rahmen von Differenzierungsstrategien eine erhebliche, ja oftmals entscheidende Rolle. Verlässliche Lieferfähigkeit kann ausschlaggebend dafür sein, einen Kunden nicht an die Konkurrenz zu verlieren. Der potentielle Hebel ist erheblich.

Für den Controller bedeutet das, mit den Marketingspezialisten in engem Schulterschluss zu arbeiten, etwas, was ihm – wie weiter oben ausführlich dargestellt – auch für seine „normale" Tätigkeit gut ansteht.

Schritt 5: Festlegung der zu berichtenden Messgrößen

Über nicht-finanzielle Ergebnisse zu berichten, ist für Controller noch ungewohnt – das Instrument der Balanced Scorecard bietet die Chance, hier einen tiefgreifenden Sinneswandel vorzunehmen! Controller müssen sich im Rahmen ihrer Prozessorientierung darüber hinaus an einen zusätzlichen wesentli-

Leistungsmessgrößen	Kapazitätsbezogene Kenngrößen
• Zahl transportierter Ladeeinheiten (je nach Differenzierungsbedarf unterteilt in unterschiedliche Klassen bzw. Typen von Ladeeinheiten) • Geleistete Ladeeinheiten-Kilometer (ggf. wiederum ladeeinheitentypbezogen) • Geleistete Tonnen-Kilometer • Kilometerleistung der Motorfahrzeuge (ggf. fahrzeugartspezifisch) • Geleistete Betriebsstundenzahl der Motorfahrzeuge (nach Fahrzeugarten differenziert) • Abgefertigte Tonnage • Anzahl beschädigter Ladeeinheiten • Schadenswert insgesamt • Zahl Fehltransporte • Anteil der Leerfahrten • Anteil Gefahrguttransporte	• Geleistete Personalstunden • Anwesenheitsquote • Zahl eingesetzter Motorfahrzeuge (nach Fahrzeugarten differenziert) • Durchschnittlicher Verfügbarkeitsgrad der Motorfahrzeuge • Zahl eingesetzter Transporthilfsmittel (z.B. Hänger)

Mit welchen Größen ließe sich die Leistung einer Transportstelle messen? – Ein Überblick

chen und neuen Aspekt gewöhnen: Die beste Information ist nicht die, die schön aufbereitet in einem – mehr oder weniger dicken – Bericht steht. Wenn irgendwie möglich, sollten Prozessinformationen vielmehr „in Urform" einsetzbar sein. Ein rotes Fähnchen an einer Palette in einem Fertigungsabschnitt zeigt dem dort Verantwortlichen viel schneller und viel anschaulicher ein drohendes Lieferserviceproblem auf als eine entsprechende Abweichung in einem Wochenbericht. Unmittelbare und zeitnahe Informationen sind die beste Gewähr für unmittelbares und zeitnahes Handeln („Besichtigen geht vor Berichten").

Auch noch so viel unmittelbare Visualisierung wird aber einen Kern von zu berichtenden Prozessinformationen nicht überflüssig machen. Welche Mess-

größen berichtenswert erscheinen, zeigt das oben stehende Bild. Es entstammt einem Buch zum Logistik-Controlling (Weber, 1995), dem weitergehende und erläuternde Informationen zur Auswahl solcher Leistungsgrößen zu entnehmen sind. Um noch ungewohntere Daten handelt es sich bei den zu berichtenden Größen, die über die Systemleistung von Prozessketten Auskunft geben. Auch hier dient ein Beispiel dazu, zu veranschaulichen und damit zu helfen, das diskutierte Problem einzuschätzen (siehe Folgeseite).

Die Controller, die die Schritte 1 - 4 gegangen sind, haben an dieser Stelle allerdings kaum Probleme. Ihnen sind solche Größen aus den Vorarbeiten hinlänglich bekannt. Für sie bedeutet der 5. Schritt im Wesentlichen eine Selektions-

Merkmale des Flusssystems „Prozesskette"		Beispiele für Informationen
Strukturmerkmale	Komplexität	• Zahl der Produkte und Produktvarianten • Zahl der zu durchlaufenden Fertigungsstufen • Zahl der auftragsbezogen benötigten Materialarten
	Kohärenz	• Zahl der für einen einzelnen Auftrag von der Annahme bis zur Auslieferung verantwortlichen Stellen • Grad der Auftragsbezogenheit des Wertschöpfungsprozesses • Zahl der Wechsel des Dispositionsverfahrens über die Auftragsbearbeitungskette hinweg
	Fehlertoleranz	• Schnelligkeit der Beseitigung aufgetretener Fehler • Ausfallsicherheit von Teilprozessen • Umstellungsmöglichkeit von Teilprozessen
Merkmale der Systemleistung	Schnelligkeit	• Prozesszeiten einzelner Stufen der Wertschöpfungskette • Durchlaufzeiten von Aufträgen und Auftragselementen • Lieferzeiten
	Flexibilität	• Umstellungszeiten von Bearbeitungsstationen • Frist der spätesten Änderungsmöglichkeit eines bestätigten Auftrags durch den Kunden • Umstellungsdauer auf neue Produkte
	Präzision	• Lieferzuverlässigkeit • Struktur und Umfang von Fehlmengensituationen • Servicegrade
	Effizienz	• Verlauf der Auftrags- bzw. Kundenindividualisierung über die Wertschöpfungskette • Stellung von Pufferlägern im Wertschöpfungsprozess • Prozesskosten einzelner Auftragsklassen

Kennen Sie in Ihrem Unternehmen derartige Messgrößen?

leistung, keine grundsätzliche intellektuelle Konzeptionsleistung. Fangen Controller dagegen beim Schritt 5 an, so besteht leicht die Gefahr von Zahlenfriedhöfen, die keinerlei Akzeptanz finden. Die Idee der Leistungsberichterstattung aufzugreifen, nur um modern zu sein, macht keinen Sinn.

Schritt 6: Veränderung von Planung und Kontrolle

Controller sind Planungsmanager. Sie haben – wie bereits mehrfach angesprochen – die Planung instrumentell, sach- und chronologisch so zu gestalten, dass das Wissen der Führungskräfte auf den unterschiedlichen Ebenen des Unternehmens so zusammengetragen werden kann, dass das Unternehmen im Wettbewerb besteht. Planungsgestaltung und Prozessorientierung heißt, die Idee des Flusssystems sowohl in der strategischen wie in der operativen Planung zu verankern:

→ In der Sprache der strategischen Planung bedeutet dies die Ausgestaltung einer speziellen „Funktionalstrategie"; sie muss zwei Kernfragen schlüssig beantworten:

(1) Welche Bedeutung besitzt die Prozessfähigkeit für die Wettbewerbsposition des Unternehmens?

(2) In welchen Schritten kann diese

Prozessfähigkeit erreicht werden?

→ In der Sprache der operativen Planung bedeutet die Prozessorientierung eine Veränderung der Sachzielplanung und ihres Verhältnisses zur Formalzielplanung. Letztere dominiert – wie schon ausgeführt – im traditionellen Planungsvorgehen. Die Jahresplanung der Unternehmen ist in Geld formuliert.

Die Prozesskostenrechnung gilt als letzte wesentliche Innovation im Bereich der Kostenrechnung

Prozessorientierung in der Planung zu verankern, bedeutet schließlich auch, die Verbindung zwischen der strategischen und der operativen Planung herzustellen. Gerade hier sind in der Praxis erhebliche Mängel zu beobachten – und gerade hier schafft die Balanced Scorecard eine wesentliche Verbesserung! Controller müssten in diesem Schritt 6 unseres Vorgehens eigentlich voll in ihrem Element sein. Unsere Erfahrungen zeigen allerdings, daß die Umsetzung solcher Ideen für viele der Zunft noch Neuland bedeutet, mit Unsicherheit und Risiko behaftet ist. Aber bedenken Sie: Risiko und Chance sind im Chinesischen dasselbe Schriftzeichen!

2.3.3. Die Prozesskostenrechnung als Standard prozessorientierten Controllings

Die Kostenrechnung ist in den letzten Jahren – wie bereits mehrfach in diesem Buch angemerkt – ins Gerede gekommen. Sie gilt als zu komplex und undurchschaubar sowie zu wenig auf die tatsächlichen Informationsbedürfnisse des Managements ausgerichtet. Bei dieser Einschätzung muss man allerdings fairerweise bemerken, dass in der jüngeren Vergangenheit eine Neuentwicklung stattgefunden hat, auf die zumindest die zweite Einschätzung („am Informationsbedarf der Manager vorbei") nicht zutrifft. Die Rede ist von der Prozesskostenrechnung (an deren Entwicklung im übrigen Kaplan auch einen erheblichen Anteil hat). Diese kostenrechnerische „Innovation" hat – wie die nachstehende Abbildung zeigt – durchaus in der Praxis eine weite Verbreitung gefunden

Mängel traditioneller Kostenrechnung als Ansatzpunkt

Die Prozesskostenrechnung setzt an Praxismängeln der traditionellen Kostenrechnungssysteme, speziell an Mängeln in der Behandlung von Gemeinkosten, an. Die Kritik betrifft zum einen die Lohnzuschlagskalkulation der Vollkostenrechnung. Man argumentiert, dass Fertigungslöhne angesichts der stark vorangeschrittenen Produktionsautomatisierung nur noch ein schlechter Indikator für die produktbezogene Kostenverursachung in den Fertigungskostenstellen seien. Diese Kritik findet sich insbesondere in den USA, wo die überwiegende Zahl der Unternehmen auch heute noch auf der Basis von direct labor kalkuliert. Die Kritik betrifft zum anderen die Behandlung der der Fertigung vor- und nachgelagerten Dienst-

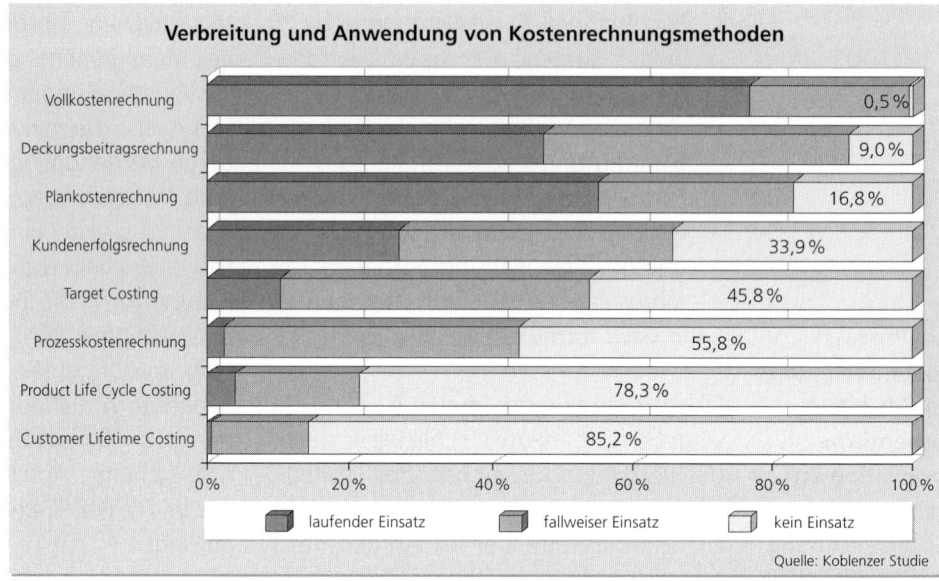

Verbreitung und Anwendung von Kostenrechnungsmethoden

	laufender Einsatz	fallweiser Einsatz	kein Einsatz

Quelle: Koblenzer Studie

Nutzung der Prozesskostenrechnung im Kontext anderer Kostenrechnungsmethoden (entnommen aus Homburg et al., 1998, S. 16)

leistungsbereiche, wie z.B. Bestelldisposition, Fertigungsvorbereitung, Lagerungen und Transporte. Für sie dominieren in der Vollkostenrechnung sehr grobe, pauschale Verrechnungsmodi (z.B. in Form von Umlagenanlastung), und auch in der Plankostenrechnung werden sie unzureichend durchdrungen: Die analytische Kostenplanung wird in den Unternehmen i.d.R. nur auf „produktive" Bereiche, konkret auf Fertigungsendkostenstellen angewandt. Vorleistungen erbringende Kostenstellen, letztlich der gesamte Gemeinkostenbereich, wird von der Rechnung vernachlässigt. Durch die verbesserte Durchdringung dieser Bereiche verspricht die Prozesskostenrechnung sowohl eine bessere interne Steuerung als auch eine genauere Produktkalkulation. Sie geht dazu in mehreren Schritten vor.

1. Schritt: Leistungs- und Prozessanalyse

Grundidee der Prozesskostenrechnung ist es, auch im Gemeinkostenbereich erbrachte Leistungen als Basis für die Zuordnung von Kosten zu Produkten zu verwenden. Die Verwaltungsleistungen werden in den traditionellen Kostenrechnungssystemen nicht erfasst und kalkuliert. Definitions- und Erfassungsprobleme sind hierfür ebenso begründend wie eine hohe Vielgestaltigkeit der Verwaltungstätigkeit. Die Prozesskostenrechnung nähert sich dem Problem in zwei Schritten:

→ Zum einen versucht sie, die Vielfalt der erbrachten Leistungen durch die Bündelung wichtiger Aktivitäten zu Hauptprozessen zu reduzieren, für die sich eine Zuordnung zu den Pro-

Die Prozess-kostenrechnung kann sehr gut auf vorhandenem Know-how einer Prozess-orientierung des Unternehmens aufbauen – umgekehrt wird es sehr viel schwieriger!

dukten herstellen lässt. Hauptprozesse fassen Teilprozesse zusammen, die sich über mehrere Kostenstellen hinweg erstrecken. Ein Beispiel hierfür ist etwa der Hauptprozess „Aufnahme eines zusätzlichen Produkts in das Produktionsprogramm" mit den Aktivitäten Konstruktion, Produkttest, Kalkulation, Einplanung in die Produktion, Erstellung von Stücklisten, Vergabe einer Artikelnummer, Einrichtung eines Lagerplatzes und Änderung der Transportplanung.

→ Zum anderen *analysiert* die Prozesskostenrechnung die einzelnen Aktivitäten in den betroffenen Kostenstellen genauer. Dabei geht es zum einen um die Definition und Abgrenzung der einzelnen Aktivitäten, zum anderen um Fragen ihrer Erfassbarkeit. So hat man z.B. in einer Transportkostenstelle festzulegen, als Leistungsmaß die abgefertigte Tonnage („Tonnen-Kilometer"), das bewegte Transportvolumen, die Zahl bewegter Paletten, zusätzlich die Transportdauer (z.B. Eiltransporte), vielleicht sogar die Transportzeit (u.U. relevant für die Höhe der Personalkosten: Nachtzuschläge) zu verwenden. Alle Merkmale können unterschiedliche Leistungen definieren und mit unterschiedlichem Kostenanfall verbunden sein. Je differenzierter man Aktivitäten definiert, desto schwieriger und aufwendiger wird aber auch die laufende Erfassung der erbrachten Leistungen.

In diesem ersten Schritt baut die Prozesskostenrechnung somit exakt auf wesentlichen Analyseschritten auf, die wir im Abschnitt zuvor diskutiert haben. Hieraus lässt sich bereits an dieser Stelle Folgendes ableiten: Erfolgt die Implementierung einer Prozesskostenrechnung im Rahmen einer allgemeinen Prozessorientierung des Unternehmens und des Controllings, so sind viele Analyseschritte und -ergebnisse wechselseitig nutzbar. Soll die Prozesskostenrechnung dagegen die Speerspitze eines prozessorientierten Controllings oder gar der Prozessorientierung des Unternehmens bilden, so sind erhebliche Implementierungsprobleme zu erwarten – dazu später jedoch noch mehr.

2. Schritt: Zuordnung von Kosten zu Prozessen

Jedem Teilprozess bzw. jeder Aktivität sind die von ihm verursachten Kosten zuzuordnen. Das hierfür notwendige Vorgehen ist jedem Controller geläufig:

→ Beanspruchen die unterschiedlichen Aktivitäten dieselben Produktionsfaktoren, so sind Verrechnungsverfahren wie etwa eine Verrechnungssatzkalkulation anzuwenden.

→ Unterscheiden sich die Aktivitäten im Erstellungsprozess stark voneinander – werden sie z.B. von unterschiedlich spezialisierten Mitarbeitern erbracht –, so muss man versuchen, die Kostenstelle weiter in kleinere Abrechnungsbezirke aufzuspalten („Kostenplätze").

In beiden Fällen wird man mit den bekannten Problemen der Kostenverbundenheit und der Notwendigkeit ihrer Aufteilung konfrontiert. In vielen Beispielen zur Prozesskostenrechnung finden sich deshalb (erhebliche) Kostenschlüsselungen. Dieses ist ihr allerdings nicht als Spezifikum anlastbar, sondern betrifft jeden Ansatz, der einem Prozess alle mit der Leistungserstellung verbundenen Kosten, nicht nur den kleinen, unmittelbar beeinflussten Kostenanteil, zuordnen will.

3. Schritt: Bestimmung der Kostentreiber

Für die unterschiedenen Prozessarten sind im nächsten Schritt die jeweiligen „Kostentreiber" (cost-driver) zu ermitteln, also die Faktoren, die die Prozessinanspruchnahme der entsprechenden Leistungen bestimmen. Für die Aktivität Fertigungsplanung wäre dies z.B. die Zahl der zu bearbeitenden Fertigungsaufträge, gegebenenfalls unterteilt in Standard- und Sonderaufträge, für die angesprochene Transportleistung eine der genannten Leistungsgrößen (z.B. Zahl der transportierten Behälter). Besitzt eine Aktivität einen starken Anteil dispositiver Tätigkeit, findet sich ein solcher Kostentreiber nur schwerlich. Derartige Prozesse werden in der Prozesskostenrechnung auch als „leistungsmengenneutral" bezeichnet. Ähnlichkeiten dieses 3. Schritts der Prozesskostenrechnung zum Vorgehen einer Verrechnungssatz- bzw. Bezugs-

Auch in der Prozesskostenrechnung kann man versuchen, „variable und fixe" Anteile zu trennen

größenkalkulation sind trotz der unterschiedlichen Notation nicht zu übersehen. Wir werden darauf im Schritt 5 nochmals zurückkommen.

4. Schritt: Prozessmengenermittlung

Für die Kostentreiber sind die jeweiligen Mengenausprägungen (z.B. Zahl abgewickelter bzw. im nächsten Jahr abzuwickelnder Fertigungsaufträge) zu bestimmen. Dies bedeutet im Vergleich zum traditionellen Vorgehen in der Kostenrechnung – wie bereits angemerkt – einen nicht unerheblichen zusätzlichen Aufwand, da derartige Informationen häufig nicht ausreichend erfasst und/ oder geplant worden sind. Nur für einen Teil der Daten stehen vorhandene DV-Systeme zur Verfügung (z.B. Betriebsdatenerfassungssysteme, aus denen man viele materialflussbezogene Daten gewinnen kann).

5. Schritt: Prozesskostenermittlung

Im 5. Schritt werden Kosten pro Prozessmengeneinheit (z.B. pro Fertigungsauftrag) ermittelt. Dieses Vorgehen gleicht dem von Bezugsgrößen- bzw. Verrechnungssatzkalkulation. Es gibt innerhalb der Befürworter der Prozesskostenrechnung unterschiedliche Auffassungen, ob man in diese Prozesskosten pro Prozesseinheit auch die Kosten der leistungsmengenneutralen Prozesse einbeziehen sollte oder nicht. Dieser Frage liegt die Überlegung zugrunde, ob man die Prozesskostenrechnung nicht nur als

Vollkostenrechnung sehen, sondern auch als Teilkostenrechnung gestalten sollte.

Unabhängig davon gilt es, in der praktischen Anwendung der Prozesskostenrechnung einen wichtigen Unterschied zu üblichen Bezugsgrößen- bzw. Verrechnungssatzkalkulationen zu berücksichtigen: In einer Fertigungskostenstelle wird die Produktionsfunktion wesentlich durch den Produktionsfaktor Anlagen festgelegt; Menschen arbeiten an Maschinen bzw. diesen zu; ihre Arbeitszeit wird durch die Maschinentakte bestimmt. Verwaltungsprozesse sind dagegen im Wesentlichen menschendeterminiert. Die Leistung von Menschen ist viel stärker beeinflussbar und schwankt potentiell viel stärker. Damit unterliegt die Aussage „Kosten pro ausgeführten Beschaffungsauftrag" in der Bestellabwicklung einer deutlich höheren Schwankungsbreite als die „Kosten pro gepresstes Blechteil" in der Kostenstelle Presse.

Varianten sind viel teurer, als sie traditionell kalkuliert werden...

6. Schritt: Prozesskostenkalkulation

Im letzten Schritt werden die Prozesskosten den Produkten im Rahmen der Kostenträgerrechnung belastet. In kostenrechnerischen Termini ausgedrückt, wandelt die Prozesskostenrechnung dazu den Charakter bisheriger Vorkostenstellen in Endkostenstellen um: Während bislang z.B. die Fertigungssteuerung mittels Schlüsseln auf die Fertigungsendkostenstellen umgelegt

wurde, verrechnet sie ihre Kosten in der Prozesskostenrechnung direkt auf die Produkte. Hierzu muss man zusätzlich festhalten, wie viel Prozessmengeneinheiten jedes Produkt jeweils in Anspruch genommen hat. Auch hiermit sind erhebliche Erfassungs- und/oder Planungskosten verbunden. Zudem ergeben sich vielfältige Verdichtungsprobleme, auf die an dieser Stelle aber nicht eingegangen werden soll.

Prozesskostenrechnung – eine Innovation?

Die traditionelle Kostenrechnung hat einen langen Entwicklungsweg hinter sich. In der Praxis und durch die Praxis gestaltet, ist sie ein Abbild der dort dominierenden Problemstellungen und Strukturen. Dies hört sich so selbstverständlich an, dass es keiner Erwähnung zu bedürfen scheint. Wer denkt schon darüber nach, warum es eine Abfolge von Kostenarten-, Kostenstellen- und Kostenträgerrechnung gibt?

→ Die Kostenstellen entsprechen Verantwortungsbereichen. Die Kostenrechnung kann damit der Umsetzung von Ergebniszielen dienlich sein und eine Motivationsfunktion erfüllen.

→ Die Kostenstellen bilden funktional spezialisierte Tätigkeitsbereiche ab. Die Homogenität der Leistungen bietet die Grundlage für valide Leistungskalkulationen.

...das war schon Eugen Schmalenbach im letzten Jahrhundert klar!

Während aus den Marketingbereichen heraus – wie weiter oben ausgeführt – die kostenträgerbezogene Struktur der Kostenrechnung kritisch hinterfragt wurde, unterblieb lange Zeit eine ähnlich tiefgreifende Analyse möglicher Veränderungen der Kostenstellenrechnung. Weiterentwicklungen betrafen nicht die Struktur, sondern Details bzw. Elemente innerhalb der Struktur (z.B. genauere Verrechnungssätze):

An der grundsätzlichen Aufbaustruktur der Unternehmen änderte sich in den 70er und 80er Jahren kostenrechnungsrelevant wenig. Zwar führten viele Großunternehmen Spartenorganisationen ein. Innerhalb der einzelnen Sparten folgte der Organisationsaufbau aber weiterhin der Funktionsspezialisierung. Probleme bereitete der Kostenrechnung nur die Bewältigung der stark gestiegenen Programmkomplexität. Im Zuge der durchgängig zu beobachtenden Differenzierungsstrategien nahm die Zahl der Produkte und insbesondere die der Produktvarianten explosionsartig zu. Die unterschiedlichen Programmbausteine zeichneten sich durch sehr unterschiedliche Inanspruchnahme von Führungsfunktionen aus (Konstruktion, Auftragsdisposition u.a.m.). Da diese Funktionen in der stark auf Produktionsorte ausgerichteten Kostenrechnung nur pauschal erfasst wurden, wies die Produktkalkulation immer mehr Ungenauigkeiten bzw. Verzerrungen auf: Jeder, der Erfahrungen mit der Prozesskostenrechnung besitzt, weiß, dass selten nachgefragte Varianten stets zu billig und Standardprodukte stets zu teuer kalkuliert werden.

Dieser Effekt war Eugen Schmalenbach schon im Jahr 1899 klar; er hat das Phänomen eindringlich in einem damals erschienenen Aufsatz beschrieben. Erst die stark gestiegene Bedeutung in den Unternehmen führte aber zu einer näheren Auseinandersetzung. Erfahrungen der Vorreiter zeigen die Machbarkeit, allerdings auch die Komplexität des zu gehenden Weges auf.

Mit der genaueren Erfassung von Gemeinkostenbereichen ist ein wesentlicher Kristallisationskern der Prozesskostenrechnung benannt. Zwei Vorteile werden erreichbar:
→ Fehlentwicklungen im Produktmix werden sicht- und damit steuerbar.
→ Kostenrechnerisch vernachlässigte Funktionen werden transparent und damit Objekt von Verbesserungen.

Der zweite Ansatzpunkt der Prozesskostenrechnung ist gänzlich unterschiedlicher Art. Er reflektiert die prozessbezogene organisatorische Umgestaltung in den Unternehmen. Prozesse hat die Kostenrechnung zwar von jeher abgebildet, allerdings stets nur solche Teilprozesse, die innerhalb einzelner Kostenstellen ablaufen. Fragen des gesamten Prozesssystems, d.h. kostenstellenübergreifende Aspekte, wurden nur beim Aufbau der Kostenträgerrechnung betrachtet, um die Kalkulationsaufgabe lösen zu können. Den neuen Ansätzen geht es um Prozessketten, um das Vermeiden unnötiger Prozessschleifen, um die Verringerung der gesamten Prozesszeit in einer Kette, um die Neustrukturierung des Geschäftssystems. An dieser Stelle versagt die traditionelle Kostenstellenrechnung. Sie ist zu ergänzen durch eine explizit prozesskettenbezogene Sichtweise, ja sie muss die alte Struktur sogar zuweilen ersetzen: In schlanken Produktionsstrukturen mit hohem Grad an Funktionsintegration macht eine funktionsspezialisiert aufgebaute Kostenstellenrechnung keinen Sinn. Prozesskostenrechnung in diesem Kontext bedeutet somit keine Verfeinerung der bisherigen Rechnung, sondern der Organisationsveränderung in den Unternehmen im Übergang von einer Funktionsspezialisierung auf eine Prozessspezialisierung zu folgen.

Die Prozess-kostenrechnung darf die Veränderungs-dynamik im Unternehmen nicht behindern!

Die traditionelle Kostenrechnung ist als laufende Rechnung konzipiert. Anders waren ihre Aufgaben nicht zu lösen. Fragt man, ob dies auch für die Prozesskostenrechnung gelten muss, ergibt sich u.E. ein abweichendes Urteil. Hierfür sind mehrere Gründe maßgebend:

→ Für dispositive und administrative Funktionen lassen sich insofern schwierig Produktions- und Kostenfunktionen ermitteln, als der bestimmende, gleichbleibende Einfluss des Produktionsfaktors Anlagen fehlt. Personal dominiert. Die Leistungsgradschwankungen und Beeinflussungsmöglichkeiten beim Personal sind aber vielfach so erheblich, dass laufende Wirtschaftlichkeitskontrollen nur eingeschränkt Sinn machen.

→ Die Einbindung von Dispositions- und Administrationsstellen in die Produktkalkulation erhöht deren Komplexität erheblich. Dies führt zu einer erheblichen Schwerfälligkeit der Kostenrechnung ebenso, wie es die Informationskosten und die Gefahr steigert, dass die formelle und materielle Genauigkeit der Rechnung stark auseinanderklaffen.

→ Prozessgestaltung umfasst per definitionem Prozessveränderungen. Die Abbildung bestehender Prozesse in der Kostenrechnung führt jedoch just dazu, derartige Veränderungen zu behindern. Ein ständiges „auf der Hohe Bleiben" in dynamischen Organisationsstrukturen bedeutet untragbar hohe Informationskosten. Außerdem entfällt bei dynamischen, sich permanent ändernden Prozessstrukturen der angestrebte Nutzen der Kostenrechnung, Erfahrungsdaten zu generieren.

→ Solange die Unternehmen keine für die Prozessketten voll Verantwortlichen definiert und in der Organisation verankert haben („Process Owner"), entfällt auch das Argument, aus Anreizgründen Kosten laufend (z.B. monatlich) ausweisen zu müssen.

Hiermit sind die wichtigsten Einwände gegen eine Realisierung der Prozeßkostenrechnung als laufende Rechnung an-

Die Prozess-kostenrechnung sollte man besser als fall-weise Rechnung im Unterneh-men verankern

gebracht. Sie sollte deshalb als *fallweises Konzept* gestaltet werden – ein Vorschlag, den die Unternehmenspraxis anscheinend auch beherzigt, wie die Ergebnisse der Koblenzer Studie gezeigt haben (vgl. nochmals die S. 192). Sie hat dann einen festen Platz im Instrumentenkasten der Organisationsveränderung. Sie erlaubt, Kosten von Prozessabschnitten und ganzen Prozeßketten zu ermitteln. Sie schafft damit Problembewusstsein und wesentliche Ausgangsdaten für Prozessveränderungen. Sie ermöglicht es, Zielwerte für die Ergebnisse von Prozessveränderungen zu ermitteln, die dann nach einiger Zeit – wiederum durch fallweise Analysen – einer Überprüfung unterzogen werden können. Nur selten werden sich bestimmte Funktionsbereiche für eine permanente Durchführung der Prozesskostenrechnung eignen. Dies mögen umfangreiche dispositive oder administrative Abteilungen im Unternehmen sein.

Stets muss jedoch darauf geachtet werden, dass derartige Implementierungen *keine Veränderungen im Unternehmen behindern*; das in die Prozesskostenrechnung investierte Geld wäre dann in doppelter Hinsicht schlecht angelegt.

2.3.4. Prozessorientierung in der Controllerarbeit selbst

Prozessorientierung ist nicht nur ein neues Aufgabenfeld für Controller im Sinne einer Erweiterung ihrer Produktpalette, sondern auch ein wertvoller Ansatz für eine Verbesserung ihrer eigenen Leistungserstellung. Auch für Controllerleistungen geht es darum, sie schneller, direkter, ohne Schleifen und Turbulenzen durchzuführen, damit sowohl die Qualität zu steigern als auch die Kosten zu senken. Die genannten Schritte sind dazu „lediglich" auf den eigenen Bereich anzuwenden. Wir müssen sie deshalb hier nicht wiederholen. Statt dessen wollen wir Ihnen das Potential der Verbesserung veranschaulichen, das sich mit einer solchen Prozessorientierung erzielen lässt. Anschauung liefert wieder der WHU-Arbeitskreis Benchmarking Controlling.

Ein Objekt des Benchmarking war die Bearbeitung von Investitionsanträgen. Hierzu wurde zunächst eine vergleichbare Gruppe von Investitionen ausgewählt, um die Aussagekraft der erhobenen Daten sicherzustellen. Sie wurden bis zur höchsten Wertgrenze einbezogen, bis zu der in den beteiligten Unternehmen jeweils eigenständig entschieden werden konnte. Investitionen, bei denen die Genehmigung übergeordneter Konzerngesellschaften notwendig war, wurden nicht betrachtet.

Als zentrales Bewertungskriterium im Benchmarking wurde die „Responsezeit", d.h. die Durchlaufzeit von der Antragstellung bis hin zur Ablehnung oder Genehmigung, erfasst. Für die Wahl dieses Kriteriums sprachen mehrere Gründe:

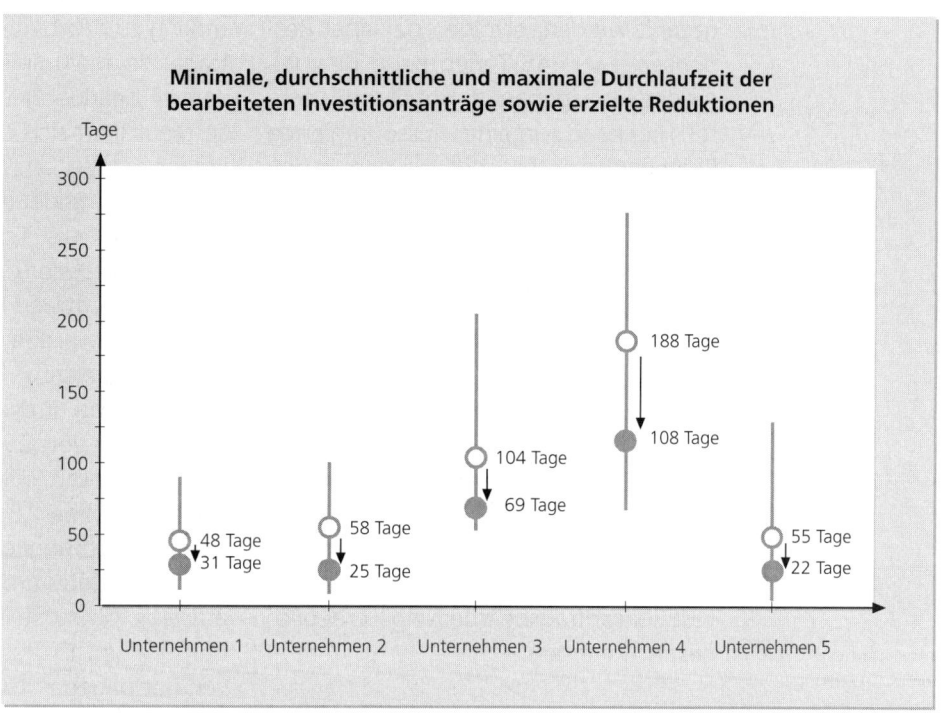

Minimale, durchschnittliche und maximale Durchlaufzeit der bearbeiteten Investitionsanträge sowie erzielte Reduktionen

Prozessorientierung im Controlling – ein weites Feld mit erheblichem Verbesserungspotential!

→ Aus Sicht des Antragstellers, also des Kunden dieser Controllingleistung ist die Wartezeit auf die Entscheidung über den Investitionsantrag ein wesentliches Qualitätskriterium. Die verwendete Methodik bei der Beurteilung der Investitionsanträge hat im Vergleich dazu geringere Bedeutung.

→ Der Erfolg der realisierten Investitionen ist nicht allein auf die Leistung der Controller zurückzuführen. Ein solches Kriterium scheidet bei einer isolierten Betrachtung des Controllerbereichs deshalb aus.

Eine Untersuchung der Responsezeit ergab bei fünf aktiv am Benchmarking teilnehmenden Unternehmen Schwankungen zwischen im Mittel 48 und 188 Kalendertagen, wobei auch die Bandbreite der Zeiten jeweils sehr unterschiedlich ausfiel.

Im Rahmen einer vergleichenden Analyse konnten insbesondere drei Einflussfaktoren auf die Responsezeit identifiziert werden. Zunächst machte ein Vergleich der Anzahl der eingebundenen Stellen und Abteilungswechsel bei der Investitionsantragsbearbeitung deutlich, dass hohe Responsezeiten auf erhebliche Schleifen im Bearbeitungsprozess zurückzuführen sind. Während bei einer Responsezeit von 188 Tagen bei 7 Bearbeitungsstellen 26 Abteilungswechsel gezählt werden, erfolgen bei einer Responsezeit von 48 Tagen bei 9 Bearbeitungsstellen genau 9 Abteilungswechsel. Hier kann von einer flussoptimierten Bearbeitung gesprochen werden. In diesem Zusammenhang ist auch eine teamorientierte Erstellung und Bearbeitung, insbesondere bei größeren Investitionsanträgen, von Bedeutung. Arbeiten Teams mit Mitarbeitern aus dem Zentralen Controlling, der DV-Abteilung und technischer Abteilungen zusammen, dann müssen Prozesse der Informationseinholung und -stellungnahme nicht mehr sequentiell ablaufen, sondern können parallel durchgeführt werden. Dadurch kann der Prozess der Investitionsantragsbearbeitung erheblich gestrafft werden.

Ein Beispiel aus dem WHU-Arbeitskreis Benchmarking Controlling

Die Qualität und der Umfang der zu bearbeitenden Investitionsanträge ist ein zweiter Einflussfaktor auf die Responsezeit. Ein zu geringer Seitenumfang führt zu einem hohen Informationsbeschaffungsaufwand im Zentralen Controlling. Das gleiche zeigte sich auch für einen zu hohen Seitenumfang – hier nahm der Aufwand für die Auswahl der relevanten Informationen überproportional zu. Die Qualität der Investitionsanträge stieg weiterhin mit einer frühzeitigen Einbeziehung des Zentralen Controlling in die Antragerstellung. Auch hiermit ließen sich im Genehmigungsprozess Zeitgewinne erzielen.

Schließlich schwankte die Responsezeit mit der Anzahl der im Zentralen Controlling zu bearbeitenden Investitionsanträge: Je mehr Investitionsanträge dezentral bearbeitet werden können, um so mehr lässt sich die Responsezeit verkürzen. Diese an sich triviale Aussage gewinnt an Bedeutung, wenn man bedenkt, dass die Schwankungsbreite in der Dezentralisierung zwischen 4% und 90% aller Anträge lag, die noch zentral bearbeitet werden mussten, und dass die Wertgrenzen für eine dezentrale Entscheidung immerhin eine Schwankungsbreite von 250 TDM bis 1 Million DM aufwiesen. Bei bestimmten Antragstypen, wie z.B. Ersatzinvestitionen, die im ursprünglichen Antrag bereits berücksichtigt wurden, kann sogar ganz auf eine Antragstellung verzichtet werden. Keinen Einfluss auf die Responsezeit hat dagegen die Anzahl der genehmigenden Stellen bzw. die Anzahl der notwendigen Unterschriften.

Die Umsetzung der durch das Benchmarking gewonnenen Erkenntnisse führte bei allen beteiligten Unternehmen zu Reduktionen der Responsezeit zwischen 34 Prozent und 50 Prozent (vgl. nochmals die vorstehende Abbildung), ohne dass methodische Elemente, z.B. die Art der verwendeten Investitionsrechnung oder die zu prüfenden sachlichen Fragen, bei den jeweiligen Unternehmen verändert werden mussten – wahrlich eine Erfolgsgeschichte, die auch den Wert des Instruments Benchmarking zeigt!

2.3.5. Prozessperspektive einer BSC für den Controllerbereich

Auch für die Prozessperspektive soll abschließend ein Beispiel für eine Controllerdienst-BSC gegeben werden. Aus der Strategie mögen zwei Aspekte als besonders wichtig abzuleiten sein: eine

---

Prozessperspektive

→ Durchlaufzeit der operativen Planung: Reduktion von 39 auf 26 Wochen

→ Aktualität der Monatsberichte: 2 Werktage nach Monatsultimo Eilbericht, 5 Werktage nach Monatsultimo Gesamtbericht

→ Systemintegration: Vollzogene Kopplung Vertriebsinformationssystem – Kostenrechnung

→ Systemqualität: Reduktion der Zahl der Buchungskorrekturen um 25 %

→ Gesamtqualität: Uneingeschränktes Prüfungstestat der Internen Revision

---

Die fünf Kennzahlen der Prozessperspektive – ein Beispiel

höhere Aktualität der Prozesse bzw. Controller-Produkte und ein verbessertes Qualitätsniveau. Beides wird in den fünf genannten Kennzahlen deutlich:

→ Die Verkürzung der Planungsdauer der operativen Planung trifft derzeit einen in vielen Unternehmen aktuellen Aspekt: Angesichts immer schnellerer Veränderungen z.T. deutlich länger als ein halbes Jahr zu planen, macht wenig Sinn.

→ Die höhere Aktualität des Berichtswesens ermöglicht ein schnelleres Reagieren durch das Management (die Unterteilung in einen nicht 100 %ig genauen Eil- und den normalen Monatsbericht haben wir im Übrigen der Erfahrung des WHU-Ar-

beitskreises Benchmarking Controlling entnommen; er scheint uns sehr nachahmenswert).

→ Ein weites Feld der Prozessperspektive wird sich in vielen Unternehmen mit Fragen der Systemintegration befassen.

→ Die beiden letzten Ziele betreffen schließlich einen Aspekt, der unserer Erfahrung nach derzeit nur in Ausnahmefällen aktiv angegangen wird: die Frage nach der Qualität der Controllerleistungen. Hier ist noch viel zu tun – vielleicht mag Ihnen die Annahme, dass Ihre Kostenrechnung ebenso von Revisoren überprüft wird wie der Jahresabschluss (durch externe Wirtschaftsprüfer), sogar etwas revolutionär vorkommen!

2.4. WISSENS- UND LERNORIENTIERTES CONTROLLING

2.4.1. Wissen als zentraler Hebel der Wirtschaftsentwicklung

Allseits und euphorisch wird die Bedeutung von Wissen auf Seminaren, Kongressen und durchaus auch in der theoretisch angehauchten Literatur herausgestellt und das Management desselben zum Imperativ erhoben. In der Tat ist die volkswirtschaftliche Bedeutung des Produktionsfaktors Wissen, wie die nachfolgende Abbildung zeigt, kontinuierlich gestiegen. Der lebenslange Neuerwerb von Wissen gehört deshalb heute

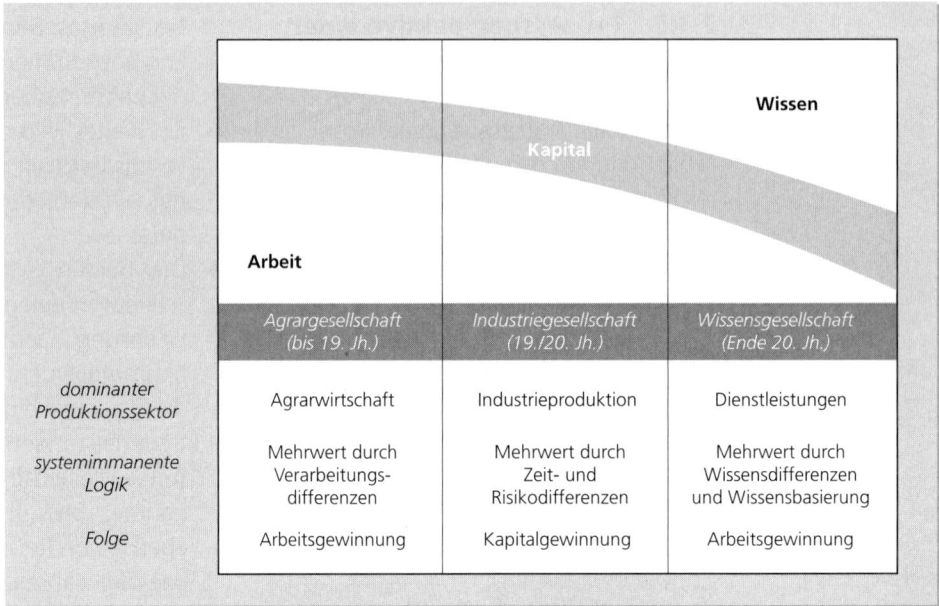

	Agrargesellschaft (bis 19. Jh.)	Industriegesellschaft (19./20. Jh.)	Wissensgesellschaft (Ende 20. Jh.)
dominanter Produktionssektor	Agrarwirtschaft	Industrieproduktion	Dienstleistungen
systemimmanente Logik	Mehrwert durch Verarbeitungs-differenzen	Mehrwert durch Zeit- und Risikodifferenzen	Mehrwert durch Wissensdifferenzen und Wissensbasierung
Folge	Arbeitsgewinnung	Kapitalgewinnung	Arbeitsgewinnung

Die Entwicklung von Gesellschaften (in Anlehnung an Willke, 1993, S. 56)

zu den wichtigsten Aufgaben aller Entscheidungsträger. Sie werden zu Geistesarbeitern, Wissen zum entscheidenden Produktionsfaktor und das Management des Wissens zu einem zentralen Wettbewerbsvorteil für Unternehmen.

In Unternehmen setzt sich die Erkenntnis immer mehr durch, dass Wissen eine wertvolle Ressource bedeutet, die eines systematischen Managements bedarf. Bei näherem Hinsehen konstatieren wir jedoch ein starkes Missverhältnis aus (mehr oder weniger stark ausgeprägter) akademischer Brillanz der Konzepte zu Wissensmanagement und lernender Organisation auf der einen Seite und massiven Schwierigkeiten bei der Implementierung in vielen Unternehmen auf der anderen Seite. Wird „Wissensmanage-

ment eingeführt", dominiert zumeist die technikgetriebene Implementierung von IT-Lösungen oder der große konzeptionelle Wurf wird top-down im Unternehmen verordnet, vorzugsweise von zentralen Stabsabteilungen fern des operativen Geschäfts. Beide Wege erscheinen nicht optimal.

Die Relevanz des Themas für Controller ist in unseren Augen in zweierlei Hinsicht gegeben:

→ Controller haben bislang zur Party Wissensmanagement im Unternehmen wenig beigesteuert, obwohl sie durch ihren traditionellen Fokus auf Informationsbereitstellung und -systeme durchaus dazu prädestiniert sein könnten, entsprechende Bemühungen des Managements zu unterstützen. Spezifische Instrumente des Wissensmanagements und -controlling sind in der Toolbox des Controllers nur selten zu finden. Viele Controller tun sich entsprechend schwer damit, ihren Beitrag zu definieren.

→ Daneben kann Wissensmanagement die Arbeit von Controllern unterstützen, indem die Ressource Wissen im Controllerbereich selbst besser genutzt wird. Wissensmanagement für Controllerbereiche ist aber ein bislang in Theorie und Praxis vernachlässigter Bereich.

In einer Reihe von Telefoninterviews fanden wir unsere Erwartung, dass sich Controller mit Wissensmanagement und -controlling eher schwer tun, bestätigt. Wir trafen auf zwei Lager. Die einen konnten mit einem Wissensmanagement für Controller denkbar wenig anfangen:

Zum Wissenscontrolling gibt es in der Praxis bei den Controllern die unterschiedlichsten Einstellungen

→ „Was hat das mit Wertorientierung oder ROCE zu tun?"

→ „Wir haben andere Probleme."

→ „Wir sind zahlenorientiert. Wissensmanagement: da kann man ja nichts rechnen ... ich sehe da keinen Zusammenhang."

→ „Wissensmanagement? Da habe ich keine Ahnung von ... wir stellen gerade auf SAP um."

Andere (der kleinere Teil!) standen dem Konzept positiv gegenüber, ja sahen darin einen zentralen Teil ihrer zukünftigen Aufgaben:

→ „Wissensmanagement ist doch die klassische Aufgabe des Controllers."

→ „Das ist der Wachstumsmarkt für Controller".

Die Befragung machte daneben deutlich, dass bei vielen Controllern nur begrenztes Wissen bezüglich Wissensmanagement und -controlling vorliegt! Grund genug also, im Folgenden die für Controller relevanten Grundzüge herauszuarbeiten.

2.4.2. Wissen als Herausforderung für Manager und Controller

→ „Knowlege is the only meaningful economic resource" (Drucker, 1995, S. 54ff.).

→ „In an economy where the only certainty is uncertainty, the one sure source of lasting competitive advantage is knowledge" (Nonaka, 1991, S. 96).

Zitate wie diese belegen die Relevanz, welche der Auseinandersetzung mit Wissen und dem Management von Wissen zunehmend beigemessen wird. Dabei fällt es allerdings noch vielfach schwer, die Begriffe Daten, Information und Wissen voneinander abzugrenzen. „Während wir mühelos den Unterschied zwischen Aufwendungen und Kosten oder Cashflow und Gewinn erklären können, macht uns die Differenzierung von Daten, Information und Wissen oder von implizitem und explizitem Wissen häufig sprachlos" (Probst/Raub/Romhardt, 1997, S. 31).

Was ist Wissen?

Deshalb soll zunächst begrifflich Klarheit geschaffen werden. Was ist der Unterschied zwischen Daten, Information und Wissen?

→ *Daten* sind die Grundbausteine für Information und Wissen. Sie bestehen aus beliebigen Zeichen-, Signal- oder Reizfolgen.

→ *Informationen* sind diejenigen Daten, die der einzelne Akteur persönlich verwerten kann. Informationen sind also im Gegensatz zu Daten nur subjektiv wahrnehmbar und verwertbar. Sie stellen eine logisch in sich geschlossene Einheit dar. Dabei sind Informationen aus Daten zusammengesetzt. Sie bilden aber durch ihren für den Empfänger relevanten Aussagengehalt eine höhere Ordnung im Vergleich zu Daten ab. Informationen sind daher immer empfängerorientiert.

→ *Wissen* entsteht durch die Verarbeitung und Verankerung wahrgenommener Informationen in unserem Gehirn, wir sprechen in diesem Fall vom Prozess des Lernens. Altes, bereits gespeichertes Wissen ist dabei der Anker, um aus neu aufgenommenen Informationen neues Wissen in der Struktur unseres Gehirns zu vernetzen. Wissen stellt das Endprodukt des Lernprozesses dar, in dem Daten als Informationen wahrgenommen und als neues Wissen gelernt werden.

Schon die Begriffe Wissen und Wissensmanagement sind nicht immer klar

Was ist Wissensmanagement ?

Im Zusammenhang mit erfolgreicher Unternehmensführung ist Wissen keine neue Größe. Seit jeher sorgt das gekonnte Management der Unternehmensressource Wissen für Wettbewerbsvorteile auf dem Markt. Geheimrezepturen und Patente sichern das Überleben vieler Unternehmen, die am Anfang unseres Jahrhunderts gegründet wurden, bis in unsere Tage hinein. Wissen war daher zu jeder Zeit ein kostbares Gut.

Gemessen an dieser Bedeutung ist es umso erstaunlicher, dass dem Management dieser Ressource lange Zeit kaum Beachtung geschenkt wurde. Abgesehen von vereinzelten wissenschaftlichen Publikationen in den sechziger Jahren zur allgemeinen Bedeutung des Wissens in unserer Gesellschaft sowie darauf aufbauenden Arbeiten zu seiner ökonomischen Relevanz fehlte bis vor kurzem jede systematische Auseinandersetzung mit der Frage nach dem optimalen Umgang mit dem Wissen des Unternehmens (vgl. Güldenberg, 1997, S. 231ff.). Auch in der Praxis war das Thema – vielen Lippenbekenntnissen zum Trotz – lange Zeit bedeutungslos.

Aufgabe des Wissensmanagements ist es nun, dafür zu sorgen, dass das knappe Gut Wissen effektiv und effizient eingesetzt wird. Dabei können wir vier Teilaufgaben des Wissensmanagements unterscheiden:

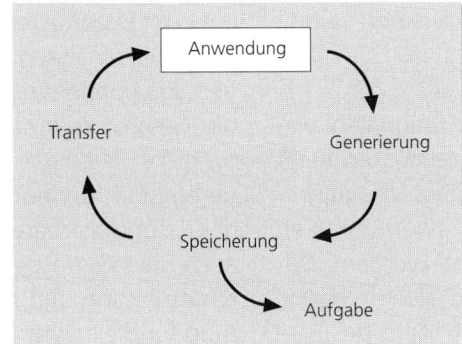

Zyklus des Wissens-
managements (ähn-
lich z.B. Gülden-
berg, 1997, S. 247)

Diese gilt es im Folgenden zu operationalisieren.

Die oben dargestellten Aufgaben des Wissensmanagements lassen sich dabei auch als unterschiedliche Kombinationen aus Wissensbedarf, -nachfrage und -verfügbarkeit interpretieren, die ins Gleichgewicht gebracht werden müssen. Das Verhältnis dieser drei Größen zeigt als Modell die folgende Abbildung.

→ die Wissensgenerierung, d.h. die Entwicklung und der Erwerb von Wissen.
→ der Wissenstransfer
→ die Wissensaufgabe – ein oft vernachlässigter Aspekt – sowie
→ die zielgerichtete Wissensnutzung und -speicherung.

Spannungsfeld Wis-
sensverfügbarkeit,
-nachfrage und
-bedarf

Welchen Beitrag können Controller leisten?

Im Rahmen unserer Telefoninterviews sah die Hälfte der Befragten Wissenscontrolling als notwendige und wichtige Controlleraufgabe an, ein Viertel hielt entsprechende Vorstellungen für „völlig praxisfremd!" und immerhin ein weiteres Viertel gab an, kein ausreichendes Verständnis bzw. keinen genügenden Überblick über das Thema zu haben. Überträgt man unser Verständnis von Controlling auf das Anwendungsobjekt Wissen, ergibt sich unmittelbar die Definition:
→ Wissenscontrolling ist die Funktion der Sicherstellung eines rationalen Managements von Wissen.

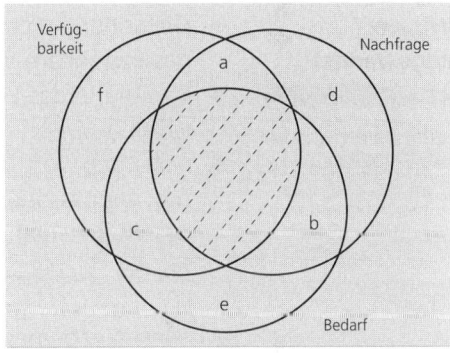

Durch die Schnittmengen der die Wissensattribute repräsentierenden Kreise ergeben sich Situationen, von denen aus eine Bewegung ins Gleichgewicht angestrebt werden sollte. Je nach Situation kann diese Bewegung durch Wissensgenerierung, -transfer, oder -aufgabe erfolgen. Im inneren Feld stimmen Bedarf, Nachfrage und Verfügbarkeit überein. Dieser Schnittbereich wird aber in der Realität eher selten erreicht. Der Begriff des Gleichgewichts ist auch nicht als eine statische Situation, sondern im Sinne eines Fließgleichgewichts zu interpretieren, denn alle drei Wissensattribute unterliegen einer ständigen Veränderung.

Die Sicherstellung eines rationalen Managements der Ressource Wissen heißt also zu gewährleisten, dass Wissensbedarf, -nachfrage und -verfügbarkeit zum Ausgleich gebracht werden! Daraus abgeleitet ergeben sich folgende Teilaufgaben eines Controlling des Faktors Wissen im Unternehmen; zusammen bilden sie den Regelkreis des Wissenscontrolling:

Der klassische Regelkreis auf Wissen angewendet

→ Gewinnung von Transparenz über das verfügbare Wissen („Ist")

→ Ermittlung des Wissensbedarfs („Soll")

→ Ableitung von Wissenszielen sowie ggf. engpassorientierte Fokussierung des Wissensmanagements als Ergebnis des skizzierten Prozesses.

Wissensmanagement und -controlling spielen so zusammen. Sie sind komplementär zu verstehen. Wissenscontrolling unterstützt das Management durch den Abgleich von Bedarf und verfügbarem Wissen sowie durch die Ableitung von Wissenszielen und engpassorientierten Strategien des Wissensmanagements. Durch diesen kybernetischen Regelkreisprozess kann das Controlling (Manager und Controller im Team!) ein rationales Management der Ressource Wissen sicherstellen. Controller können hier ihr methodisches Know how insbesondere in der Schaffung von Transparenz bezüglich Methoden- und Faktenwissen in Planungsprozessen, in zielori-

entierter Datenbereitstellung und in Abweichungsanalysen zum Einsatz bringen. Sie können weiter dazu beitragen, die Gesamtorganisation für die Bedeutung der Ressource Wissen zu sensibilisieren und zu mobilisieren. Der Leiter des Controllerbereichs vertritt dann auch die Wissensperspektive in der Geschäftsleitung und trägt die Verantwortung für die Infrastrukturen des Wissens wie Kompetenzzentren oder Informationssysteme.

Als wesentlicher Vorteil einer solchen Lösung lässt sich anführen, dass der Wasserkopf des Unternehmens nicht mit einem eigens dafür abgestellten, hauptamtlichen *Chief Knowledge Officer* weiter aufgebläht wird („...schon wieder eine Alibifunktion wie der Umweltbeauftragte..."). Andererseits setzt eine entsprechende Funktion von Controllern voraus, dass man ihnen das Thema „abnimmt" und dass ausreichend Kapazität im Controlling dafür abgestellt werden kann. Zudem müssen Controller die Vorbildfunktion in Sachen Wissensmanagement leben. Das bedeutet aber: Sie müssen zunächst bei sich selbst versuchen, ihre Dienstleistungsqualität durch internes Wissensmanagement zu verbessern.

Doch betrachten wir zunächst die oben angesprochenen einzelnen Phasen eines Wissenscontrolling etwas stärker ins Detail gehend.

2.4.3. Wissensorientiertes Controlling

Gewinnung von Transparenz über das verfügbare Wissen

Die Schaffung von Wissenstransparenz als erster Schritt eines entsprechenden Controlling verdeutlicht bestehende Wissenslücken im Unternehmen und schafft die Voraussetzungen, um über Wissenserwerb oder Wissensentwicklung zu entscheiden. Dabei gilt: Angemessene statt absolute Transparenz! Transparenz über intern und extern vorhandenes Wissen stellt sich jedoch nicht automatisch ein. Transparenz muss organisatorisch unterstützt werden. Dazu bieten sich insbesondere zwei vergleichsweise einfache Tools an:

→ *Expertenverzeichnisse und Gelbe Seiten:*
Eine effektive und relativ wenig aufwendige Methode zur Identifikation von (unter Umständen weltweit verteilten) Wissensträgern ist die Erstellung von Expertenverzeichnissen. So erhob der Schweizer Chemiekonzern Hofmann-LaRoche die speziellen Kenntnisse der eigenen Forscher auf der ganzen Welt und fasste diese Informationen in sogenannten „Gelben Seiten" zusammen. Wissensinseln werden so verbunden, und die Suchkosten nach geeigneten Ansprechpartnern für spezielle Fragestellungen können erheblich gesenkt werden. Das charmante an den Gelben Seiten ist, dass sie auf

Wenn das Unternehmen wusste, was es weiß...

Basis eines vorhandenen Telefonverzeichnisses mit vergleichsweise wenig Aufwand erstellt werden können! In der Regel reicht die Standardfunktionalität von Programmen wie Lotus Notes völlig aus. Gelbe Seiten bieten sich daher als (pragmatischer) erster Schritt zu mehr Transparenz über das Wissen in Ihrem Unternehmen an. Entsprechend hat auch knapp die Hälfte der von uns befragten Unternehmen Gelbe Seiten bereits eingeführt.

→ *Knowledge Map:*
Etwas aufwendiger ist die Erstellung einer Landkarte der eigenen Wissensbasis. Als Ausgangspunkt hierfür müssen Sie sich vor allem zwei Fragen stellen: wer im Unternehmen braucht wann und wozu welches Wissen und woher wird dieses Wissen intern beschafft? Man nimmt sich dazu z.B. das Organigramm und kategorisiert die dort aufgeführten Personen danach, welches Wissen zur Bearbeitung der übertragenen Aufgaben dort „offiziell" vorhanden ist. Zusätzlich gilt es aber auch zu überlegen, welches Wissen jenseits der eigentlichen Stellenbeschreibung in der täglichen Praxis durch die Akteure im Unternehmen abgerufen und verwendet wird. So kann latent vorhandenes Wissen in einer Landkarte des eigenen Wissens visualisiert werden. Prüfen Sie kritisch, ob sich der Mehraufwand zu den Gelben Seiten wirklich lohnt! Von den befragten Unternehmen verwendete

zum Zeitpunkt der Befragung nur eines eine Knowledge Map.

Mit den aufgezeigten Tools kann man mit vergleichsweise überschaubarem Aufwand ein „ordentliches" Maß an Transparenz schaffen.

Im zweiten Schritt der Schaffung von Wissenstransparenz geht es nun um die Messung und Bewertung von Wissen. Kann Ihr Unternehmen heute aus dem Berichtsbogen ablesen, wie sich Ihre Wissensbasis innerhalb des letzten Jahres verändert hat? Dabei gilt die alte Controller-Weisheit: „Was man nicht messen kann, das kann man auch nicht managen!"

Wenn Sie Wissen nicht messen können, können Sie es auch nicht managen!?

Die Messung und Bewertung von Wissen gehört zu den größten Schwierigkeiten, die das Wissenscontrolling zu bewältigen hat – letztlich sind bislang alle Versuche einer direkten Messung des organisationalen Wissens gescheitert. Als Alternative zur direkten Quantifizierung wird in der Literatur eine indirekte Bewertung der Übertragungswege des organisationalen Wissens durch ein System von Wissensindikatoren diskutiert. Eine solche Vorgehensweise folgt dem Gedanken, organisationale Prozesse und Strukturen zu identifizieren, die durch eine Veränderung organisationalen Wissens betroffen sind, oder umgekehrt die Entwicklung organisationalen Wissens beeinflussen. Durch die Definition von Indikatoren und eine anschließende Messung ihrer Entwick-

lung lassen sich Rückschlüsse auf positive oder negative Veränderungen der organisationalen Wissensbasis ziehen.

Das üblicherweise zitierte Beispiel ist die in Schweden beheimatete Firma Skandia, die verschiedene Wissensindikatoren in einem relativ umfassenden System der Wissensbewertung integriert hat.

Ausgangspunkt des Ansatzes ist die Feststellung eines Missverhältnisses zwischen Marktbewertung von Unternehmen und ihren Buchwerten. Als unsichtbarer Vermögensgegenstand, der nicht separat in der Bilanz erscheint, aber dennoch häufig einen sehr großen Anteil am Gesamtwert eines Unternehmens einnimmt, wird das „Intellectual Capital" (IC) verstanden. Um den Begriff des intellektuellen Kapitals fassbarer zu machen, werden Kapitalkategorien auf verschiedenen Ebenen gebildet (vgl. die nebenstehende Abbildung). Das IC besteht nach dieser Logik aus Humankapital und Strukturkapital.

→ *Humankapital* ist der Teil des IC, der „täglich nach Beendigung der Arbeitszeit das Unternehmen verlässt". Er kann vor allem als implizites Wissen in den Köpfen der Mitarbeiter interpretiert werden und steht in unmittelbarer Beziehung zum *Strukturkapital*.

→ Dieses bezeichnet entsprechend den Teil des IC, der übrig bleibt, wenn die Mitarbeiter abends nach Hause gegangen sind. Es kann weiter un-

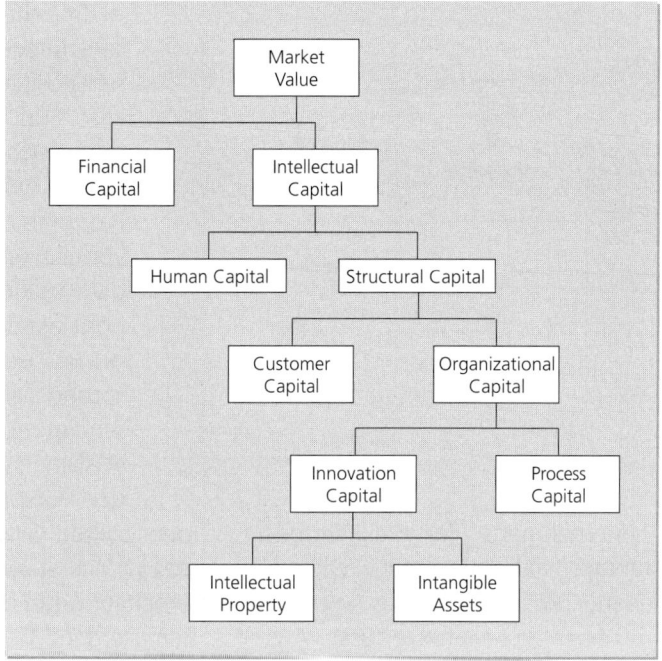

Strukturierung des Intellectual Capital bei Skandia (vgl. Edvinsson, 1997, S. 369)

sationalen Wissens in einen plausiblen Zusammenhang gebracht werden kann. Dies werden aber just die Kennzahlen dieser Perspektive sein!

Haben Sie eine Balanced Scorecard, ist nur der letzte Schritt neu für Sie: Aufgrund der Anzahl und des Gewichts der Indikatoren lässt sich die Bedeutung der einzelnen Perspektiven für das IC qualitativ bestimmen. In einer dynamischen Betrachtung können Sie so Rückschlüsse auf positive oder negative Veränderungen der organisationalen Wissensbasis ziehen. Kritisch kann man fragen, was dadurch erreicht wird. Neben einer entsprechenden Sensibilisierung der Mitarbeiter und einer eventuellen Marketingwirkung nach außen (wie bei Skandia!) wird in der Regel wenig übrig bleiben. Prüfen Sie daher kritisch, ob der (Rechen- und Diskussions-)Aufwand in Ihrem Unternehmen gerechtfertigt ist!

Uns erscheint dagegen in jedem Fall der folgende, pragmatische Ansatz eines „Wissensattraktivitätsportfolios" sinnvoll. Dieses bewertet den Wissensbestand und den potentiellen Nutzen für strategisch wichtige Wissensbereiche

terteilt werden in einen Kunden- („customer"), Prozess- („process") und Erneuerungs- und Entwicklungsfokus („renewal&development focus").

Unschwer können Sie im Strukturkapital die nicht-finanziellen Perspektiven der (am Standard von Kaplan/Norton orientierten) Balanced Scorecard wiedererkennen! Diese bilden bei Skandia mit der Humanperspektive die Bereiche, die durch eine Veränderung organisationalen Wissens betroffen sind, oder umgekehrt die Entwicklung organisationalen Wissens beeinflussen. Nun gilt es im Skandia-Konzept, in jeder Perspektive die Indikatoren zu finden, deren Entwicklung mit der Veränderung organi-

Der Skandia-Ansatz hat viel mit der BSC gemeinsam

hoch

| brachliegende Fähigkeit | Hebelfähigkeit |
| Anwenden | Übertragen |

Wissens-vorsprung

| wertlose Fähigkeit | Basisfähigkeit |
| Outsourcen | Bewahren/ Aufwerten |

niedrig

niedrig   *Wissensnutzung*   hoch

Wissensportfolio zur Bewertung von Wissen (entnommen aus Probst/Raub/Romhardt, 1997, S. 83)

eines Unternehmens. Für die Wettbewerbsfähigkeit als besonders wichtig angesehene Wissensbereiche werden dabei in einer 2x2-Matrix erfasst. Aus diesem Orientierungsrahmen lassen sich Empfehlungen für das Wissensmanagement ableiten. Die Portfolioachsen sind mit „*Wissensvorsprung*" und „*Wissensnutzung*" gekennzeichnet. Als Einordnungskriterien sind jeweils „stark" und „schwach" möglich. Den Vergleichsmaßstab für die Wissensposition stellen Konkurrenzunternehmen und für die relative Nutzungshäufigkeit andere Wissensbestände dar.

➜ Wissen, das wenig genutzt wird und bei dem der Vorsprung gegenüber Wettbewerbern nicht hoch ist, hat tendenziell keinen hohen Wert. Es stellt sich die Frage, ob versucht werden sollte, die Position auszubauen und ob dort eingeordnetes Wissen einen entscheidenden Beitrag für ein Unternehmen leisten kann.

➜ Bei ebenfalls geringer Wissensnutzung aber starker Wissensposition liegt eine potentielle Erlösquelle brach. Hier muss sich das Management fragen, wie der Vorsprung in Produkte und Wettbewerbsvorteile umsetzbar ist und so die Nutzung und der Wert erhöht werden.

➜ Bei geringem Wissensvorsprung aber starker Nutzung scheint es sich um wichtiges Wissen zu handeln, bei dem der Vorsprung gesichert werden sollte. Gibt es Möglichkeiten dazu? Wie stark wird darauf hingearbeitet? Kann der Vorsprung gehalten werden? Will das Unternehmen in dem Bereich weiter konkurrieren?

➜ Wissen, bei dem die Position und die Wissensnutzung stark sind, hat sehr großen Wert für ein Unternehmen. Es stellt eine große potentielle Erfolgsquelle dar. Auf die Übertragung dieses Wissens auf andere Bereiche und die Verteidigung des Vorsprungs muss besonders hingearbeitet werden.

Noch ein letzter Punkt: Wissenscontrolling muss die Kompetenzveränderungen der Konkurrenten mit berücksichtigen. Selbst wenn Sie Ihre internen Wissenziele erreicht und das angestrebte Soll-Kompetenzportfolio aufgebaut haben, kann dies im starken Kompetenzwettbewerb nicht ausreichend sein, wenn die Konkurrenz sich noch schneller weiterentwickelt hat. Benchmarking wird daher zur Pflicht (vgl. nochmals die Seiten 238ff. dieses Buches)!

Die Ermittlung des Wissensbedarfs/ Setzung von Wissenszielen

Wissensmanagement und lernende Organisationen sind positiv besetzte Begriffe, die bei der Auslösung von Veränderungsprozessen hilfreich sein können. Doch ohne Konkretisierung wird Wissensmanagement schnell zu einem nebulösen „Buzz-Word"; die positiven Assoziationen können schnell ins Negative umschlagen. Erst wenn konkrete Ziele für organisationales Wissen entwickelt werden, kann organisationales Lernen und die Verwendung der knappen Ressource Wissen rational erfolgen!

Wissensziele sorgen dafür, dass organisationale Lernprozesse eine Richtung erhalten und der Erfolg sowie der Mißerfolg von Wissensmanagement überprüfbar gemacht werden kann. Sie sind die wissensbezogene Übersetzung der Unternehmensziele. Wissensziele ergänzen herkömmliche Unternehmensziele auf zahlreichen Ebenen. Bei den meisten langfristigen Managemententscheidungen ist es heute unabdingbar, Auswirkungen auf die organisationale Wissensbasis zu berücksichtigen. Eine bewusste Wissensperspektive kann zudem neue strategische Optionen eröffnen. Wichtig ist, dass der einer Zielplanung zugrunde liegende Bedarf immer subjektiv, durch die Brille des Managers,

Wissensziele sind die wissensbezogene Übersetzung der Unternehmensziele

wahrgenommen wird. Die Nachfrage von Managern nach Wissen ist nicht immer deckungsgleich mit dem Bedarf. Sie ist sowohl Informationsquelle wie auch Störgröße in diesem Prozess der Planung von Wissenszielen. Aufgabe des Controllers ist es, hier im Zusammenspiel mit Managern zu objektivieren. Unterstützend kann die von Albrecht propagierte Methode der Ableitung des kritischen Erfolgswissens eingesetzt werden:

Bei *kritischem Erfolgswissen* handelt es sich um jenes Wissen,

→ das in seiner quantitativen und qualitativen Ausprägung (Wissensposition) die Wettbewerbsfähigkeit des Unternehmens und damit in der Folge auch seine Überlebensfähigkeit wesentlich bestimmt;

→ das Bestandteil der organisationalen Wissensbasis sein muss, wenn man als Unternehmen in seinem Bereich Erfolg haben will.

Das Konstrukt des kritischen Erfolgswissens kann dabei sowohl die Perspektive des erforderlichen Wissens aus Sicht des Unternehmens und seiner strategischen Intention als auch aus Sicht des Marktes enthalten. Der Aspekt der Integration beider Ansätze wird in dem folgenden Formular strukturiert dargestellt (vgl. die Abbildung auf der Folgeseite).

Fassen wir zusammen: Wissenscontrolling umfasst Aktivitäten zur Generierung von Transparenz über das im Un-

Organisations-einheit	KEF	gegenseitig vorhandenes KEW		zukünftig erforderliches KEW		Maßnahmen zur Wissensgenerierung		
		Beschreibung	Wissensposition (stark +3 +2 +1 / 0 -1 -2 -3 schwach)	Beschreibung	Wissensposition (stark +3 +2 +1 / 0 -1 -2 -3 schwach)	vorhandenes internes Wissen nutzen	externes Wissen beschaffen	neues Wissen entwickeln
Forschung & Entwicklung	Qualifikation der Mitarbeiter	feinoptisches Expertenwissen		digital technisches Expertenwissen		–	–	in einem Lernprojekt entwickeln
		Handlungswissen für Produktentwicklungen		Handlungswissen für Produktentwicklungen		Handlungswissen durch die Erstellung von Mind Maps verbessern	–	–
Beschaffung	Qualität	Fakten- und Handlungswissen zur ISO 9000 ff.-Norm		Handlungs- und Grundlagenwissen zu TQM und EQA		Verbesserung des betrieblichen Vorschlagswesens	Hinzuziehung externer Berater	
Produktion	Systemtechnik	Handlungswissen im System-Engineering		Handlungswissen im System-Engineering		*Wissensabbau durch Verlernen und Verkauf*		
	Durchlaufzeit	Rezeptwissen in der Zeitoptimierung		Rezeptwissen in der Zeitoptimierung		*kein Handlungsbedarf, Wissen erhalten*		
...								

Schema zur Ableitung von kritischem Erfolgswissen (entnommen aus Albrecht, 1993, S. 139)

ternehmen verfügbare Wissen und zur Ableitung von konkreten Wissenszielen. Controller können so dazu beitragen, dass Wissensmanagement im Unternehmen engpassorientiert fokussiert wird und kein Ressourcen verschlingender „strategischer Nebel" bleibt.

2.4.4. Wissensmanagement für Controllerbereiche

Wissensmanagement tangiert Controller aber nicht nur insofern, als dass sie die Rationalität des Einsatzes der Ressource Wissen durch die Manager des Unternehmens sicherstellen. Vielmehr besteht eine große Herausforderung für Controller auch in der Optimierung des Wissensmanagements „zu Hause", im Controllerbereich selbst. In den von uns befragten Controllerbereichen gab es von wenigen Ausnahmen abgesehen keine systematischen Ansätze zum Management von Controller-Wissen zu vermelden. Entsprechende Aktivitäten beschränken sich folglich auf spezielle Projekte oder Ideen, die durch einzelne Controller vorangetrieben werden. Damit läuft Wissensmanagement für Controllerbereiche – wenn überhaupt – als eines von vielen Projekten quasi nebenbei mit. Als Haupthindernis wurde unisono fehlende Kapazität genannt („Wissensmanagement ist nur ein Add-on. Dafür haben wir keine Zeit und Kapazität."). Schade – kann doch durch ein intelligent gestaltetes Wissensmanagement im Controllerbereich signifikant Kapazität für andere Aktivitäten freigemacht werden. So sind die Erfahrungen der Controllerbereiche, die mit der Einrichtung eines Intranet bereits einen ersten Schritt gegangen sind, durchweg positiv. Besonders betont wird die Verminderung des Papierkriegs, die vereinfachte Kommunikation und der unkomplizierte Austausch von Informationen und Tools. Weiter wird die schnelle Aktualisierung von Handbüchern und Methoden-Standards positiv hervorgehoben. Doch damit erscheinen uns die Möglichkeiten des Wissensmanagements für Controllerbereiche noch bei weitem nicht ausgeschöpft. Immerhin: ein Viertel der befragten Controller gab an, sich in nächster Zeit verstärkt mit Wissensmanagement im Controllerbereich befassen zu wollen.

Normpfade zu einem hinreichenden Wissensmanagement im Controlling

Im Folgenden zeigen wir die Normpfade auf, die zu einem effektiven Wissensmanagement des Controllerbereichs führen – ganz an die jeweilige Ausgangssituation angepasst.

1. Wissen (ver)teilen

Die zunächst betrachtete Situation zeichnet sich durch eine Aufgabenstellung aus, in der relevantes Wissen zwar grundsätzlich verfügbar ist, jedoch vom Controller nicht genutzt wird. Es mag so sein, dass der Wissensbedarf von ihm richtig erkannt wird, er aber zur Befriedigung desselben nicht auf bereits verfügbares Wissen zurückgreift, sondern durch eigene Anstrengung das Wissen neu generiert. Das „Rad" wird so mehrfach neu erfunden, obwohl es wesentlich einfacher zu bekommen wäre. Zudem könnten durch Teilung von Erfahrungen Fehler, die einmal gemacht wurden, beim nächsten Mal verhindert werden. Wissensverteilung kann weiterhin der Dezentralität und damit der (internen) Kundennähe dadurch förderlich sein, dass Wissen – sowohl als Faktenwissen als auch als Fähigkeiten – immer dort genutzt wird, wo es nötig ist und keine Umwege über „Wissenszentralen" genommen werden müssen.

Die strategische Bedeutung der Wissensverteilung für den Unternehmenserfolg ist von Arthur Andersen auf eine einfache Formel gebracht worden:

$$K = (P+I)^S.$$

Wissen (Knowledge) ergibt sich dabei als Resultat aus Mitarbeitern (People) und Informationen (Information), die durch Technologie (symbolisiert durch das Pluszeichen) verbunden werden. Potenziert wird diese Form durch das Teilen von Wissen (Sharing).

Obwohl die Form der mathematischen Verknüpfung keinerlei Anspruch auf Exaktheit erhebt, erfüllt diese Gleichung zwei wesentliche Funktionen. Durch ihre weltweit erfolgte interne Verbreitung gelang es, die Aufmerksamkeit auf die Bedeutung von Wissen als grundlegenden Parameter des Wettbewerbserfolgs zu lenken. Darüber hinaus unterstreicht die Formel die besondere Rolle, die der Wissens(ver)teilung im Rahmen des Wissensmanagements zukommt.

Bei der Verteilung von Wissen geht es dementsprechend darum, verfügbares Wissen so aufzubereiten, dass es für andere im Controllerbereich nutzbar wird, und dafür zu sorgen, dass Nachfrage entsteht, dass Wissen also auch tatsächlich genutzt wird.

Der Wissenstransfer wird durch verschiedene Barrieren behindert: Bei der Wissensfreigabe wird die *Wollen-Komponente* durch Angst bzw. Machtbewahrungsstreben und inadäquate Zielsysteme beeinflusst. Wissensträger befürchten, dass sie sich durch Freigabe ihres Wissens selbst überflüssig machen. Wenn Wissensträger ihre Machtstellung über die Kontrolle von Informations- und Kommunikationskanälen oder Expertenwissen sichern, dann können sie so lange kein Interesse an der Preisgabe dieser Ressourcen haben, wie ihnen die Erhaltung oder der Ausbau ihrer Ressourcen nicht auf andere Weise gelingt. Aufgrund inadäquater Zielsysteme wird die Wissensteilung nicht belohnt. Wissen freizugeben kostet jedoch Zeit und Ressoucen – sei es für die Eingabe in ein Wissensmanagement-System oder die Beantwortung von Fragen –, die ansonsten zur Erreichung der belohnten Ziele verwendet werden könnten. Die *Können-Komponente* der Wissensfreigabe wird behindert durch begrenzte

kommunikative Fähigkeiten und stärker implizites Wissen.

Weithin bekannt ist das Wissenstransfer-Konzept von Nonaka/Takeuchi. Die Autoren gehen davon aus, dass Wissen zunächst nur im Menschen als individuellem Akteur geschaffen werden kann. Die Aufgabe des Wissensmanagements wird darin gesehen, dieses an das Individuum gebundene Wissen der gesamten Unternehmung zugänglich zu machen. Dies geschieht im Rahmen einer „Spirale des Wissens":

→ In einem ersten Schritt eignet sich der Akteur implizites Wissen an. Dieser Vorgang der *Sozialisation* bedeutet z.B. das Erlernen von Verhaltensweisen, die wesentlich unter dem Begriff Unternehmenskultur zu subsumieren sind, oder das Erlernen von Fähigkeiten durch Zusehen. Dieses Lernen kann gefördert werden, z.B. durch Mentoren-Konzepte, feste Arbeitskreise oder Controller-Tagungen.

→ Im zweiten Schritt, der *Externalisierung,* wird dieses implizite Wissen in explizites und damit kommunizierbares und transferierbares Wissen umgewandelt, z.B. durch bloßes Aufschreiben. Ein Beispiel für solche Kommunikationsinstrumente ist das einer Controller-„Hauszeitschrift" oder eines Diskussionsforums im „Controller-Net", dem Intranet Ihres Controllerbereichs. In einer Zeitschrift können aktuelle, alle Controller gleichermaßen betreffende Infor-

Das intuitiv verständliche Modell von Nonaka/ Takeuchi liefert eine gute Anschauung für Lernverhalten

mationen einheitlich kommuniziert werden. Das Intranet bietet darüber hinaus die Möglichkeit, Nachrichten auf spezifische Ziel- oder Interessengruppen maßzuschneidern. Das Forum einer (papiernen oder elektronischen) Zeitschrift bietet die Gelegenheit, individuell entwickelte Lösun-

→ Durch die *Kombination* wird dieses kommunizierte Wissen von anderen Akteuren oder Akteursgruppen im Unternehmen geordnet und in neue Zusammenhänge gebracht. Individuelle Lösungen können auf andere Probleme übertragen werden oder geben Anstoß zur Lösungsfindung in anderen Bereichen. Auch hier bietet das Intranet Ihnen eine ideale technische Basis für entsprechende Diskussionsprozesse. Daneben muss eine gemeinsame Sprache aller Beteiligten sichergestellt sein.

→ Wird explizites Wissen wiederum Teil des internen Modells eines anderen und vergrößert bzw. verändert sich dadurch dessen Wissensbasis, handelt es sich um den Prozess der *Internalisierung*. Selbstorganisierende Gruppen und soziale Kontakte (die vom gemeinsamen Mittagessen bis zum Wochenende in den Bergen reichen können) fördern diesen Prozess.

Die Spirale des Wissens (entnommen aus Nonaka/Takeuchi, 1995, S. 71)

gen ebenso darzustellen, wie systematisch über die Controllerprobleme in unterschiedlichen Unternehmensbereichen zu berichten.

Der Nutzen von Controller-Zeitschrift oder einer eigenen Controller-Homepage beschränkt sich aber nicht auf den Controllerbereich. Beide können auch dazu eingesetzt werden, „Außenstehende" über Ziele und Probleme der Controller zu informieren, und damit zum besseren Verständnis der Arbeit der Controller bei den Linienverantwortlichen beitragen.

Allerdings bestehen auch Grenzen der Wissensverteilung. Kognitive Beschränkungen der menschlichen Informationsverarbeitung würden eine „totale Wissensverteilung" ineffizient machen. Vertraulichkeits- und Geheimhaltungsinteressen der Unternehmung stehen einer vollkommenen Wissensverteilung ebenso entgegen. Um den reibungslosen Wissenstransfer im Controllerbereich zur Realität werden zu lassen, muss den

Mitarbeitern Zeit eingeräumt werden, um ihr Wissen zu dokumentieren oder Anfragen zu beantworten und so ihr Wissen zu teilen. Es muss ein Bewusstsein im Controllerbereich dafür geschaffen werden, dass diese Zeit nicht vergeudet ist. Denn für den gesamten Bereich wird in der Summe Arbeitszeit dadurch eingespart, dass das gleiche Problem nicht mehrfach von neuem durchdacht werden muss.

Um nicht in Zwiespalt von Zielerreichung im Gebiet der normalen Arbeitsaufgabe und Zeitaufwand für Wissensteilung zu gelangen, erfordert dies eine Einbeziehung der Wissensteilung in die Entlohnungs- und Beurteilungssysteme von Controllern. Auf Unternehmensebene orientieren sich z.B. bei Lotus 25% des jährlichen Bonus an der Wissensteilung, und ABB bewertet seine Manager nicht nur auf Basis der Ergebnisse ihrer Entscheidungen, sondern auch auf Basis des für den Entscheidungsprozess verwendeten Wissens (vgl. Davenport, 1998, S. 4). Analoge Überlegungen für Controller sind hingegen (noch) neu!

Im Rahmen der Einführung einer Balanced Scorecard können nun entsprechende Kennzahlen für den Controllerbereich in der Wissens- und Lernperspektive mit dem Vergütungssystem gekoppelt werden! Neben der monetären Entlohnung darf aber auch die über den Transfer von Wissen erzielbare Reputation als Anreizfaktor nicht vernachlässigt werden. Individuellen Vorbehalten kann schließlich dadurch entgegengewirkt werden, dass den Controllern die Freiheit eingeräumt wird, anfangs nur so viel von ihrem Wissen preiszugeben, wie ihnen selbst recht ist. Durch eine (Selbst-)Darstellung der eigenen Wissensbestände in Gelben Seiten oder im Intranet wird nur ein „Meta-Know-That" („Ich weiß, dass X das weiß") erzeugt; das eigentliche Wissen verbleibt jedoch unter Kontrolle des Wissensträgers.

Ein geeigneter – wenn auch nicht unbedingt euphorisch stimmender – Einstieg in Richtung verbesserten Wissenstransfers bietet sich in vielen Controllerbereichen durch das vorne bereits angesprochene Konzept der Gelben Seiten an (vgl. im Folgenden ausführlich Grothe, 1999). Um jeden Overhead zu vermeiden, sollte die Eingabe und Pflege der Profile dezentralisiert werden. Dabei gilt es, eine Anfangshürde zu überwinden: so bietet die anfänglich noch weitgehend spärliche Sammlung den ersten Anwendern nur wenig Information. Entscheidend für den Erfolg einer solchen Struktur ist demnach die schnelle Gewinnung einer hinreichend großen Teilnehmerzahl.

Die entsprechenden Inhalte lassen sich übersichtlich in Dokumenten- oder Diskussionsdatenbanken ablegen – da der Begriff Datenbank leicht falsche Assoziationen wecken könnte, sollten Sie diese Plattformen allerdings besser als

Die Weitergabe von Wissen wird durch entsprechende Anreizgestaltung nachhaltig unterstützt

Wissens- oder Diskussions-Foren bezeichnen. Dabei zeigt die Erfahrung, dass die Begeisterung schnell nachlassen kann. Es muss demnach ein Weg aufgezeigt werden, um eine Informationsüberflutung zu vermeiden. Grundsätzlich gilt: Keine noch so gute Strukturierung, ergänzt um Querbezüge und zahlreiche Kommentare, kann auf alle Fragestellungen und Lösungsstrategien zugeschnitten sein!

Eine Lösung dieser Aufgabenstellung wird durch die Unterscheidung von Pull- und Push-Services erreicht (vgl. wieder Grothe, 1999). Für einmalige oder sehr spezielle Fragestellungen zieht sich der Anwender eigenhändig die Information aus dem Forum (*Pull-Service*). Für solche Aspekte aber, die für ihn permanent von Interesse sind, definiert er ein Inte-

richtigung bei neuen Einträgen, die den Begriff „Abschreibungen" oder „Euro" enthalten. Die möglichen Einsatzkonzepte von *Push-Services* können derzeit noch nicht einmal abgeschätzt werden, zu sehr waren die bisherigen Ansätze auf eigenes Suchen oder gar nur standardisierte Reportverteilung ausgerichtet. Dies gilt insbesondere dann, wenn diese Ansätze nicht nur auf quantitative Daten bezogen werden, sondern auch qualitative Datenpools integrieren.

Die Bereitschaft im Controllerbereich, Informationen zu teilen, muss aktiv gefördert werden: Organisatorische und technische Infrastrukturen sind notwendige Voraussetzungen effizienter Wissens(ver)teilung. Doch viele Projekte zum Wissensmanagement hören hier auf – das hat auch unsere telefonische

Kombination einer „Push- und Pull-Strategie"

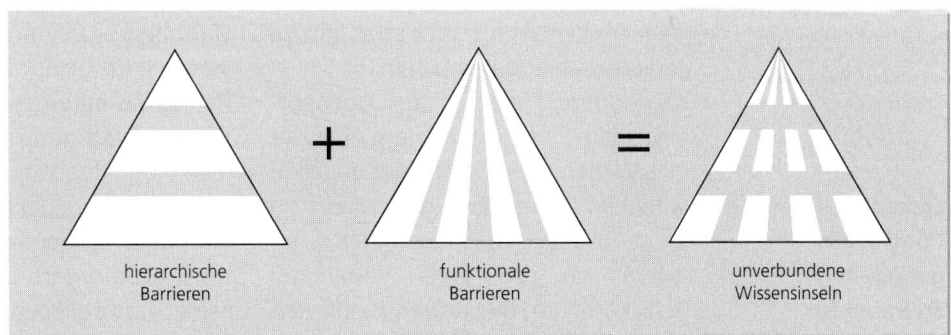

Wissensbarrieren führen zu Wissensinseln (entnommen aus Probst/Raub/ Romhardt, 1997, S. 255)

hierarchische Barrieren + funktionale Barrieren = unverbundene Wissensinseln

ressenprofil und wird dann automatisch auf die neuen Beiträge und Änderungen hingewiesen, die seine Interessen berühren (Push-Service). Denkbar ist z.B. ein Hinweis bei Änderungen am Controlling-Handbuch oder neuen Reporting-Terminen sowie eine Benach-

Befragung bestätigt. Mit der Bereitstellung solcher Infrastrukturen werden tatsächliche Prozesse der Wissens(ver-)teilung jedoch noch nicht ausgelöst. Vielmehr werden diese in der Regel durch eine Vielzahl individueller oder kultureller Teilungsbarrieren erschwert.

Diese können aus funktionalen oder hierarchischen Quellen herrühren und zu einer Zersplitterung der organisationalen Wissensbasis führen, die nur schwer zu überwinden ist. Zur Neutralisierung solcher Hindernisse müssen entsprechende Rahmenbedingungen vor allem im Bereich der Mitarbeiterführung sowie in Hinsicht auf kulturelle Aspekte geschaffen werden. Dabei bildet die Erzielung einer ausreichenden Teilungsbereitschaft das Leitbild aller Interventionen.

2. Wissen erwerben und entwickeln

In vielen Fällen ist relevantes Wissen nicht verfügbar. Es mag dann sinnvoll sein, Wissen in der Controllerabteilung intern zu entwickeln, auch wenn es von externen Beratern oder anderen Anbietern beschafft werden könnte. Dafür können ökonomische oder strategische Gründe ausschlaggebend sein:

→ Ökonomisch macht die Eigenentwicklung Sinn, wenn die Controller das Wissen intern günstiger erstellen können, als es über den Markt zu beziehen ist: Müssen Sie einen Controller nur zu zwei Seminaren schicken, um die unterschiedlichen Verfahren der Shareholder Value-Berechnung zu lernen, erscheint es wenig hilfreich, zehn Beratertage dafür zu investieren.

→ Aus strategischen Gründen kann interne Wissensentwicklung dann Sinn machen, wenn der Controllerbereich zentrale Fähigkeiten erhalten will:

Lassen Sie Ihren Controllern genügend Freiraum für innovative Ideen!

Auch wenn Ihre Controller nicht begeistert sein mögen, sich laufend in SAP-Software fitzuhalten; dies ist unabdingbar, um überhaupt mit der DV und/oder Beratern gesprächsfähig zu bleiben!

Entscheidet man sich doch für externe Berater, sollten diese schon im Vorfeld auf den Prüfstand gestellt werden. Der unkritische Umgang mit Propheten, Beratern und Gurus muss der Vergangenheit angehören. Fordern Sie Vorpräsentationen oder informieren sich im Vorfeld, welche Fähigkeiten von welcher Beratungsfirma am ehesten zu erwarten sind!

Wer Wissen intern generieren will, braucht Freiräume zum Nachdenken und Reflektieren. Solche Freiräume sollten explizit auch in die Arbeitsplatzgestaltung des Controllers mit einbezogen werden. Im Controlleralltag hat aber zu häufig das kurzfristige Handeln Priorität. Die Beschäftigung mit Verbesserungsideen und Innovationen geht dabei in der operativen Hektik unter – gerade in einer Zeit, in der häufig ein Lean Controlling gefordert wird. Damit der einzelne Controller sich den (vermeintlichen) Sachzwängen ausreichend entzieht,

→ kann es Sinn machen, von Zeit zu Zeit das Überdenken der eigenen Arbeit zu institutionalisieren. Dies kann z.B. gestützt durch einen geführten Fragebogen erfolgen, in dem Punkt für Punkt die Arbeit der vergangenen Woche reflektiert wird und insbesondere verbesserungswürdige Punkte festgehalten werden.

→ können Controller – analog der Methode vieler innovativer Entwicklungsabteilungen – während eines gewissen Anteils ihrer Arbeitszeit sich mit selbstdefinierten Analysen beschäftigen, um proaktiv neues Wissen zu generieren und so aus ihrer traditionell eher passiven, reagierenden Rolle herauszukommen.

Sie können zu vielfältigen Maßnahmen greifen, um neue Ideen zu ermutigen. Doch kein Instrument kann seine beab-

fenheit und neuen Ideen glaubwürdig vermittelt wird. Oft kommt man gar ohne die Einführung neuer Instrumente weiter, da sich bestehende Instrumente reaktivieren lassen. So existiert beispielsweise in vielen Unternehmen ein betriebliches Vorschlagswesen, welches – häufig als zentrale Stelle institutionalisiert – die Aufgabe hat, neue Ideen zu sammeln und durch Prämien aller Art zu honorieren. Viele dieser Vorschlagsstrukturen haben im Laufe der Jahre – wie die Abbildung zeigt – ihren Schwung verloren und funktionieren nur noch schlecht. Sie können sogar negativ wirken, wenn der Eindruck ent-

Philosophieunterschiede zwischen traditionellem Vorschlagswesen und aktiver Lernkultur (modifiziert entnommen aus Probst/ Raub/Romhardt, 1997, S. 191)

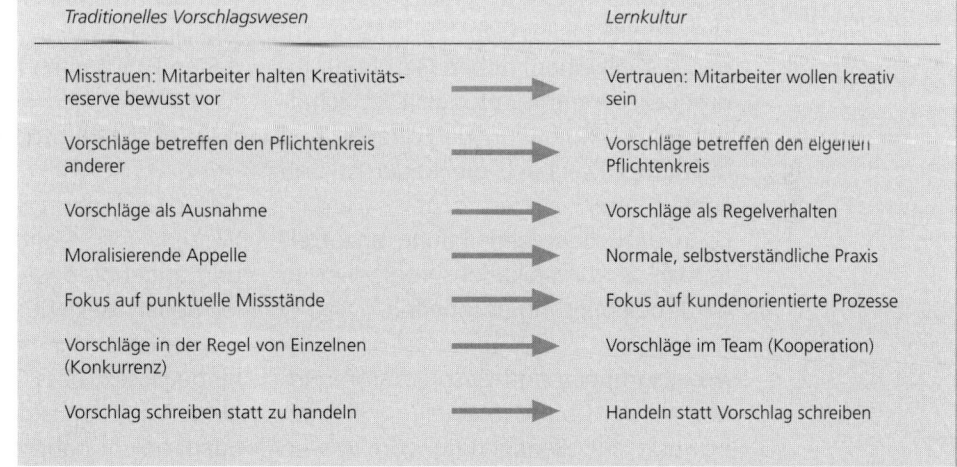

Traditionelles Vorschlagswesen	Lernkultur
Misstrauen: Mitarbeiter halten Kreativitätsreserve bewusst vor	Vertrauen: Mitarbeiter wollen kreativ sein
Vorschläge betreffen den Pflichtenkreis anderer	Vorschläge betreffen den eigenen Pflichtenkreis
Vorschläge als Ausnahme	Vorschläge als Regelverhalten
Moralisierende Appelle	Normale, selbstverständliche Praxis
Fokus auf punktuelle Missstände	Fokus auf kundenorientierte Prozesse
Vorschläge in der Regel von Einzelnen (Konkurrenz)	Vorschläge im Team (Kooperation)
Vorschlag schreiben statt zu handeln	Handeln statt Vorschlag schreiben

sichtigte Wirkung zeigen, wenn es nicht zum bestehenden Controllingkontext passt. So bleibt die Einführung einer Ideenbox auf dem Intranet in einer hierarchisch geprägten, innovationsfeindlichen Controllingkultur so lange ohne Wirkung, bis der Wandel zu mehr Offenheit und

steht, dass Kreativität im Alltagsgeschäft nicht erwartet wird und jede weitergehende Ideenentwicklung zusätzlich honoriert werden muss. In einer aktiv Wissensentwicklung propagierenden Lernkultur sollten Verbesserungen aber nicht mehr gesammelt, sondern sofort umgesetzt werden – auch und gerade im Controllerdienst! Durch die in der Abbildung beschriebenen Komponenten einer solchen Kultur soll Kreativität und aktives Lernen zum selbstverständlichen Teil des Controlleralltags gemacht werden. Angesichts der vielfach streng hierarchisch geprägten Controllerbereiche kommt es darauf an, die Arbeitsatmosphäre so umzugestalten, dass es möglich wird, Probleme an Argumenten orientiert und nicht hierarchisch zu lösen (keine „hierarchy of thought"!). Teamarbeit und partnerschaftliche Professionalität sind wichtige Elemente dieser Zusammenarbeit. Controlling, das sich als Beratung des Managements versteht, erfordert reichliches intellektuelles Geben und Nehmen, gepaart mit einem hohen Gefühl für individuelle Verantwortung. Die Schaffung einer Kultur, in der offenes und objektives Feedback die Regel ist und Fehler offen angesprochen werden, kann dazu beitragen, häufig anzutreffenden Kommunikationsproblemen in der Problemlösung abzuhelfen.

Suchen Sie den Kontakt zu Hochschulen – auch zur WHU!

Arbeitsgruppen und Gesprächsforen innerhalb der Controllerabteilung können bewusst zur Generierung von Wissen geformt werden. So kann losgelöst von der Struktur der Regelorganisation systematisch neues Wissen entwickelt werden. Die Einrichtung von Gesprächsforen zu bestimmten Themen hilft zudem, informelle Wissensgruppen („communities of practice") aufzubauen, die den Prozess der Wissensgenerierung auch außerhalb institutionalisierter Foren weiterführen.

Eine solche Bildung von Arbeitsgruppen und Gesprächsforen muss nicht an den Unternehmensgrenzen aufhören. Durch die Bildung von Forschungsgemeinschaften, Benchmarking oder einfach regelmäßiger Kommunikation mit anderen Unternehmen oder auch Hochschulen kann aus dem gegenseitigen Austausch neues Wissen entstehen. Insbesondere die Brücke von der Theorie in die Praxis und umgekehrt bringt erfahrungsgemäß neue Erkenntnisse. Der Kontakt zu „think tanks" oder Lehrstühlen sichert die Nähe zu neuen Theorien oder Instrumenten, welche langfristig Einfluss auf die Verbesserung der eigenen Fähigkeiten haben könnte.

3. Altes Wissen aufgeben

Kritisch ist der Fall, dass verfügbares Wissen von Controllern nachgefragt und angeboten wird, obwohl kein realer Bedarf besteht. Selten ist dies aber wohl nicht! Wir haben bereits darauf hingewiesen, dass Controller angesichts aktueller Herausforderungen vielfach das Problem haben, dass sich der Charakter ihrer Dienstleistung und das von ihnen benötigte Wissen ändert. Bei graduellen Veränderungen besteht die Gefahr, dass Veränderungen von Controllern gerade wegen ihrer geringen Auswirkungen übersehen werden und erst dann beachtet werden, wenn sich das verfügbare, genutzte Wissen bereits stark vom relevanten Wissen unterscheidet. Controller sollten deshalb regelmäßig ihre eigene Wissensbasis kritisch überdenken und bezüglich ihres – aktuellen und zukünftigen – Wissensbedarfs sensibilisiert werden. Ggf. müssen dann Fähigkeiten, die aus der Vergangenheit stammen, abgelegt (*„verlernt"*) werden.

Bei großen Veränderungen besteht die Gefahr, dass sie nicht erkannt werden, in geringerem Maße. Eine Anpassung ist jedoch weitaus schwieriger, denn sie erfordert eine radikale Trennung von bekannten Denkweisen des Controllers. Bei einem solchen Strukturbruch müssen veraltete mentale Modelle vollends über Bord geworfen und durch neue ersetzt werden. So unternehmen ehemalige Staatsunternehmen wie die Deutsche Bahn AG oder davor die Deutsche Telekom AG gewaltige Anstrengungen, um ihre ehemals beamteten und an Dienstvorschriften gewöhnten Controller in Kundenorientierung und Servicebereitschaft zu schulen. Während es früher für die Kostenrechner und Controller entscheidend war, sich entsprechend der Stellenbeschreibungen und Vorschriften zu verhalten sowie Dienstwege einzuhalten, müssen sie nun in der Lage sein (=wissen), auf individuelle (interne) Kundenbedürfnisse einzugehen!

Veränderung heißt nicht nur neues lernen, sondern auch altes vergessen zu müssen!

In beiden Fällen ist es wichtig, den Trend der Veränderung zu erkennen, um proaktiv Wissensnutzung, -verfügbarkeit und -bedarf in Einklang zu bringen. Dies erfordert ein ständiges Hinterfragen der „eigenen Erfolgsrezepte von gestern". Neue Aufgaben zu übernehmen heißt immer auch alte Aufgaben – und ggf. das damit verbundene Wissen – aufzugeben. Controller sollten diesen Prozess nicht aufzuhalten versuchen, sondern aktiv fördern!

4. Wissen bewahren und nutzen

Der Wissensgenerierung muss die Wissensspeicherung unmittelbar folgen, ansonsten besteht die Gefahr des organisationalen Vergessens. Da Dokumentation immer Aufwand bedeutet und ihr Ertrag selten kurzfristig anfällt, braucht es Selektionsregeln. Es ist unsinnig, alles und jedes zu dokumentieren; man kann und soll nicht alles bewahren. Die Herausforderung liegt darin, wertvolle und wertlose Erfahrungen voneinander zu trennen und die wertvollen Daten in organisatorische Systeme zu überführen, in denen sie für die Gesamtunternehmung nutzbar werden.

→ *Wissensdokumente:*
Die „Materialisierung des Wissens" in Wissensdokumenten – wie Wissenskarten oder „lessons learned" – löst die Erfahrungen vom Individuum ab und sichert sie für das Unternehmen. Hierbei kommt es darauf an, das Wissen auf gewisse Kernpunkte zu konzentrieren und einen deutlichen Bezug zu speziellen Problemstellungen herzustellen. Nur was in der Zukunft für Dritte nutzbar sein

könnte, verdient, bewahrt zu werden. Alles andere raubt dem zukünftigen Nachfrager nur Zeit und sein Vertrauen in die Qualität des Dokumentationssystems.

Dabei ist allerdings zu berücksichtigen, dass wir – trotz aller Bemühungen um ein Wissensmanagement – nur einen kleinen Teil der zukünftigen Informationsbedürfnisse abschätzen können und daher unsere Selektionsgrenzen nicht zu eng ziehen sollten.

→ *Schlüsselmitarbeiter*:

Mit neuen Technologien wie Dokumenten-Management-Systemen eröffnen sich sicherlich neue Dimensionen der Bewahrung organisatorischen Wissens. Dennoch, an den entscheidenden Stellen der Prozesse sind es immer noch Menschen, welche sinnvolle oder fatale Selektionen vornehmen. Mitarbeiter können nicht durch Maschinen oder Computersysteme ersetzt werden. Ihre Erfahrungen sind der Schlüssel zu einer sinnvollen Organisation der organisatorischen Vergangenheit. Diese Controller zu identifizieren und zu binden, ist der sicherste Weg, um den kollektivem Gedächtnisschwund im Controllerbereich zu verhindern.

Nachdem das bewahrungswürdige Wissen von weniger wichtigen Wissensbestandteilen getrennt worden ist, muss es in einem nächsten Schritt in angemessener Form in der organisatorischen Wissensbasis gespeichert werden. Auf der individuellen Ebene lassen sich beispielhaft drei Methoden anführen:

→ Ehemalige Top-Controller können dem Unternehmen weiter als Berater zur Verfügung stehen. Das Unternehmen kann so weiterhin auf seine ehemaligen Leistungsträger im Controlling zurückgreifen, und die leistungswilligen „Alt-Controller" erhalten die persönliche und finanzielle Bestätigung, dass sie und ihre Erfahrungen noch gebraucht werden.

→ Eine weitere Möglichkeit zur systematischen Bewahrung kritischer Fähigkeiten liegt im gezielten Aufbau eines Nachfolgers für die eigene Position. Dieser sollte schon lange vor dem Wechsel Schritt für Schritt in seine Aufgaben eingeführt werden und so die kritischen Fähigkeiten des „Meisters" langfristig erwerben.

→ Jedem Controlling-Neueinsteiger wird ein älterer Mentor zugewiesen, und von ihm erhält der Vertreter der jüngeren Generation alle nötigen Tricks und Kniffe vermittelt. Das Verhältnis zwischen den beiden wird idealerweise auch durch gemeinsame Freizeitaktivitäten systematisch gestärkt, so dass eine Vertrauensbasis für den Austausch von Informationen aller Art geschaffen wird.

Der explizite Teil des individuellen Wissens kann aber auch durch die Bewahrung im kollektiven Gedächtnis, vom einzelnen Akteur gelöst, aufbewahrt werden: Probleme ergeben sich dann

Möglichkeiten, Controllerwissen zu konservieren und zu übertragen

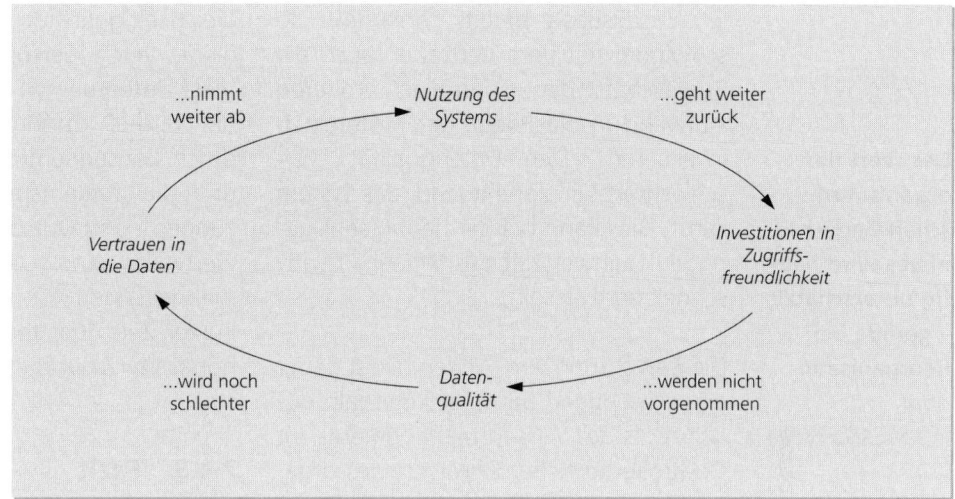

Todesspirale der elektronischen Wissensbasis (in Anlehnung an Manageo/ Auriol, 1996, S. 28)

unter Umständen in der geeigneten Speicherung des unstrukturierten Teils des elektronischen Gedächtnisses. Graphiken, Berichte, Word-Dokumente aller Art und Präsentationsunterlagen bilden in vielen wissensintensiven Unternehmen einen wichtigen Teil des intellektuellen Kapitals. Wer schon einmal seine eigene Festplatte nach einer wichtigen Graphik abgesucht hat, weiß, wie leicht wertvolle Informationen durch nachlässige Speicherung verloren gehen können. Auf der organisationalen Ebene, auf der teilweise Tausende von Festplatten und Servern miteinander verbunden sind, potenziert sich das Problem dementsprechend. Durch Klassifikations- bzw. Ablageverfahren kann dieses Kapital gesichert werden: Zum Beispiel können wichtige Dokumente mit Hilfe eines verbindlichen „controlled vocabulary" der Organisation mit Schlagworten versehen werden. Diese

Unternehmenssprache wird durch die Sammlung und Definition relevanter Schlagworte innerhalb des Unternehmens aufgebaut und ermöglicht eine spätere Zuordnung des Dokumentes zu Handlungsfeldern des Unternehmens. Der Nachteil dieses Vorgehens liegt im hohen Aufwand für die Pflege und Durchsetzung der Sprache.

Gelingt das Management des Aktualisierungsprozesses nicht, kann ein Wissenssystem leicht in die oben skizzierte *Todesspirale* geraten. Unternehmen müssen beim Management ihres Gedächtnisses insbesondere Vertrauensprobleme und Zugriffsprobleme lösen. Ist das Vertrauen in die Datenqualität gegeben und gleichzeitig ein einfacher Zugriff auf das System gewährleistet, so wird das System auch genutzt und gepflegt, was wiederum der Datenqualität zugute kommt. Ist allerdings die aktuel-

Der Wert des organisatorischen Gedächtnisses wird häufig unterschätzt – gerade bei Reorganisationen!

le Wissensbasis bereits fehlerhaft, so schwindet mit dem Vertrauen auch die Bereitschaft der Controller, weiteren Aufwand in die Pflege des Systems zu investieren. Die Datenqualität verschlechtert sich zunehmend, das System stirbt. Dies kann bei der häufig sehr geringen Halbwertzeit des Wissens relativ schnell der Fall sein.

Die Bewahrung von Wissen bildet daher einen wichtigen Baustein innerhalb des Konzepts des Wissensmanagements für Controllerbereiche. Der Wert des organisatorischen Gedächtnisses wird heute – so nicht nur unsere Erfahrung – insbesondere in Reorganisationsprozessen vielfach unterschätzt. Die Trennung von Controllern, die sich gegen den Wandel stemmen, kann Blockaden lösen, aber

gleichzeitig kostet sie den Controllerdienst auch persönliche Erfahrungen. Viele Unternehmen mussten inzwischen die bittere Erfahrung machen, dass durch konsequentes lean management und die dementsprechenden „Freisetzungen" und Outsourcing-Maßnahmen wertvolles Know-how das Unternehmen verlassen hat, welches schon nach kurzer Zeit über teure externe Beraterhonorare zurückgekauft werden musste!

2.4.5. Fazit

Wissensmanagement ist für Controller relevant: Zum einen gilt es, das rationale Management des Produktionsfaktors Wissen sicherzustellen. Zu diesem Zweck umfasst Wissenscontrolling in

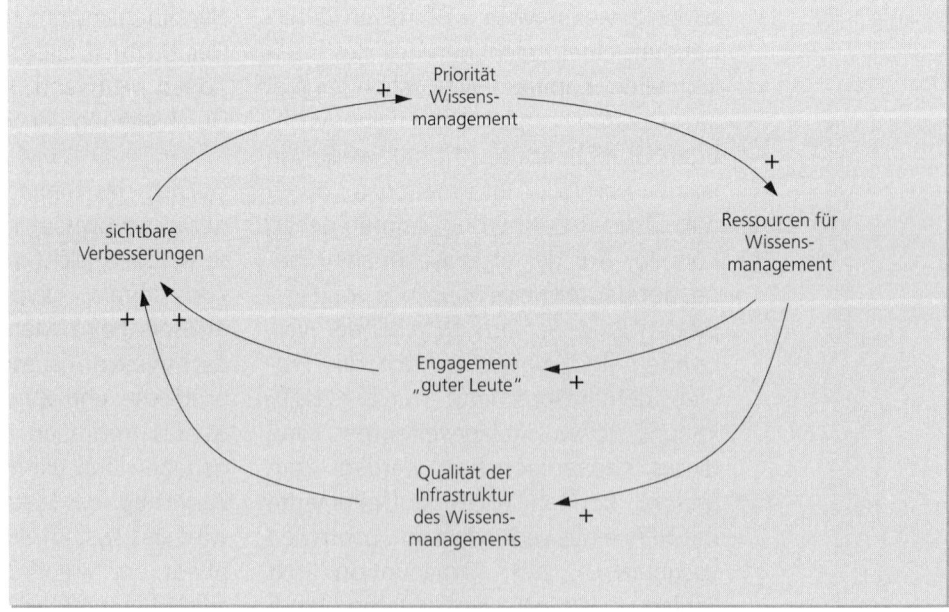

„Grow or Go" des Wissensmanagements (entnommen aus Probst/Raub/Romhardt, 1997, S. 343)

erster Linie Aktivitäten zur Generierung von Transparenz über das im Unternehmen verfügbare Wissen und zur Ableitung von konkreten Wissenszielen. Wenn Ihre Kunden sich verstärkt mit Wissen im Unternehmen befassen (oder es tun sollten!), dürfen Sie als Controller nicht beiseite stehen! Daneben kann Wissensmanagement Ihre eigene Arbeit unterstützen, indem die Ressource Wissen im Controllerbereich selbst besser genutzt wird. Dabei geht es nicht darum, eine Modewelle unbesehen am eigenen Leib nachzuvollziehen. Vielmehr sollten Sie das sicherlich zum Teil diffuse Konzept des Wissensmanagements auf den potentiellen Nutzen für Ihre tägliche Arbeit hin überprüfen. Lassen Sie sich dabei nicht davon abschrecken, wenn dieser Nutzen nicht auf Cent und Euro genau quantifizier-

---

Lern- und Entwicklungsperspektive

→ Controllerinterne Schulung: im Durchschnitt 8,5 Tage p.a. pro Controller

→ Controllerinteraktion im Intranet: 1.250.000 Zugriffe auf die Controller-Homepage p.a.

→ Aktualität des Controller-Handbuchs: durchschnittliches Alter einer Seite des Handbuchs < 6 Monate

→ Anteil von innovativen Projekten an der Arbeitszeit der Controller: > 10%

→ Interpersonelle Wissensweitergabe: Anzahl von Vorträgen pro Controller > 2 p.a.

Die fünf Kennzahlen der Lern- und Entwicklungsperspektive – ein Beispiel

bar ist. Wichtig ist Ihre subjektive Einschätzung, dass Wissensmanagement Ihre Arbeit effizienter und effektiver macht. Gehen Sie dabei (auch im eige-

nen Bereich) pragmatisch und engpassorientiert vor. Doch bedenken Sie: „ein bisschen schwanger" gehen mit Wissensmanagement erscheint wenig erfolgversprechend – wie die links stehende Abbildung deutlich macht. Wenn Ihr Projekt Wissensmanagement im Controllerbereich erfolgreich sein soll, müssen Sie ausreichende Kapazitäten dafür bereitstellen!

2.4.6. Lern- und Entwicklungsperspektive einer BSC für den Controllerbereich

Auch dieses Kapitel einer Perspektive für die Neuausrichtung des Controllerbereichs wollen wir mit beispielhaften Kennzahlen abschließen. Gerade vor dem Hintergrund der unterstellten Strategie (vgl. nochmals S. 252 dieses Buches) kommt der Lern- und Entwicklungsperspektive der Controller eine ganz bedeutsame Rolle zu. Sie finden in der Aufstellung folglich – mit einer Ausnahme – keine der sonst in dieser Perspektive üblichen personenbezogenen Kenngrößen (angesichts des Ziels des Empowernments der Controller ist die Schulungsintensität allerdings nicht unwichtig!). Vielmehr sprechen die aufgeführten Kennzahlen wichtige Aspekte der Wissensproduktion und -vermittlung an – es müßte Spaß machen, in einem solchen Controllerumfeld zu arbeiten!

2.5. FINANZORIENTIERTES CONTROLLING

2.5.1. Die klassische Finanzperspektive wird revitalisiert

Seit einiger Zeit kommen wachsende Impulse für die Controllerarbeit auch aus dem Finanzbereich. Die Finanzperspektive ist also nicht nur die „ja eh schon vorhandene" und hinlänglich beherrschte Perspektive, sondern generiert ebenfalls neue Anforderungen an Controller. Diese lassen sich letztlich auf die *Globalisierung der Kapitalmärkte* zurückführen.

Das traditionelle System der Kapitalbeschaffung in Deutschland war durch eine starke Bankenorientierung gekennzeichnet. Aktienplazierung wie Kreditaufnahme liefen über die jeweilige Hausbank, deren Repräsentanten häufig auch im Aufsichtsrat oder – bei kleineren Unternehmen – im Beirat vertreten waren. Die individuelle Bonitätsbeurteilung der Hausbank auf der Basis persönlicher Kontakte und einem direkten, vertraulichen Informationsaustausch stellten den zentralen Hebel für den Erfolg der Kapitalbeschaffung dar. Die Schlüsselrolle der Banken als Intermediär zwischen einzelnen Kapitalanlegern und den Unternehmen kam bzw. kommt auch heute noch durch die bedeutende Rolle des Depotstimmrechts zum Ausdruck. Mit zunehmender Globalisierung gewinnt der einzelne Kapitalanleger stärker an Bedeutung; die

In Deutschland war vieles anders – die Globalisierung der Kapitalmärkte räumt damit gründlich auf!

Rolle der Banken wird im gleichen Maße zurückgedrängt. Das Gütesiegel „Hausbank XYZ" hat ausgedient; maßgeblich sind jetzt die Informationen, die von den Unternehmen direkt im Rahmen der handelsrechtlichen Publizität an den Kapitalmarkt gegeben werden.

Symptomatisch ist hierfür die Situation von Bayer: In 1996 entfielen nur 6% der Finanzschulden von immerhin 6,3 Mrd. DM auf das Inland. Zudem werden 47% der Aktien von ausländischen Anteilseignern gehalten; die US-amerikanischen Anleger bilden dabei mit 12% die zweitgrößte Aktionärsgruppe (vgl. Menn, 1996).

Ein Ausfluss der zunehmend starken Stellung der einzelnen Kapitalanleger ist die Shareholder Value-Bewegung: Zentrales Beurteilungskriterium für den Erfolg eines Unternehmens ist seine Bewertung aus Sicht aktueller und potentieller Anteilseigner („shareholder") am Kapitalmarkt. Gleichzeitig wird der deutsche Kapitalmarkt für immer mehr Unternehmen zu eng. Ein eklatantes Beispiel hierfür ist die Börseneinführung der Telekom in 1996: Das Platzierungsvolumen von über 20 Mrd. DM hätte den deutschen Kapitalmarkt trotz der erfolgreichen Mobilisierung vieler Kleinanleger schlichtweg überstrapaziert. Ein Verkauf von Anteilen an internationale Anleger über eine Notierung an der New York Stock Exchange (NYSE) war damit quasi unvermeidlich.

Ein finanzorientiertes Controlling muss drei Bereiche koordinieren und gestalten

Die zunehmende Internationalisierung der Kapitalbeschaffung stellt die traditionelle Steuerungsphilosophie deutscher Unternehmen und damit auch die Aufgaben des Controlling immer stärker in Frage: Ausgangspunkt ist dabei die Diskussion um die Aufstellung von Jahresabschlüssen nicht mehr nach dem deutschen Handelsrecht, sondern vielmehr nach den US-amerikanischen Generally Accepted Accounting Principles (US-GAAP) bzw. den International Accounting Standards (IAS). Vorreiter waren hierbei Großunternehmen wie Daimler-Benz oder Hoechst (Abschluss nach US-GAAP) bzw. Bayer oder die Deutsche Bank (Abschluss nach IAS). Das Kapitalaufnahmeerleichterungsgesetz (KapAEG) forciert die Entwicklung: Unternehmen, die einen Konzernabschluss nach den genannten internationalen Standards aufstellen, können auf die Aufstellung eines zusätzlichen Konzernabschlusses nach deutschem Recht verzichten.

Immer stärker werden auch kleine und mittlere Unternehmen in den Sog der Diskussion gerissen. So müssen beispielsweise Wachstums- oder Technologieunternehmen, die ihre Aktien im Neuen Markt (1997 neu gegründetes Segment der Frankfurter Börse) platzieren, Abschlüsse nach internationalen Standards vorlegen.

Um sich am Kapitalmarkt nach deutschen wie internationalen Standards erfolgreich zu präsentieren, wird eine Ausrichtung des internen Berichtswesens auf finanzbezogene Größen gefordert. Das Management muss über die Auswirkungen seiner Entscheidungen auf zentrale Bilanz- und Erfolgskennziffern, wie zum Beispiel die Eigenkapitalquote, das operative Ergebnis oder den erwirtschafteten Cashflow, informiert werden. Die frühzeitige und fundierte Bereitstellung dieser Informationen ist die zentrale Aufgabe des finanzorientierten Controlling.

Um diese Aufgabe effizient zu erfüllen, muss ein finanzorientiertes Controlling drei Bereiche gestalten und koordinieren (vgl. zu den folgenden Ausführungen auch Weber/Weißenberger, 1998):

→ *Externe Rechnungslegung*: Eine Bilanzierung nach US-GAAP oder IAS liefert in vielen Fällen ein sehr stark abweichendes Bild von dem der Bilanzierung nach deutschen Standards. In einer Untersuchung von Kleinwort Benson Research (1996) über die Umstellung der Rechnungslegung von sieben deutschen Großunternehmen ergaben sich bei der erstmaligen Anwendung von internationalen Standards Umstellungseffekte von -302 Mio. DM bis 1.830 Mio. DM! Vor- und Nachteile der Internationalisierung der Rechnungslegung müssen deshalb fundiert abgewogen werden, um nicht einer gedankenlosen „Internationalisierungs-Euphorie" zu verfallen.

→ *Internes Berichtswesen*: Im Brennpunkt dieser Frage steht vor allem die Gestaltung der Kostenrechnung. Heute wird vielfach bezweifelt, dass ein eigenständiges internes Rechnungswesen zur Unternehmenssteuerung noch geeignet ist. Statt dessen wird eine Planung und Kontrolle und dementsprechend auch die Gestaltung des Berichtswesens auf der Basis von Kennzahlen der externen Rechnungslegung propagiert. Typisch sind hierbei Unternehmen wie Siemens oder Daimler-Chrysler. Dies äußert sich vor allem in der Verwendung von Einkreissystemen im Rechnungswesen und im Verzicht auf die meisten kalkulatorischen Kostenarten: Lediglich kalkulatorische Zinsen werden noch verrechnet. Ein Beleg für den Erfolg dieser Vorgehensweise steht noch aus.

→ *Anreizsysteme*: Unternehmen werden von Menschen geführt, die nicht nur die Ziele des Unternehmens, sondern auch eigene Ziele verfolgen. Deshalb ist es notwendig, mit Hilfe eines adäquaten Vergütungssystems die Ziele des Managements mit denen des Gesamtunternehmens zu harmonisieren. Ein solcher Weg führt nicht über fixe, sondern nur über variable Gehaltsbestandteile. Deren Anteil ist in Deutschland jedoch mit durchschnittlich 10 bis 25% – verglichen mit internationalen Unternehmen – eher niedrig. Eine ganze Reihe von Unternehmen versucht derzeit, dieses Manko über die Einrichtung der in den USA bereits weit verbreiteten „stock option

Auch das „Reizthema" Shareholder Value gehört zum finanzorientierten Controlling

plans", also die Gewährung von Aktienoptionen als Gehaltsbestandteil, zu beheben. Das Management profitiert von diesen Optionen am stärksten, wenn der Aktienkurs steigt, sich das Unternehmen am Kapitalmarkt also erfolgreich darstellt. Genau dies liegt auch im Interesse der Kapitalanleger – die Zielharmonie ist hergestellt.

Ein finanzorientiertes Controlling muss dabei zum einen sicherstellen, dass die geplante Vergabe von Aktienoptionen eine möglichst hohe Motivationswirkung entfaltet. Aus diesem Grund ist die zielgerechte Ausgestaltung solcher Stock Option-Pläne zu prüfen. Zum anderen geht es darum, die direkten und indirekten Kosten der Optionspläne zu kontrollieren, die die positiven Motivationseffekte ja nicht übersteigen dürfen. Beeinflusst wird der Einsatz und die Ausgestaltung von Stock Option-Plänen nicht zuletzt auch durch steuerliche und kapitalmarktrechtliche Einschränkungen – als Stichworte seien u.a. die Beachtung von Spekulationsfristen und die Insider-Problematik genannt.

Schließlich bedeutet finanzorientiertes Controlling auch, sich mit dem Themenkreis des Wert- bzw. *Shareholder Value-Managements* auseinanderzusetzen. Dieses viel und z.T. sehr emotional diskutierte Konzept („Manchester Kapitalismus") mag in der Management-Attention bereits wieder etwas eingebüßt haben, bildet aber weiterhin einen zentralen Eckpfeiler kapitalmarktorientierter Unternehmensführung – und damit einen wesentlichen Bezugspunkt finanzorientierten Controllings.

2.5.2. Internationalisierung der externen Rechnungslegung

Spätestens seit 1993 herrscht in der externen Rechnungslegung in Deutschland Unruhe, ausgelöst vom Gang von Daimler-Benz an die New York Stock Exchange (NYSE) und der damit verbundenen konsequenten konzernweiten Umstellung der internen Steuerung auf US-Größen. Die dadurch ausgelöste Diskussion mündete im Entwurf zum sogenannten Kapitalaufnahmeerleichterungsgesetz (KapAEG). Danach können deutsche Unternehmen auf die Aufstellung eines inländischen Konzernabschlusses verzichten, wenn statt dessen ein Abschluss nach internationalen Standards vorgelegt wird. Von der Vielzahl möglicher internationaler Rechnungslegungssysteme sind dabei vor allem die beiden oben genannten Standards US-GAAP und IAS von Bedeutung. Sie sollen im Folgenden näher erläutert werden.

Die US-GAAP unterteilen sich in zwei Gruppen

US-GAAP (Generally Accepted Accounting Standards)

Die US-GAAP sind die Rechnungslegungsvorschriften, die für börsennotierte US-Unternehmen zwingend vorgeschrieben sind. Die US-GAAP entstan-

den nach den Börsen-Crashs Ende der 20er und in den 30er Jahren. Viele Anleger verloren ihr Geld, nicht zuletzt durch Informationsmanipulationen von Unternehmen mit betrügerisch verfälschten Rechnungslegungsdaten. Als Reaktion darauf versuchte der US-Kongress, die Funktionsfähigkeit des Kapitalmarkts durch die Vorgabe von Rechnungslegungsvorschriften wiederherzustellen. Im Gegensatz zur in Deutschland üblichen Vorgehensweise erließ er diese Rechnungslegungsvorschriften jedoch nicht selbst, sondern beauftragte damit die amerikanische Börsenaufsicht (SEC). Diese delegierte die Entwicklung geeigneter Rechnungslegungsvorschriften an eine Reihe von Institutionen. Seit 1973 liegt diese Aufgabe beim Financial Accounting Standards Board (FASB), einer privatrechtlichen Organisation.

Die US-GAAP lassen sich in zwei Gruppen einteilen:

→ *Promulgated GAAP*, die heute in Form von 138 Richtlinien vorliegen. Sie enthalten neben der jeweiligen Rechnungslegungsvorschrift in erheblichem Umfang auch Erläuterungen und Anwendungsbeispiele – ganz im Gegensatz zur Formulierung deutscher HGB-Paragraphen. Die Promulgated GAAP werden vom FASB formell im Rahmen eines due process, also eines standardisierten Prozesses, in dem alle Interessengruppen mehrfach gehört werden, erlassen.

→ *Non-Promulgated GAAP*. Sie umfassen Empfehlungen zur Rechnungslegung, die von den verschiedensten Institutionen ausgesprochen werden, aber auch die Rechnungslegungspraxis und -literatur sowie Gerichtsentscheidungen.

Da in der US-amerikanischen Rechnungslegung die Information der Kapitalmarktanleger an vorderster Stelle steht, müssen alle in den USA börsennotierten Unternehmen nach US-GAAP bilanzieren. Daneben dürfen – unabhängig davon, ob das betreffende Unternehmen überhaupt an einer Börse notiert ist – amerikanische Wirtschaftsprüfer einen US-Abschluss nur dann uneingeschränkt testieren, wenn er gemäß den US-GAAP aufgestellt ist. Weiterhin fordern viele Kreditgeber in den USA von ihren Kreditnehmern die Vorlage von US-GAAP-konformen Jahresabschlüssen. Aus diesem Grund übersteigt der Kreis der Unternehmen in den USA, die nach US-GAAP bilanzieren, die Zahl der tatsächlich börsennotierten Unternehmen bei weitem.

Die IAS sind auf eine Initiative Großbritanniens zurückzuführen

IAS (International Accounting Standards)

Die IAS sind ein Rechnungslegungsstandard, der auf Initiative des privatrechtlich organisierten International Accounting Standards Committee (IASC) seit 1973 entwickelt wird. Mitglieder des IASC sind Organisationen der sogenannten „Accounting Profession", also vor allem Wirtschaftsprüfer, aus heute

85 Ländern. Zielsetzung ist die Entwicklung eines gemeinsamen Weltstandards für die externe Rechnungslegung. Der Erfolg der IAS steht und fällt so mit ihrer Übernahme in das nationale Recht wichtiger Staaten – allen voran natürlich die USA.

Die Initiative zur Gründung des IASC ging sehr stark von Großbritannien aus. Erst sehr spät in die Europäische Union eingetreten, hatte Großbritannien nur noch wenig Möglichkeiten, die 4. und 7. EG-Richtlinie zur europaweiten Harmonisierung der Rechnungslegung inhaltlich zu beeinflussen. Diese war bis zu diesem Zeitpunkt stark von der kontinentaleuropäischen Rechtsauffassung geprägt, d.h. man versuchte, die Rechnungslegungsvorschriften in wenigen generellen, staatlich erlassenen Regelungen zusammenzufassen. Aus britischer Sicht wurde dies als starr und unflexibel empfunden, da in Großbritannien – ähnlich wie bei den US-GAAP – vor allem mit fallweisen Regeln gearbeitet wird. Um zumindest auf internationaler Ebene die gewohnte Flexibilität zu wahren, engagierte sich Großbritannien für die Bildung einer Organisation, die Weltstandards der Rechnungslegung entwickeln sollte – eben das IASC. Ende 1999 umfassten die IAS 39 Standards.

Das IASC besitzt als rein privatrechtliche Organisation weder legislative noch judikative Kompetenz. Es kann also weder einzelnen Unternehmen die Bilanzierung nach IAS zwingend vorschreiben,

US-GAAP (Generally Accepted Accounting Principles)	IAS (International Accounting Standards)
➤ Rechnungslegungsvorschrift der USA	➤ Privatrechtlicher Vorschlag zur Harmonisierung der Rechnungslegung
➤ Delegation des Erlasses von Rechnungslegungsvorschriften vom Kongress an die Börsenaufsicht (SEC) und von dort an das FASB	➤ Gründung des IASC 1973 (85 Mitgliedsstaaten) u.a. aufgrund englischer Initiative
➤ Fallrecht statt Dominanz genereller Regelungen	➤ Fallrecht statt Dominanz genereller Regelungen: heute 33 Richtlinien
• Promulgated GAAP (ca. 120 Richtlinien des FASB und seiner Vorgängerorganisationen)	➤ berufsrechtliche Dominanz (Finanzierung im Wesentlichen durch die „Big Six" der Wirtschaftsprüfung)
• Non-Promulgated GAAP (Berufspraxis, Literatur, Gerichtsurteile, etc.)	➤ Arbeitsphasen:
➤ Verpflichtung für alle börsennotierten Unternehmen; zudem erhalten nur GAAP-konforme Abschlüsse einen uneingeschränkten Bestätigungsvermerk	• 1973-1988: Aggregation sämtlicher nationaler Vorschriften
	• 1988-1993: Sukzessive Reduktion der so entstandenen Wahlrechte
➤ keine größenabhängigen Erleichterungen	• seit 1994: Zusammenarbeit mit der IOSCO

US-GAAP und IAS im Überblick (entnommen aus Weber/Weißenberger, 1998, S. 13)

noch kann es Verstöße gegen die IAS rechtlich ahnden. Für die Durchsetzung der IAS als Weltstandard ist es deshalb notwendig, dass einzelne Staaten eine Rechnungslegung nach IAS in die nationale Gesetzgebung einbeziehen. Um dies zu erreichen, arbeitet das IASC seit 1994 bei der Erarbeitung von Rechnungslegungsstandards eng mit der internationalen Börsenaufsicht IOSCO zusammen. Die IAS unterscheiden sich zumindest heute immer noch in einzelnen Punkten von den US-GAAP, so z.B. bei der möglichen Aktivierung von Entwicklungskosten, die in den USA – vergleichbar dem deutschen Handelsrecht – verboten ist. Im Frühjahr 2000 ist allerdings

Bewegung in die Internationalisierung der Rechnungslegung gekommen. Nach einem Entwurf der SEC sollen in Zukunft auch IAS-Abschlüsse an den amerikanischen Börsen akzeptiert werden.

IAS & US GAAP contra HGB: Die wichtigsten Unterschiede zum deutschen Handelsrecht

Im Folgenden seien die wichtigsten Unterschiede von US-GAAP und IAS zum deutschen Handelsrecht skizziert – es sind dies die Punkte, die bei einer Anpassung der externen Rechnungslegung in einem deutschen Unternehmen sorgfältiges Umdenken erfordern.

Gewinnausschüttung:

Der zentrale Unterschied zwischen dem deutschen Handelsrecht einerseits und den US-GAAP und den IAS andererseits liegt in der Zielsetzung des Jahresabschlusses. In Deutschland ist dies die Ermittlung des ausschüttbaren Gewinns. Bei Anwendung der US-GAAP und IAS ist das dominante Rechnungsziel dagegen die Bereitstellung von Informationen für Kapitalmarktteilnehmer. Die Frage der Ausschüttung wird international anders geregelt: So wird z.B. in den USA die Dividendenhöhe durch den Beschluss des Vorstands festgelegt, der dabei lediglich bestimmte, wenig einschränkende gesetzliche Vorschriften beachten muss. Hintergrund dieser unterschiedlichen Rechnungsziele ist die abweichende Zweckauffassung der externen Rechnungslegung: Während in Deutschland primär der *Gläubigerschutz* und damit der langfristige Unternehmenserhalt sichergestellt werden soll, steht bei den US-GAAP und IAS der *Aktionärsschutz* und damit die Funktionsfähigkeit des Kapitalmarkts im Vordergrund.

Im Dulden von stillen Reserven ist das deutsche HGB „Weltspitze"

Stille Reserven:

Das deutsche Handelsrecht enthält eine Vielzahl von Vorschriften zu Ansatz und Bewertung einzelner Bilanzpositionen, mit denen stille Reserven gebildet werden können. Sie sind ein Ausfluß des in Deutschland geltenden Vorsichtsprinzips: Die Unternehmen sollen sich lieber arm statt reich rechnen. Die Bildung stiller Reserven führt dazu, dass Gewinne tendenziell niedriger ausgewiesen werden. Damit fällt auch die Dividende für die Aktionäre geringer aus. Die vielfältigen Möglichkeiten zur Bildung stiller Reserven werden sowohl aus Sicht der US-GAAP als auch der IAS sehr kritisch beurteilt. Stille Reserven führen zu einem Manko an Informationen am Kapitalmarkt. Aktuelle wie potentielle Aktionäre können nur schlecht beurteilen, ob ein Unternehmen stille Reserven besitzt oder ob diese aufgrund ungünstiger Entwicklungen in der Vergangenheit nicht möglicherweise schon aufgebraucht worden sind – getreu der Erkenntnis: Stille Reserven sind die Reserven, die nicht mehr da sind, wenn sie am dringendsten gebraucht werden. Aus diesem Grund spielt auch das in Deutschland so wichtige Vorsichtsprinzip international nur eine sehr untergeordnete Rolle. Ansätze und Wertmaßstäbe in der Bilanz müssen vielmehr das Kriterium der *„decision usefulness"* erfüllen, also die anstehenden Entscheidungen der Kapitalmarktteilnehmer fundieren können. Im Vergleich zur deutschen Bilanzierung bedeutet dies für Unternehmen, die nach US-GAAP und IAS bilanzieren:

→ Die Anzahl der ex post-Wahlrechte auf Aktiv- und Passivseite ist vergleichsweise geringer. So müssen beispielsweise die Herstellungskosten selbsterstellter Vermögensgegenstände nach US-GAAP wie IAS zu einem Wert angesetzt werden, der dem deutschen Vollkostenansatz entspricht; also inklusive Material-

und Fertigungsgemeinkosten sowie Verwaltungskosten. Damit sinkt der bilanzpolitische Spielraum zur Bildung stiller Reserven, aber die Kapitalanleger können die Lage des Unternehmens klarer beurteilen. Ein bilanzpolitischer Spielraum besteht in den genannten internationalen Systemen vor allem ex ante, da die Rechnungslegungsnormen sehr stark einzelfallbezogen formuliert sind, sodass durch eine geschickte Gestaltung einzelner Sachverhalte, z.B. Verträge, die gewünschte Bilanzierung durchaus steuerbar ist.

→ Das Anschaffungskostenprinzip wird in Einzelfällen durchbrochen. Zwar gilt das Anschaffungskostenprinzip nach US-GAAP für Sachanlagen genauso streng wie in Deutschland. Bei Wertpapieren, für die eine Verkaufsabsicht besteht, ist allerdings grundsätzlich eine Bewertung zum „Fair Value" vorgeschrieben. Der „Fair Value" entspricht in der Regel dem Marktwert und kann damit die Anschaffungskosten übersteigen – es werden noch nicht realisierte Gewinne ausgewiesen! Nach IAS kann das Anschaffungskostenprinzip noch in stärkerem Maße durchbrochen werden. Hier ist unter bestimmten Bedingungen auch eine Neubewertung des Sachanlagevermögens über die Anschaffungskosten hinaus erlaubt (sogenanntes „inflation accounting").

→ Selbsterstellte immaterielle Vermögensgegenstände müssen in sehr

Bilanzen nach US-GAAP oder IAS weisen eine höhere Eigenkapitalquote aus als vergleichbare Bilanzen nach dem HGB

viel stärkerem Ausmaß bilanziert werden. Eigene Patente und Lizenzen müssen – sofern die zeitliche Nutzungsdauer begrenzt ist – ebenso wie der Goodwill in der Konzernbilanz auf der Aktivseite angesetzt werden. Die IAS gehen in diesem Zusammenhang noch etwas weiter: Sie verlangen bei Erfüllung bestimmter Bedingungen sogar die Aktivierung von Entwicklungskosten. Verboten ist in beiden Systemen allerdings das sogenannte „brand accounting", also die Aktivierung des Wertes eigener Marken, wie dies beispielsweise in Großbritannien erlaubt ist.

→ Aufwandsrückstellungen dürfen nicht angesetzt werden. Sowohl die US-GAAP als auch die IAS verbieten den Ansatz von Aufwandsrückstellungen, beispielsweise für Instandhaltungen, die im folgenden Geschäftsjahr nachgeholt werden.

In Konsequenz dieser und anderer Regelungen ist der Wert des Vermögens bei einer Bilanzierung nach US-GAAP oder IAS höher, die Aktivseite der Bilanz dementsprechend „länger" als bei einer Bilanzierung nach deutschem Recht. Andererseits wird der Begriff der Schulden in US-GAAP und IAS enger gefasst als in Deutschland, wie am Beispiel der Aufwandsrückstellungen deutlich wird. Damit weisen Bilanzen, die auf den genannten internationalen Standards basieren, eine höhere Eigenkapitalquote aus als vergleichbare deutsche Bilanzen. Die international vielfach kritisierte niedrige Eigenkapitalquote deutscher Unternehmen ist deshalb nicht allein ein Ausfluss schlechten Kapitalstrukturmanagements, sondern auch eine logische Konsequenz der deutschen Rechnungslegungsphilosophie.

Verbindung versus Trennung von Handels- und Steuerbilanz:

Die Publizitäts-pflichten des HGB reichen international keinesfalls aus

In Deutschland gilt für die Unternehmensbesteuerung das Maßgeblichkeitsprinzip: Die Steuerbilanz baut im Kern auf der Handelsbilanz auf. Gleichzeitig gibt es jedoch auch eine umgekehrte Maßgeblichkeit. Eine ganze Reihe allein aus steuerlichen Gründen bedeutsamer Wertansätze muss in der Handelsbilanz angesetzt werden, um auch steuerlich geltend gemacht werden zu können. Ein typisches Beispiel ist die planmäßige Abschreibung des Anlagevermögens. Die meisten Unternehmen in Deutschland setzen im Einzelabschluss vergleichsweise hohe Abschreibungen an, die auf der Basis der an sich nur steuerrechtlich relevanten Regelungen ermittelt werden. Dies ist notwendig, um die Abschreibungen zur Verminderung der Steuerlast des Unternehmens auch in der Steuerbilanz ansetzen zu können. Für den Kapitalanleger reduziert eine solche Regelung den Informationsgehalt der Bilanz, da ein übermäßig schneller Verschleiß des Anlagevermögens „vorgetäuscht" wird. Deshalb verbieten sowohl die US-GAAP als auch die IAS in allen Fällen die bilanzielle Bewertung auf der Basis rein steuerrechtlicher Vorschriften. Handels- und Steuerbilanz

sind in beiden Systemen vollständig voneinander getrennt, um die „decision usefulness" der Handelsbilanz für die Kapitalanleger nicht zu verwässern.

Publizitätsvorschriften:

Auch im Bereich der handelsrechtlichen Publizität unterscheidet sich das deutsche System von den US-GAAP bzw. den IAS. Aus Sicht eines finanzorientierten Controlling sind dabei vor allem die beiden folgenden Punkte relevant:

→ Die *Segmentberichterstattung*. Die US-GAAP schreiben – ähnlich wie auch die IAS – eine vergleichsweise detaillierte Berichterstattung über die einzelnen Tätigkeitsfelder des Unternehmens vor. Während nach deutschem Handelsrecht lediglich die Umsatzerlöse nach geographischen Märkten und/oder Produkttypen aufgegliedert werden müssen, verlangen die US-GAAP unter anderem auch die Angabe von Betriebsergebnis, Vermögen, Abschreibungen und Investitionen in den einzelnen Sparten („Segmenten"). Nach IAS kann u.a. auf die Angabe der beiden letztgenannten Informationen verzichtet werden.

Bei der Ermittlung der Segmentinformationen muss auf die Struktur des internen Konzernberichtswesens zurückgegriffen werden, da dem Kapitalanleger die Segmentinformationen so vermittelt werden sollen, wie auch das Management steuert. Dies ist eine aus deutscher Sicht neue direkte Schnittstelle zwischen externer

	HGB	US-GAAP	IAS
Quelle der Rechnungs-legungsvorschrift	vom Gesetzgeber erlassenes Bilanzrecht	keine einheitlichen Rechtsquellen	Empfehlungen ohne Rechtskraft
Rechnungsziele	Ermittlung des aus-schüttbaren Gewinns	Vermittlung von Informa-tionen für Investoren	Vermittlung von Informa-tionen für Investoren
Rechnungszwecke	Gläubigerschutz und Kapitalerhaltung	Investorschutz und Kapitalmarktförderung	Investorschutz und Kapitalmarktförderung
Bedeutung stiller Reserven	hoch	abgelehnt	abgelehnt
Selbsterstelltes immate-rielles Anlagevermögen	Aktivierungsverbot	grundsätzlich Aktivierungspflicht	grundsätzlich Aktivierungspflicht
Bewertung von Sachanlagen	fortgeführte AHK, Neubewertungsverbot	fortgeführte AHK, Neubewertungsverbot	fortgeführte AHK oder Neubewertung
Ansatz steuerlich motivierter Werte	notwendig bei umgekehr-ter Maßgeblichkeit	Verbot	Verbot
Herstellungskosten	Wahlrecht Voll- versus Teilkostenansatz	Vollkostenansatz	Vollkostenansatz
Auftragsfertigung	Completed-Contract-Methode	Percentage of Completion- Methode	Percentage of Completion-Methode
Goodwill aus Konsolidierung	Wahlrecht Verrechnung mit Rücklagen	Aktivierungspflicht	Aktivierungspflicht
Bewertung von Rückstellungen	kaufmännische Vorsicht	wahrscheinlichster Wert	wahrscheinlichster Wert
Aufwandsrückstellungen	sowohl Gebote als auch Wahlrechte	Verbot	Verbot
Segment-berichterstattung	nur bezogen auf Umsatz	ausführlich	ausführlich
Kapitalflussrechnung	im HGB nicht behandelt	Aufstellungspflicht	Aufstellungspflicht

HGB, IAS und US GAAP im Überblick (entnommen aus Weber/Weißenber-ger, 1998, S. 14)

Rechnungslegung und Kostenrech-nung.

→ Aufstellung einer *Kapitalflussrech-nung.* Die Kapitalflussrechnung ist wie die Gewinn- und Verlustrech-nung eine Bewegungsrechnung. Sie stellt die Herkunft flüssiger Mittel (beispielsweise durch den erwirt-schafteten Cashflow oder durch Kre-ditaufnahme am Kapitalmarkt) ihrer Verwendung, (z.B. für Sachinvesti-tionen oder den Erwerb neuer Betei-

ligungen) gegenüber.

Im Gegensatz zum deutschen Han-delsrecht fordern die US-GAAP wie auch die IAS verbindlich die Aufstel-lung einer Kapitalflussrechnung. Wieder steht der Kapitalanleger im Blickpunkt des Interesses: Er be-trachtet den Erwerb von Aktien als Investition. Der Erfolg von Investitio-nen wird aber über die erwirtschaf-teten Zahlungsströme ermittelt, und über diese gibt die Kapitalflussrechnung Auskunft. Dies spiegelt sich beispielsweise auch im Shareholder Value-Ansatz wider, auf den wir später in dieser Perspektive der BSC noch zu sprechen kommen werden.

Auch auf diese internationalen Publizitätspflichten erfolgte eine Reaktion: Das Gesetz zur Kontrolle und Transparenz im Unternehmensbereich (KonTraG) verpflichtet alle börsennotierten Unternehmen in Deutschland zur Aufstellung einer Kapitalflussrechnung und zur Segmentberichterstattung nach internationalem Vorbild.

2.5.3. Konsequenzen für das Berichtswesen: Die klassische Kostenrechnung hat ausgedient

Die Anpassung der externen Rechnungslegung an die zunehmenden Informationsbedarfe des Kapitalmarkts hat auch unternehmensintern bedeutende Auswirkungen. Das finanzorientierte Controlling muss in diesem Zusammenhang auch das interne Berichtswesen optimal auf die Präsentation am Kapitalmarkt ausrichten – unabhängig davon, ob Sie in Zukunft nach internationalen Standards bilanzieren oder ob Sie zunächst noch die deutschen Standards weiterverwenden.

Das interne Berichtswesen hat die Aufgabe, das Management bei der Steuerung des Unternehmens zu unterstützen. Dabei muss zwischen zwei Steuerungsebenen unterschieden werden:

Brauchen Sie wirklich nur noch die externe Rechnungslegung?...

→ In den dezentralen Geschäftsbereichen des Unternehmens werden die operativen Beschaffungs-, Produktions- und Absatzentscheidungen getroffen.

→ In der Unternehmenszentrale wird dagegen der Handlungsrahmen für diese operativen Entscheidungen gesetzt. Dazu gehört in aller Regel auch die Beschaffung der notwendigen finanziellen Mittel.

Gegenüber dem Kapitalmarkt tritt so in erster Linie das Gesamtunternehmen auf. Erst in einem zweiten Schritt wird das akquirierte Kapital den dezentralen Geschäftsbereichen („Profitcentern") nach ihrer Profitabilität und strategischen Bedeutung zur Verfügung gestellt. Ein finanzorientiertes Controlling bezieht sich deshalb vor allem auf die Berichterstattung der Geschäftsbereiche und ist als eine Form des Beteiligungscontrolling zu verstehen.

Bilanz und Controlling: „Biltrolling" statt Controlling?

Das Berichtswesen im finanzorientierten Controlling erfüllt zwei Aufgaben:

→ Zum einen werden die bilanziellen Auswirkungen des Geschehens der dezentralen Geschäftsbereiche abgebildet. Die für den Kapitalmarkt relevante Konzernbilanz ist nichts anderes als eine bereinigte Addition der Teilbilanzen aus den Geschäftsbereichen. So werden positive wie negative Tendenzen für die Konzernbilanz frühzeitig aufgedeckt. Eine Neutralisierung durch entsprechende Gegensteuerung wird erleichtert.

→ Zum anderen unterstützt es die Unternehmenszentrale bei der optimalen Aufteilung der vorhandenen finanziellen Mittel für die dezentralen Geschäftsbereiche. In Summe können dann die Ergebniserwartungen der Kapitalmarktteilnehmer auch unter Risikoberücksichtigung erreicht oder übertroffen werden. „Optimal" wird dabei aus Sicht des Kapitalmarkts definiert. Dort werden Unternehmen aber nicht auf der Basis von vergangenheitsbezogenen Kostenrechnungsdaten beurteilt, die ohnehin nicht kommuniziert werden. Es geht vielmehr um die Prognose der Ertragskraft des Unternehmens aus den publizierten Konzernabschlussinformationen.

...zumindest aber kommt die Kostenrechnung erheblich unter Druck!

In Konsequenz liefert damit die externe Rechnungslegung die Zielgrößen für die interne Steuerung; die Entwicklung geht vom kostenorientierten Controlling hin zum bilanzorientierten „Biltrolling".

Quo vadis Kostenrechung? Siemens und das Ende der Kostenrechnung

1994 kündigte die Firma Siemens an, auf der Zentralebene nicht mehr die Kostenrechnung als internes Steuerungsinstrument zu verwenden, sondern Daten der externen Rechnungsle-

gung (vgl. Ziegler, 1994). Diese Mitteilung erregte großes Aufsehen, wurde bis dahin die Kostenrechnung von den meisten deutschen Unternehmen und auch von der betriebswirtschaftlichen Literatur noch als unverzichtbares Werkzeug in der Unternehmensführung eingeordnet.

Im Kern ging es Siemens dabei natürlich nicht um den Verzicht auf die interne Leistungsverrechnung. Sie ist ja beispielsweise zur Kalkulation der Herstellungskosten auch in der externen Rechnungslegung oder zur Ermittlung von Verrechnungspreisen weiterhin unabdingbar. Vielmehr wurden die beiden spezifischen Merkmale der Kostenrechnung typisch deutscher Prägung im internationalen Vergleich in Frage gestellt.

→ *Das Rechnen mit kalkulatorischen Kosten.* Mit Schmalenbach hatte sich in Deutschland die Auffassung durchgesetzt, dass pagatorische Kosten den tatsächlichen Ressourcenverzehr nicht immer richtig abbilden. Die Konsequenz war die Verwendung von Anderskosten wie kalkulatorischen Abschreibungen und von Zusatzkosten, wie kalkulatorischen Zinsen, Mieten, Wagnissen oder Unternehmerlöhnen in der laufenden Rechnung. Die Konsequenz: Das kostenrechnerisch ermittelte Betriebsergebnis wich in den meisten Fällen vom handelsrechtlich ermittelten Jahresüberschuss ab. Die nachstehende Abbildung stellt exemplarisch von uns im Rahmen

Wer hat nun Recht:
Die interne oder die
externe Rechnungs-
legung? (entnom-
men aus Weber/
Weißenberger,
1998, S. 29)

Abweichung vom externen Ergebnis						Gründe
Unternehmen	*1991*	*1992*	*1993*	*1994*	*1995*	
A	k.A	k.A	k.A	5%	18%	Systembedingt, fehlerhafte Eingaben
B	37%	22%	23%	35%	30%	Ertragssteuern, kalkulatorische Wertansätze
C	13%	4%	26%	14%	49%	Finanzergebnis, Wertberichtigung, Änderungen Rückstellungen

Quelle: AK Benchmarking im Controlling an der WHU

eines Benchmarking-Projekts erhobene Abweichungen zwischen internem und externem Ergebnis in drei deutschen Großunternehmen vor, die zumindest bis 1995 noch mit einem Zweikreissystem gearbeitet haben.

→ Das *Zweikreissystem*. Es ist heute üblich, die Konten für das interne Rechnungswesen in einem separaten Buchungskreis zu führen, der unabhängig von der externen Rechnungslegung abgeschlossen werden kann. Dies erleichtert die monatliche Berichterstellung, da so nur die Konten der Kostenrechnung abgeschlossen werden müssen.

Werden diese beiden Merkmale aufgegeben, dann fallen die Grenzen zwischen der internen und externen Rechnungslegung: Beide Systeme werden ineinander überführt.

Integration von interner und externer Rechnungslegung

Die Integration von interner und externer Rechnungslegung bedeutet zunächst eine erhebliche Vereinfachung des internen Rechnungswesens. Die Abstimmungsprobleme zwischen Betriebs- und Finanzbuchhaltung fallen weg. Dies erhöht zum einen die Qualität der – dann einheitlichen – Steuerungsgrößen. Empirische Untersuchungen belegen, dass die Daten der Kostenrechnung im Zweikreissystem häufig unzuverlässig und wenig genau sind – manche Unternehmen beklagen, dass sogar die intern und extern verwendeten Umsatzzahlen voneinander abweichen! Ein Grund für solche Qualitätsmängel ist die vergleichsweise niedrige Kontrollintensität: Während Prozesse und Strukturen im externen Rechnungswesen einmal jährlich der gesetzlich vorgeschriebenen Abschlussprüfung unterzogen werden müssen, fehlt – wie bereits in der Prozessperspektive unserer Beispiel-BSC für den Controllerbereich angemerkt – eine vergleichbare Vorschrift zur Revision der Kostenrechnung. Durch den Wegfall von Doppelrechnungen wird auch die interne Akzeptanz der Steuerungsgrößen verbessert. Da die Abweichungen von internem und externem Ergebnis in Einzelfällen erheblich sein können, kreieren Doppelrechnungen ein erhebliches Potential für Vertrauensverlust und Verwirrung.

Im internationalen Konzerncontrolling hat die Integration von interner und externer Rechnungslegung einen weiteren Vorteil: In anderen Ländern ist der Ansatz kalkulatorischer Kostenarten in der laufenden Rechnung weitgehend unbekannt. Für das zentrale Controlling ist es deshalb nicht immer einfach, ausländischen Tochtergesellschaften die deutsche Kostenrechnung nicht nur als Steuerungsinstrument, sondern auch als Grundlage für die Leistungsmessung und -beurteilung des lokalen Managements zu „verkaufen". Wird nur noch über externe Größen gesteuert, entfällt dieses Problem.

Wie unterscheiden sich das externe und das interne Ergebnis voneinander?

Nutzt man die Gewinn- und Verlustrechnung auch zur internen Steuerung, kann es notwendig werden, Umgliederungen und leicht nachvollziehbare Veränderungen vorzunehmen, um den internen Informationsbedarfen des Managements besser zu entsprechen. Im Folgenden wird dies am Beispiel für eine Ergebnisrechnung verdeutlicht, die sich an die Struktur der im Siemens-Konzern verwendeten Ergebnisrechnung (vgl. hierzu Lorson, 1996) anlehnt. Die dargestellte Struktur baut auf dem – international auch extern üblichen – Umsatzkostenverfahren auf. Zentrale Steuerungsgröße ist das Operative Ergebnis. Es entspricht von der Grundidee her dem handelsrechtlichen Betriebsergeb-

nis laut Gewinn- und Verlustrechnung, weicht davon aber durch einige Umgliederungen und Ergänzungen ab:

→ *Ansatz einer kalkulatorischen Verzinsung des betriebsnotwendigen Vermögens zu Marktzinsen.*
Entscheidungen über die Zuordnung von Finanzierungsmitteln zu den einzelnen Geschäftsbereichen werden, z.B. zur Steueroptimierung, durch die Unternehmenszentrale getroffen. Aus diesem Grund darf die Erfolgsmessung der einzelnen Geschäftsbereiche nicht durch diese – aus deren Sicht willkürliche – Einflussgröße verzerrt werden. Statt dessen wird eine kalkulatorische Verzinsung des betriebsnotwendigen Kapitals der Geschäftsbereiche angesetzt. Sie fungiert zum einen als Mindestrendite: Ein Geschäftsbereich gilt erst dann als erfolgreich, wenn er diese Mindestrendite erwirtschaften kann. Zum anderen gibt die kalkulatorische Verzinsung den Anreiz, das betriebsnotwendige Vermögen so gering wie möglich zu halten. Um die Ergebnisrechnung wieder auf die handelsrechtliche Gewinn- und Verlustrechnung zurückzuführen, wird die kalkulatorische Verzinsung nach der Ermittlung des Operativen Ergebnisses wieder zurückgenommen und durch das „echte" Finanzergebnis ersetzt.

→ *Korrektur des Operativen Ergebnisses um außerplanmäßige Abschreibungen und bestimmte Rückstellungen.*

Damit die Ergebnisrechnung zur Leistungsmessung und -beurteilung der dezentralen Geschäftsbereiche eingesetzt werden kann, muss das Operative Ergebnis weitgehend frei von möglichen Manipulationen sein. Mit anderen Worten: Die Geschäftsbereichsleiter dürfen keine Möglichkeit haben, in guten Jahren Ergebnisse – z.B. durch den großzügigen Ansatz von Drohverlustrückstellungen – zu „verstecken", um schlechte Leistungen in anderen Geschäftsjahren auffangen zu können. Die Zentrale braucht vielmehr ein „ungeschminktes Bild" der tatsächlichen wirtschaftlichen Lage. Dies wird durch die angesprochene Korrektur erreicht. Um aber auch hier keine dauerhafte Abweichung zur handelsrechtlichen Gewinn- und Verlustrechnung hervorzurufen, wird die Korrektur des Operativen Ergebnisses nach dessen Berechnung wieder rückgängig gemacht.

→ *Ansatz der Sonstigen Steuern zur Ermittlung des Operativen Ergebnisses.*

Die Position Sonstige Steuern umfasst alle nicht ertragsabhängigen Steuern, also beispielsweise Grundsteuern, Vermögenssteuern, Kfz-Steuern, nicht abzugsfähige Umsatzsteuer und vieles mehr. In der handelsrechtlichen Gewinn- und Verlustrechnung fließen die Sonstigen Steuern nicht in das dem Operativen Ergebnis entsprechende Betriebsergebnis ein. Sie werden vielmehr ganz zum Schluss nach der Ermitt-

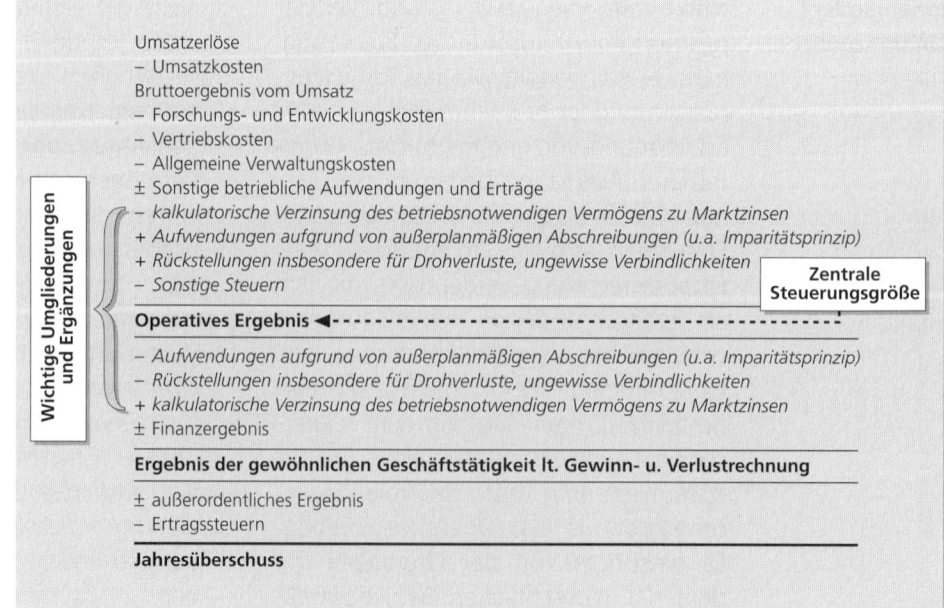

Veranschaulichendes Beispiel einer Ergebnisrechnung (entnommen aus Weber/Weißenberger, 1998, S. 31)

lung von ordentlichem und außerordentlichem Ergebnis zusammen mit den Ertragssteuern abgezogen. Für die Information des externen Bilanzadressaten mag diese Vorgehensweise angehen, nicht aber für die interne Steuerung dezentraler Geschäftsbereiche. Sie können die Höhe der Sonstigen Steuern direkt beeinflussen. Durch die Einbeziehung der Sonstigen Steuern in das Operative Ergebnis wird ein Anreiz zur Minimierung dieser Position geschaffen.

Kein völliger Verzicht auf kalkulatorische Kostenarten

In der laufenden Rechnung eines finanzorientierten Controlling findet man nur noch kalkulatorische Eigenkapitalzinsen. Sie müssen die Renditeerwartungen des Kapitalmarkts widerspiegeln. Diese Renditeerwartung hängt auch vom Chancen-Risiko-Profil des Geschäftsfeldes ab, in dem sich das Unternehmen bewegt. Je höher das Risiko des Aktionärs, seine Investition in ein Unternehmen zu verlieren, um so höher ist auch sein Anspruch an die zu erwirtschaftende Mindestrendite. Aus einer ökonomischen Perspektive heraus verdient ein Unternehmen nur dann, wenn die erwirtschaftete Rendite die Mindestrendite übersteigt. Ist dies nicht der Fall, dann hätte der Aktionär sein Geld besser in risikoärmeren Unternehmen oder sogar in Bundeswertpapieren angelegt. Dieser Gedanke liegt übrigens auch der

Die internationale Öffnung des Rechnungswesens hat die Kapitalflussrechnung in Deutschland erheblich populärer gemacht

sogenannten Economic-Value-Added-Betrachtung (EVA) im Rahmen des Shareholder Value-Ansatzes zugrunde, auf den wir gleich noch zu sprechen kommen werden. Anderen kalkulatorischen Kosten, wie kalkulatorischen Abschreibungen, Wagnissen, Mieten oder Unternehmerlöhnen kommt dagegen nur in Sonderrechnungen, für konkrete Einzelfragen erfasst, Bedeutung zu.

Cashflows als Alternative zur Ergebnisrechnung?

Bei der Verwendung externer Größen zur internen Steuerung stand bisher die Ergebnisrechnung im Vordergrund. Sie arbeitet mit Aufwendungen und Erträgen. Die Differenz von Aufwendungen und Erträgen ist das Jahresergebnis und entspricht der Änderung des Eigenkapitals. Diese Veränderung ist ein direkter Maßstab für den Erfolg des Unternehmens. Je mehr es gelingt, das Eigenkapital zu erhöhen, um so größer ist auch der Anteil der Aktionäre am Reinvermögen der Gesellschaft. Aus diesem Grund ist das Jahresergebnis eine wichtige Beurteilungsgröße aus der Sicht des Kapitalmarkts. Allerdings verlassen sich Kapitalanleger bei der Bewertung eines Unternehmens als – potentielles – Investitionsobjekt nicht nur auf die Gewinn- und Verlustrechnung. Sie beziehen auch den erwirtschafteten Cashflow und seine Verwendung in das Kalkül ein. Darüber gibt die Kapitalflussrechnung Auskunft. Sie ist – wie die Gewinn- und Verlustrechnung – eine Bewegungsrechnung. Sie beschreibt, wie und warum sich die liquiden Mittel (kurz als Kassenbestand bezeichnet) im Laufe des Geschäftsjahres verändern. Eine solche Veränderung kann aus drei Quellen herrühren:

→ *dem laufenden Geschäft*.

Zum laufenden Geschäft zählen die Erhöhungen des Kassenbestands im Wesentlichen durch Umsatzerlöse. Vermindert wird der Kassenbestand durch die anstehenden Zahlungen, z.B. an Mitarbeiter und Lieferanten. Der Saldo wird auch als operativer oder betrieblicher Cashflow bezeichnet. Er ist idealerweise positiv: die Umsätze sollten zumindest Material- und Personalkosten decken. Der operative Cashflow lässt sich vereinfacht auch aus der Ergebnisrechnung ableiten. Dies geschieht entweder progressiv („direkt"), indem von den zahlungswirksamen Erträgen (z.B. Umsatzerlösen) die zahlungswirksamen Aufwendungen (z.B. Material- und Personalaufwendungen) abgezogen werden. Alternativ kann aber auch retrograd („indirekt") gerechnet werden. In dem Fall werden die Abschreibungen und alle anderen, nicht zahlungswirksamen Aufwendungen, wie beispielsweise die Zuführung zu den (langfristigen) Rückstellungen, zum Jahresergebnis addiert.

→ *dem Investitionsbereich*.

Werden beispielsweise Sachanlagen oder Beteiligungen erworben, so vermindert sich der Kassenbestand durch die Zahlung des vereinbarten Kaufpreises. Eine Erhöhung des Kassenbestandes kann andererseits durch Desinvestition erreicht werden. Ein wachsendes Unternehmen wird in aller Regel mehr investieren als desinvestieren, so dass der Cashflow aus dem Investitionsbereich negativ ist.

→ *dem Finanzierungsbereich*.

Wenn die zur Verfügung stehenden liquiden Mittel nicht ausreichen, um anstehende Investitionen zu finanzieren, muss am Kapitalmarkt zusätzlich Geld aufgenommen werden. Möglich ist allerdings auch, dass im laufenden Geschäft und dem Investitionsbereich mehr liquide Mittel erwirtschaftet werden, als zur Deckung der anstehenden Ausgaben notwendig sind. In diesem Fall können die Überschüsse beispielsweise am Kapitalmarkt angelegt oder zur Tilgung von Darlehen verwendet werden. Weiterhin besteht die Möglichkeit, die überschüssigen finanziellen Mittel in Abhängigkeit vom bilanziell ausgewiesenen Jahresergebnis als Dividende an die Aktionäre auszuschütten.

Die Kapitalflussrechnung gibt in erster Linie Auskunft über die Finanzlage des Unternehmens. Je besser der operative Cashflow beispielsweise den Cashflow aus dem Investitionsbereich deckt, um so eher kann ein Unternehmen Wachstum aus eigener Kraft finanzieren und ist nicht vom Kapitalmarkt abhängig.

Eine Veränderung der liquiden Mittel speist sich aus drei Quellen

In das Berichtswesen eines finanzorientierten Controlling sind Cashflows einzubeziehen

Auch das Verhältnis von operativem Cashflow und bilanziellem Fremdkapital ist eine interessante Kennzahl. Sie gibt Auskunft darüber, wie schnell das Unternehmen seine Schulden begleichen kann. Für die periodische Messung des Unternehmenserfolgs scheint die Kapitalflussrechnung dagegen in der Theorie weniger geeignet als die Ergebnisrechnung: Jeder Controller und jeder Accountant hat als eine seiner ersten Lektionen den Unterschied zwischen einer Liquiditätsrechnung und einer Erfolgsrechnung gelernt; Periodenabgrenzungen sind allein aus dem Grund der Erfolgsbestimmung auf der Bühne der Rechnungslegung erschienen!

In der Praxis spielt die Kapitalflussrechnung dennoch teilweise eine größere Rolle für die Beurteilung des Unternehmenserfolgs als die GuV-basierte Ergebnisrechnung. Zwei Gründe sind dafür maßgeblich:

→ Die Ergebnisrechnung enthält Größen, die vom Management vergleichsweise einfach beeinflussbar sind, wie beispielsweise Abschreibungen oder Rückstellungen. Damit können in schlechten Jahren Misserfolge kaschiert bzw. in guten Jahren Reserven gelegt werden. Solche Manipulationen sind in der Kapitalflussrechnung nicht möglich; ihre Auskunft ist auf Dauer verlässlicher.

→ Langfristig beurteilen Ergebnisrechnung und Kapitalflussrechnung den Unternehmenserfolg gleich: Es ist nicht möglich, auf Dauer zufrieden-

stellende operative Cashflows auszuweisen und dafür in der Ergebnisrechnung Verluste einzufahren oder umgekehrt.

Um beiden Punkten auch in der internen Steuerung gerecht zu werden, ist es sinnvoll, in das Berichtswesen eines finanzorientierten Controlling auch Cash-Flows zu integrieren, beispielsweise über bereichsbezogene Kapitalflussrechnungen. Dies hat in vielen Fällen zudem den positiven Nebeneffekt, auch das unternehmensweite Cash-Management zu verbessern. Über die Kapitalflussrechnung wird nämlich direkt offengelegt, in welchen Geschäftsbereichen Liquiditätsüberschüsse erwirtschaftet werden, und wo möglicherweise Unterdeckung herrscht. Den Zusammenhang zwischen den verschiedenen Ausprägungen des Berichtswesens – Cashflow- oder GuV-basiert einerseits, mit kalkulatorischen Kosten arbeitend andererseits – zeigt die nachstehende Abbildung noch einmal auf.

Die interne Steuerung mit Hilfe von Informationen aus der externen Rechnungslegung trägt schließlich auch dazu bei, das Unternehmen so zu führen, wie der Kapitalmarkt „denkt". Damit werden Shareholder Value-Ansätze für unsere Betrachtung relevant: Sie bilden neben Ergebnis- und Kapitalflussrechnung den dritten Baustein für die Gestaltung des Berichtswesens im finanzorientierten Controlling. Um der Betrachtungsweise potentieller Kapitalan-

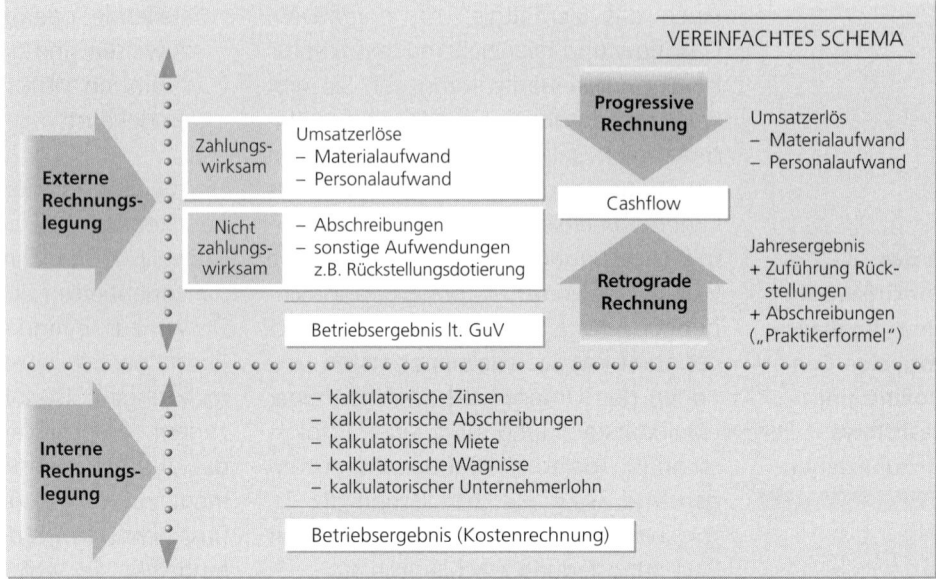

VEREINFACHTES SCHEMA

Zusammenhang der verschiedenen Gestaltungsformen des Berichtswesens (entnommen aus Weber/Weißenberger, 1998, S. 37)

Das in jedem Fall richtige Rechnungswesensystem gibt es nicht!

leger Rechnung zu tragen, muss eine derartige Perspektive ebenfalls in das Berichtswesen integriert werden – hierauf werden wir später noch eingehen.

Fazit: US-GAAP – das optimale Steuerungsinstrument im Unternehmen?

Mit der wachsenden Bedeutung internationaler Rechnungslegungsstandards in Deutschland wird zunehmend auch die These vertreten, Systeme wie die US-GAAP seien grundsätzlich besser für die interne Steuerung geeignet als die traditionelle deutsche Rechnungslegung (vgl. Haller, 1997; Küting/Lorson, 1998). Diese Aussage bezieht sich primär auf die Ergebnisrechnung, da zwischen der Kapitalflussrechnung in Deutschland und den Cashflow-Statements nach US-GAAP (und IAS) kaum ein Unterschied

besteht. Als Begründung wird unter anderem eine realitätsnähere Gewinnermittlung, ein klarerer Aufbau der Gewinn- und Verlustrechnung und der international nicht vorhandene Einfluss steuerlicher Bewertungsmaßstäbe genannt. Auch die geringere Anzahl an Bilanzierungs- und Bewertungswahlrechten spricht nach Ansicht mancher Autoren für die Überlegenheit internationaler Systeme der externen Rechnungslegung auch innerhalb der internen Steuerung (vgl. Haller, 1997).

Global lässt sich die Überlegenheit internationaler Systeme für die interne Steuerung jedoch nicht belegen. Im Gegenteil: Es kann formal-theoretisch gezeigt werden, dass es kein Rechnungslegungsproblem gibt, das unabhängig von einem konkreten Entscheider und einem vorgegebenen Entscheidungsproblem quasi „automatisch" immer zur besten Entscheidung führt. Dies wird auch als *„Unmöglichkeitstheorem"* bezeichnet (vgl. Demski, 1973) – ein zunächst pessimistisch anmutender Begriff; scheint es doch so, als würde er die Entwicklung von Leitlinien für die Gestaltung des Berichtswesens in einem finanzorientierten Controlling verhindern. Dies ist jedoch nicht der Fall. Lediglich die einfachste Lösung „ein System für jedes Unternehmen" scheidet aus. Für die individuelle Gestaltung Ihres Berichtswesens ist vielmehr maßgeblich, wie Sie sich im Rahmen der externen Rechnungslegung am Kapitalmarkt präsentieren, denn es gilt im finanzorientierten Controlling: „cost accounting follows financial accounting". Andernfalls wird intern wieder nach anderen Vorgaben gesteuert als extern – ein Manko, das ja gerade beseitigt werden soll.

cost accounting follows financial accounting

Wenn Sie sich also dafür entschieden haben, zumindest mittelfristig noch nach deutschen Standards zu bilanzieren, dann sollten Sie diese Standards auch zur internen Steuerung verwenden. Um ein möglichst gutes Abbild von der Profitabilität der einzelnen Unternehmensbereiche zu bekommen, sollten Sie dabei unter anderem die folgenden Punkte in Ihre Überlegungen einbeziehen:

→ Im Rahmen der intern berichteten GuV-Zahlen kann im Vergleich zum gesetzlich vorgeschriebenen und nach außen publizierten Schema eine detailliertere Gliederung gewählt werden. So kann z.B. eine Aufspaltung der Sammelpositionen Sonstige betriebliche Aufwendungen bzw. Sonstige betriebliche Erträge gefordert werden, um die Dotierung der einzelnen Rückstellungsarten zu überwachen. Durch Umgliederungen lässt sich ebenfalls eine verbesserte Aussagekraft erreichen.

→ Innerhalb des Konzernberichtswesens können Zusatzinformationen zu einzelnen Bilanzpositionen verlangt werden. So kann z.B. von einer im Anlagenbau tätigen Tochtergesellschaft, die noch nicht fertiggestellte Anlagen ausweist, eine Übersicht über den durchschnittlichen Fertigstellungsgrad und die so anteilig bereits erwirtschafteten, aber noch nicht bilanzierungsfähigen Gewinne verlangt werden. Damit wird nicht nur die in Deutschland geltende completed-contract-Methode als Informationskonzept umgesetzt, sondern auch die international gebräuchliche percentage-of-completion-Methode. Auch bei anderen Bilanzpositionen, z.B. Wertpapiere des Umlaufvermögens oder Vorräte, kann eine zusätzliche Angabe der höheren Marktwerte den Informationsgehalt des Berichtswesens verbessern: Die Konzernspitze erhält über den Vergleich von bilanziellen und Zusatzinformationen zudem ein besseres Bild über die Risikoposition der Tochtergesellschaft.

Kommunizieren Sie Konzerninformationen extern primär nach internationalen Standards, dann sind diese Standards auch für die interne Berichterstattung relevant. Allerdings ist hier für ein erfolgreiches Beteiligungscontrolling folgender „Fallstrick" zu beachten: Während bei einer Bilanzierung nach US-GAAP die Anzahl der Wahlrechte ex post, d.h. bei der Aufstellung der Bilanz im Vergleich zu Deutschland sehr gering ist, kann durch die Sachverhaltsgestaltung im Laufe des Geschäftsjahres ex ante Bilanzpolitik betrieben werden. Durch die Vielzahl der einzelfallbezogenen Regelungen lässt sich durch nur geringe Änderungen z.B. in Vertragstexten oder der Ausgestaltung von Vorgängen am Jahresende die gewünschte Bilanzierung erreichen. Die Aufdeckung dieser antizipativen Bilanzpolitik ist aufwendiger als die Neutralisierung der Bilanzpolitik ex post, wie sie in Deutschland üblich ist. Dezentrale Bereiche können dies nutzen, um die eigene Erfolgssituation zu verschleiern bzw. subjektiv beeinflusste Zahlen an die Konzernspitze zu liefern. Um dieses Problem aufzufangen, bedarf es eines fachkundigen und ganzjährig begleitenden Konzerncontrollings in den dezentralen Bereichen – ein Aspekt, der in vielen eher euphorischen Beiträgen zur internen Steuerung mit internationalen Standards vernachlässigt wird.

Fallstricke der US-GAAP für das Beteiligungscontrolling

2.5.4. Mehr Motivation im Management: Sind Stock Options eine Lösung?

Der Erfolg Ihres Unternehmens auf dem Kapitalmarkt hängt nicht nur von der Gestaltung interner Strukturen und Prozesse ab. Maßgeblich hierfür sind auch die Motivation und der Einsatz des Managements. Gerade im Rahmen der immer weiter zunehmenden Dezentralisierung und Flexibilisierung der Unternehmensstrukturen liegt hier der Schlüssel zum Erfolg für den Gesamtkonzern. Aus diesem Grund ist es notwendig, den Erfolg am Kapitalmarkt auch mit dem persönlichen Erfolg der betroffenen Manager, beispielsweise in Form von Prämien, zu verbinden. Endziel ist der Aufbau von Zielharmonie zwischen Kapitalgebern und Managern: Was dem einen nützt, soll sich auch für die andere Partei lohnen – eine klassische „win-win-Situation"!

In den USA, aber auch in anderen Ländern, wie z.B. Großbritannien oder Frankreich, werden Manager häufig mit sogenannten Stock Options belohnt. Dies sind Optionen, die zu festgelegten Bedingungen den Bezug von Aktien des eigenen Unternehmens ermöglichen. Wenn das Management durch seinen erfolgreichen Einsatz für das Unternehmen den Aktienkurs nach oben treibt, steigt der Wert der Optionen und damit auch die Höhe der Prämie. Auch in Deutschland wird dieses Instrument der Managermotivation seit einigen Jahren verstärkt genutzt. Unternehmen wie die BHF-Bank, Continental, Daimler-Chrysler, die Metallgesellschaft, Puma, SAP oder VW haben Stock Option-Pläne entweder schon eingeführt oder planen dies in näherer Zukunft.

Gleichzeitig sind Stock Options aber auch das derzeit wohl am stärksten kontrovers diskutierte Instrument der Managementvergütung. Die Metallgesellschaft musste ihren Stock Option-Plan aufgrund von Klagedrohungen der Aktionäre zunächst aussetzen. Auch Daimler-Benz und die Deutsche Bank wurden von dem streitbaren Würzburger Professor Ekkehard Wenger vor Gericht gebracht. Hintergrund sind Vorwürfe, das Management würde sich über Aktienoptionen zu Lasten der Aktionäre selbst bedienen und sich Vergütungen in einer Höhe gewähren, die in keinem Verhältnis mehr zur eigentlichen Leistung stehen.

Stock Options – hier stehen wir in Deutschland noch am Anfang!

Im Folgenden werden Ausgestaltungsmöglichkeiten von Stock Option-Plänen in Deutschland vor dem Hintergrund der steuerlichen und kapitalmarktrechtlichen Situation diskutiert. Dabei werden auch die Argumente der Gegner solcher Pläne behandelt. Wesentliche Punkte, wie der Vorwurf der Selbstbedienung des Managements, lassen sich durch einfache Maßnahmen, etwa die Kopplung der Ausübungsbedingungen an einen Branchenindex, auffangen. Allerdings stellt sich dann immer noch die Frage, ob die Anreizwirkung von Stock Option-Plänen tatsächlich so gut ist, wie von ihren Befürwortern behauptet wird, oder ob eine vergleichbare bzw. bessere Motivationswirkung nicht auch durch andere, in der Öffentlichkeit weniger kritisch betrachtete Prämiensysteme erzielt werden kann.

Zum Konzept der Stock Option-Pläne

Stock Option-Pläne können in Deutschland derzeit entweder als Wandel- oder Optionsanleihe umgesetzt werden. Die Hauptversammlung beschließt deren Emission, verbunden mit einem Bezugsrechtsausschluss für die Altaktionäre, so dass die Anleihe an die begünstigten Führungskräfte ausgegeben werden kann. Diese können das Wandel- bzw. Optionsrecht dann unter den im Stock Option-Plan formulierten Bedingungen – z.B. wenn der Aktienkurs ein bestimmtes Niveau erreicht – ausüben.

Der von Daimler-Benz in 1996 initiierte Stock Option-Plan (vgl. hierzu Kohler, 1997) ist vergleichsweise typisch für Deutschland. Er basiert auf einer Wandelanleihe über 40 Mio. DM mit einem Zinssatz von 5,9% und einer Laufzeit von 10 Jahren. Diese Wandelanleihe wurde in unterschiedlichen Tranchen (Konzernvorstand 100 TDM, Vorstände der Unternehmensbereiche 60 TDM, Direktoren 40 TDM) insgesamt 178 Führungskräften angeboten. Knapp zwei Drittel der Führungskräfte haben das Angebot angenommen. Jeweils 1000 DM der Wandelanleihe berechtigen zur Wandlung von Aktien im gleichen Nennbetrag, d.h. es können 200 Stück Aktien im Tausch erworben werden. Der Wandlungspreis beträgt 83,77 DM. Dies entspricht dem Börsenkurs der Daimler-Benz-Aktie am Tag nach der Hauptversammlung 1996. Er impliziert, dass für jede gewandelte Aktie zum Nennwert von 5 DM noch ein Betrag von 78,77 DM zugezahlt werden muss.

Stock Options – eine Beispielrechnung

Entschließt sich beispielsweise ein Direktor, der die maximale Tranche von 40 TDM gezeichnet hat, zur Wandlung, erhält er 40 • 200 = 8.000 Aktien und muß 8.000 • 78,77 DM = 630.160 DM zuzahlen. Liegt der Börsenkurs der Aktie z.B. bei 100 DM, dann erlöst der Direktor beim sofortigen Verkauf 8.000 • 100 DM = 800.000 DM und erzielt nach Abzug des Nominalbetrags der Anleihe von 40.000 DM und den Wandlungskosten von 630.160 DM einen Gewinn von 129.840 DM, der allerdings zu versteuern ist. Legt man einen Steuersatz von 50% zugrunde, verbleiben noch 64.920 DM – ein Ertrag von stolzen 9,7% auf das eingesetzte Kapital. Wird mit dem Verkauf bis zum Ende der Spekulationsfrist von derzeit sechs Monaten gewartet, ist der volle Betrag steuerfrei – allerdings mit dem Risiko von Kursverlusten, aber auch dem Potential von weiteren Kurssteigerungen und Dividendenzahlungen.

Das Wandlungsrecht ist bei dem Stock Option-Plan von Daimler-Chrysler nicht übertragbar, sondern personenbezo-

gen, und durfte erstmals 1998 ausgeübt werden; allerdings nicht ganzjährig, sondern nur innerhalb bestimmter Zeitfenster, nämlich jeweils in den drei Wochen nach der Bilanzpressekonferenz, der Hauptversammlung und der Veröffentlichung der Zwischenberichte. Weiterhin unterliegt die Ausübung des Wandlungsrechts zwei Bedingungen:

→ es besteht ein ungekündigtes Beschäftigungsverhältnis mit Daimler-Chrysler, und
→ der Börsenkurs der Daimler-Chrysler-Aktie liegt mindestens 15% über dem Wandlungspreis, also mindestens bei 96,34 DM.

Verzichtet eine Führungskraft auf das Wandlungsrecht bzw. ist die Wandlung nicht möglich, weil der Börsenkurs der Daimler-Chrysler-Aktie das geforderte Niveau nicht erreicht, dann wird die gezeichnete Anleihe zum Nominalzinssatz verzinst und am Ende der Laufzeit im Jahre 2008 getilgt.

Pro und Contra: Motivation versus Selbstbedienung des Managements – die Argumente der Befürworter und Gegner

Aus Sicht der Befürworter von Stock Option-Plänen in Deutschland spricht für deren Umsetzung zunächst ihr Potential zur zukunftsorientierten Motivation der Führungskräfte. Klassische Entlohnungssysteme für Führungskräfte, wie sie noch in der überwiegenden Mehrzahl der deutschen Unternehmen gebräuchlich sind (vgl. Pellens/Rockholtz /Stienemann, 1997), sind typischerweise an vergangenheitsorientierte buchhalterische Größen geknüpft, wie z.B. das Jahresergebnis, den Return on Sales (RoS) oder den Return on Investment (RoI). Solche Kennzahlen spiegeln jedoch die eigentliche Leistung des Managements nur unzureichend wider. Der Grund: Klassische Entlohnungssysteme bilden das zukünftige Gewinnpotential des Unternehmens nur unzureichend ab. So kann z.B. der ROI durch den Verzicht auf Forschungs- und Entwicklungsanstrengungen kurzfristig erhöht werden – aber zu Lasten zukünftiger Erfolgschancen des Unternehmens. Stock Option-Pläne repräsentieren dagegen eine zukunftsbezogene Entlohnung. Ihr Wert steigt für das Management umso mehr, je größer die Investitionen in die Zukunft des Unternehmens ausfallen – denn dies wird vom Aktienmarkt durch steigende Kurse honoriert.

Ein weiteres Argument, das im Zusammenhang mit Stock Option-Plänen häufig genannt wird, ist die verbesserte Bindung der Führungskräfte an das Unternehmen. Zwar herrscht in Deutschland im Gegensatz zu anderen Ländern keine „job hopping"-Mentalität. Der Verlust wichtiger Know-how-Träger aus dem Unternehmen heraus kann jedoch in Einzelfällen schmerzlich spürbar werden. Stock Options liefern dann eine Art „goldenen Käfig" für solche Führungskräfte, wenn das Ausübungsrecht, wie beispielsweise bei Daimler-Chrysler, an den Verbleib im Unternehmen geknüpft wird.

Stock Options sind für start up-companies hoch interessant

Ein drittes Argument, das in Deutschland noch wenig verwendet wird, gerade im internationalen Kontext jedoch eine wichtige Rolle spielt, ist die bilanzielle und liquiditätsbezogene Auswirkung von Stock Option-Plänen im Rahmen der Managementvergütung. Wird – um auf die obige Beispielrechnung im Falle Daimler-Benz noch einmal zurückzukommen – eine Prämie von 129.840 DM in bar ausgezahlt, fließt zum einen Liquidität in entsprechender Höhe ab, zum anderen steigt der Personalaufwand um diesen Betrag, was wiederum das Jahresergebnis und alle damit verbundenen Bilanzkennzahlen, wie z.B. den Gewinn pro Aktie oder die Eigenkapitalrendite, verschlechtert. Bei Einsatz von Stock Option Plänen ist dies nicht der Fall. Zwar muss – je nach Wert der Option – ein entsprechender Personalaufwand verbucht werden; es erfolgt jedoch eine Gegenbuchung innerhalb der Kapitalrücklage. Damit verbessert sich die Eigenkapitalquote – eine der wichtigsten Kennzahlen im internationalen Vegleich. Gleichzeitig kommt es nicht zu einem Liquiditätsabfluss, sondern gerade im Gegenteil über die Zeichnung der entsprechenden Anleihe und die Zuzahlungen bei Ausübung der Option zu einem Zufluss an flüssigen Mitteln. Damit sind Stock Option-Pläne beispielsweise für junge, innovative und schnell wachsende „start up-companies" mit typischerweise hohen Liquiditätsengpässen, aber auch für sanierungsbedürftige Unternehmen interessant. Hochqualifizierten Führungskräften kann eine sehr attraktive Entlohnung angeboten werden, ohne dass die ohnehin angespannte Liquiditätssituation noch verstärkt wird.

Alles hat jedoch seinen Preis – auch die bilanztechnisch „billige" Entlohnung von Führungskräften. Die Zeche zahlen hier die Altaktionäre. Sie verzichten auf das ihnen zustehende Bezugsrecht auf die Wandel- bzw. Optionsanleihe zugunsten der begünstigten Führungskräfte. Diese werden die Option dann ausüben, wenn der Bezugspreis der jungen Aktien unter dem Börsenkurs liegt. Sie erwerben damit verbilligt einen Anteil am Eigenkapital und damit auch an den offenen oder stillen Rücklagen, die eigentlich durch den Gewinnverzicht der Altaktionäre gebildet wurden. Konsequenz von Stock Option-Plänen ist also aus Sicht der Altaktionäre eine Kapitalverwässerung.

Stock Options bedeuten für die Altaktionäre eine Kapitalverwässerung – sie zahlen die Zeche!

Gewichtiger noch als dieses Problem wird von Gegnern der Stock Option-Pläne ein zweites Argument vertreten. Über Stock Option-Pläne können Führungskräfte extrem hohe Prämiensummen realisieren, wie die oben dargestellte Beispielrechnung bereits andeutet. Die Prämiensummen stehen dann möglicherweise nicht mehr im Verhältnis zur eingebrachten Managementleistung – oder werden möglicherweise realisiert, obwohl das Management de

facto schlecht gewirtschaftet hat:

→ Ist der Börsenkurs, bei dem eine Ausübung der Option erlaubt wird, nur absolut festgelegt, nicht aber relativ, z.B. zu einem Branchenindex wie dem C-Dax, kann durch allgemeines Steigen des Kursniveaus die gewinnbringende Ausübung möglich werden, obwohl der Börsenkurs relativ zu anderen Branchenwerten sogar gefallen ist.

→ Ist keine Mindestdauer für das Überschreiten eines bestimmten Kurses in den Ausübungsbedingungen festgelegt, besteht die Gefahr, dass aufgrund sehr kurzfristiger und zufälliger Kursspitzen eine Ausübung lukrativ wird. Dies kann durch die gezielte Bekanntgabe positiver Nachrichten am Kapitalmarkt – z.B. im Rahmen der Bilanzpressekonferenz – vom Management noch gesteuert werden. Ein solcher Effekt ist in den USA empirisch beobachtet worden.

→ Wenn keine Mindestdauer für das Halten der jungen Aktien nach Ausübung der Option vorgeschrieben ist, können Kursspitzen aufgrund allgemeiner Börsenkursentwicklungen ausgenutzt werden, die in keinem Bezug zur eigentlichen Ertragskraft des Unternehmens stehen.

Das Management hat so die Möglichkeit, hohe Prämien zu realisieren – das Verlustrisiko ist allerdings begrenzt, da niemand zur Ausübung der Option gezwungen werden kann. Da in Deutschland die Publizitätspflichten bezüglich der Managementvergütung sehr gering sind, befürchten viele Gegner, dass sich das Management über Stock Option-Pläne großzügig selbst bedient. Der Aufsichtsrat wird in diesem Fall nur als unzureichendes Gegengewicht gesehen.

Kritik kommt schließlich auch von der Seite der Arbeitnehmervertreter und Gewerkschaften. Die in Deutschland – im Gegensatz zu den USA – vorherrschende Stakeholder-Kultur lässt Stock Option-Pläne nicht zuletzt auch dann in das Kreuzfeuer der Kritik geraten, wenn parallel zu ihrer Implementierung Arbeitsplätze abgebaut oder Löhne nicht bzw. nur geringfügig erhöht werden.

Kriterien zur "richtigen" Gestaltung von Stock Option-Plänen

Angesichts dieser Kritikpunkte lässt sich fragen, warum Stock Option-Pläne im Ausland schon seit vielen Jahren sehr erfolgreich sind: Wiegen langfristig die Motivationseffekte die Gefahren auf? Erkenntnisse aus den USA stimmen dem nicht unbedingt zu. Dort lässt sich ein klarer Zusammenhang zwischen steuerlichen Regelungen und der Verwendung von Stock Option-Plänen nachzeichnen (vgl. Winter, 1997) – im Gegensatz zu anderen Motivationsinstrumenten, die sehr viel kontinuierlicher eingesetzt werden. Dagegen kann empirisch zumeist kein direkter Zusammenhang zwischen Stock Option-Plänen und einer höheren Leistung des Managements hergestellt werden (vgl. Winter, 1997).

Was ist zu tun? Konsequenzen: Gestaltung "akzeptabler" Stock Option-Pläne

Was tun? Eine völlige Ablehnung von Stock Option-Plänen ist sicherlich eine wenig durchdachte Radikallösung. Es geht vielmehr um die Frage, inwieweit ihre Nachteile aufgefangen werden können, ohne die Vorteile zu verlieren. Folgende Punkte sollten Sie dabei in Erwägung ziehen:

→ *Herstellung einer echten Anreizkompatibilität zwischen Management und Aktionären.*

Die Ausübung der Option sollte sich für das Management soweit wie möglich nur dann lohnen, wenn sie aus einem erfolgreichen Arbeitseinsatz resultiert. Dazu gehört beispielsweise die Knüpfung der Ausübungsbedingungen an einen Branchenindex, sowie Mindestdauern für das Erreichen dieses Kurses und die Haltefrist der Aktien. Auch die Verknüpfung mit Mindestdividenden bzw. Obergrenzen in der Gewinnthesaurierung kann vereinbart werden. Allerdings ist zu bedenken, dass in Deutschland durch die Vielzahl bilanzpolitischer Spielräume die Bildung stiller Reserven und damit eine versteckte Gewinnthesaurierung möglich ist.

→ *Transparenz über die Kosten und Elemente des Optionsplans gegenüber den Altaktionären.*

In den USA löst die Einführung von Stock Option-Plänen weitreichende

Publizitätspflichten aus. Diesem Beispiel kann auch durch Unternehmen, die nach deutschem Recht bilanzieren, gefolgt werden.

→ *Wahrung der Verhältnismäßigkeit der Managemententlohnung*
In den USA sorgen sogenannte compensation committees innerhalb des board of directors dafür, dass die Vergütung von Führungskräften in einem sinnvollen Bezug zur Managementleistung steht. Ein solcher Weg kann auch in Deutschland innerhalb des Aufsichtsrats beschritten werden.

Last but not least stellt sich die Frage, welche Alternativen gerade im Bereich der zukunftsorientierten und langfristigen Managemententlohnung möglich sind, um Stock Option-Pläne zu ergänzen bzw. zu ersetzen. Die am häufigsten diskutierten Anreizsysteme werden im Folgenden kurz angerissen:

→ Bei nicht börsennotierten Unternehmen, z.B. im Mittelstand, ist eine Beteiligung von Führungskräften am Kapital auch auf anderem Wege möglich, z.B. über eine Einlage als Kommanditist oder stiller Gesellschafter. Hier ist allerdings vorher sowohl steuerlicher als auch gesellschaftsrechtlicher Rat einzuholen.

→ Neben der Entlohnung durch Stock Options kann auch eine Entlohnung direkt durch Aktien des eigenen Unternehmens erfolgen. Um den oben angesprochenen Nachteilen von Stock Option-Plänen wie der kurz-

Shareholder Value – für viele in Deutschland ein „Unwort"

fristigen Kursmanipulation durch gezielte Bekanntgabe von Nachrichten zu entgehen, sind auch hier Bindungsfristen notwendig. Damit entspricht aber die Entlohnung in Aktien einer Art „Zwangssparen" und ist so möglicherweise zwar teuer für das Unternehmen, aber wenig attraktiv für die betroffene Führungskraft.

→ Entlohnungssysteme können auch an anderen Indikatoren festgemacht werden als am Börsenkurs, der als Erfolgsmaßstab ja nur bedingt tauglich ist, da er durch eine Vielzahl von Kapitalmarkteffekten „verschmutzt" wird. Hierzu bietet gerade die Balanced Scorecard eine ergiebige Quelle möglicher Indikatoren. Um solchen Entlohnungssystemen einen langfristigen Charakter zu geben, kann beispielsweise ein mehrjähriger Durchschnitt der ausgewählten Indikatoren verwendet werden, z.B. ein gleitender Dreijahresdurchschnitt der Umsatzzahlen.

2.5.5. Wertmanagement: Methoden

Die Balanced Scorecard ist – wie wir im ersten Teil des Buches dargestellt haben – vor dem Hintergrund einer (zu) starken Finanzorientierung der Führung amerikanischer Unternehmen entstanden. Nicht ganz unbeteiligt an dieser Einschätzung war neben dem traditionellen Managementverhalten eine Entwicklung, die gut zehn Jahre vor der

BSC stattfand und mit dem Label „Shareholder Value" belegt (in Deutschland – begrifflich neutraler – als „Wertorientierte Unternehmensführung" bezeichnet) wurde. Shareholder Value-Ansätze betrachten die Unternehmensaktivitäten wertorientiert aus Sicht der Anteilseigner (aktuelle oder potentielle Investoren). Der Wert eines Unternehmens bestimmt sich für sie aus den ihnen zukünftig zufließenden Zahlungen. Dieser Wert ist aus Sicht der Shareholder Value-Konzepte zu maximieren.

Ansatzpunkte des Konzepts

Die verschiedenen Varianten des Konzeptes entstanden in Kritik an der Aussagekraft traditioneller Steuerungskennzahlen, die aus Buchwerten gewonnen werden. Neben nominalen Periodenerfolgsgrößen – wie dem Jahresüberschuss oder dem Betriebsergebnis –

trifft man in der Praxis auf Kennzahlen, die die Entscheidungen zur alternativen Verwendung knapper Finanzmittel erleichtern sollen. Dazu zählen insbesondere die Eigen- und Gesamtkapitalrendite oder die Umsatzrendite. Der Vergleich der Entwicklung dieser Renditen mit dem Marktwert von börsennotierten Unternehmen lässt die mangelnde Aussagefähigkeit dieser auf Buchwerten basierenden Kennzahlen deutlich werden: Drohende Gefahren für den Wert eines Unternehmens werden zu spät signalisiert; zudem besteht keine direkte Verbindung zur Bewertung des Unternehmens durch den Kapitalmarkt, der sich im Börsenkurs ausdrückt.

Um die Schwächen der traditionellen Beurteilungsgroßen zu beheben, bedienen sich alle Shareholder Value-Konzepte – wie auch die Abbildung zeigt – einer investitionstheoretischen Perspek-

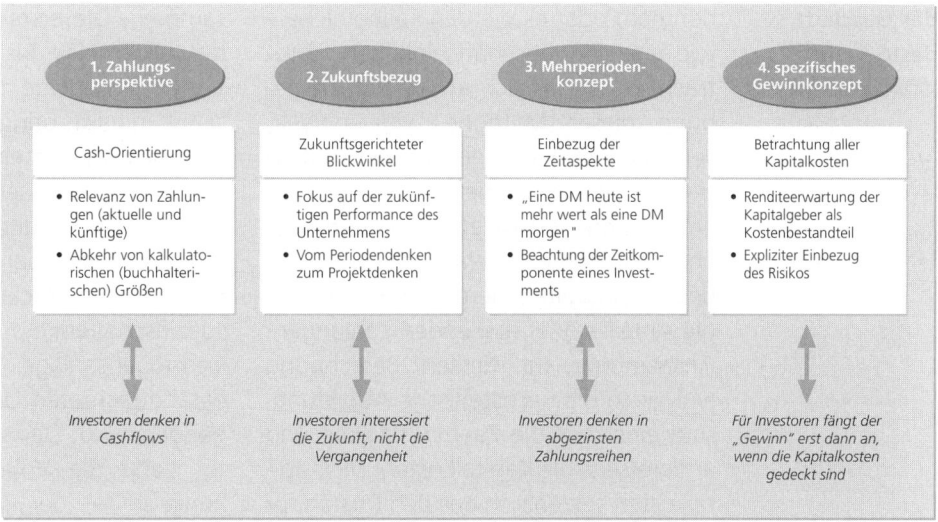

Die Merkmale des Shareholder Value-Ansatzes im Überblick

tive und kapitalmarkttheoretischer Erkenntnisse. Sie unterstützen die Lenkung von Ressourcen in die für die Anteilseigner vorteilhaften Aktivitäten. Die gewonnenen Wertmaßstäbe können gleichzeitig zu einer unternehmensinternen Leistungsbeurteilung bzw. zur Abschätzung des Beitrags einzelner Geschäftsbereiche zum Gesamtwert des Unternehmens genutzt werden. Da sich die einzelnen Shareholder Value-Konzepte deutlich in ihrem Vorgehen voneinander unterscheiden, werden sie im Folgenden einzeln in ihren wesentlichen Schritten erläutert.

Discounted Cash Flow

Auch Eigenkapital kostet Geld: je risikoreicher das Geschäft, desto mehr!

Die Mehrzahl der Shareholder Value-Konzepte basiert auf der Discounted Cash Flow (DCF)-Methodik (beispielsweise Rappaport, 1995; Copeland/Koller/Murrin, 1995). Das Untersuchungsobjekt ist entweder das gesamte Unternehmen, oder es werden Teilbereiche – wie einzelne Geschäftseinheiten – betrachtet. Wie es sich in der Namensgebung dieser Methode widerspiegelt, setzen die DCF-Modelle an den Zahlungen an, die von der betrachteten Einheit empfangen und geleistet werden. Der Shareholder Value entspricht als Wert des Eigenkapitals dem Barwert der an die Anteilseigner fließenden Zahlungen. Ansatzpunkt für dessen Berechnung (vgl. auch die nachstehende Abbildung) sind einerseits die Zahlungsströme und andererseits die Kapitalkosten. Die Kapitalkosten setzen sich aus den Kosten für

das Eigenkapital und das Fremdkapital zusammen, die entsprechend der Kapitalstruktur gewichtet werden; als Eigenkapitalkosten werden dabei – als zentrale Innovation des Shareholder Value-Ansatzes – die Renditeerwartungen der Investoren verstanden, d.h. die Messlatte, die anzeigt, ab wann Gewinn erzielt wird, verschiebt sich deutlich nach oben.

Die Eigenkapitalkosten werden mit Hilfe des Capital Asset Pricing Models (CAPM) analysiert (vgl. Brealey/Myers, 1996, S. 180ff.). Das CAPM greift auf den Kapitalmarkt zurück und drückt die Renditeerwartung für eine Vermögensanlage als Summe aus dem Zinssatz einer risikolosen Kapitalmarktanlage und einer Risikoprämie aus. Als de facto risikolose Anlage werden beispielsweise langfristige staatliche Schuldverschreibungen angesehen. Die Risikoprämie setzt sich aus zwei Komponenten zusammen. Die erste der beiden spiegelt das allgemeine Risiko wider, das eine Vermögensanlage in den Aktienmarkt selbst mit sich bringt. Sie wird als Differenz der Rendite eines Marktportfolios, meist eines repräsentativen Aktienindexes, und der Rendite der risikolosen Vermögensanlage berechnet. Die zweite Komponente drückt das unternehmensspezifische Risiko aus, welches mit einer Vermögensanlage in das Wertpapier des betrachteten Unternehmens eingegangen wird. Der sogenannte Betafaktor zeigt die Volatilität (Kursschwankungsbreite) der spezifischen Vermögensanlage im Verhältnis zur Volatilität des Marktportfolios. Dabei ist der Be-

$$\begin{array}{c}\text{unternehmens-}\\\text{spezifische}\\\text{erwartete}\\\text{Rendite}\end{array} = \begin{array}{c}\text{risikoloser}\\\text{Zins}\end{array} + \begin{array}{c}\text{unternehmens-}\\\text{spezifischer}\\\text{Betafaktor}\end{array} \cdot \left(\begin{array}{c}\text{erwartete}\\\text{Rendite des}\\\text{Marktes}\end{array} - \begin{array}{c}\text{risikoloser}\\\text{Zins}\end{array}\right)$$

tafaktor definiert als das Verhältnis der Kovarianz der Rendite der spezifischen Vermögensanlage mit der Rendite des Marktportfolios zu der Varianz der Rendite des letzteren. Die folgende Formel veranschaulicht die Bestimmung der Renditeerwartung der Eigenkapitalgeber nach dem CAPM:

Die Ermittlung der Fremdkapitalkosten greift gewöhnlich auf die vertraglich fixierten Kosten der einzelnen Fremdkapi-

talformen zurück und gewichtet sie entsprechend ihrem Anteil. Bei der anschließenden Verknüpfung von Eigen- und Fremdkapitalkosten zu einem als Weighted Average Cost of Capital (WACC) bezeichneten Gesamtkapitalkostensatz werden zudem die Steuereffekte berücksichtigt. Der WACC dient der Diskontierung der freien Cashflows. Die Zahlungsströme einer expliziten Planungsperiode werden im DCF-Verfahren veranschlagt und mit einer Abschätzung des Restwertes am Ende der Planungsperiode ergänzt. Zur Schätzung des Restwertes wird zumeist die Methode der ewigen Rente benutzt. Die

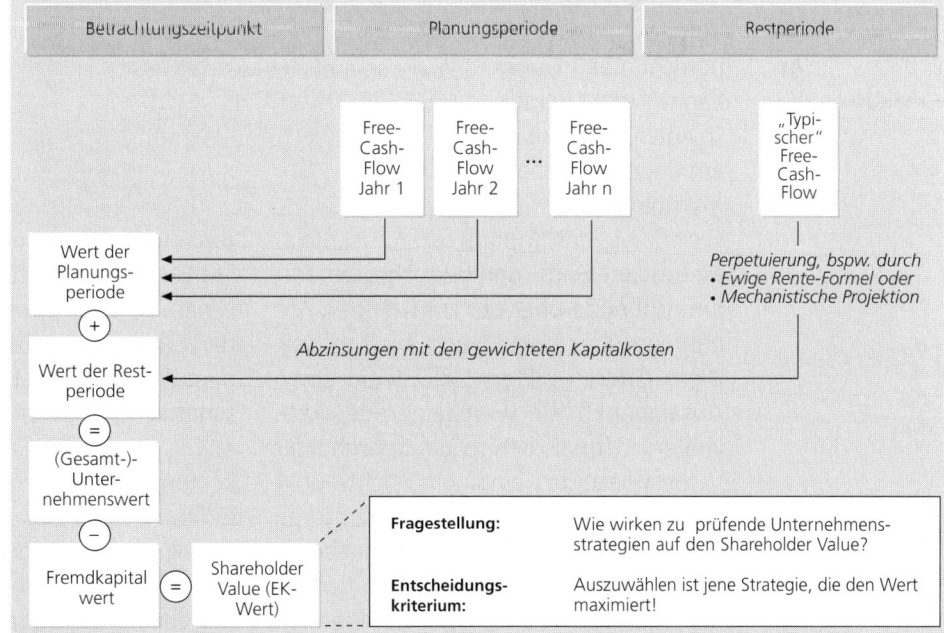

Unternehmenswertbestimmung nach dem Discounted Cashflow-Verfahren (entnommen aus Knorren/Weber, 1997, S. 13)

Summe der beiden Barwerte ergibt den Wert der Untersuchungseinheit nach der DCF-Methode. Als Shareholder Value wird nun der Unterschiedsbetrag dieses Wertes und des Marktwerts des Fremdkapitals der Einheit bezeichnet.

Mit dem beschriebenen Vorgehen lässt sich der Shareholder Value des Gesamtunternehmens oder einer Geschäftseinheit berechnen. Um die Wertsteigerung durch neue Projekte, Strategien oder andere Aktivitäten abzuschätzen, wird einem Basisszenario eine weitere Analyse unter veränderten Annahmen gegenübergestellt. Daraus lassen sich die strategiebestimmte Wertsteigerung oder auch kritische Werte für Parameter ermitteln, die gerade zu einer Werterhaltung führen. Wertveränderungen, die sich also direkt in Veränderungen des berechneten Eigenkapitalwertes widerspiegeln, beruhen auf neuen Annahmen hinsichtlich der Cashflows, der Kapitalkosten, des Restwertes am Ende der betrachteten Planungsperiode oder der zusätzlichen Annahmen über Kosten und Marktpreise. Diese Größen bieten gleichzeitig einen Ansatzpunkt für wertsteigernde Aktivitäten. Oftmals liefern die Shareholder Value-Konzepte eine Übersicht über diese sogenannten Wertgeneratoren (Value Drivers) und zeigen funktionale Verknüpfungen zwischen dem Unternehmenswert und beeinflussenden

Der EVA-Ansatz hat aktuell in Deutschland stark an Verbreitung gewonnen

Größen auf – wir sind hierauf im 1. Teil des Buches (vgl. nochmals S. 31ff.) bereits eingegangen.

Economic Value Added

Der Economic Value Added (EVA) ist eng verwandt mit dem Konzept des ökonomischen Gewinns. Ausgangspunkt des Ansatzes (Stewart, 1996) ist die Differenz zwischen Gesamtkapitalrendite und den Gesamtkapitalkosten, der sog. Spread. Die Gesamtkapitalrendite errechnet sich – wie auch die folgende Formel zeigt – aus dem Verhältnis des operativen Ergebnisses vor Zinssaldo und nach Steuern zu dem mit einem „economic book value" bewerteten Kapital. Dieser Wert ergibt sich vereinfacht aus der Summe der Buchwerte

Economic Value Added (EVA)	
=	Residualeinkommen (pro Periode)
=	(ROI – KK) x KB
=	(Operatives Ergebnis nach Steuern vor Zinsen / Kapitalbasis [„Economic Book Value"] – Kapitalkosten [gemäß CAPM]) x Kapitalbasis

des Sachanlagevermögens und des Umlaufvermögens abzüglich der unverzinslichen Verbindlichkeiten. Korrekturen in der Ergebnis- und Kapitalgröße dienen dem Ziel, möglichst zutreffend die wirtschaftliche Ertragskraft des Unternehmens abzubilden. Die Gesamtkapitalkosten werden als WACC nach dem CAPM oder einer vergleichbaren Methodik errechnet. Die Multiplikation des für eine Periode festgestellten Spreads mit dem eingesetzten Kapital ergibt den

EVA, der als der in einer Periode geleistete absolute Wertbeitrag zu verstehen ist. Er kann zur periodischen Zielvereinbarung und Leistungsbeurteilung des Managements dienen. Weiterhin lässt sich das Konzept in der strategischen Planung anwenden, indem für jedes der geplanten Jahre ein EVA aus den Plan-Bilanzen und Plan-GuVen abgeleitet wird. Die jeweiligen EVA-Werte und zugleich ein am Ende der expliziten Planungsperiode gebildeter EVA-Restwert können anschließend auf den heutigen Zeitpunkt abgezinst werden und geben dann die aus dem Plan resultierende Wertsteigerung als absoluten Wert an.

Cash Flow Return on Investment

Dem Cash Flow Return on Investment (CFROI) liegt schließlich eine andere Vorgehensweise zugrunde (Lewis, 1995). Aus der Investitionsrechnung wird dabei die Methodik des Internen Zinsfußes zur Beurteilung der Rentabilität eines Investitionsprojekts übernommen. Diese Sichtweise wird mit dem CFROI auf die Betrachtung eines Unternehmens oder einer Geschäftseinheit übertragen. Der CFROI ist ein interner Zinsfuß, der den (relativen) Return auf das gesamte in einer Einheit investierte Kapital zeigt.

Zum Zweck der Kalkulation des CFROI wird – analog zu dem Vorgehen der Investitionsrechnung bei einem Einzelprojekt – ein Cashflow-Profil gebildet, das sich wie folgt zusammensetzt:
→ ein Brutto-Investment als „fiktive" Anfangseinzahlung,
→ konstante Brutto-Cashflows als „fik-

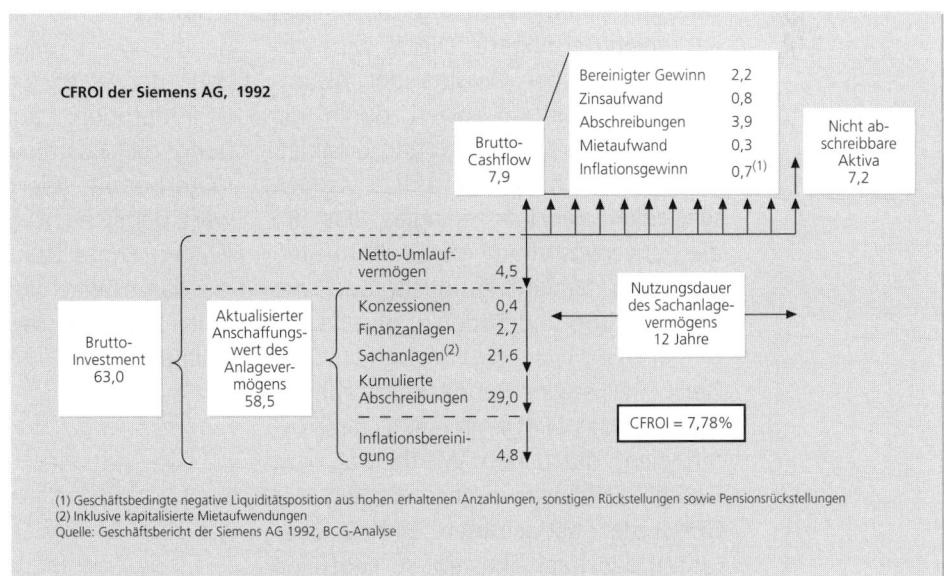

Methodik des CFROI am Beispiel der Siemens AG (entnommen aus Lewis, 1995, S. 118)

tive" jährliche Auszahlungen sowie
→ nicht-abschreibbare Aktiva als „fiktive" zusätzliche Auszahlungen am Ende der Nutzungsdauer.

Das Brutto-Investment ist definiert als die Summe der Aktiva zu Buchwerten zuzüglich der kumulierten Abschreibungen und abzüglich der unverzinslichen Verbindlichkeiten. Zudem werden die kapitalisierten Mietaufwendungen addiert, und es erfolgt eine Inflationsanpassung der historischen Anschaffungskosten des Sachanlagevermögens an den heutigen Geldwert. Der Brutto-Cashflow setzt sich aus dem um außerordentliche und aperiodische Aufwendungen und Erträge bereinigten Jahresüberschuss nach Steuern zuzüglich Abschreibung, Zins- und Mietaufwand zusammen. Die Anzahl der anfallenden Brutto-Cashflows ergibt sich aus der wirtschaftlichen Nutzungsdauer des Sachanlagevermögens. Dieses wird vereinfacht aus der Division der historischen Anschaffungskosten durch die jährliche lineare Abschreibung gebildet. Als nicht-abschreibbare Aktiva werden schließlich die Finanzanlagen, das um die unverzinslichen Verbindlichkeiten bereinigte Umlaufvermögen und der Posten Grund und Boden angesetzt.

Der CFROI ist eine Renditekennzahl. Ein Vergleich des CFROI mit den Kapitalkosten dient dazu, den Wertbeitrag von Geschäftseinheiten zu messen: Liegt der CFROI der betrachteten Einheit über (unter) den Kapitalkosten, so liegt eine

Wie EVA ist auch der CFROI ein „Beraterprodukt"

positive (negative) Netto-Rentabilität vor; wird der CFROI im Zeitablauf größer (kleiner), so wirkt dies wertschaffend (wertvernichtend).

Die Grundidee des CFROI-Ansatzes kann schließlich auch zu einer Ableitung des Unternehmenswertes und nachfolgend des Shareholder Value verwendet werden. Dafür wird der Cashflow des der Analyse zugrunde gelegten Jahres – unter spezifischen Annahmen über das Wachstum der Kapitalbasis und die Entwicklung der Rendite – über einen Zeitraum von 40 Jahren prognostiziert und anschließend auf den heutigen Zeitpunkt abgezinst. Die Ableitung des Shareholder Value erfolgt weitgehend analog zur beschriebenen DCF-Methode. Diesem Wert kann dann im zweiten Schritt ein auf den Plänen des Managements des Unternehmens bzw. Geschäftsbereiches aufbauender Unternehmenswert gegenübergestellt werden, der – analog zur geschilderten DCF-Methodik – auf einer expliziten Planung der Cashflows im Planungszeitraum beruht. Allerdings wird der Restwert dabei nicht über die Formel der ewigen Rente bestimmt, sondern über die dargestellte auf dem CFROI basierende Prognose der Free-Cashflows abgeleitet.

2.5.6. Wertmanagement: Kern des finanzorientierten Controllings

In unseren Augen sollte Wertorientierung keinesfalls als eine „undeutsche Modewelle" abqualifiziert werden. Sie bietet vielmehr – wie die Balanced Scorecard – eine große Chance, bislang Vernachlässigtes stärker in den Fokus der Management Attention zu holen. Wir wollen dies in insgesamt sieben Feststellungen klarmachen.

Wertorientierung ist ein neuer Denkansatz.

Die Grundbotschaft des Shareholder Value ist uralt: Unternehmen sind kein Selbstzweck und keine Selbstbeschäftigung des Managements und der Mitarbeiter, sondern dienen dazu, das eingesetzte Kapital möglichst hoch zu verzinsen. Wertorientierung als alten Wein in neuen Schläuchen zu bezeichnen, geht dennoch fehl.

Die strategische Ausrichtung des Shareholder Value gibt ihr neuen Inhalt. Die klassische Form der Erfolgsermittlung in der internen wie externen Rechnungslegung eignet sich – wie bereits angemerkt – nicht zur Steuerung von Unternehmen im heutigen Umfeld. Auch die strategische Planung konnte diese Lücke nicht füllen: Ihr stark qualitativer Ansatz ließ beliebig Raum für opportunistisches Ansinnen und schlechtes Management. Kein Verlust war groß

Die Bedeutung der Wertorientierung für die Unternehmensführung geht weit über die neuen Rechentechniken hinaus – sonst wirkt das ganze Konzept nicht!

genug, um eine „zentrale strategische Bedeutung" eines Vorhabens „toppen zu können".

Shareholder Value-Konzepte verlangen nun, den Wertbeitrag jeder einzelnen strategischen Option zu bestimmen. Ab jetzt wird gerechnet, auch wenn es manchmal schwer fällt. Dies bedeutet ein wesentliches Umdenken. Ein zweites Kernmerkmal des Shareholder Value-Ansatzes vergrößert den notwendigen Veränderungssprung noch: Der Begriff „Gewinn" wird neu definiert; Gewinn ist (erst) das, was über eine marktübliche, dem Risiko des Geschäfts angepasste Rendite hinausgeht. Einen solchen Denksprung („Paradigmenwechsel") zu vollziehen, gelingt nur mit einer Einstellungsänderung der Führungskräfte. Einstellungsänderungen brauchen breit angelegte Prozesse der Organisationsentwicklung, die eine Domäne der Controller werden könnte!

Wertorientierung lässt sich auf keinen Teilbereich der Führung eingrenzen.

Der Shareholder Value-Ansatz lässt sich in seinem Ursprung als eine Art Investitionsrechnung für das Gesamtunternehmen auffassen. Dennoch wäre es falsch, Shareholder Value als reines Planungsverfahren einzuschätzen. Der Fokus ist deutlich breiter. Der Blick auf den Shareholder beginnt schon bei den grundlegenden Werten und Normen des Unternehmens: Wer Wertsteigerung nicht im Leitbild verankert hat, muss sich nicht wundern, wenn sie im täglichen Geschäft keine zentrale Rolle spielt. Auch große Konzerne sind derzeit dabei, entsprechende Veränderungen umzusetzen.

Ein ständiges Messen der versprochenen Wertsteigerung gehört weiter ebenso zum Handlungsbedarf wie die Überprüfung der Organisationsstruktur des Unternehmens. Schließlich darf auch die Verankerung der Wertorientierung im Anreizsystem nicht vergessen werden – wir sind auf diesen Punkt bereits ausführlich eingegangen. Einen Teil der variablen Vergütung an die erzielte Wertsteigerung zu knüpfen, kann der Shareholder-Value-Idee schneller zum Durchbruch verhelfen, als breit angelegte Schulungen und Überzeugungsarbeit. Auch in funktionaler Perspektive stellt sich damit die Einführung von Wertorientierung als ein komplexer, sorgfältig zu gestaltender Prozess dar.

Eine intensive Diskussion kann bloße Fortschreibung von Planansätzen verhindern

Wertorientierung verbessert die strategische Planung der Unternehmen.

Wenn sich das Shareholder-Value-Konzept auch nicht auf die Planung begrenzen lässt, besitzt es dennoch hier einen wesentlichen Schwerpunkt. Es verlangt eine Quantifizierung der erwarteten Zukunft des Unternehmens. Am deutlichsten wird dies im DCF-Ansatz. Hier gilt es, Zahlungsreihen für das Gesamtunternehmen und seine Geschäftsfelder zu ermitteln. Basis hierfür sind die vorab erarbeiteten Strategien. Diese enthalten

zwar quantitative Daten (wie z.B. erwartete Marktanteile); ein wesentlicher Teil ist aber qualitativer Natur. Qualitative Aussagen lassen sich leichter treffen und schlechter überprüfen als "harte" Zahlungsreihen. Auch diese lassen sich aber unfundiert "excelmäßig" erstellen (Fortschreibung von Vergangenheit) und täuschen häufig eine Genauigkeit vor, die in der Realität gar nicht gegeben ist. Cashflows ohne fundierte strategische Planung ermitteln zu wollen, macht deshalb ebenso wenig Sinn, wie Strategien zu formulieren, ohne ihre monetären Wirkungen abzubilden.

Shareholder Value-Konzepte richtig angewandt, erfordern ein genaues Nachdenken über die Grundlagen des Geschäfts und deren Entwicklung. Ein Beispiel: Zur Ermittlung des Terminal Value sind weitreichende Annahmen zu treffen. Gehen wir – wiederum beispielhaft – davon aus, dass die Rendite in den Perioden der expliziten Planung (häufig 5 Jahre) über der risikoadjustierten Marktrendite liegt, also Wert geschaffen wird. Wird nun diese Situation in die Terminal Value-Bestimmung übertragen, so ist dies gleichbedeutend mit der Annahme, dass der Wettbewerbsvorteil gegenüber der Konkurrenz auf Dauer konserviert werden kann. Eine solche Annahme ist bei funktionierenden Märkten eher unwahrscheinlich. Der sich auftuende Konflikt zwischen Zurückfallen auf Marktüblichkeit versus Halten des Wettbewerbsvorsprungs sichert angeregte, fruchtbare Diskussionen. Hinterher wissen die Beteiligten (deutlich) mehr über ihr Geschäft als vorher – und das hat noch niemals geschadet!

Shareholder Value-Konzepte legen durch ihren Modellaufbau quasi ein Geländer in den Nebel unsicherer Zukunft. Die einzelnen Verfahrensschritte binden systematisch alles vorhandene explizite Wissen des Managements ein. Sie helfen zum einen, nichts Wichtiges zu vergessen, wie sie zum anderen zu einem geordneten Ablauf der Planung führen. Wer einmal seine Cashflows mittels einer Werttreiber-Hierarchie abgeleitet hat, weiß, wovon die Rede ist. Shareholder Value-Konzepte heilen einen Mangel bisheriger strategischer Planung, sollten aber keinesfalls als deren Ersatz angesehen werden. Die schönste Wertsteigerung ist nicht werthaltig, wenn sie sich als Ergebnis kreativer Rechenvorgänge ergibt – und exakt hier haben die Controller eine breite Spielwiese!

Auch bei wertorientierten Plänen gilt: Garbage in – garbage out!

Shareholder Value-Konzepte müssen vor Missbrauch und Fehleinschätzung geschützt werden.

Welcher Controller kennt nicht den Begriff der „kreativen Investitionsrechnung"? Zahlen sind geduldig. Das Ergebnis einer Rechnung ist nur so gut wie die Daten, die sie verwendet (garbage in – garbage out). Dies gilt auch verstärkt für solche Shareholder Value-Konzepte, die nicht ausschließlich oder überwiegend auf Buchwerten basieren.

Der in den Unternehmen übliche Weg, das Management vor zu realitätsfernen Zahlen zu bewahren, besteht darin, dem Planer einen Controller an die Seite zu stellen, der im Sinne eines Advocatus Diaboli von der Güte der Zahlen überzeugt werden muss. Warum sollten die Controller diese Rolle nicht auch bei der Shareholder-Value-Ermittlung spielen? Allenfalls mangelndes Know-how und mangelnde Erfahrung sprechen dagegen; beides lässt sich aber überwinden.

Shareholder Value-Konzepte sind zur Beurteilung des errechneten Werts aber nicht auf Unternehmensinterne allein angewiesen. Börsennotierte Gesellschaften bekommen vielmehr durch die Kursnotierung die Sicht des Aktienmarkts „quasi kostenlos" dazu geliefert. Führt die interne Wertermittlung zu einer Wertsteigerung und verändert sich der Börsenkurs des Unternehmens nicht nach oben, so ist entweder der Kapitalmarkt über die Stärken des Unternehmens falsch informiert, oder aber das Unternehmen schätzt seine eigenen Stärken zu optimistisch ein. Die Gegenüberstellung der Innen- mit der Außensicht bietet genügend Diskussionsstoff und führt zu realistischeren Einschätzungen. Einige Unternehmen binden schließlich für denselben Zweck regelmäßig Finanzanalysten im Rahmen des Investor Relations ein.

Shareholder Value-Konzepte einzuführen heißt auch, sich kritisch mit der Organisationsstuktur auseinanderzusetzen.

Wer am Grundgedanken des Shareholder Value Gefallen gefunden hat, will ihn bald nicht nur für das Unternehmen insgesamt, sondern auch für seine wichtigsten (oder alle) Geschäftsbereiche umsetzen. Hier allerdings lauern erhebliche Probleme, die der Controller kennen muss. Dies fängt schon damit an, dass häufig die einzelnen Geschäftsbereiche keine rechtliche Selbstständigkeit aufweisen und damit keine gesonderte Rechnungslegung besitzen. Damit fehlt die Einschätzung des Kapitalmarkts, was sich insbesondere bei der Bestimmung des geschäftsfeldspezifischen Risikos nachteilig auswirkt.

Organisatorische Fragestellungen viel grundsätzlicherer Art werden allerdings bei der Bestimmung der Cashflows deutlich: Vielfältige Verbundeffekte müssen berücksichtigt werden. Das beginnt bei den Kosten der Geschäftsführung (z.B. der Konzernzentrale), setzt sich bei den Kosten zentraler Dienstleistungsfunktionen fort (wie z.B. das Rechnungswesen) und endet bei der Verrechnung von Leistungsbeziehungen im Wertschöpfungsprozess (z.B. Aufteilung einer gemeinsamen Vorstufe auf zwei Geschäftsfelder). Je größer die Verbunde, desto mehr wird deutlich, dass die Bildung von getrennten Geschäftseinheiten nicht konsequent im Geschäftsprozess umgesetzt wurde. Verbunde signalisieren gewünschte Synergien, gewünschte Synergien bedeuten begrenzte Trennbarkeit des Geschäfts. Wer vorschnell das Wort der Management- bzw. geschäftsführenden Holding in den Mund genommen hat, merkt spätestens bei der Ermittlung getrennter Shareholder Values, dass den Worten entsprechende Taten folgen müssen. Ein Stammhausgeschäft lässt sich nur in einem einzigen Shareholder Value abbilden, jede Trennung wäre nicht viel mehr als ein Rechenkunststück.

Manager müssen an der Wertsteigerung des Unternehmens partizipieren.

Einen Unternehmenswert auszurechnen, fällt nicht leicht. Jedes Unternehmen, das sich erstmals mit dem Shareholder Value-Konzept auseinandersetzt, merkt schnell, dass der Weg dornig ist. Nach Anfangsproblemen haben die Promotoren des Konzepts dann aber zumeist schnell Feuer gefangen: Die intellektuelle Herausforderung wird angenommen. Sich über unterschiedliche Möglichkeiten der Berücksichtigung von Steuern, der Berechnung des Terminal Values oder der Ermittlung der Beta-Werte Gedanken zu machen, ist eine anspruchsvolle Stabs-Aufgabe. Wirkungen auf das Geschäft des Unternehmens gehen davon jedoch noch nicht aus. Sie kommen dann ins Spiel, wenn der Shareholder Value eine feste Größe in der strategischen Planung wird. Wir

So manche geschäftsführende Holding wird beim Versuch der Ermittlung getrennter Geschäftsfeldwerte schnell als verkappter Stammhauskonzern entlarvt!

Wertorientierung im Unternehmen zu verankern, sollte Kerngeschäft der Controller sein (werden), nicht das von Beratern!

sind auf diesen Punkt bereits zuvor eingegangen. Allerdings besteht auch hier bei falscher Anwendung noch die Gefahr, dass es beim Rechenkunststück bleibt, dass die Implikationen der antizipierten Wertveränderung nicht konsequent in die Geschäftsgestaltung umgesetzt werden. Die gebührende Management-Attention gewinnt das Konzept erst dann, wenn die Führungskräfte eine Wertsteigerung oder Wertvernichtung unmittelbar an ihrem Geldbeutel merken, wenn mit anderen Worten der Shareholder-Value eine feste Größe im Entgeltsystem des Managements wird. Hier hört dann auch jedes Verständnis für intellektuelle Spielereien auf: Wie der Unternehmens- bzw. Geschäftsbereichswert ermittelt wird, muss dann klar, transparent, nachvollziehbar und - zentral wichtig - manipulationsfest sein. Die Umsetzung in die variable Vergütung ist die Feuertaufe jeden Shareholder Value-Konzepts im Unternehmen.

Eine solche Umsetzung fällt am leichtesten dann, wenn die betrachtete Einheit rechtliche Selbstständigkeit besitzt und börsennotiert ist. In diesem Fall kann z.B. der von uns weiter oben ausführlich diskutierte Weg der Gewährung von Stock Options gegangen werden. Gelten beide Bedingungen nicht, müssen Ermittlungs- und Verrechnungsannahmen getroffen werden. Hier stoßen wir erneut auf das zuvor angesprochene Problem: Mangelnde Konsequenz in der Trennung von Geschäft bedeutet gegenseitige Abhängigkeit. Gegenseitige

Abhängigkeit be- oder verhindert getrennte Erfolgsbestimmung. Will man Geschäftsbereichsleiter an der Wertsteigerung (bzw. am Wertverlust) ihres Geschäfts beteiligen, stellt sich die Frage nach der richtigen Organisation noch drängender.

Die Verankerung der Shareholder Value-Idee im Entgeltsystem ist die Gretchenfrage des Ansatzes. Wer davor stehen bleibt, riskiert das Scheitern der Wertorientierung.

Controller sollten einen wesentlichen Part in der Einführung der Wertorientierung spielen.

Betrachtet man die unterschiedlichen Spielarten des Shareholder Value-Konzepts, so fällt auf, dass hinter jedem Ansatz eine eigene Unternehmensberatung steht. Die Shareholder Value-Bewegung ist wesentlich beratergetrieben. Wertorientierung gänzlich ohne Beratung im Unternehmen verankern zu wollen, erscheint kaum effizient.

Allerdings sollte man die Rolle des Beraters strikt eingrenzen: Berater können bestimmte Rollen spielen, andere dagegen nicht. Sie bringen Einführungserfahrung mit und verhindern damit, das Rad stets neu erfinden zu müssen. Sie helfen – auch durch ihre hohen Kosten – dabei, den Einführungsprozess schnell und konsequent zu gestalten. Sie können ihr (hoffentlich in jedem Einzelfall vorhandenes) breites Wissen in entsprechende Verfahrenslösungen einbringen. Ihr Beitrag zum Lernen des einzelnen Managers, zur Veränderung seines Verhaltens ist dagegen gering. Nur wenige Beratungen verstehen sich bewusst als Organisationsentwickler, die den Prozess über eine längere Zeit hinweg begleiten und als „Lehrer" beim Lernen helfen. Und auch solche Beratungen betonen stets, dass der zentrale Part der Einführung vom Unternehmen selbst zu leisten ist. Wertorientierung zu verankern, bedarf eines starken internen „Kümmerers".

Finanzziele für das Controlling – eine für viele ungewöhnliche Perspektive!

Schaut man sich nach möglichen Trägern dieser Rolle um, fallen zwei schnell ins Auge. Erste Konzeptüberlegungen werden häufig von der Unternehmensentwicklung (bzw. entsprechenden Stabsfunktionen in unmittelbarer Nähe zur Unternehmensleitung) angestellt. Aufgrund der bewusst vom operativen Tagesgeschäft abgekoppelten Funktion ergeben sich allerdings schlechte Startbedingungen für einen breiten und tief hinabreichenden Verankerungsprozess. Eine bessere Ausgangsposition hat das Controlling: Controller finden sich in allen Ebenen des Managements, Controller sind diejenigen, die bisher schon das Management in Fragen der Erfolgssteuerung beraten haben. Das Controlling ist in unseren Augen prädestiniert dafür, Wertorientierung im Unternehmen zu verankern. Allerdings müssen hierfür viele Controller wieder „auf die Schulbank" und die Begriffe und Zusammenhänge des Kapitalmarkts lernen. Es spricht viel dafür, dass in einer stärkeren Finanzorientierung eine wesentliche Entwicklungsrichtung des Controlling in der Unternehmenspraxis liegt.

2.5.7. Finanzperspektive einer BSC für den Controllerbereich

Wie wir gesehen haben, besteht auch in der Controllern traditionell so bekannten finanziellen Perspektive noch ein erheblicher Handlungsbedarf. Gehen sie diesen nicht aktiv an, so besteht die große Gefahr, angestammte interne Märkte an neue Wettbewerber zu verlieren. Die lange Zeit von den Controllern eher etwas despektierlich betrachteten Accountants („Ärmelschoner") zählen hierzu ebenso wie die erstarkte Funktion der Corporate Finance.

Aber auch zur Controllerdienst-internen Steuerung bietet die finanzielle Perspektive der BSC Anlass zu neuen Überlegungen und Fokussierungen. Wir wollen dies an dem nun abzuschließenden Beispiel veranschaulichen.

→ In den meisten Unternehmen tragen zwar die Controller einen erheblichen Teil der Arbeit und Verantwortung für die operative Planung, kennen aber nicht die insgesamt hierfür anfallenden Kosten (und erst recht nicht den Nutzen!). Die Planungskosten in die BSC aufzunehmen, lenkt die Aufmerksamkeit der Controller auf Vereinfachungen der Planung einerseits und Verbesserungen

Finanzperspektive

→ Planungskosten: Reduzierung der Kosten der operativen Planung und Budgetierung von 0,5‰ auf 0,4‰ der Gesamtkosten

→ R3-Einführung: Einhaltung des Budgets (bei Verkürzung der Projektlaufzeit um drei Monate)

→ Consultancy-Erfolg: Einhaltung der versprochenen Pay-off-Zeiten in den von Controllern durchgeführten Beratungsprojekten ± 1 Quartal

→ Gesamtkosten des Controllerdienstes: Senkung des Anteils der Controllerkosten an den Gesamtkosten um 5%

Vier Kennzahlen der Finanzperspektive – ein Beispiel

des Planungsprozesses anderseits (die angegebenen Zahlen entstammen übrigens dem schon häufig in diesem Buch genannten WHU-Arbeitskreis Benchmarking Controlling).

→ Ein (nicht unerheblicher) Teil der Controllerarbeit vollzieht sich in Projekten. Wenn eines davon eine besonders wichtige Bedeutung besitzt, sind die Projektziele ein potentieller Kandidat für die BSC!

→ Controller leisten eine bestimmte Art von Unterstützungs- und Ergänzungsleistung für das Management. Deshalb ist es sehr schwierig, den Controllern eigenständige Erfolge zuzuordnen. Dennoch ist eine solche Möglichkeit keinesfalls gänzlich ausgeschlossen. Das Beispiel greift hier einen in den meisten Unternehmen umsetzbaren Fall heraus: Controller wollen interne Beraterarbeit leisten und tun dies auch. In Beratungsprojekten geht es zumeist um Effizienzsteigerungen, die die Kosten des Be-

ratungsprojekts schnell wieder verdienen. Diese Erwartung kann in konkrete Ziele gegossen werden. Sie selbst und ihre Einhaltung können damit Gegenstand der finanziellen Perspektive der BSC werden.

→ Schließlich bietet sich noch eine Kennzahl gleichsam natürlich für die BSC des Controllerbereichs an: die Gesamtkosten, sei es absolut, sei es – wie in unserem Beispiel – relativ auf die Gesamtkosten bezogen. Wir kennen derzeit nicht viele Unternehmen, in denen diese Zahlen bekannt sind: Es müssen deutlich mehr werden! Oder mit anderen Worten: Wer seine eigenen Kosten nicht kennt, sollte sie anderen nicht vorhalten!

2.6. FAZIT: RE-INVENTING DES CONTROLLING

Mi der reinen Implementierung eines neuen Instruments ist es nicht getan. Die Balanced Scorecard muss vielmehr im Controlleralltag mit Leben gefüllt sein. Nicht nur Manager, sondern gerade auch Controller müssen ihr Denken auf alle relevanten Dimensionen ihrer Tätigkeit ausweiten. Wir haben versucht, schlaglichtartig aktuelle Herausforderungen und neue Aufgabenbilder für Controller in den Perspektiven der Kunden-, Prozess, Wissens- und Finanzorientierung abzuleiten. Aufgabe jeden Controllers ist es, seine Kernherausforderung und seinen nächsten Schritt zu bestimmen. Wie schon an früherer Stelle gesagt: die Zeit der Standardlösungen und Pauschalrezepte ist vorbei. Wollen die Controller hier ihre Beratungsfunktion erhalten (oder wieder erarbeiten!), sind erhebliche Anstrengungen erforderlich, die zudem schnell zum Erfolg führen müssen. Wird die Chance einer Rückbesinnung auf den Kern der Controllingfunktion vertan, fällt die Beraterrolle anderen zu. Wem diese Sicht nicht passt, muss sich erheblich anstrengen. In vielen Unternehmen geht es deshalb um ein Re-Inventing ihres Controlling. Eine grundlegende Diskussion ist erforderlich. Wir haben versucht, dieser Diskussion einen hilfreichen roten Faden zu geben. Er sollte Sie in der Strategieformulierung des Controllerbereichs ebenso unterstützen wie in der Analyse der Eignung Ihres Controllerstamms. Unserer Erfahrung nach wird es Ihnen nicht ohne erhebliche Aus- und Weiterbildungsanstrengungen gelingen, den Sprung zu dem „neuen" Controlling zu schaffen. Diese Mühen (und Kosten) sind allerdings den Schweiß des Edlen wert: Ein umfassender Counterpart des Managers im Führungsprozess zu sein, ist allemal spannender, als Tag für Tag Zahlen im Rechner zu jonglieren!

LITERATURVERZEICHNIS

Albrecht, F. (1993): Strategisches Management der Unternehmensressource Wissen, Frankfurt am Main 1993.

Amshoff, B. (1993): Controlling in deutschen Unternehmungen – Realtypen, Kontext und Effizienz, 2. aktualisierte Aufl., Wiesbaden 1993.

Antoni, M. (1988): Organisationsentwicklung, in: Gabler's Wirtschaftslexikon, 12. Aufl., Bd. 2, Wiesbaden 1988, Sp. 751-755.

Aguilar, F.J. (1967): Scanning the Business Environment, New York et al. 1967.

Becker, F.G. (1986): Anreizsysteme – Ein vernachlässigter Bestandteil eines strategischen Managements, in: Strategische Planung 2/1986, S. 105-108.

Becker, F.G. (1990): Anreizsysteme für Führungskräfte. Strategisch-orientierte Steuerung des Managements, Stuttgart 1990.

Bendak, J. (1992): Controlling im Konzern, München 1992.

Brealey, R.A./Myers, S.C. (1996): Principles of Corporate Finance, 5. Aufl., New York 1996.

Bruggeman, W./Van der Stede, W. (1993): Fitting Management Control Systems to Competitive Advantage, in: British Journal of Management, September 1993, S. 205-218.

Camp, R.C. (1989): The Search for Industry Best Practices That Lead to Superior Performance, Milwaukee 1989.

Coenenberg, A.G./Günther, T. (1991): Erfolg durch strategisches Controlling? – Ergebnisse einer empirischen Untersuchung, in: Horváth, P./Gassert, H./Solaro, D. (Hrsg.): Controllingkonzeptionen für die Zukunft: Trends und Visionen, Stuttgart, 1991, S. 29-45.

Copeland, Th./Koller, T./Murrin, J. (1995): Valuation, Measuring and Managing the Value of Companies, 2. Aufl., New York et al. 1995.

Davenport, Th.H. (1998): Wenn Ihr Unternehmen wüßte, was es alles weiß, Landsberg/Lech 1998.

Demski, J.S. (1993): The General Impossibility of Normative Accounting Standards, in: The Accounting Review, Volume 48, S. 718-723.

Deyhle, A. (1997): Management- und Controlling-Brevier, 7. Aufl., Wörtsee-Etterschlag 1997.

Donabedian, A. (1980): The Definition of Quality and Approaches to Its Assessment –

Explorations in Quality Assessment and Monitoring, Vol. 1., Ann Arbor 1980.

Drucker, P.F. (1995): Managing in a Time of Great Change, New York 1995.

Eccles, R.G. (1991): The Performance Measurement Manifesto, in: Harvard Business Review, January/February 1991, S. 131-137.

Eccles, R.G./Noriah, N. with J.D. Berkley (1992): Beyond the Hype – Rediscovering the Essence of Management, Boston 1992.

Edvinsson, L. (1997): Intellectual Capital: Realizing Your Company's True Value by Finding it's Hidden Roots, New York 1997.

Eggers, B. (1994), Ganzheitlich-vernetzendes Management: Konzepte, Workshop-Instrumente und strategieorientierte PUZZLE-Methodik, Wiesbaden 1994.

Feider, J./Schoppen, W. (1988): Prozess der strategischen Planung – Vom Strategieprojekt zum strategischen Management, in: Henzler, H. (Hrsg.): Handbuch Strategische Führung, Wiesbaden 1988, S. 665-689.

Friedag, H.R./Schmidt, W. (1999): Balanced Scorecard – Mehr als ein Kennzahlensystem, Freiburg et al. 1999.

Giehl, H. (1993): Weiterentwicklung des Logistik-Controlling zum Prozessketten-Controlling in der BMW-AG, in: Weber, J. (Hrsg.): Praxis des Logistik-Controlling, Stuttgart 1993, S. 291-318.

Goeldel, H. (1997): Gestaltung der Planung – Konzeptioneller Ansatz und Fallstudien, Wiesbaden 1997.

Gomez, P./Probst, G.J.B. (1997): Die Praxis des ganzheitlichen Problemlösens – Vernetzt denken – Unternehmerisch handeln – Persönlich überzeugen, 2. Aufl., Bern et al. 1997.

Gonik, J. (1978): Tie Salesmen's Bonuses to Their Forecasts, in: Harvard Business Review, May-June 1978, S. 116-123.

Gray, J./Pesqueux, Y. (1993): Evolutions Actuelles des Systemes de Tableau de Bord, in: Revue Francaise de Comptaibilité (242), Février, S. 61-70.

Grothe, M. (1999): Wissensmanagement im Controllerbereich und darüber hinaus, in: Gentsch, P. (Hrsg.): Wissensmanagement mit moderner Informationstechnologie: Bausteine – Instrumente – Fallstudien, Wiesbaden 1999.

Güldenberg, S. (1997): Wissensmanagement und Wissenscontrolling in lernenden Organisationen – Ein systemtheoretischer Ansatz, Wiesbaden 1997.

Gutenberg, E. (1983): Grundlagen der Betriebswirtschaftslehre, Bd. 1: Die Produktion, 24. Aufl., Berlin u.a. 1983.

Haller, A. (1997): Zur Eignung der US-GAAP für Zwecke des internen Rechnungswesens, in: Controlling, 9. Jg., S. 270-277.

Hamprecht, M. (1996): Controlling von Konzernplanungssystemen, Wiesbaden 1996.

Hoch, D. J./Langenbach, W./Meier-Reinhold, H. (2000): Implementierung von Balanced Scorecards im Spannungsfeld von unternehmerischen Zielsetzungen und Voraussetzungen, in: BFuP, 53. Jg., H. 1, S. 56-66.

Hoffmann, O. (2000): Performance Management, 2. Aufl., Bern 2000.

Homburg, Chr. (1995): Kundennähe von Industriegüterunternehmen. Konzeption – Erfolgsauswirkungen – Determinanten, Wiesbaden 1995.

Homburg, Ch./Rudolph, B. (1998): Theoretische Perspektiven zur Kundenzufriedenheit, in: Simon, H./Homburg, Chr. (Hrsg.): Kundenzufriedenheit. Konzepte – Methoden – Erfahrungen, 3. Aufl., Wiesbaden 1998, S. 33-55.

Homburg, Ch./Weber, J./Aust, R./Karlshaus, J.T. (1998): Interne Kundenorientierung der Kostenrechnung – Ergebnisse der Koblenzer Studie, Band 7 der Reihe Advanced Controlling, Vallendar 1998.

Hong, C.L. (1996): Management Control Systems and Business Strategy, in: Singapore Management Review, S. 39-54.

Hoppenstedt-Verlag (Hrsg.) (1998): Börsen-Jahrbuch 1998. Chancen – Daten – Fakten, Darmstadt u.a. 1998.

Horvàth, P. (1997): Vorwort zur deutschen Auflage, in: Kaplan, R.S./Norton, D.P.: Balanced Scorecard – Strategien erfolgreich umsetzen, Stuttgart 1997, S. V-VII.

Horváth, P. (1999): Das Balanced-Scorecard-Managementsystem – das Ausgangsproblem, der Lösungsansatz und die Umsetzungserfahrungen, in: Die Unternehmung, 53. Jg., S. 333-350.

Horvàth, P./Kaufmann, L. (1988): Balanced Scorecard – ein Werkzeug zur Umsetzung von Strategien, in: Harvard Manager 5/1998, S. 39-48.

Horváth, P./Seidenschwarz, W. (1992): Zielkostenmanagement, in: Controlling, 4. Jg., S. 142-150.

Horváth, P./Seidenschwarz, W. (1991): Die Methodik des Zielkostenmanagements, Forschungsbericht der Universität Stuttgart, 1991.

Horváth & Partner (2000): Balanced Scorecard umsetzen, Stuttgart 2000.

Johnson, H.T./Kaplan, R.S. (1987): Relevance Lost – The Rise and Fall of Management Accounting, Boston 1987.

Juran, J.M. (1993): Der neue Juran: Qualität von Anfang an, Landsberg/Lech 1993.

Kaas, K.P. (1990): Marketing als Bewältigung von Informations- und Unsicherheitsproblemen im Markt, in: DBW, 50. Jg., S. 539-548.

Kano, N. et al. (1984): Attractive Quality and Must be Quality, in: Hinshitsu, 14. Jg., H. 2, S. 39-48.

Kaplan, R.S. (1982): Advanced Management Accounting, Englewood Cliffs 1982.

Kaplan, R. S. (2000): Geleitwort, in: Horváth & Partner (2000): Balanced Scorecard umsetzen, Stuttgart 2000, S. V.

Kaplan, R.S./Norton, D.P. (1992): The Balanced Scorecard – Measures that Drive Performance, in: Harvard Business Review, January/February, S. 71-79.

Kaplan, R.S./Norton, D.P. (1996): Balanced Scorecard – Translating Strategy into Action, Boston 1996.

Kaplan, R.S./Norton, D.P. (1997): Balanced Scorecard – Strategien erfolgreich umsetzen, Stuttgart 1997.

Kauffmann, H. (1997): Die Neuausrichtung des Controlling bei der Daimler-Benz AG, in: Horváth, P. (Hrsg.): Das neue Steuerungssystem des Controllers. Von Balanced Scorecard bis US-GAAP, Stuttgart 1997, S. 35-42.

Kefalas, A.G. (1971): Scanning the Business Environment, Ann Arbor 1971.

Kieser, A. (1996): Moden & Mythen des Organisierens, in: DBW, 56. Jg., S. 21-39.

Kieser, A. (2000): Die Balanced Scorecard als Managementmode, in: krp Sonderheft 2/2000: Balanced Scorecard. Branchenlö-

sungen – Balanced Scorecard für interne Dienstleister – IT-Implementierung, S. 123f.

Kirsch, W./Esser, W.-M./Gabele, E. (1979): Das Management des geplanten Wandels in Organisationen, Stuttgart 1979.

Kirsch, W./Roventa, P./Trux, W. (1983): Wider den Haarschneideautomaten – Ein Plädoyer für mehr „Individualität" bei der Strategischen Unternehmensführung, in: Kirsch, W./Roventa, P. (Hrsg.): Bausteine eines strategischen Managements. Dialoge zwischen Wissenschaft und Praxis, Berlin/New York 1983, S. 17-41.

Kleinwort Benson Research (Hrsg.) (1997): Rechnungslegung im Umbruch, Frankfurt/Main 1997.

Knorren, N. (1998): Wertorientierte Gestaltung der Unternehmensführung, Wiesbaden 1998.

Knorren, N./Weber, J. (1997): Shareholder Value – Eine Controlling-Perspektive, Band 2 der Reihe Advanced Controlling, Vallendar 1997.

Kohler, K. (1997): Stock Options für Führungskräfte aus der Sicht der Praxis, in: Zeitschrift für das gesamte Handels- und Wirtschaftsrecht, 161. Jg., S. 246-268.

Kotter, J.P. (1995): Why Transformation Efforts Fail, in: Harvard Business Review, 73. Jg., S. 59-67.

Küpper, H.-U./Weber, J./Zünd, A. (1990):

Zum Verständnis und Selbstverständnis des Controlling, in: ZfB, 60. Jg., S. 281-293.

Kurrle, A. (1995): Controlling und Effizienz: Die Messung der Effizienz des Controlling in der Industrie auf der Grundlage der empirischen Einzelanalyse, Bielefeld 1995.

Küting, K./Lorson, P. (1998): Anmerkungen zum Spannungsfeld zwischen externen Zielgrößen und internen Steuerungsinstrumenten, in: Der Betriebsberater, 53. Jg., S. 469-475.

Lewin, K (1947): Frontiers in Group Dynamics, in: Human Relations, 1. Jg. (1947/1948), S. 5-41 und S. 143-153.

Lewin, K. (1963): Feldtheorie in der Sozialwissenschaft, Bern/Stuttgart 1963.

Lewis, Th.G. (1995): Steigerung des Unternehmenswertes – Total Value Management, 2. Aufl., Landsberg/Lech 1995.

Lorson, P. (1996): Erfolgsrechnung und -überwachung in globalen Konzernen. Grundsätzliche Anmerkungen aus Sicht des Konzerncontrolling, in: Der Betrieb, 49. Jg., S. 2505-2511.

Manago, M./Auriol, E. (1996): Mining for Or, in: OR/MS Today, Feb. 1996, S. 28-32.

Menn, B.-J. (1996): Was bedeutet die Übernahme der IAS für deutsche Unternehmen?, in: Schmalenbach-Gesellschaft (Hrsg.): Globale Finanzmärkte, Stuttgart 1996, S. 121-136.

Michel, U. (1997): Strategien zur Wertsteigerung erfolgreich umsetzen – Wie die Balanced Scorecard ein wirkungsvolles Shareholder Value Management unterstützt, in: Horváth, P. (Hrsg.): Das neue Steuerungssystem des Controllers – Von Balanced Scorecard bis US-GAAP, Stuttgart 1997, S. 273-288.

Miles, R.E./Snow, C.C. (1978): Organizational Strategy, Structure and Process, New York 1978.

Miller, G.A. (1956): The Magical Number Seven, Plus or Minus Two, Limits to Our Capacity for Processing, in: Psychological Review, 63. Jg., S. 81-97.

Mintzberg, H. (1994): The Fall and Rise of Strategic Planning, Reconceiving Roles for Planning, Plans, Planners, New York/Toronto 1994.

Niedermayr, R. (1994): Entwicklungsstand des Controlling – System, Kontext und Effizienz, Wiesbaden 1994.

Nonaka, I. (1991): The Knowledge-Creating Company, in: Harvard Business Review, November-December 1991, S. 96-104.

Nonaka, I./Takeuchi, H. (1995): The Knowledge Creating Company – How Japanese Companies Create the Dynamics of Innovation, Oxford 1995.

Norton, D. P./Kappler, F. (2000): Trends and Research Implications, in: Controlling, H. 1/2000, S.15-22.

Olve, N.-G./Roy, J./Wetter, M. (1999): Performance Drivers – A Practical Guide to Using the Balanced Scorecard, Chichester et al. 1999.

Pellens, B./Rockholtz, C./Stienemann, M. (1997): Marktwertorientiertes Konzerncontrolling in Deutschland – Eine empirische Untersuchung, in: Der Betrieb, 50. Jg., S. 1933-1939.

Pfaff, D./Weber, J. (1998): Zweck der Kostenrechnung? Eine neue Sicht auf ein altes Problem, in: DBW, 58. Jg., S. 151-165.

Pritsch, G. (2000): Realoptionen als Controlling-Instrument. Zur Rationalitätssicherung in pharmazeutischer Forschung & Entwicklung, Wiesbaden 2000.

Probst, G./Raub, S./Romhardt, K. (1997): Wissen managen – Wie Unternehmen ihre wertvollste Ressource optimal nutzen, Frankfurt am Main 1997.

Rappaport, A. (1995): Shareholder Value. Wertsteigerung als Maßstab für die Unternehmensführung, Stuttgart 1995.

Reichmann, T. (1997): Controlling mit Kennzahlen, 5. Aufl., München 1997.

Ringbakk, K.-A. (1972): The Corporate Planning Life-Cycle – An International Point of View, in: Long Range Planning 3/1972, S. 10-20.

Rösler, F. (1996): Target Costing für die Automobilindustire, Wiesbaden 1996.

Schäffer, U. (1996): Controlling für selbstabstimmende Gruppen?, Wiesbaden 1996.

Schäffer, U. (2000): Zeit des Managements - Kern einer Theorie der Unternehmenssteuerung?, in: Bloech, J./Götze, U./Mikus, B. (Hrsg.): Management und Zeit, Heidelberg et al. 2000, S.73-93.

Schäffer, U./Weber, J. (1999): Controller können von Consultants lernen, in: Harvard Business Manager, 21. Jg., H. 1, S. 21-28.

Schanz, G. (1991): Motivationale Grundlagen einer Gestaltung von Anreizsystemen, in: Schanz, G. (Hrsg.): Handbuch Anreizsysteme in Wirtschaft und Verwaltung, Stuttgart 1991, S. 3-31.

Schott, G. (1981): Kennzahlen – Instrument der Unternehmensführung, 4. Aufl., Wiesbaden 1981.

Schreyögg, G./Steinmann, H. (1985): Strategische Kontrolle, in: ZfbF, 37. Jg., S. 391-410.

Sculley, J. (1987): Odyssey: Pepsi to Apple ... A Journey of Adventure, Ideas, and the Future, New York 1987.

Senge, P.M. (1990): The Fifth Discipline - The Art & Practice of the Learning Organization, New York et al. 1990.

Seitz, P. (1993): Strategische Managementsysteme im internationalen Unternehmen, München 1993.

Simon, H./Homburg, Chr. (Hrsg.) (1998): Kundenzufriedenheit. Konzepte – Methoden – Erfahrungen, 3. Aufl., Wiesbaden 1998.

Simons, R. (1987): Accounting Control Systems and Business Strategy: An Empirical Analysis, in: Accounting, Organizations and Society 1987, S. 357-374.

Simons, R. (1995): Levers of Control – How Managers Use Innovative Control Systems to Drive Strategic Renewal, Boston 1995.

Simons, R. (1999): Performance Measurement & Control Systems for Implementing Strategy, Upper Saddle River, New Jersey, 1999.

Simons, R./Dávila, A. (1998): How High is Your Return on Management?, in: Harvard Business Review, January/February 1998, S. 71-80.

Stata, R. (1989): Organizational Learning – The Key to Management Innovation, in: Sloan Management Review, Spring 1989, S. 63-74.

Stauss, B./Hentschel, B. (1990): Die Qualität von Dienstleistungen: Konzeption, Messung und Management. Diskussionsbeiträge der Wirtschaftswissenschaftlichen Fakultät Ingolstadt, Nr. 10. Katholische Universität Eichstätt 1990.

Stewart III, G.B. (1996): The Quest for Value, New York 1996.

Stonich, P.J. (1984): The Performance Measurement and Reward Systems. Critical to Strategic Management, in: Organizational Dynamics 3/1984, S. 45-57.

Weber, J. (1985): Kostenrechnung als Controlling-Instrument, in: krp-Sonderheft 1985, S. 29-31.

Weber, J. (1995): Logistik-Controlling, 5. Aufl., Stuttgart 1995.

Weber, J. (1997): Kostenrechnung am Scheideweg?, in: Freidank, C.-C./Götze, U./Huch, B./Weber, J. (Hrsg.): Kostenmanagement. Aktuelle Konzepte und Anwendungen, Berlin et al. 1997, S. 3-23.

Weber, J. (1999): Einführung in das Controlling, 8. Aufl., Stuttgart 1999.

Weber, J./Frank, S./Reitmeyer, Th. (2000): Erfolgreich entscheiden im Mittelstand. Der Managementleitfaden für den Mittelstand, Wiesbaden 2000.

Weber, J./Goeldel, H./Schäffer, U. (1997): Zur Gestaltung der strategischen und operativen Planung, in: Die Unternehmung, 51. Jg. (1997), S. 273-295.

Weber, J./Kummer, S. (1998): Logistikmanagement, 2. Aufl., Stuttgart 1998.

Weber, J./Kummer, S./Großklaus, A./Nippel, H./Warnke, D. (1995): Methodik zur Generierung von Logistik-Kennzahlen, in: Weber, J. (Hrsg.): Kennzahlen für die Logistik, Stuttgart 1995, S. 9-45.

Weber, J./Kummer, S./Großklaus, A./Nippel, H./Warnke, D. (1997): Methodik und Generierung von Logistik-Kennzahlen, in: Betriebswirtschaftliche Forschung und Praxis, 49. Jg. (1997), S. 438-454.

Weber, J./Schäffer, U. (1998): Balanced Scorecard – Gedanken zur Einordnung des Konzepts in das bisherige Controlling-Instrumentarium, in: Zeitschrift für Planung, Heft 4/1998, S. 341-366.

Weber, J./Schäffer, U. (1999a): Sicherung der Rationalität in der Willensbildung durch die Nutzung des fruchtbaren Spannungsverhältnisses von Reflexion und Intuition, in: Zeitschrift für Planung, Bd. 10, S. 205-224.

Weber, J./Schäffer, U. (1999b): Auf dem Weg zu einem aktiven Kennzahlenmanagement, in: Die Unternehmung, 53. Jg., S. 333-350.

Weber, J./Schäffer, U. (1999c): Operative Werttreiberhierarchien als Alternative zur Balanced Scorecard?, in: krp, 43. Jg., S. 284-287.

Weber, J./Schäffer, U. (1999d): Sicherstellung der Rationalität von Führung als Funktion des Controlling, in: DBW, 59. Jg., S. 731-746.

Weber, J./Schäffer, U. (2000a): Entwicklung von Kennzahlensystemen, in: BFuP, 53. Jg., S. 1-16.

Weber, J./Schäffer, U. (2000b): Controlling als Koordinationsfunktion?, in: krp, 44. Jg., S. 109-118.

Weber, J./Weißenberger, B.E. (1998): Finanzorientiertes Controlling, Band 6 der Reihe Advanced Controlling, Vallendar 1998.

Weber, J./Weißenberger, B.E./Aust, R. (1997): Benchmarking im Controllerbereich: Ansätze und Erfahrungen eines Arbeitskreises, in: agplan-Handbuch zur Unternehmensplanung, Ergänzungs-Lieferung X/1997, S. 1-36.

Weber, J./Weißenberger, B.E./Liekweg, A.: Risk Tracking and Reporting. Unternehmerisches Chancen- und Risikomanagement nach dem KonTraG, Band 11 der Reihe Advanced Controlling, Vallendar 1999.

Weber, J./Wertz, B. (1998): Benchmarking Excellence, Band 10 der Reihe Advanced Controlling, Vallendar 1998.

Weißenberger, B.E. (1997): Die Informationsbeziehung zwischen Management und Rechnungswesen. Analyse institutionaler Koordination, Wiesbaden 1997.

Wertz, B. (2000): Management von Lieferanten-Produzenten-Beziehungen. Eine Analyse von Unternehmensnetzwerken in der deutschen Automobilindustrie, Wiesbaden 2000.

Willke, H. (1993): Systemlogik und kontextuelle Einbindung der Ökonomie in hochdifferenzierten Gesellschaften, in: Gerster, W./Heitger, B./Selmitz, Ch. (Hrsg.): Managerie: 2. Jahrbuch für systemisches Denken und Handeln, Heidelberg 1993.

Winter, S. (1997): Zur Eignung von Aktienoptionsplänen zum Motivationsinstrument für Manager, Arbeitspapier Humboldt-Universität, Berlin 1997.

Wysocki, K. von (Hrsg.) (1998): Kapitalflussrechnung, Stuttgart 1998.

Zahn, E. (1989): Strategische Planung, in: Handwörterbuch der Planung, Stuttgart 1989, Sp. 1903-1916.

Zairi, M./Leonhart, P. (1994): Practical Benchmarking: The Complete Guide, London 1994.

Ziegler, H. (1994): Neuorientierung des internen Rechnungswesens für das Unternehmens-Controlling im Hause Siemens, in: ZfbF, 46. Jg., S. 175-188.

STICHWORTVERZEICHNIS

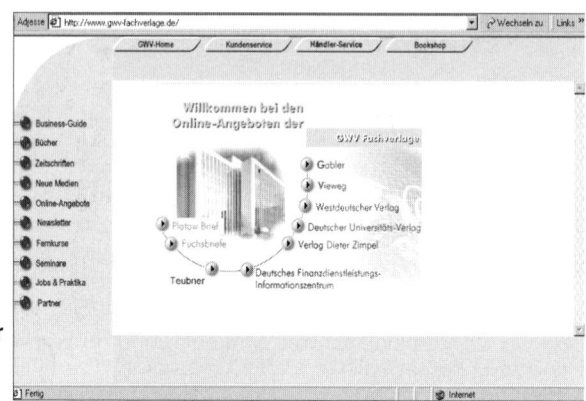